国学经典｜典藏版

春秋公羊传

梁锡锋　译解

中州古籍出版社
·郑州·

图书在版编目（CIP）数据

春秋公羊传 / 梁锡锋译解. —郑州：中州古籍出版社，2020.10

（国学经典：典藏版）

ISBN 978-7-5348-9466-4

Ⅰ.①春… Ⅱ.①梁… Ⅲ.①中国历史-春秋时代-史籍②《公羊传》-译文 Ⅳ.①K225.04

中国版本图书馆 CIP 数据核字（2020）第 212003 号

CHUNQIU GONGYANG ZHUAN
春 秋 公 羊 传

出 版 人	许绍山
出版策划	汪继林
责任编辑	何慧婷
责任校对	岳秀霞
装帧设计	曾晶晶

出 版 社	中州古籍出版社
	（地址：郑州市郑东新区祥盛街 27 号 6 层　邮编：450016）
发行单位	新华书店
承印单位	河南新华印刷集团有限公司
开　　本	640 mm×960 mm　1/16
印　　张	29
字　　数	380 千字
印　　数	1—2 000 册
版　　次	2020 年 10 月第 1 版
印　　次	2020 年 10 月第 1 次印刷
定　　价	59.00 元

图书如有印装质量问题，请寄回印刷厂调换。
印刷厂地址：河南省郑州市经五路 12 号
邮政编码：450002　电话：0371-65957865

前　言

一、春秋与《春秋》

公元前771年，历时近280年的西周，以都城镐京被攻占、幽王被犬戎攻杀于骊山之下为标志而宣告灭亡。幽王死后，太子宜臼即位，是为平王。鉴于镐京残破且处于犬戎威胁之下，平王在郑武公、秦襄公、晋文侯、卫武公等诸侯的护卫下，于公元前770年迁都洛邑（今洛阳），是为东周。此后的周天子虽然名义上仍是天下共主，但其实力不过一中等诸侯，且日渐衰微。至公元前256年，终为秦所灭。东周亡后，又历35年，至公元前221年，秦灭六国，天下重归于统一。东周加上其后秦灭六国之前的35年，计550年。

中国向来是一个重视历史记载的国家。在周代，就有各诸侯国按年编写的史书。编写史书有专职的史官，史官的职责是记载国君的一言一行，即所谓的"君举必书"。如果我们翻阅二十四史、《资治通鉴》，可以看到史官既写历史人物做了什么事，又写历史人物说了什么话，很像讲故事。我们会觉得历史似乎就是这么个写法。但在那个时候，史官是分设为左、右二职的，其职能也有分工，所谓"左史记言，右史记事"。也就是说，看那时的史书，要么是言，要么是事，丰满的"故事"是很难看到的。

右史记事，具体地说就是按年编写，一年四季所记之事都书于简牍，称之为编年体。这史书总要有个名字，若全举春、夏、秋、冬四字来作为书名，概括性自然是很强，但作为书名似乎就有些不伦不类，于是概举"春""秋"，以包"冬""夏"。所以，这种记事的史书就称之为《春秋》。① 当然这是鲁、燕、齐、宋的情况。由于各国文化差异，另外一些国家所编的这类记事的史书就不叫《春秋》，比如晋编的叫《乘》，楚编的叫《梼杌(táo wù)》。可惜的是，经过岁月的冲刷，这些史书，大都失传，唯有鲁国的《春秋》流传下来。因而，为什么晋的史书叫《乘》，楚的史书叫《梼杌》，已难言其详；燕、齐、宋的《春秋》也杳无可考。

不过有一点却是清楚的，就是这些史书都是依据本位主义的原则来写作，即都以记载本国历史为主，同时略微兼顾在其他诸侯国发生的大事。鲁《春秋》当然也不例外。所以我们现在看到的《春秋》，就是以鲁国的十二位国君，即隐公、桓公、庄公、闵公、僖公、文公、宣公、成公、襄公、昭公、定公、哀公为纲，按年编写。正如《汉书·儒林传序》所说："（孔子）因鲁《春秋》，举十二公行事，绳之以文武之道，成一王法，至获麟而止。"所以这十二位国君也被称作春秋十二公。

---

① "左史记言，右史记事，事为《春秋》，言为《尚书》，帝王靡不同之"，这是《汉书·艺文志》里的话。看看《春秋》《尚书》确乎如此，《春秋》篇篇记的都是事，国君大夫们都是只见其事，不闻其声；《尚书》却都是帝王的长篇大论。

前面说过，东周加上其后秦灭六国之前的35年，计550年的时光。这550年分为前后两个阶段。前一阶段从周平王元年（前770）算起，到周敬王四十四年（前476）止；其后为第二阶段。① 这前一阶段，与《春秋》所记载的时间，即隐公元年（前722）至哀公十四年（前481）大致相当，所以后人就把这一阶段称之为春秋时代。而其后的第二阶段是战国时代。所以，春秋时代是得名于《春秋》这部书的，《春秋》是写春秋这个时代的，不过是以鲁国为主来写的，且与春秋时代并不完全吻合。

二、言简意赅写《春秋》

《春秋》说起来是一部史书，共记载了242年的历史，却总共也只有16000余字，平均每年只有66个字。所以，在编年纪事的体例下，《春秋》的每项记事都极其简略，绝大多数都只有一句话，如"夏，五月，郑伯克段于鄢""戊申，卫州吁弑其君完"；更简的只记时间而无事，如"秋，七月"，这根本没提供任何有效信息，简直等于没写；最简的只有一个字，如"螟"。所以《春秋》学者赵伯雄总结说："《春秋》中的一条记事，少则几个字，多者也就三四十个字，一般只记时、地、人、事，绝无枝蔓描写，绝无人物对话，也极少解释性的、说明因果的文字，几乎全不带感情色彩。"② 虽然如此，由于同一时期同类性

---

① 为什么要这样分成两个阶段，也即确定春秋与战国的分界线，是一个非常复杂的学术问题，这里笔者就不详细介绍了。有兴趣的读者可以参看顾德融、朱顺龙《春秋史》（上海人民出版社，2001年）的《绪论》第一部分"'春秋'名称的由来和《春秋史》的起讫年代"。

② 赵伯雄. 春秋学史 [M]. 济南：山东教育出版社，2004. 3.

质的史书都已失传，这一部《春秋》就显得弥足珍贵，是我们研究春秋史无可替代的宝贝。

三、孔子与《春秋》

史学家司马迁有一封给友人的回信，叫《报任安书》，其中谈到一些名著的作者："盖西伯拘而演《周易》，仲尼厄而作《春秋》。"仲尼是孔子的字。按司马迁的说法，《春秋》是孔子在穷困环境中的产物。那这样说来，孔子似乎就是《春秋》的作者了。

其实，这只是一个大致的说法。古代不少学者认为《春秋》原有鲁史旧文，孔子只是在此基础上做了一些加工。西晋时著名的《春秋》学者杜预在《春秋左传集解序》里说："仲尼因鲁史策书成文，考其真伪，而志其典礼。上以遵周公之遗制，下以明将来之法，其教之所存，文之所害，则刊而正之，以示劝戒。其余则皆即用旧史，史有文质，辞有详略，不必改也。"那孔子为什么要做这项工作呢？《孟子·滕文公下》说："世衰道微，邪说暴行有作，臣弑其君者有之，子弑其父者有之。孔子惧，作《春秋》。"按孟子的意思就是鉴于当时乱臣贼子胡作非为，孔子担心"国将不国"，所以才"作《春秋》"。"孔子成《春秋》而乱臣贼子惧"。显然经过孔子的加工，这书中有了对乱臣贼子的谴责贬斥。乱臣贼子因担心被钉在历史的耻辱柱上，所以才悚惧。至于褒贬的方法，孟子没有说。司马迁则在《史记·孔子世家》中有具体交代："至于为《春秋》，笔则笔，削则削，子夏之徒不能赞一辞。"笔，就是记载，当然那个时候是在竹简或木简上记载，如果写错了要修改，就用刀削掉原来的再重写。所以笔削的意思就是对鲁史旧文该保留的保留，该删的删。但这种保留与删除并不是简单的文字处理，实际上拿捏的分寸十分难于掌握，以至于他的学生子夏连一句话都插不上，孔子只能独任其事。对于这项工作，孔子自知后人将会议论纷纭，《孟子·滕文公下》记载孔子自言："知我者，其惟《春秋》乎！罪我者，其惟《春秋》乎！"

现代学者由于不再迷信孔子是圣人，当他们重新审视孔子与《春秋》的关系时，发现了不少疑点。比如，《论语》一书真实地记录了孔子的言行，但令人费解的是，对于孔子笔削《春秋》这样的大事，居然没有只言片语。再者孔子明明自言"述而不作"，就是说只传述古代文献，而不创作，那又何来孔子"作《春秋》"呢？还有，《春秋》上明明记载"孔子卒"，这显然是后人所记，又怎么能说孔子"作《春秋》"呢？对于这些疑点，我们自当去做进一步探索，廓清历史的迷雾，以求孔子与《春秋》关系的真相有一天会大白于天下。

四、《春秋》三传

前文说过，《春秋》是极其简略的，一般只记事件的结果而略去其具体过程。同时，更由于后代儒家学者多认为《春秋》经孔子笔削，在遣词用语之中蕴含了精深的思想与哲理，因而给后人留下了巨大的解释空间。所以在《春秋》问世后，为了搞清楚这无比简洁的经文到底是什么意思，便出现了不少注释、解说《春秋》的书，这就是"传"。事实上，如果没有这些"传"，别说现在的我们，即使是古人、圣人也无法读懂《春秋》。所以汉代桓谭曾以《左传》为例说："《左氏传》于《经》，犹衣之表里相待而成。《经》而无《传》，使圣人闭门思之十年，不能知也。"

但经过大浪淘沙，今天人们所能见到的先秦学者衍述、解说《春秋》的书，只有《左氏传》《公羊传》《穀梁传》三部，这就是人们通常所说的《春秋》三传。《左氏传》简称《左传》，为现代人所熟知；而《公羊传》《穀梁传》的知名度则远逊之。

《春秋》三传虽然都是解说《春秋》的儒家著作，但由于作者不同、看问题的视角不同，因而三传在解说《春秋》时，其侧重点自然也就各不相同。具体说，《左传》以叙述史实为主，《公羊传》《穀梁传》则以阐发《春秋》的微言大义为主。如《春秋》隐公元年载："夏，五月，郑伯克段于鄢。"

《左传》的解说是：

> 初，郑武公娶于申，曰武姜。生庄公及共叔段。庄公寤生，惊姜氏，故名曰"寤生"，遂恶之。爱共叔段，欲立之，亟请于武公，公弗许。及庄公即位，为之请制。公曰："制，岩邑也，虢叔死焉，佗邑唯命。"请京，使居之，谓之"京城大叔"。
>
> 祭仲曰："都，城过百雉，国之害也。先王之制：大都，不过参国之一；中，五之一；小，九之一。今京不度，非制也，君将不堪。"公曰："姜氏欲之，焉辟害？"对曰："姜氏何厌之有？不如早为之所，无使滋蔓。蔓，难图也。蔓草犹不可除，况君之宠弟乎？"公曰："多行不义，必自毙，子姑待之。"
>
> 既而大叔命西鄙、北鄙贰于己。公子吕曰："国不堪贰，君将若之何？欲与大叔，臣请事之；若弗与，则请除之，无生民心。"公曰："无庸，将自及。"大叔又收贰以为己邑，至于廪延。子封曰："可矣。厚将得众。"公曰："不义不昵，厚将崩。"
>
> 大叔完聚，缮甲兵，具卒乘，将袭郑。夫人将启之。公闻其期，曰："可矣！"命子封帅车二百乘以伐京。京叛大叔段。段入

于鄢。公伐诸鄢。五月辛丑，大叔出奔共。

……

遂置姜氏于城颍，而誓之曰："不及黄泉，无相见也。"既而悔之。

颍考叔为颍谷封人，闻之，有献于公。公赐之食。食舍肉。公问之，对曰："小人有母，皆尝小人之食矣，未尝君之羹，请以遗之。"公曰："尔有母遗，繄我独无！"颍考叔曰："敢问何谓也？"公语之故，且告之悔。对曰："君何患焉？若阙地及泉，隧而相见，其谁曰不然？"公从之。公入而赋："大隧之中，其乐也融融！"姜出而赋："大隧之外，其乐也泄泄！"遂为母子如初。

君子曰："颍考叔，纯孝也。爱其母，施及庄公。《诗》曰：'孝子不匮，永锡尔类。'其是之谓乎？"

《春秋》一句话，《左传》一篇文，洋洋洒洒，把事情的起因、过程、结局都讲述得清清楚楚，有事件有对话，甚至人物的形象、心理都表现得淋漓尽致，最后还以"君子曰"的名义做了一个点评。这就是典型的讲述历史故事。但是对于《春秋》这句话为什么要这么写，遣词造句有什么用意，蕴含有什么思想，则不置一语。

《公羊传》的解说是：

克之者何？杀之也。杀之则曷为谓之克？大郑伯之恶也。曷为大郑伯之恶？母欲立之，己杀之，如勿与而已矣。段者何？郑伯之弟也。何以不称弟？当国也。其地何？当国也。齐人杀无知何以不地？在内也。在内，虽当国不地也。不当国，虽在外亦不地也。

《公羊传》以自问自答的形式，解说了《春秋》这句话：克是什么意思，为什么杀在这里叫作克，为什么要强调郑伯之恶，段是谁，为什么不把称他为郑伯的弟弟，为什么记载杀段的地点,还和另外杀而不记地点的做了对比。这就是挖掘《春秋》遣词用语之中蕴含的精深思想与哲理,即微言大义。《春秋》对历史做简单扼要的叙述,《公羊传》以自问自答的形式对《春秋》进行阐释,这是《春秋公羊传》的基本结构。所以,我们在读这本书时,凡是看到前面平铺直叙的部分,就是《春秋》;凡是看到后面自问自答的部分,就是《公羊传》。

《穀梁传》的解说是:

> 克者何?能也。何能也?能杀也。何以不言杀?见段之有徒众也。段,郑伯弟也。何以知其为弟也?杀世子、母弟目君。以其目君,知其为弟也。段,弟也,而弗谓弟;公子也,而弗谓公子,贬之。段失子弟之道矣。贱段而甚郑伯也。何甚乎郑伯?甚郑伯之处心积虑,成于杀也。于鄢,远也。犹曰取之其母之怀中而杀之云尔,甚之也。然则为郑伯者,宜奈何?缓追逸贼,亲亲之道也。

《穀梁传》解说的路数与《公羊传》完全一样,都是挖掘《春秋》经文的微言大义,而对于历史事实则不甚关注。这就是《公羊传》《穀梁传》与《左传》解说风格的差异。对此,宋代朱熹有精辟的概括,他在《朱子语类》里说:"《左氏》是史学,《公》《穀》是经学。史学者,记得事却详,于道理上便差;经学者,于义理上有功,然记事多误。"

五、《公羊传》的传承与历史影响

据东汉初年的学者戴宏说,《公羊传》的思想内容最初形成于春秋末年的孔子弟子子夏,后子夏将其口授予公羊高,高又口授予其子平,平又口授予其子地,地又口授予其子敢,敢又口授予其子寿。直到汉景帝初年,公羊寿才与其弟子胡毋生一道,将这些世代口耳相传的对《春秋》的注释、解说写成文字，其间共经历了春秋、战国、秦汉三百余年的时间。其中，公羊家族起到了关键性作用。因此，这书也就顺理成章地叫作《春秋公羊传》，简称《公羊传》。

西汉初，研究、讲授《公羊传》的学者以胡毋生和董仲舒最著名。胡毋生字子都，汉景帝时博士，相传他曾协助公羊寿用今文隶书写定《公羊传》。董仲舒也是汉景帝时博士，专治《公羊传》。他曾勤学苦读，"三年不窥园"。著作有《春秋繁露》《春秋决事》等书。董仲舒发挥《公羊传》之旨，阐发了"大一统""天人感应""德刑并治""三纲五常""三统""三正"等思想观点，对后代政治统治有着深远影响。胡毋生与董仲舒一生研读《公羊传》，教授弟子甚多。《左传》《公羊传》《穀梁传》虽然都传《春秋》，并渊源有自，但是它们在汉代的地位，一开始却并不相同。在汉初，就已立有《公羊传》博士，以教授弟子；当时所说的《春秋》专指公羊学派。《穀梁传》博士在汉宣帝时才立，《左传》博士是到汉平帝时才立。在汉初，公羊思想得到了董仲舒的广泛而系统的阐发。董仲舒说服汉武帝"罢黜百家，表彰六经"，从此，儒家思想开始走上政治舞台，公羊学说大行其道。以《春秋》决狱，即以《春秋》中的原则与精神作为案件裁量依据的司法审判实践，使《公羊传》之说成了裁断评判的最高权威。

但是由于政治形势的变化，《公羊传》在汉宣帝时首先受到了《穀梁传》的挑战，哀帝时又受到《左传》的挑战，其后斗争继续，《公羊传》渐渐落了下风，最后以《左传》的彻底胜利而告终。东汉时期，研究《公羊传》卓有成就的当数何休。他曾花了17年时间，潜心于此，写成了《春秋公羊解诂》一书，但也难挽《公羊传》颓势。

魏晋以后，《左传》渐以其完整的史实与优美的语言为学者所接受，且越来越为学者所重；相比之下，《公羊传》《穀梁传》逐渐受到冷落。虽然如此，《公羊传》仍是儒者们推崇的一部经书。到隋唐时期，《公羊传》虽仍列于"九经"，但对其研习者已经寥若晨星。自宋至明，是《公羊传》比较沉寂的时期。清代是《公羊传》又一个兴盛时期，研究也多了起来。龚自珍、魏源、康有为等人继承、发展《公羊传》的三世理论，为社会变革提供理论依据，使《公羊传》的研究、实践在清末形成了一个小小的高潮。

六、《公羊传》的思想

我们前面说过，《公羊传》的主要任务就是探求《春秋》的微言大义，因此《公羊传》一书蕴含着丰富的思想。我们这里择其要者给读者做一些简单介绍。

《公羊传》最重要的思想，当仁不让的是大一统思想。《公羊传》开宗明义，通过对《春秋》"春，王正月"的阐释，即提出了大一统思想。"春王正月"意思是周历春天正月，但是《公羊传》却做了别出心裁的解释：

> 元年者何？君之始年也。春者何？岁之始也。王者孰谓？谓文王也。曷为先言王而后言正月？王正月也。何言乎王正月？大一统也。

而且《公羊传》将这一思想贯穿始终，通过多方面体现。比如，《公羊传》多处提出"王者无外"，这和《诗经》中的"溥天之下，莫非王土；率土之滨，莫非王臣"是同一个意思，天下是周王的天下，一草一木皆为周王所有，是没有内外之分的，都必须一统于周王。再如，《公羊传》还多次提出"不与诸侯专封"。"不与诸侯专封"，就是不赞成诸侯撇开周王独断专行为他国筑城邑，或将土地赏与他国大夫。《公羊传》这种"实与，而文不与"的写法，实际上仍然是主张权力一统于周王思想的重申。

仁政思想，也是《公羊传》的重要思想之一。仁政，简单地说就是帝王百官在治国理政的过程中，要有仁爱之心，要体恤民情，要爱惜民力，要轻徭薄赋。在春秋时代，统治者为了满足自己难填的欲壑，为了筹备战争的费用，加紧对人民进行搜刮。对此类情况，《公羊传》毫不留情地予以揭露、鞭挞。如隐公为与民争利，远赴棠地捕鱼，《春秋》记作："春，公观鱼于棠。"这只是客观的记载，但《公羊传》发而明之，曰："何以书？讥。何讥尔？远也。公曷为远而观鱼？登来之也。百金之鱼，公张之。"这就把隐公贪财好利的行为揭露了出来。通过对这个反面教材的展示，《公羊传》很好地体现了儒家的仁政思想。对于那些因不施仁政而自亡其国的记载，《公羊传》也必定表而出之。如隐公十九年，秦伐梁，梁亡，《春秋》只简单地记作："梁亡。"梁的灭亡，直接原因是为秦所灭，但《春秋》未加记载。《公羊传》则解释为何《春秋》不做记载："此未有伐者，其言梁亡何？自亡也。其自亡奈何？鱼烂而亡也。"在《公羊传》看来，梁之亡，内部溃散有如鱼烂才是根本原因。梁国出现这种情况，正是因为梁君不恤民力、视民如仇导致的。

天人感应思想是《公羊传》的又一重要思想。这一思想认为天能影响人事、预示灾祥，人的行为也能感应上天，即天意与人事交感相应。其目的在于借此促进人对自身行为的反省。《春秋》重灾异，每有灾异必书，大至山陵崩颓，小至霜不杀草，242年间未尝或缺。《春秋》如此详细记载灾异，即有天人感应思想蕴含其中，但一般并不明言。而《公羊传》往往以自问自答的形式，如"何以书？记异也""何以书？记灾也"，指明其为天人感应。其意在于希望统治者能够从天人感应事例中吸取教训，改变恶行。

当然，《公羊传》中的思想远不止此，比较重要的思想还有反侵略、尊尊亲亲、华夷之别、守经行权等，读者朋友可以通过我们的译、解去慢慢体会。

七、本书的任务

我们前面已经说过，《公羊传》的主要任务就是探求《春秋》的微言大义，而于史实却鲜有涉及。今天，《春秋》的神圣光芒已经消失，它只是一部历史著作的真相显露出来，《公羊传》那些探究过深的微言大义也就失去了存在的基础。而史实的缺乏，却给读者对《公羊传》的阅读带来了重重障碍。

如众所知，在《春秋》三传中，《左传》主要是叙述史实的。所以，我们建议，在阅读本书时，手头应该备有一本《左传》，以便随时查看相关的详细史实，因为这是理解《春秋》及《公羊传》的基础。但《左传》犹有不足，因为《左传》受《春秋》体例限制，只能随文阐释，补充史实；而有些历史事件，前后持续时间较长，甚至有上百年者，《左传》未展示其全貌。因此，本书在对《春秋》及《公羊传》进行翻译的基础上，对一些重要的史实进行补充，以明历史事件之首尾。

毕竟，《公羊传》是一部阐释《春秋》微言大义的书，思想性是其特色；而且事实上，《公羊传》的思想对后世尤其是汉代有着深刻影响。因此，我们在对《春秋》及《公羊传》进行翻译的基础上，也对《公羊传》所表达的思想进行解读。

  我们对《春秋》史实的补充和对《公羊传》思想的解读，试图有别于以往的学术性的、限于原书本身的注释，而是对相关知识、背景做一种泛意义上的解读，以增进读者朋友对《春秋》及《公羊传》乃至春秋史有更多的了解与理解。因此我们称这种形式为"解"。如果说《春秋》是骨架，《公羊传》也还相当骨感，那么我们的任务就是让《公羊传》丰满起来。当然，这一尝试是否合适，还有待于读者朋友的评判。

梁锡锋
于中国计量大学
2018 年 7 月 20 日

目 录

隐 公 ——— 1
桓 公 ——— 40
庄 公 ——— 74
闵 公 ——— 130
僖 公 ——— 137
文 公 ——— 202
宣 公 ——— 234
成 公 ——— 270
襄 公 ——— 304
昭 公 ——— 350
定 公 ——— 396
哀 公 ——— 422

隐　公

【经】元年，春，王正月。

〖传〗元年者何？君之始年也。春者何？岁之始也。王者孰谓？谓文王也。曷为先言王而后言正月？王正月也。何言乎王正月？大一统也。公何以不言即位？成公意也。何成乎公之意？公将平国而反之桓。曷为反之桓？桓幼而贵，隐长而卑，其为尊卑也微，国人莫知。隐长又贤，诸大夫扳隐而立之。隐于是焉而辞立，则未知桓之将必得立也；且如桓立，则恐诸大夫之不能相幼君也。故凡隐之立为桓立也。隐长又贤，何以不宜立？立適以长不以贤，立子以贵不以长。桓何以贵？母贵也。母贵则子何以贵？子以母贵，母以子贵。

[译]

【经】鲁隐公元年，春，王正月。

〖传〗元年是什么？是国君即位的第一年。春是什么？是一年四季的开始。王指的是什么人？指的是周文王。为什么先说"王"，后说"正月"？这是为了表明是周王正朔的正月。为什么说周王正朔的正月？是为了弘扬周王的一统天下。隐公为什么不说即位？是为了成全隐公的意愿。成全隐公的意愿是怎么回事？因为隐公准备治理好国家，然后还政于桓公。为什么还政于桓公？因为桓公虽年幼但地位尊贵，隐公虽年长却地位卑下，他们之间尊卑的差别是很小的，国都的人没有知道的。隐公年长又贤能，于是众大夫就攀缘隐公而立他为国君。隐公在这时要是推辞就位，就不知道桓公将来是否一定能立为国君；如果直接立桓公为国君，又恐怕众大夫不能真心辅佐幼君。所以，总的说来，隐公的就位，正是为了桓公将来即位。隐公年长而又贤能，为什么不宜立为国君？这是因为，立嫡子，凭年长不凭是否贤能；立庶子，凭尊贵不凭年长。桓公为什么尊贵？因为他的母亲尊贵。母亲尊贵，儿子为什么就尊贵？儿子因母亲尊贵而尊贵，母亲也因儿子尊贵而尊贵。

[解]

◆我国夏商周三代所用历法分别称作夏历、殷历、周历，其不同之处在于每年开头一个月（即正月）是不一样的。夏历的正月就是我们现在所说的阴历正月；殷历的正月则较夏历提前了一个月，即夏历前一年的十二月；周历的正月则较殷历又提前了一个月，即夏历前一年的十一月。所以三代有各自的正月，这样一来就有了三个正月，古人称之为"三正"。

中国在古代是一个农业国，社会的稳定、政权的维持，都相当倚重于农业。春耕夏耘，秋收冬藏，不违农时，才能获得丰收。农时的指示，当然是靠历法。这也是中国古代历法俗称农历的原因。所以，历朝历代统治者都非常注重修订和颁布历法，以便更加精确地指导农业生产。

董仲舒在《春秋繁露·三代改制质文》中说："王者必受命而后王。王者必改正朔，易服色，制礼乐，一统于天下，所以明易姓非继人，通以己受之于天也。"因此，每个王朝建立后都要确定自己所用的历法，叫定正朔。正就是每年的第一个月，即正月，朔就是每月的第一天。在中国古代，定正朔更具有政治意义，因此也常常用正朔来代称一个政权。如南北朝时，东魏权臣高欢曾经说："江东复有一吴儿老翁萧衍者，专事衣冠礼乐，中原士大夫望之以为正朔所在。"意思就是说萧衍因为研究衣冠礼乐而博得中原士大夫认可，把他的南梁政权作为正统。这一观念一直延续到明清时期，朝鲜等藩国历法遵用明清的历法。每年年初，皇帝都要赐给藩国新一年的日历。这些藩国就叫奉正朔，表示承认明清的宗主国地位。

周朝建立后，中央政府派专业人员观察天象，制定颁布周历，各诸侯国大多能够遵行。但到了东周时代，天子权威不再，诸侯国强大起来，不再统一使用周历，纷纷根据自己的需求选择历法。比如鲁国自己制定和施行鲁历，秦国等一些国家采用夏历。

《公羊传》阐发《春秋》的思想旨意，认为"春，王正月"的表述顺序，是《春秋》有意把"王"摆在"正月"的前面，表明"正月"是由周天子确定的，周朝乃"大一统"的王朝，周天子有至高无上的权力。

因此，历法问题，不仅是科学问题，更是政治问题，关乎周王的权威。正如《史记·历书》所言："天下有道，则不失纪序；无道，则正朔不行于诸侯。"《春秋》奉行周之正朔，强调并尊崇天下一统，即"大一统"，所以全书不厌其烦地记载"王正月"，以至于达到了97次之多。

◆所谓"大一统"，是说周王朝是统一的整体，周王所分封的各诸侯国的土地、子民都归周王所有，即《诗经·北山》所说的"溥天之下，莫非王土；率土之滨，莫非王臣"；周王拥有至高无上的权力，各诸侯国的国君都听令于周王，拥戴周王，尊崇周室的一统天下。"大一统"不同于"大统一"单纯就地域统一作为理念，更多的是指在国家政治上的整齐划一、经济制度和思想文化上的高度集中。"大一统"思想在中国历史上有着极其重要的影响，许多政治家、思想家对此都有论述。孟子说："天下定于一。"李斯说："灭诸侯，成帝业，为天下一统。"西汉大儒、《公羊传》学者董仲舒说："《春秋》大一统者，天地之常经，古今之通谊也。"《汉书·王吉传》中称："春秋所以大一统者，六合同风，九州共贯也。"唐太宗说："自古皆贵中华，贱夷狄，朕独爱之如一。"唐人颜师古说："一统者，万物之统皆归于一也……此言诸侯皆系统天子，不得自专也。"同为唐人的徐彦说："王者受命，制正月以统天下，令万物无不一一奉之以为始，故言大一统也。"雍正皇帝说："中国之一统，始于秦；塞外之一统，始于元，而极盛于我朝，自古中外一家。"孙中山在《临时大总统宣言书》中说：

"汉族当牺牲其血统、历史与夫自尊自大之名称,而与满、蒙古、回、藏之人民相见于诚,合一炉而冶之,以成一中华民族之新主义。"

因此"大一统"一词在本书中虽然只出现一次,但该思想是贯穿全书始终的,是本书最重要的思想。

◆鲁隐公,名息姑,鲁桓公,名允,皆为鲁惠公庶子。隐公之母声子原是惠公正室孟子的陪嫁之女,即媵。孟子早死,声子成为惠公继室。息姑年长后,惠公为其娶宋武公之女仲子为妻,仲子生而手中有"为鲁夫人"四个字,嫁到鲁国似乎是命中注定。仲子至鲁后,因为长得漂亮,"惠公夺而自妻之",就是说惠公利用君父的威权,强占儿媳为己有,后来生子允。所以允与息姑为兄弟,但年龄相差甚远。息姑之母作为继室,虽贵于诸妾,但毕竟未立为夫人,所以与允母仲子"尊卑也微";息姑与允二人之地位也没有太大差别。因为惠公偏爱仲子,就让她正式做了夫人。这样一来,息姑之母声子与仲子地位的差别就大了,允也顺理成章地被惠公立为世子。

所以惠公卒时,作为世子的允自当即位为国君。但因其幼小,无法治国理政,大臣们强烈要求年长且贤的息姑为君,是为隐公。隐公本意,自己也就是代幼弟摄政若干年,待其年长归政于彼。允渐长,却认为隐公是篡夺自己的君位,遂着手夺回君位。终于在隐公十一年时,在公子翚的撺掇下,杀死了隐公。

◆"立適以长不以贤,立子以贵不以长",是确立君主继承人的原则,立嫡子只凭年长而不论贤愚,立庶子只凭身世的贵贱而不论长幼。确定这样的规则,使得君主继承有序、明确,目的是防止篡夺君位的事情发生。但实际上,在春秋时期,打破规则杀嫡立庶、杀长立幼之事频频发生。

◆"子以母贵,母以子贵",是对于君主庶子与其生母之间地位休戚相关、互相依托的一种概括。如果君主正室无子,某位媵妾被立为夫人,则其子地位也相应升高,贵于其他兄弟;一旦庶子即位为国君,那么其生母也相应成为夫人,贵于其他媵妾。

【经】三月，公及邾娄仪父盟于眛。

〖传〗及者何？与也。会、及、暨，皆与也。曷为或言会，或言及，或言暨？会，犹最也；及，犹汲汲也；暨，犹暨暨也。及，我欲之。暨，不得已也。仪父者何？邾娄之君也。何以名？字也。曷为称字？褒之也。曷为褒之？为其与公盟也。与公盟者众矣，曷为独褒乎此？因其可褒而褒之。此其为可褒奈何？渐进也。眛者何？地期也。

[译]

【经】三月，隐公及邾娄国仪父在眛地会盟。

〖传〗及是什么意思？是与的意思。会、及、暨都是与的意思。为什么有时用"会"字，有时用"及"字，有时则用"暨"字呢？会是平时聚会，及是急切地参加；暨是不得不参加。及，是我想要这样。暨，是迫不得已。仪父是什么人？邾娄国的国君。为什么称呼他的名？不是名而是他的字。为什么称呼他的字？因为要褒奖他。为什么要褒奖他？因为他与隐公会盟了。与隐公会盟的人很多，为什么单单褒奖他这次会盟呢？因为他值得褒奖，所以褒奖他。说他值得褒奖是为什么？因为进入春秋后与鲁国结盟者日多，是王化日深，逐渐进步的表现，而他是第一个。眛是什么意思？是约定好的会盟的地点。

[解]

◆先秦时期，两方或多方缔约宣誓，往往杀牲歃血订盟。盟之法为：先凿地为方坎，杀牲于坎上，割牲左耳，盛以珠盘；又取血盛以玉敦，用血书写盟书。书成，盟誓者依次微饮牲血，或含于口中，或涂于口旁，以示信守誓言的诚意，此即歃血，而后宣读盟书。盟书正本置于牲上掩埋，与盟者各持副本归。这种盟誓行为，在春秋战国时期，绵延不绝。如成语"毛遂自荐"之毛遂，曾为赵随平原君赴楚促成楚考烈王同意合纵以抗秦之盟，《史记·平原君虞卿列传》载："毛遂谓楚王之左右曰：'取鸡狗马之血来。'毛遂奉铜盘而跪进之楚王,曰:'王当歃血而定从,次者吾君,次者遂。'"又如1965—1966年在山西省侯马市秦村出土了多达5000余片玉片文物,这些玉片上刊载着春秋战国时代各诸侯国或卿大夫之间订盟誓约之词,因而被称为"侯马盟书"。

◆邾娄,又称邾国、邹国,是鲁的附庸。因为鲁在周的特殊地位,为了自己的生存,邾国想要尽力搞好与鲁国的关系,其国君多次到鲁国结盟朝见,以结好于鲁。但鲁为了扩展领土,将邾国视为"夷"而经常加兵于邾。因此邾有时也会与当时的强国如晋、齐、楚相交结,求得保护,与鲁国对抗。尽管邾国与鲁国的关系长期不甚和睦,但两国地缘接近,在道德文化方面则表现出更多的共性,鲁有圣人孔子,邾娄则有亚圣孟子,所以后人将二者合称为"邹鲁"。"邹鲁"是中国儒学文化的代表与正宗,一直被尊崇,在中国各地,有很多类似"滨海邹鲁""江南邹鲁""东南邹鲁"之类的称呼。"邹鲁"之词不绝于史书典籍,足见邾娄对中国文化影响深远。

【经】夏,五月,郑伯克段于鄢。

〖传〗克之者何?杀之也。杀之则曷为谓之克?大郑伯之恶也。曷为大郑伯之恶?母欲立之,己杀之,如勿与而已矣。段者何?郑伯之弟也。何以不称弟?当国也。其地何?当国也。齐人杀无知何以不地?在内也。在内,虽当国不地也。不当国,虽在外亦不地也。

[译]

【经】夏,五月,郑庄公在鄢地克了共叔段。

〖传〗克之是什么意思?就是杀了他。杀了他,为什么说是"克"呢?为了表明郑庄公的罪恶。为什么要表明郑庄公的罪恶呢?他母亲想立段为国君,他却把他杀了,不如当初不给段封地罢了。共叔段是什么人?郑庄公的弟弟。为什么不称他为"弟"呢?因为他控制了国政。为什么记载杀他的地点呢?因为他控制了国政。齐人杀公孙无知,为什么不记载地点呢?因为这事发生在国内。在国内被杀,虽然控制国政也不记载地点。没有控制国政,虽然在国外被杀,也不记载地点。

[解]

◆共叔段觊觎哥哥的君位,控制国政,所作所为不配为弟;庄公为了保住君位,对弟弟的不轨行为不加约束,待时机成熟方加以铲除,可谓处心积虑。兄弟二人均当贬斥,而庄公尤甚,故《公羊传》认为《春秋》书作"郑伯克段于鄢"是表示"大郑伯之恶"。关于此事,《公羊传》可谓耿耿于怀,之后又在鲁庄公三十二年、鲁僖公五年称"杀世子、母弟,直称君者,甚之也"。《公羊传》对《春秋》的解读反映了其对兄友弟恭"亲亲之道"的提倡。

【经】秋,七月,天王使宰咺来归惠公、仲子之赗。

〖传〗宰者何?官也。咺者何?名也。曷为以官氏?宰,士也。惠公者何?隐之考也。仲子者何?桓之母也。何以不称夫人?桓未君也。赗者何?丧事有赗。赗者盖以马,以乘马束帛。车马曰赗,货财曰赙,衣被曰襚。桓未君则诸侯曷为来赗之?隐为桓立,故以桓母之丧告于诸侯。然则何言尔?成公意也。其言来何?不及事也。其言惠公、仲子何?兼之。兼之,非礼也。何以不言及仲子?仲子微也。

[译]

【经】秋,七月,周天子派宰咺来鲁国赠送惠公、仲子助葬的赗。

〖传〗宰是什么?是官名。咺是什么?是宰的名。为什么要以官名作氏呢?因为宰是周天子的士。惠公是什么人?是隐公的父亲。仲子是什么人?是桓公的母亲。为什么不称她为夫人?因为桓公还未立为国君。赗是什么？办丧事都有致赗之礼。赗一般是用马，用四马一车和五匹帛。助葬赠送的车马和帛叫赗，财物叫赙，衣被叫襚。桓公还未做国君，诸侯为什么来赠送助葬物品呢？隐公为立桓公做国君，所以把桓公母亲的丧事讣告各国诸侯。既然如此，那为什么要记录这件事呢？这是为了成全隐公的美意。为什么要用"来"字呢？因为宰咺没有赶上惠公的葬礼。为何将惠公、仲子连在一起说呢？是宰咺一人兼送惠公、仲子两人的赗。兼送二人是不合于礼的。为什么不说鲁惠公及仲子呢？因为仲子的地位卑微。

[解]

◆天王，指周天子，此指周平王，名宜臼，周幽王的儿子。之所以称"天王"，东汉末年著名《公羊传》学者何休说："言天王者，时吴、楚上僭称王，王者不能正，而上自系于天也。"所以"天王"是当时周王的正称，也是周王地位受到觊觎，在人间得不到实际支撑，而不得不求助于虚空的天的表现。

【经】九月，及宋人盟于宿。

〖传〗孰及之？内之微者也。

[译]

【经】九月，与宋人在宿国结盟。

〖传〗谁与宋人结盟呢？是鲁国地位较低的一位官员。

【经】冬，十有二月，祭伯来。

〖传〗祭伯者何？天子之大夫也。何以不称使？奔也。奔则曷为不言奔？王者无外，言奔则有外之辞也。

【经】公子益师卒。

〖传〗何以不日？远也。所见异辞，所闻异辞，所传闻异辞。

[译]

【经】冬,十二月,祭伯来鲁国。

〖传〗祭伯是什么人?是周天子的大夫。为什么不说"使"呢?因为他是逃奔来的。是逃奔那为何不说"奔"呢?因为周王一统天下,不存在国外之说,说逃奔,那就表示有国外之意了。

【经】本月,公子益师去世了。

〖传〗为什么不记载他去世的日子呢?因为这事发生得太久远了。在孔子亲见的时代对一些事情已有不同的说法,在孔子能听到的时代自然对一些事情也有不同的说法,至于在孔子仅能听到传说的时代那对一些事情就更有不同的说法。

[解]

◆祭,音 zhài。祭伯是周公之子,周室卿士。祭伯始封于祭,为畿之国,后东迁至今河南郑州东北。这里的祭伯为周公之子祭伯的后人,与周天子不合,隐公元年出奔鲁国。今郑州郑东新区有祭城乡祭城村,就是古祭国都城所在地,不过郑州本地人又将此字误读作 zhà。至今,祭国故城遗址仍保留着几段墙基。

◆《公羊传》认为,祭伯作为周天子的大夫,虽然是从周王朝出奔到鲁国的,但周是大一统的王朝,"溥天之下,莫非王土;率土之滨,莫非王臣",不存在"内""外"之别,因此《春秋》于此书作"来"而不书作"奔",这与《春秋》中诸多的从一国出奔到另一国是不同的。《公羊传》在这里首次提出"王者无外",又在桓公八年、僖公二十四年、成公十二年三番五次地重申。《公羊传》的这一解读,是对"大一统"的强调。

◆《公羊传》提出的"所见异辞,所闻异辞,所传闻异辞",除见于此处外,另见于桓公二年春、哀公十四年春,此即"三世说"。"三世说"有两层含义:第一,《公羊传》将《春秋》自鲁隐公元年至鲁哀公十四年共 242 年的历史分为"所传闻世"(对应隐公、桓公、庄公、闵公、僖公时期,是孔子高祖、曾祖生活时代,事仅辗转听闻,故称"所传闻世")、"所闻世"(对应文宣公、成公、襄公时期,是孔子祖父生活时代,事得听闻,故称"所闻世")、"所见世"(对应昭公、定公、哀公时期,是孔子及其父生活时代,事为孔子所亲见,故称"所见世")三个阶段;第二,"三世"书法不同,即对于每一世所发生的历史事件,《公羊传》认为《春秋》有着相应不同的记录方式。董仲舒继承这一学说,认为"《春秋》分十二世以为三等,有见有闻有传闻"(《春秋繁露·楚庄王第一》)。但无论如何,这都只是一种单纯的时间上的划分。

东汉何休认为孔子著《春秋》,是取春秋时期242年"著治法式",将社会治乱兴衰分为三世:衰乱、升平、太平。何休此说把单纯的三个时间段赋予了兴衰治乱的政治含义,而且何休的认识与一般人的认识大相径庭,因为一般人认为春秋时期是愈来愈乱,而何休认为春秋是由衰乱而升平最终达到了太平。

但何休之说,还只是讲社会由乱入治变易的表面现象。至清末,由于西学的传入,刘逢禄、龚自珍、魏源、康有为等则又将"三世说"赋予了历史进化论的思想:人类社会是变易和进化的;社会历史进化是沿着衰乱世—升平世—太平世的轨道,由君主专制到君主立宪,再到民主共和,一世比一世文明进步,进而达到"太平大同"。从而使"三世说"成为维新变法的理论工具。

【经】二年,春,公会戎于潜。

【经】夏,五月,莒人入向。

【传】入者何?得而不居也。

【经】无骇帅师入极。

【传】无骇者何?展无骇也。何以不氏?贬。曷为贬?疾始灭也。始灭昉于此乎?前此矣。前此则曷为始乎?此托始焉尔。曷为托始焉尔?《春秋》之始也。此灭也,其言入何?内大恶,讳也。

[译]

【经】隐公二年,春,隐公在潜地与戎人相会。

【经】夏,五月,莒人入侵向国。

〖传〗入是什么意思?是攻下而不占领的意思。

【经】鲁国无骇率军进入极国。

〖传〗无骇是什么人?就是展无骇。为什么不以他的氏称呼他呢?是为了贬低他。为什么要贬低他呢?是因为憎恨灭亡别国是由他开的头。灭亡别国是从他最先开始的吗?在这以前就有了。既然在这以前就有了,那么为什么说是从他开始的呢?这不过是假托从他开始罢了。为什么要假托是从他开始的呢?因为在《春秋》这部书里是从他开始的。这种消灭别国的大事,为什么要说成"入"呢?本国的大恶,在写时要避讳。

[解]

◆《公羊传》认为灭他人之国是大恶,无骇是入《春秋》后第一个灭他人国者,所以《春秋》给予贬抑,不以氏称之。这一解读反映了《公羊传》反对侵略的思想。

【经】秋,八月,庚辰,公及戎盟于唐。

【经】九月,纪履緰来逆女。

〖传〗纪履緰者何?纪大夫也。何以不称使?婚礼不称主人。然则曷称?称诸父兄师友。宋公使公孙寿来纳币,则其称主人何?辞穷也。辞穷者何?无母也。然则纪有母乎?曰有。有则何以不称母?母不通也。外逆女不书,此何以书?讥。何讥尔?讥始不亲迎也。始不亲迎昉于此乎?前此矣。前此则曷为始乎?此托始焉尔。曷为托始焉尔?《春秋》之始也。女曷为或称女,或称妇,或称夫人?女在其国称女,在涂称妇,入国称夫人。

[译]

【经】秋,八月,庚辰日,隐公与戎人在唐地结盟。

【经】九月,纪国履緰前来为国君迎娶新娘。

〖传〗纪履緰是什么人?是纪国的大夫。为什么不说"使"呢?因为在婚礼中新郎是不能做主人的,所以履緰也就不能说是被派遣。那么哪些人能称作主人呢?新郎的父亲、兄长、老师或朋友这些人可以称作主人。"宋公使公孙寿来纳币",那又为什么称呼他主人呢?因为没有别的称呼好用。没有别的称呼好用是什么意思?因为宋共公的母亲已经不在了。那么纪国国君的母亲还健在吗?回答是:"健在。"既然健在,为什么不称呼他的母亲呢?因为母亲是不能对外交往的。鲁国以外的人来迎娶鲁国女子,《春秋》书上是不记载的,这里为什么记载呢?是为了谴责。谴责什么?谴责从纪国国君开始不亲自迎娶夫人。不亲自迎娶夫人是从他开始的吗?在这以前就有了。既然在这以前就有了,那么为什么说是从他开始的呢?这不过是假托从他开始罢了。为什么要假托是从他开始的呢?因为在《春秋》这部书里是从他开始的。女子为什么有时称"女",有时称"妇",有时称"夫人"?女子在本国时称为"女",在出嫁的路上称为"妇",进入出嫁的国家就称为"夫人"。

[解]

◆在古人看来,婚姻是"合二姓之好",而不是为了爱情。婚礼必由父母做主,男不自专,女不自嫁。故婚礼中不由新郎出面派遣使者,"不称主人"。若新郎父亡母在,而妇人是不能与外界交往的,其命只能使于内,不可通于四方。所以只能由母亲命诸父兄师友行事,诸父兄师友再命使者。宋共公父母双亡,只能自己委命行事,自己派遣使者,所以不得不径称婚礼主人,这是非常特殊的例子。

◆亲迎是婚礼六礼中的第六礼，也即最后一道程序，就是新郎亲往新娘家迎接新娘归家。据《白虎通·嫁娶》，亲迎一是为"以阳下阴也，欲得其欢心，示亲之也"；二是为了"男率女，女从男，夫妇刚柔之义自此始"。儒家重人伦，夫妇是人道之始，父子是君臣之本，亲迎意义是从一开始就正夫妇之道，故而《春秋》重亲迎。《公羊传》学者认为，自天子至于庶人，皆要亲迎，只不过大夫、诸侯、天子亲迎不能越境。而纪君不亲迎，只是让履緰代往迎接，这是蔑视夫妇之道，蔑视夫妇之道就意味着对人伦准则的践踏。在《公羊传》看来，此为《春秋》中第一例，所以《春秋》特书之以示谴责。

【经】冬，十月，伯姬归于纪。
〖传〗伯姬者何？内女也。其言归何？妇人谓嫁曰归。
【经】纪子伯、莒子盟于密。
〖传〗纪子伯者何？无闻焉尔。

[译]
【经】冬，十月，伯姬归于纪国。
〖传〗伯姬是什么人？是鲁国的女子。这里为什么要说"归"呢？妇女出嫁叫作"归"。
【经】纪子伯与莒子在莒国的密地会盟。
〖传〗纪子伯是什么人？没有听说过。

[解]
◆古代妇女把夫家当作自己真正的家，所以"妇人谓嫁曰归"。何休说："妇人生以父母为家，嫁以夫为家，故谓嫁曰归。"出嫁后一般不回娘家，若回娘家，则除非被休弃，或夫死子亡、国家灭亡无法再待下去，只能永归母家，称之为"大归"，即庄公二十七年《公羊传》所说"直来曰来，大归曰来归"。这些情况都不是好事，是娘家人所不希望发生的。所以在《战国策》名篇《触龙说赵太后》里，赵太后送其女远嫁，悲伤地抱着

她的脚跟哭泣,出嫁后也非常思念,但每逢祭祀时候,却还是要祈祷:"必勿使反。"但在春秋战国时期,由于杀嫡立庶、权斗滥杀、亡国之灾频繁发生,导致"大归"的事件也屡见不鲜。

【经】十有二月,乙卯,夫人子氏薨。

〖传〗夫人子氏者何?隐公之母也。何以不书葬?成公意也。何成乎公之意?子将不终为君,故母亦不终为夫人也。

【经】郑人伐卫。

[译]

【经】十二月,乙卯日,夫人子氏去世了。

〖传〗夫人子氏是什么人?是鲁隐公的母亲。为什么不记载她葬礼的事?为了成全隐公的意愿。成全隐公的意愿是什么意思?作为子氏的儿子,他不愿终身为君,所以母亲也不会终身为夫人。

【经】郑人攻打卫国。

[解]

◆隐公认为自己只是摄政,迟早要归政桓公。自己不终身为君,母亲也不会终身为夫人,所以有意在自己母亲去世问题上做了淡化处理。

【经】三年,春,王二月,己巳,日有食之。

〖传〗何以书?记异也。日食则曷为或日或不日?或言朔或不言朔?曰"某月某日朔,日有食之"者,食正朔也;其或日或不日,或失之前,或失之后。失之前者,朔在前也;失之后者,朔在后也。

[译]

【经】鲁隐公三年,春,周历二月,己巳日,发生日食。

〖传〗为什么要记载日食呢?为了记载异常的事件。发生日食,为什么有时记载日期,有时不记载日期?有时注明是初一日,有时又不注明是初一日呢?记载"某月某日是初一,发生了日食",这种情况就叫作"食正朔";而有时注明日期,有时不注明日期,是因为日食发生的时间不准,有时靠前,有时靠后。错在前面的,是初一在日食之前;错在后面的,是初一在日食之后。

[解]

◆古代每月的第一天叫作朔,最后一天叫作晦。《庄子》说"朝菌不知晦朔",意思即朝菌朝生夕死,所以无法完整地知道一个月的开头与结尾。大月十六、小月十五叫作望,鲍照诗《玩月城西门廨中》"三五二八时,千里与君同",就是指望日的明月说的。紧跟在望后的日子,因望日已过,叫作既望,南宋周密《观潮》说:"自既望以至十八日为最盛。"

◆据清代刘逢禄统计:《春秋》记录日食三十四、晦二、星变四、震二、雨雪雨雹各三、霜二、雨木冰一、无冰三、不雨七、大旱二、大雩二十、大水十、地震五、地陷山崩水涌各一、螟三、螽九、饥三、无麦苗一、大无麦禾一、火六、人疴一、疾疫一、牛祸四、虫禽兽异四、雨一、蜮生一、有年一、大有年一、麟瑞一、外灾异八。《春秋》如此详细地记载这些自然灾异,反映的是中国古代的天命观以及当时人们对人与自然关系的思考。而《公羊传》对这些灾异的阐释,则脱离了自然现象的范畴,认为上天可干预人事,并以灾异对人事进行谴责和警告,上升到昭示天意的灾异思想层次。这是《公羊传》在君权神授框架下构建的对君权的一种限制与震慑,目的是促进君主对自己的所作所为进行反思,弃恶从善,改进政策政令。

【经】三月,庚戌,天王崩。

〖传〗何以不书葬?天子记崩不记葬,必其时也。诸侯记卒记葬,有天子存,不得必其时也。曷为或言崩,或言薨?天子曰崩,诸侯曰薨,大夫曰卒,士曰不禄。

[译]

【经】三月,庚戌日,周平王去世了。

〖传〗为什么不记载下葬的日期呢?天子只记载驾崩的日期不记载下葬的日期,因为天子是按规定时限下葬的,所以不必记载葬期。诸侯要记载去世的日期,也要记载葬期,因为天子在上,(诸侯)不一定能够如期下葬,所以要记载葬期。人去世为什么有时说"崩",有时说"薨"呢?天子去世说"崩",诸侯去世说"薨",大夫去世说"卒",士去世说"不禄"。

[解]

◆孔子说:"名不正则言不顺,言不顺则事不成。"《公羊传》介绍天子、诸侯、大夫、士的死有不同的叫法,是对名分等级的肯定与强调,是为了正名。

【经】夏,四月,辛卯,尹氏卒。

〖传〗尹氏者何?天子之大夫也。其称尹氏何?贬。曷为贬?讥世卿。世卿,非礼也。外大夫不卒,此何以卒?天王崩,诸侯之主也。

[译]

【经】夏,四月,辛卯日,尹氏去世了。

〖传〗尹氏是什么人?是周天子的大夫。为什么(不称他的名字)称尹氏呢?是贬低他。为什么要贬低他呢?因为要讥讽他世代承袭为卿大夫。世代承袭为卿大夫是不合于礼的。鲁国以外的大夫去世,《春秋》是不记载的,这里为什么要记载尹氏去世呢?因为周平王去世时,尹氏曾以主人的身份主持丧礼。

[解]

◆西周初创时,对于人才的选用,提倡选贤任能。但东周以后,王权下移，贵族实际上可以父死子继、世代相传卿大夫这样的高官，并享有所封的土地及其赋税收入。这里所讥讽的尹氏，权力极度膨胀，无视周王的存在，其后代甚至以武力赶走周敬王，滥杀朝臣，以致王室大乱，天下动荡。《公羊传》对此表示讥讽，明确提出"世卿，非礼也"，显然是为了维护官员任命权在周天子的"大一统"原则。

【经】秋，武氏子来求赙。

〖传〗武氏子者何？天子之大夫也。其称武氏子何？讥。何讥尔？父卒，子未命也。何以不称使？当丧，未君也。武氏子来求赙，何以书？讥。何讥尔？丧事无求，求赙非礼也，盖通于下。

[译]

【经】秋，武氏子来鲁国求取为周平王助丧的财物。

〖传〗武氏子是什么人？是周天子的大夫。为什么（不称他的名字）称他为武氏子呢？是谴责他。为什么要谴责他呢？因为他父亲虽然去世了，但他并没有得到周天子继承父位的命令。为什么不说派遣呢？因为嗣王还处在周平王丧期，并未即位为君。武氏子来求助丧的财物，为什么要记载呢？是谴责这件事。为什么要谴责这件事呢？因为办丧事不应该主动向别人求取助丧的财物，求取助丧的财物是不合乎礼的，这个道理，自上而下都是这样。

[解]

◆平王东迁后，王室土地缩小，收入锐减，但周天子的排场必须要摆，王室的各种开销要维持，来朝诸侯的赏赐也必须给，财政上就出现了很大的困难，"天子不求私财"之礼也被频频打破。周平王死后，没有随葬品，周桓王只得派人到鲁国去乞讨，即这里的"武氏子来求赙"。《左传》记载，隐公六年，又因京师发生饥荒，遣使向鲁国"告饥"。周襄王即位后连乘坐的车子也没有，又派人到鲁国去索要，即桓公十五年"天王使家父来求车"。这些违礼行为，说明周王朝已经江河日下，而且导致诸侯对周王朝的轻视，进一步加速了其衰落。

【经】八月，庚辰，宋公和卒。

[译]

【经】八月，庚辰日，宋公和去世了。

【经】冬，十有二月，齐侯、郑伯盟于石门。癸未，葬宋缪公。

〖传〗葬者曷为或日或不日？不及时而日，渴葬也；不及时而不日，慢葬也。过时而日，隐之也；过时而不日，谓之不能葬也。当时而不日，正也；当时而日，危不得葬也。此当时何危尔？宣公谓缪公曰："以吾爱与夷，则不若爱女；以为社稷宗庙主，则与夷不若女，盍终为君矣？"宣公死，缪公立，缪公逐其二子庄公冯与左师勃，曰："尔为吾子，生毋相见，死毋相哭。"与夷复曰："先君之所为不与臣国而纳国乎君者，以君可以为社稷宗庙主也。今君逐君之二子而将致国乎与夷，此非先君之意也。且使子而可逐，则先君其逐臣矣。"缪公曰："先君之不尔逐可知矣。吾立乎此摄也，终致国乎与夷。"庄公冯弑与夷。故君子大居正，宋之祸，宣公为之也。

[译]

【经】冬，十二月，齐侯与郑伯在齐国的石门会盟。癸未日，安葬了宋缪公。

〖传〗举行葬礼为什么有的记载日期，有的不记载日期呢？不到葬期提前入葬并写明葬礼日期的，表示急于入葬；不到葬期提前入葬，又不写明日期的，表示是草率下葬。超过葬期入葬并写明日期，表示哀痛贤君不能按时入葬；超过葬期入葬又不写明日期，这是说不能按时入葬。按时入葬而不写明日期，这是正规的葬礼；按时入葬并写明日期，表示国有危难险些不能下葬。宋缪公按时入葬并写明了葬礼的日期，那时有什么危机呢？宋宣公曾经对缪公说："我对儿子与夷的爱，还不如对你的爱；我认为作为社稷宗庙的主人，与夷不如你，你何不就做国君呢？"宣公去世后，缪公成为国君，缪公将他的两个儿子庄公冯和左师勃逐出宋国，并对他们说："你们虽然是我的儿子，但我活着时不要再来见我；我去世了，也不要来哭我。"与夷听说后，就对缪公说："先君之所以不把国家交给我而交给您，是认为您可以做好社稷宗庙的主人。现在您将自己的两个儿子驱逐，准备把国家交还给我与夷，这并不是先君的本意。何况，假如儿子可以被驱逐，那么先君恐怕也把我赶走了。"缪公说："先君不驱逐你，意思就是要你在我之后即位。我居国君之位只是摄政，最终还是要把国家交还给你。"缪公去世后，庄公冯终于杀了与夷。所以，君子一定要遵守把君位传给儿子的法度，宋国的祸乱，就是宋宣公造成的。

［解］

◆宋宣公秉持"父死子继，兄死弟及，天下通义"的理念，把君位传给了弟弟宋缪公。缪公不负宣公，死时又立了宣公儿子与夷为君，"宋宣公可谓知人矣，立其弟以成义，然卒其子复享之"（《史记·宋微子世家》）。但缪公自己的儿子有占有君位之心，导致与夷被杀，宋国动荡。《公羊传》之所以把这段历史的前后情节写得如此详细，其目的仍然是维护君权一统与传承的稳定性，这与史家写作的目的是不一样的。

【经】四年，春，王二月，莒人伐杞，取牟娄。

〖传〗牟娄者何？杞之邑也。外取邑不书，此何以书？疾始取邑也。

[译]

【经】隐公四年,春,周历二月,莒人攻打杞国,攻占了牟娄。

〖传〗牟娄是什么地方?是杞国的一座城邑。鲁国以外的国家夺取城邑的事件,《春秋》是不记载的,这里为什么记载呢?是为了表示憎恶从莒国开始夺取别国的城邑。

[解]

◆《公羊传》认为莒国攻取杞国城邑是《春秋》上夺取别国城邑的第一次,因此《春秋》特书一笔。这一解读表明了《公羊传》的反侵略思想。

【经】戊申,卫州吁弑其君完。
〖传〗曷为以国氏?当国也。

[译]

【经】戊申日,卫州吁弑杀了国君卫桓公完。
〖传〗为什么用国名作州吁的姓氏呢?因为州吁控制了国政。

[解]

◆在《公羊传》看来,《春秋》之所以在州吁之上冠以国名,是因为州吁"当国",这个罪名与"郑伯克段于鄢"之段不称弟亦因其当国相同。这表明了《公羊传》对不当控制国政而控制国政、君权旁落的抨击,其要义依然在维护君权。

【经】夏,公及宋公遇于清。
〖传〗遇者何?不期也。一君出,一君要之也。
【经】宋公、陈侯、蔡人、卫人伐郑。

[译]

【经】夏,隐公与宋公在卫国清相遇。

〖传〗遇是什么意思?是没有事先相约的会见。一个国家的国君出行,另一个国家的国君临时邀请他见面。

【经】宋公、陈侯、蔡人和卫人一起攻打郑国。

【经】秋,翚帅师会宋公、陈侯、蔡人、卫人伐郑。

〖传〗翚者何?公子翚也。何以不称公子?贬。曷为贬?与弑公也。其与弑公奈何?公子翚谄乎隐公,谓隐公曰:"百姓安子,诸侯说子,盍终为君矣?"隐曰:"吾否,吾使修涂裘,吾将老焉。"公子翚恐若其言闻乎桓,于是谓桓曰:"吾为子口隐矣。隐曰:'吾不反也。'"桓曰:"然则奈何?"曰:"请作难,弑隐公。"于钟巫之祭焉弑隐公也。

[译]

【经】秋,翚率军会同宋公、陈侯、蔡人和卫人一起攻打郑国。

〖传〗翚是什么人?就是公子翚。为什么不称他公子呢?因为贬低他。为什么要贬低他?因为他参与了弑杀隐公的事。他参与弑杀隐公是怎么回事?此前,翚向隐公献媚,对隐公说:"全国的老百姓都对您很满意,各国诸侯对您也很喜欢,您何不就一直做国君呢?"隐公却说:"我不。我已经派人去修整涂裘那里的住处,我将在那里养老。"公子翚担心自己说的话传给了桓公,就去对桓公说:"我为您探听了隐公的口风。隐公说:'我是不会将君位归还的。'"桓公说:"如果这样,那该怎么办呢?"公子翚说:"请发动政变,杀死隐公!"就这样,当鲁隐公祭祀钟地女巫时,公子翚派人杀害了鲁隐公。

[解]

◆隐公还是公子的时候,曾与郑国人在狐壤作战被俘,即《春秋》隐公六年所言"狐壤之战,隐公获焉"。被俘后囚禁在郑大夫尹氏那里。隐公贿赂尹氏,并在尹氏的祭主钟巫神之前祷告,于是就和尹氏一起回国,之后在鲁国立了钟巫的神主。这就是隐公钟巫之祭的由来。

◆桓公弑隐公,韩席筹在其名著《左传分国集注》中有公允之论:

隐之为君,于义未为不正也。乃欲追成父志,促桓少长面授国焉。故凡隐之立,为桓公也。为桓公者,宜如何感激报称,敬爱君兄,而恪遵教训。乃齿未及冠,遽信贼臣之言为此篡逆。呜呼,若桓者,可谓鲁之乱臣贼子,而春秋之罪人矣!或曰,翚请杀桓公,隐不听,翚惧,乃谮隐于桓而请弑之,则桓未与乎弑桓可知矣。曰否,隐摄位而将授桓,国人所共知也。桓不有欲速之言,翚何由动心。翚之请杀桓者,知隐不去桓,而桓将不利于隐也。不然,知隐之让桓甚诚,何为无端而请杀桓耶?隐闻翚之言,不能诛翚而让桓,是隐之过也,东坡尝惜其不敏于智矣。然犹失之仁柔。若桓听翚之谮,不能执之以告君,又不以严词禁阻,而其心不可问矣。然犹可诿之初不及料。及君既弑矣,而欣然行即位之礼,庇贼不讨,葬不成丧,又何以自解乎?吾尝疑仲子之祯祥,及翚之请杀桓公为莫须有之事,皆桓之子孙饰词造作以明其为嫡,而抵其弑逆之罪,读此篇而益信。

【经】九月,卫人杀州吁于濮。

〖传〗其称人何?讨贼之辞也。

[译]

【经】九月,卫人在陈国濮地杀了州吁。

〖传〗为什么要称"人"呢?这是讨伐国贼的言辞。

[解]

◆州吁其时实为国君,但《春秋》称杀不称弑,《公羊传》认为这表明《春秋》不承认其为国君；而且认为这是"讨贼之辞"，毫不客气地把州吁列入"乱臣贼子"之列，以表明州吁该杀。

【经】冬，十有二月，卫人立晋。

〖传〗晋者何？公子晋也。立者何？立者不宜立也。其称人何？众立之之辞也。然则孰立之？石碏立之。石碏立之，则其称人何？众之所欲立也。众虽欲立之，其立之非也。

[译]

【经】冬，十二月，卫人立晋为国君。

〖传〗晋是什么人？就是卫国的公子晋。立是什么意思？立就是按礼法不应当立的意思。为什么要称"人"呢？这是民众要立公子晋的言辞。既然这样，那么是什么人立他呢？是大夫石碏立的。大夫石碏立的他，为什么要称"人"呢？因为民众也是想立他的。虽然是民众想立他，但他被立为君是不合乎礼的。

[解]

◆按，隐公元年《公羊传》所主张的国君继承人的确定原则是"立適以长不以贤，立子以贵不以长"。公子晋作为卫桓公之弟，虽然贤德，得众人之心，又有权臣的支持，但不是合法的继承人，且非桓公所立，所以仍属篡位。一个"立"字就表明公子晋是人为立的，而不是当然的继承人。《公羊传》挖掘这一深意，仍然是为了维护君上的权力，维护国君继承人确定的原则，避免君位继承中因为不确定性而产生的纷争。

【经】五年，春，公观鱼于棠。

〖传〗何以书？讥。何讥尔？远也。公曷为远而观鱼？登来之也。百金之鱼，公张之。登来之者何？美大之之辞也。棠者何？济上之邑也。

[译]

【经】鲁隐公五年,春,隐公到棠地观鱼。

〖传〗《春秋》为什么记载这件事呢?是为了谴责隐公。为什么要谴责他呢?因为隐公去观鱼的地方距国都很远。隐公为什么到那么远的地方去观鱼呢?因为可以得到很贵重的鱼。价值百金的鱼,隐公都可以张网捕到。登来之是什么意思?这是说鱼美大的话。棠是什么地方?是济水边上的一座城邑。

【经】夏,四月,葬卫桓公。

【经】秋,卫师入盛。

〖传〗曷为或言率师或不言率师?将尊师众称某率师,将尊师少称将;将卑师众称师,将卑师少称人。君将不言率师,书其重者也。

[译]

【经】夏,四月,安葬卫桓公。

【经】秋,卫国的军队入侵盛国。

〖传〗《春秋》为什么有时说率军,有时不说率军呢?如果领兵的人地位高,而且军队的人多,就说某某率军;如果领兵的人地位高,但军队的人不多,就说某某将。如果领兵的人地位低下,而且军队众多,就说某某师;如果领兵的人地位低下,而且军队又少,就说某某人。国君亲自领兵不说率军,因为要记载他另外更重要的事情。

[解]

◆《公羊传》介绍带兵打仗因主帅地位的尊卑不同、师之众寡的不同而叫法不同,同样体现的是名分等级差别,是为了正名。

【经】九月，考仲子之宫。

〖传〗考宫者何？考犹入室也，始祭仲子也。桓未君则曷为祭仲子？隐为桓立，故为桓祭其母也。然则何言尔？成公意也。

【经】初献六羽。

〖传〗初者何？始也。六羽者何？舞也。初献六羽何以书？讥。何讥尔？讥始僭诸公也。六羽之为僭奈何？天子八佾，诸公六，诸侯四。诸公者何？诸侯者何？天子三公称公，王者之后称公，其余大国称侯，小国称伯、子、男。天子三公者何？天子之相也。天子之相则何以三？自陕而东者，周公主之；自陕而西者，召公主之；一相处乎内。始僭诸公昉于此乎？前此矣。前此则曷为始乎？此僭诸公犹可言也，僭天子不可言也。

[译]

【经】九月，举行仲子之庙的落成典礼。

〖传〗庙的落成典礼是什么？鬼神庙落成典礼，犹如生人宫室落成典礼，要开始祭祀仲子了。桓公还不是国君，为什么要祭祀他的母亲仲子呢？隐公是为桓公权且当国君的，因此，建庙是隐公替桓公祭祀他的母亲。为什么要这样说呢？这是为了成全隐公的意愿。

【经】在仲子庙内，鲁国初献六羽乐舞。

〖传〗初是什么意思？是第一次。六羽是什么意思？是一种乐舞。第一次献演六羽乐舞，《春秋》为什么记载呢？这是谴责的意思。谴责什么呢？谴责从鲁隐公开始鲁国僭越了三公之礼。用六羽乐舞为什么是僭越呢？因为天子可以享受八佾之舞，三公享受六佾之舞，诸侯只能享受四佾之舞。诸公指什么人？诸侯又指什么人？天子的三公称公，王的后代也称公，其余的大国国君称侯，小国国君称伯、称子或称男。天子的三公是什么人？就是辅佐天子的宰相。周天子的宰相为什么有三个呢？陕县以东的地方，由周公治理；陕县以西的地方，由召公治理；还有一名宰相留在朝廷中。开始僭越三公之礼，是从这次开始的吗？其实之前就有了。之前就有了，那为什么说从这次开始的呢？这次僭越三公之礼还可以说，以前僭越天子之礼罪大恶极都没法说。

[解]

◆隐公既长且贤，摄国当政，相对谨慎守礼，不把自己当作真正的诸侯。其生母去世时，只记作薨，而不记载何时葬，非常简单。时桓未君，据"无子不庙"之常礼，不当有仲子庙。然隐为桓立，还是把桓母放在较高的位置，特为她立了庙，即这里说的"考仲子之宫"，所谓"成公意也"。这是《公羊传》对隐公有自知之明的赞赏。

◆古舞有文、武之分。文舞，手持雉羽而舞。六羽，持羽之舞人分六列，每列六人，共三十六人，称六羽。所以六羽本是文舞的一种规格，遂以代称该规格的乐舞，也即下所言六佾。相应的，二羽即二佾，四羽即四佾，八羽即八佾。按周礼规定，只有天子才能用八佾，诸侯用六佾，卿大夫用四佾，士用二佾。而隐公在仲子之宫开始用六羽，显然属于违礼行为，所以《公羊传》认为《春秋》记"初献六羽"是"讥始僭诸公也"。

违礼超规格用乐舞的人，最过分的就是鲁庄公时掌权的"三桓"之一的卿大夫季氏。季氏是正卿，只能用四佾，他却用八佾，即大夫用天子之礼。孔子对于这种破坏周礼等级的僭越行为极为不满，因此，在议论季氏时说："八佾舞于庭，是可忍也，孰不可忍也。"意思就是在他的家庙的庭院里用八佾奏乐舞蹈，对这样的事情，季氏都忍心做了，还有什么事情不忍心去做呢？

因此，无论是孔子还是《公羊传》，对违礼用乐舞的讥讽、抨击，都不是局限于乐舞本身，而是着眼于对等级秩序的维护。

【经】邾娄人、郑人伐宋。

【经】螟。

〖传〗何以书？记灾也。

［译］

【经】邾娄人和郑人攻打宋国。

【经】鲁国发生螟灾。

〖传〗为什么记载这件事？为了记载灾害。

［解］

◆螟是一种食苗心的害虫，这里指鲁国有螟灾。但《春秋》之意更在于指向引起螟灾的人间政治。后面记载的螽、蜮、蝝之类，都是这个意思。

【经】冬，十有二月，辛巳，公子彄卒。宋人伐郑，围长葛。

〖传〗邑不言围，此其言围何？强也。

［译］

【经】冬，十二月，辛巳日，鲁国公子彄去世了。宋人进攻郑国，包围了长葛邑。

〖传〗城邑是不说包围的，这里为什么说包围呢？为了表明宋国强横不义。

【经】六年，春，郑人来输平。

〖传〗输平者何？输平犹堕成也。何言乎堕成？败其成也，曰："吾成败矣，吾与郑人末有成也。"吾与郑人则曷为末有成？狐壤之战，隐公获焉。然则何以不言战？讳获也。

［译］

【经】鲁隐公六年，春，郑人来鲁国输平。

〖传〗输平是什么意思？输平的意思有如堕成。堕成怎么讲？就是毁坏之前的和约，鲁国曾宣布过："我们之间的和约解除了，我们鲁国与郑国已经没有和约了。"我们鲁国与郑国为什么会没有和约呢？因为在狐壤之战中鲁隐公曾被郑人俘获过。既然这样，为什么不说两国打过仗呢？因为要避讳鲁隐公被俘这件事。

[解]

◆输平就是毁坏之前的和约。但实际上郑、鲁是宿敌，既无和约在前，自然也没有毁约在后的事。《公羊传》认为《春秋》说"输平"，实际上是"来战"的代名词，是为了遮掩狐壤之战隐公被俘的不光彩历史，即"讳获"。

【经】夏，五月，辛酉，公会齐侯，盟于艾。

【经】秋，七月。

〖传〗此无事，何以书？《春秋》虽无事，首时过则书。首时过则何以书？《春秋》编年，四时具然后为年。

[译]

【经】夏，五月，辛酉日，隐公在艾地会见齐侯，并订立盟约。

【经】秋，七月。

〖传〗本月无事，为什么要记载时间呢？因为按《春秋》的体例，即使无事，但每季的第一个月过去了就要记下时间。为什么四季的第一个月过去了就要记载呢？因为《春秋》是按年代顺序编写的，四季完备才算一年。

【经】冬，宋人取长葛。

〖传〗外取邑不书，此何以书？久也。

[译]

【经】冬，宋人攻取了长葛。

〖传〗鲁国以外的国家夺取城邑是不记载的,这里为什么记载呢?因为围困时间太长。

[解]

◆汉代桓宽《盐铁论》说:"古者行役不逾时,春行秋返,秋行春返。""古者无过年之徭,无逾时之役。"这里宋人围长葛,是从去年的十二月开始的,到今冬方攻取,显然是严重逾时,是视民如草芥的不仁表现,所以《公羊传》认为《春秋》是破例加以记载的。这一解读反映了公羊学先师的仁爱之心与反战思想。

【经】七年,春,王三月,叔姬归于纪。

【经】滕侯卒。

〖传〗何以不名?微国也。微国则其称侯何?不嫌也。《春秋》贵贱不嫌同号,美恶不嫌同辞。

[译]

【经】鲁隐公七年,春,周历三月,叔姬嫁到纪国。

【经】滕侯去世了。

〖传〗为什么不写他的名呢?因为滕国是小国。滕国是小国,为什么也称它的国君为侯呢?因为没有相混的嫌疑。《春秋》书中,尊贵的和卑贱的相去甚远不存在相混的嫌疑可以用同一个称号,美的和丑的相去甚远不存在相混的嫌疑也可以不加区别地用同一种文辞。

【经】夏,城中丘。

〖传〗中丘者何?内之邑也。城中丘,何以书?以重书也。

【经】齐侯使其弟年来聘。

〖传〗其称弟何?母弟称弟,母兄称兄。

[译]

【经】夏,在中丘筑城。

〖传〗中丘是什么地方?是鲁国国内的一个邑。在中丘筑城,《春秋》为什么要记载呢?因为工程浩大,所以记下了。

【经】齐侯派遣他的弟弟年来鲁国访问。

〖传〗为什么称弟呢?同母的弟弟就称弟,同母的哥哥就称兄。

[解]

◆周历夏季,大约相当于农历的春末夏初,这时正是农忙季节,可是鲁隐公却发动民众去修建中丘城,这显然违背了儒家"使民以时"的原则。《公羊传》认为这是一个严重的事件,所以《春秋》要加以记载,即"以重书也"。这一解读体现了公羊学先师的一片仁爱之心。

【经】秋,公伐邾娄。

【经】冬,天王使凡伯来聘,戎伐凡伯于楚丘以归。

〖传〗凡伯者何?天子之大夫也。此聘也,其言伐之何?执之也。执之则其言伐之何?大之也。曷为大之?不与夷狄之执中国也。其地何?大之也。

[译]

【经】秋,鲁隐公发兵攻打邾娄国。

【经】冬,周天王派遣大夫凡伯来鲁国访问,戎人在楚丘攻打回京师的凡伯,并把他抓了回去。

〖传〗凡伯是什么人?是周天子的大夫。这是外出访问,《春秋》说攻打是怎么回事呢?是因为俘虏了他。俘虏了他,为什么说攻打他呢?这是要放大这件事。为什么要放大这件事呢?因为不赞同夷狄抓走中原各国的官员。为什么要写明地点呢?也是为了放大这件事。

[解]

◆鲁国作为有大勋劳于王室的周公之后,是最得王室信赖,也是与王室关系最为亲近的国家。但是,在平王东迁之后,随着王室的日渐衰微,鲁国也逐渐疏远了和王室的关系。尽管如此,但与其他诸侯国相比,仍算是守礼的国家。所以王室依然对鲁表示亲近,为了笼络鲁国,不断派人到鲁国聘问。这里的"天王使凡伯来聘",是《春秋》中的第一次,之后还有隐公九年"天王使南季来聘",桓公四年"天王使宰渠伯纠来聘",桓公五年"天王使仍叔之子来聘",桓公八年"天王使家父来聘",庄公三十年"祭叔来聘",僖公三十年"天王使宰周公来聘",宣公十年"天王使王季子来聘"。

◆周王朝大夫凡伯来鲁国访问,不料在楚丘被夷狄拘捕。《公羊传》认为《春秋》不写"执"而写"伐",是为了尊大凡伯,为了表示反对夷狄捉走中原国家的人。因为"执"表示很轻易地抓走,"伐"表示用了很大的力量攻击才得手。堂堂的天子使臣被夷狄很轻易地"执",显然是很丢脸面的,而"伐"就没那么丢脸了。这反映了《公羊传》"内华夏而外夷狄"的思想。

【经】八年,春,宋公、卫侯遇于垂。

[译]

【经】鲁隐公八年,春,宋公与卫侯在卫国的垂不期而遇。

【经】三月,郑伯使宛来归邴。

〖传〗宛者何?郑之微者也。邴者何?郑汤沐之邑也。天子有事于泰山,诸侯皆从。泰山之下,诸侯皆有汤沐之邑焉。

【经】庚寅,我入邴。

〖传〗其言入何?难也。其日何?难也。其言我何?言我者非独我也,齐亦欲之。

[译]

【经】三月,郑伯派遣宛来鲁国送邴地。

〖传〗宛是什么人?是郑国一个地位较低的官员。邴是什么地方?是郑国的汤沐邑。周天子有到泰山巡狩祭天的大事时,各国诸侯都要跟随助祭。在泰山脚下,各国诸侯都有自己的汤沐邑。

【经】庚寅日,鲁国进入邴地。

〖传〗这里为什么说进入呢?因为很困难。为什么要记载进入邴地的日期呢?也是因为很困难。这里为什么说鲁国呢?说鲁国的原因,并非只有鲁国,齐国也想得到邴地。

【经】夏,六月,己亥,蔡侯考父卒。辛亥,宿男卒。

[译]

【经】夏,六月,己亥日,蔡侯考父去世了。辛亥日,宿男去世了。

【经】秋,七月,庚午,宋公、齐侯、卫侯盟于瓦屋。

【经】八月,葬蔡宣公。

〖传〗卒何以名而葬不名?卒从正,而葬从主人。卒何以日而葬不日?卒赴,而葬不告。

[译]

【经】秋,七月,庚午日,宋公、齐侯、卫侯在瓦屋会盟。

【经】八月,安葬蔡宣公。

〖传〗为什么诸侯去世时书名,而葬时又不书名呢?因为去世时要遵照礼仪行事,必须书名,而安葬时只要依照丧主的意愿而不必书名。为什么只记载去世的日期,而不记载葬礼的日期呢?因为去世时要讣告周天子,而葬期是有明确规定的,则不必报告。

[解]

◆隐公五年"邾娄人、郑人伐宋",报前一年"宋公、陈侯、蔡人、卫人伐郑"的东门之役之仇,最后一直打到宋都城下。宋使入鲁告急,却因为不会说话,惹隐公生气,不肯出兵。郑庄公闻讯大喜,主动拉拢鲁,"三月,郑伯使宛来归邴"。并通过外交手段,孤立了宋国,取得了对宋战争的胜利。这次瓦屋会盟,实际上是齐国使宋国、卫国与郑国修好,郑人本不愿意,但又怕得罪齐而使自己陷入孤立,遂高姿态地捐弃前嫌,不计较东门之役而参加会盟。春秋时期,各国间的军事斗争和外交斗争交织在一起,从郑联鲁和参加瓦屋会盟这两件事可以看出,郑国人在外交斗争上很灵活机智,宋国则呆滞笨拙,所以后来楚国人给这两国的评论是"郑昭宋聋"。

【经】九月,辛卯,公及莒人盟于包来。
〖传〗公曷为与微者盟?称人则从,不疑也。
【经】螟。

[译]

【经】九月,辛卯日,鲁隐公与莒人在纪国的包来会盟。
〖传〗隐公为什么要与地位卑微的人会盟呢?称人就显得莒国听从隐公,而没有丢份的嫌疑。
【经】本月,鲁国发生螟灾。

【经】冬,十有二月,无骇卒。
〖传〗此展无骇也,何以不氏?疾始灭也,故终其身不氏。

[译]

【经】冬,十二月,无骇去世了。

〖传〗这人就是展无骇,为什么不以他的氏称呼他呢?因为憎恶他开了灭亡别的国家的头,所以到他去世都不以他的氏称呼他。

【经】九年,春,天王使南季来聘。
【经】三月,癸酉,大雨,震电。
〖传〗何以书?记异也。何异尔?不时也。
【经】庚辰,大雨雪。
〖传〗何以书?记异也。何异尔?俶甚也。
【经】侠卒。
〖传〗侠者何?吾大夫之未命者也。

[译]

【经】鲁隐公九年,春,周天王派遣南季来鲁国访问。

【经】三月,癸酉日,下大雨,电闪雷鸣。

〖传〗为什么要记载这件事呢?是记载怪异的事件。有什么怪异的呢?这时降大雨不合时令。

【经】庚辰日,下大雪。

〖传〗为什么要记载这件事呢?这也是记载怪异的事件。有什么怪异的呢?雪下得太大了。

【经】这一天,侠去世了。

〖传〗侠是什么人?是鲁国还没有正式任命的大夫。

【经】夏,城郎。
【经】秋,七月。

〖传〗冬,公会齐侯于邴。

[译]

【经】夏,鲁国在郎筑城。
【经】秋,七月。
〖传〗冬,鲁隐公在邴会见齐侯。

【经】十年,春,王二月,公会齐侯、郑伯于中丘。
【经】夏,翚帅师会齐人、郑人伐宋。
〖传〗此公子翚也,何以不称公子?贬。曷为贬?隐之罪人也,故终隐之篇贬也。

[译]

【经】鲁隐公十年,春,周历二月,隐公在中丘会见齐侯和郑伯。
【经】夏,翚率军会同齐人、郑人攻打宋国。
〖传〗这人就是公子翚,为什么不称他公子呢?是为了贬低他。为什么要贬低他呢?因为他是鲁隐公的罪人。所以《春秋》在整个隐公这篇都贬低他。

【经】六月,壬戌,公败宋师于菅。辛未,取郜。辛巳,取防。
〖传〗取邑不日,此何以日?一月而再取也。何言乎一月而再取?甚之也。内大恶,讳,此其言甚之何?《春秋》录内而略外。于外,大恶书,小恶不书;于内,大恶讳,小恶书。

[译]

【经】六月,壬戌日,鲁隐公在宋国菅地打败了宋国的军队。辛未日，攻占了宋国的郜邑。辛巳日，攻占了宋国的防邑。

〖传〗夺取城邑，《春秋》一般是不记载日期的，这里为什么记载日期呢？因为一个月内两次攻占别国的城邑。一个月内两次攻占别国的城邑为什么就要记载呢？为了强调鲁隐公这样好战太过分了。鲁国国内的大恶事，《春秋》在记载时总是要避讳的，这里为什么要强调鲁隐公太好战呢？按照《春秋》的体例，主要是记载鲁国的事，别国的事只是简略记载。对于别的国家，有大恶行就记载，小恶行不记载；对于鲁国，大恶行就避讳，小恶行就记载下来。

[解]

◆ "录内而略外。于外，大恶书，小恶不书；于内，大恶讳，小恶书"，这是《公羊传》归纳的《春秋》的一条重要书法原则。而这条原则是由成公十五年《公羊传》归纳的《春秋》一条更重要的书法原则"内其国而外诸夏"决定的，或者说"录内而略外。于外，大恶书，小恶不书；于内，大恶讳，小恶书"是"内其国而外诸夏"的一个具体体现。在《公羊传》看来，《春秋》是以鲁国为内而以诸夏为外，也就是说《春秋》是站在鲁国的立场来看待鲁国和诸夏的历史事件的。所以对于鲁国的大恶必须避讳，否则会影响鲁国的形象；而小恶直书，则无关痛痒。对于诸夏，是简略记载，故只能记其恶行之荦荦大端者，小恶则略而不书，否则将书不胜书。

【经】秋，宋人、卫人入郑。宋人、蔡人、卫人伐戴，郑伯伐取之。

〖传〗其言伐取之何？易也。其易奈何？因其力也。因谁之力？因宋人、蔡人、卫人之力也。

[译]

【经】秋，宋人和卫人一起入侵郑国。宋人、蔡人、卫人一起攻打载国，郑伯趁机攻打并夺取了载国。

〖传〗为什么说攻打并夺取了它呢？因为太容易了。为什么这么容易呢？因为借了别人的力量。借了谁的力量呢？凭借了宋人、蔡人和卫人的力量。

【经】冬，十月，壬午，齐人、郑人入盛。

[译]

【经】冬，十月，壬午日，齐人和郑人一起入侵盛国。

【经】十有一年，春，滕侯、薛侯来朝。
〖传〗其言朝何？诸侯来曰朝，大夫来曰聘。其兼言之何？微国也。
【经】夏，五月，公会郑伯于祁黎。
【经】秋，七月，壬午，公及齐侯、郑伯入许。

[译]

【经】鲁隐公十一年，春，滕侯、薛侯来鲁国朝见鲁隐公。

〖传〗为什么说"朝"呢？各国诸侯到鲁国来，就称为"朝"；各国大夫到鲁国来，就称为"聘"。这里为什么把两位国君连在一起说呢？因为这两个国家太小了。

【经】夏，五月，隐公在郑国的祁黎会见郑伯。
【经】秋，七月，壬午日，隐公和齐侯、郑伯一起出兵入侵许国。

[解]

◆在宗法社会中，天子与诸侯之间，大多有亲戚关系。为了联络感情，彼此亲附，需要有定期的礼节性的会见。据《周礼》记载，宾礼就是天子、诸侯接待宾客的礼仪，其名目有六种："春见曰朝，夏见曰宗，秋见曰觐，冬见曰遇，时见曰会，殷见曰同，时聘曰问，殷眺曰视。"六服之内的诸侯，按照季节顺序，轮流进京朝见天子；"时见曰会"，是王将要征伐不顺服的诸侯时，其他诸侯觐见天子；"殷见曰同"，是天子十二年未巡狩，四方诸侯齐往京师朝见；"时聘曰问"，是诸侯遣卿前往聘问天子；"殷眺曰视"，是指每十二年内，当只有侯服诸侯来朝的三年，其他诸侯遣卿来看望天子。

诸侯相互拜访，也称之为"朝"。见天子之朝，是为了商议天下大事；诸侯互访之朝是商议国与国的大事。诸侯之间除亲自拜访，还会定期相聘问。聘是问的意思，也就是访问、慰问的意思。古代的诸侯国之间，如果很长时间没有盟会之类的事情，就要派出使者，带着礼物相互访问，以结友好，这叫作聘礼。聘礼有大聘和小聘之分。大聘的规格高，要派卿做使者，带的礼物多，主国（即被聘国）接待使者也极隆重。小聘叫作问，规格较低，礼轻，只派大夫做使者。

【经】冬，十有一月，壬辰，公薨。

【传】何以不书葬？隐之也。何隐尔？弑也。弑则何以不书葬？《春秋》君弑，贼不讨，不书葬，以为无臣子也。子沈子曰："君弑，臣不讨贼，非臣也。子不复仇，非子也。葬，生者之事也。《春秋》君弑，贼不讨，不书葬，以为不系乎臣子也。"公薨何以不地？不忍言也。隐何以无正月？隐将让乎桓，故不有其正月也。

[译]

【经】冬，十一月，壬辰日，隐公去世了。

【传】为什么《春秋》不记载安葬鲁隐公呢？是因为痛惜他。痛惜什么呢？因为他是被弑杀的。国君被弑，为什么《春秋》不记载葬礼呢？按照《春秋》的体例，国君被弑，而弑君的坏人不被讨伐，就不记载葬礼，认为就像没有臣子一样。子沈子说："国君被弑，臣子们不去讨伐弑君的坏人，就不能算臣子。儿子不为父亲报仇，就不能算儿子。举行葬礼，这是活着的人的事。《春秋》的体例是：国君被弑，而弑君的坏人不被讨伐，就不记载葬礼，认为君臣已不相系属了。"隐公去世了，为什么不记载去世的地点呢？是不忍心说明。鲁隐公为什么没有正月呢？因为隐公将要把君位让给桓公，所以就没有他的正月。

[解]

◆鲁隐公为公子翚所弑。按礼，桓公及大臣们应讨翚之罪。但因为翚是为桓公而杀隐公，桓公自然不会追究，也不会做任何惩处，大臣们也都是见风使舵，以至于隐公被弑一事不了了之。因此，《公羊传》认为《春秋》不书隐公之葬，是贬斥桓公及大臣们没有尽到臣子的责任。《公羊传》骂鲁国"无臣子"，是公羊学先师"君君臣臣"思想的体现。

◆子沈子，还有后面的子公羊子、子司马子、子女子、子北宫子、鲁子、高子，都是早期阐发《春秋》微言大义的《公羊传》的传授者，是公羊学的先师。

桓　公

【经】元年，春，王正月，公即位。

〖传〗继弑君不言即位，此其言即位何？如其意也。

[译]

【经】元年，春，周历正月，鲁桓公即位。

〖传〗继承被弑国君的君位，《春秋》是不说即位的，这里为什么说即位呢？因为这遂了桓公的心意。

【经】三月，公会郑伯于垂，郑伯以璧假许田。

〖传〗其言以璧假之何？易之也。易之，则其言假之何？为恭也。曷为为恭？有天子存，则诸侯不得专地也。许田者何？鲁朝宿之邑也。诸侯时朝乎天子，天子之郊，诸侯皆有朝宿之邑焉。此鲁朝宿之邑也，则曷为谓之许田？讳取周田也。讳取周田，则曷为谓之许田？系之许也。曷为系之许？近许也。此邑也，其称田何？田多邑少称田，邑多田少称邑。

[译]

【经】三月，桓公在卫国的垂会见郑伯，郑伯用玉璧暂借鲁国的许田。

[传]《春秋》说用玉璧暂借是什么意思？就是交换。既然是交换，那为什么要说暂借呢？为了表示恭顺。为什么说是为了表示恭顺呢？因为有周天子在，诸侯是不能擅自处置土地的。许田是什么地方？是鲁君朝见周天子时住宿的邑。诸侯按时朝见天子，在天子京师的郊外，诸侯都有朝宿的邑。这是鲁君朝宿的地方，为什么叫作许田呢？为了避讳占用周天子的土地。避讳占用周天子的土地，那么为什么要称它为许田呢？因为它系属许国。为什么要系属许国呢？是因为这块土地靠近许国。这是一个邑，为什么要称它为"田"呢？农田占地多而城镇面积小就称"田"，城镇面积大而农田少就称"邑"。

[解]

◆周代有一种汤沐邑制度。汤沐邑最初是周天子为了诸侯朝贡时来往止宿之便而在都畿之内设置的。又为了方便周天子祭祀名山时诸侯陪祭，在恒山、泰山脚下也分别建有汤沐邑，当然这只有与周王室关系密切的诸侯国才有资格设立。即《左传·隐公八年》所说："天子有事于泰山，诸侯皆从。泰山之下，诸侯皆有汤沐之邑焉。"

郑国在泰山下的汤沐邑是"邴"。即《左传·隐公八年》所说："邴者何？郑汤沐之邑也。"这是郑桓公时，因为勤于王事，多有勋劳，又因其是周宣王的母弟，周宣王赏赐给郑国的，以便在天子祭祀泰山时，让郑国也能跟着沾光，算是对郑国的一种奖赏。

而鲁国也有一块叫许田的朝宿之邑。朝宿之邑，顾名思义就是诸侯朝见天子前临时居住的邑，也就是汤沐邑。这是当初周成王意欲迁都而营王城（位于今洛阳），赐给周公的，其地距周王室不远。

所以，邴、许田分属郑、鲁，但都离本国较远，可以说是"飞地"。平王东迁之后，天子巡狩、诸侯朝贡之事渐少，因此这两块飞地对两国而言就变得没什么用处了，而且不方便治理。

基于现实情况，到了郑庄公时，又由于周郑交恶，郑庄公便打起了以"邴田"和鲁国的"许田"交换的主意，这有实际利益与蔑视桓王的双重考量。但按礼制，天子在上，诸侯不得以地相与。为此，郑庄公进行了精心的策划。鲁隐公八年（前715），郑庄公请求放弃祭祀泰山而祭祀周公。放弃祭祀泰山，作为汤沐邑的邴自然也就用不上了。祭祀周公，这是因为许田有周公之庙。如果两地做了交换，鲁以后就没法来许田祭周公了。周公无人祭祀不能不让鲁有所顾虑，郑庄公请求祭祀周公，这样周公祭祀就有了着落，是提前解除了鲁的顾虑。邴既然用不上了，就必须给它找一个新的主人。所以还没等鲁国答应，三月，郑庄公就让大夫宛主动先把邴交给了鲁，即《春秋》所载隐公八年"三月，郑伯使宛来归邴"。三月二十一日，鲁入邴，但郑并不收取许田，只是让这桩交易先完成一半。又过了四年，即鲁桓公元年（前711），郑用璧向鲁暂借许田。其实质是因为邴小而许田大，邴不足以易许田，璧是在邴的基础上给鲁的补差。这就是"三月，公会郑伯于垂，郑伯以璧假许田"，史称"璧假许田"。如此分开操作，就使得邴入鲁与璧假许田看起来似乎没有关联，回避了以地易地不尊重天子的指责，郑、鲁双方以一种巧妙的方式实现了这桩交易。

这桩交易的完成，既表明天子巡狩礼的崩坏，也说明诸侯朝王"述职"礼的衰败。

【经】夏，四月，丁未，公及郑伯盟于越。

【经】秋，大水。

〖传〗何以书？记灾也。

【经】冬，十月。

[译]

【经】夏，四月，丁未日，鲁桓公与郑庄公在越会盟。

【经】秋，鲁国发大水。

〖传〗《春秋》为什么要记载这事呢？为了记录灾害。

【经】冬，十月。

【经】二年,春,王正月,戊申,宋督弑其君与夷及其大夫孔父。

〖传〗及者何?累也。弑君多矣,舍此无累者乎?曰:"有。仇牧、荀息,皆累也。"舍仇牧、荀息,无累者乎?曰:"有。"有则此何以书?贤也。何贤乎孔父?孔父可谓义形于色矣。其义形于色奈何?督将弑殇公,孔父生而存,则殇公不可得而弑也,故于是先攻孔父之家。殇公知孔父死,己必死,趋而救之,皆死焉。孔父正色而立于朝,则人莫敢过而致难于其君者,孔父可谓义形于色矣。

【经】滕子来朝。

[译]

【经】鲁桓公二年,春,周历正月,戊申日,宋国的督杀害了他们的国君与夷及大司马孔父。

〖传〗及是什么意思?就是连累。弑杀国君的事很多,除了孔父就没有受连累被杀的人吗?回答说:"有。仇牧、荀息都是受连累被杀的人。"除了仇牧、荀息就没有受连累的人了吗?回答说:"有。"既然还有,这里为什么要记载孔父受连累的事呢?因为孔父贤德。孔父有什么贤德?孔父可以说是义形于色。义形于色是什么意思?督准备杀害宋殇公,只要孔父还活着,还在,那么宋殇公就不可能被抓住并遭杀害,因此督先攻打孔父的家。殇公知道如果孔父死了,自己一定会死,就跑去救援孔父,结果他俩都死了。孔父表情严肃地站在朝廷上,就没有人敢于对国君发难,可以说孔父是义形于色了。

【经】滕子来鲁朝见桓公。

[解]

◆公元前711年,宋国的太宰(行政长官)华父督看上了大司马(最高军事将领)孔父"美而艳"的夫人,遂"攻杀孔父,取其妻"。作为国君的宋殇公自然对华父督的行为表示不满。结果，华父督干脆连宋殇公也杀了，即桓公二年正月"宋督弑其君与夷及其大夫孔父"，然后把穆公子冯从郑国迎回来立为国君，这就是宋庄公。此即"华父督之乱"。乱后，孔父之子为避祸而迁居鲁国，又历五世，生孔子，所以孔父乃孔子的六世祖。

◆《公羊传》称赞孔父贤明，同时被称之为贤的还有庄公十二年秋因保护国君而死的仇牧。文中颂扬说"孔父正色而立于朝，则人莫敢过而致难于其君者，孔父可谓义形于色矣"，"万臂揉仇牧，碎其首，齿著乎门阖，仇牧可谓不畏强御矣"。对忠臣的讴歌与对弑君者的鞭挞形成鲜明对比，是对臣子为国君竭忠尽智的诱导。这是公羊学先师对"君君臣臣"思想的又一次强调与宣扬。

【经】三月，公会齐侯、陈侯、郑伯于稷，以成宋乱。

〖传〗内大恶讳，此其目言之何？远也。所见异辞，所闻异辞，所传闻异辞。隐亦远矣，曷为为隐讳？隐贤而桓贱也。

[译]

【经】三月，鲁桓公在宋国的稷与齐侯、陈侯、郑伯相会，共同促成了宋国的祸乱。

〖传〗《春秋》对鲁国的大恶总是避讳的，这里明目张胆地指出鲁国的罪恶是为什么呢？因为这事发生得太久远了。在孔子亲见的时代对一些事情已有不同的说法，在孔子能听到的时代自然对一些事情也有不同的说法，至于在孔子仅能听到传说的时代那对一些事情就更有不同的说法了。鲁隐公离孔子也很远，为什么要为他隐讳呢？因为鲁隐公贤良而鲁桓公下作。

[解]

◆宋乱，即公子冯（即宋庄公）与华父督弑其君与夷。诸侯会于稷，为的是诛讨宋国弑君之贼，然而被其贿赂，罢兵而去，变相承认了宋国的政变，所以说"以成宋乱"。

【经】夏，四月，取郜大鼎于宋。

〖传〗此取之宋，其谓之郜鼎何？器从名，地从主人。器何以从名？地何以从主人？器之与人，非有即尔。宋始以不义取之，故谓之郜鼎；至乎地之与人则不然，俄而可以为其有矣。然则为取可以为其有乎？曰："否。"何者？若楚王之妻媦，无时焉可也。

【经】戊申，纳于大庙。

〖传〗何以书？讥。何讥尔？遂乱受赂，纳于大庙，非礼也。

[译]

【经】夏，四月，鲁国从宋国取得郜大鼎。

〖传〗这是从宋国取来的，《春秋》为什么叫它郜鼎呢？因为器物要按照其本名来称呼，土地要根据现属的主人来称呼。器物为什么要按照其本名来称呼？土地为什么要根据现属的主人来称呼？因为器物属人，并非占有了就算完了。这个鼎宋国当初是用不正当的手段从郜国夺来的，所以人们仍然叫它郜鼎；至于土地属人，就不一样了，转眼间就可以为他所有。那么是不是恣意取得土地，就能获得认可呢？回答说："不行。"为什么呢？这就好像楚王以妹妹为妻子，这个妻子的名分任何时候都不会得到认可。

【经】戊申日，把郜鼎送进鲁国的太庙。

〖传〗《春秋》为什么要记载这事呢？为了谴责。谴责什么？谴责鲁桓公趁着宋国的祸乱，接受华父督的贿赂，并把贿赂物送进太庙，这是不合于礼的。

[解]

◆郜鼎本是郜国的国宝，但后来郜国被宋国兼并，鼎也被抢到了宋国。华父督之乱后，宋庄公新立，地位不稳，要寻求周围邻国的支持，于是就把"郜鼎"行贿给了鲁桓公。鲁桓公接受了宋国送来的大鼎，还违礼地把它供奉在太庙里，以为炫耀。

【经】秋，七月，纪侯来朝。蔡侯、郑伯会于邓。
〖传〗离不言会，此其言会何？盖邓与会尔。
【经】九月，入杞。公及戎盟于唐。
【经】冬，公至自唐。

[译]

【经】秋，七月，纪侯来朝见鲁桓公。蔡侯和郑伯在邓国会面。
〖传〗两个国家议事一般是不说会面的，这里说会面是为什么呢？因为邓人也参加了。
【经】九月，鲁桓公入侵杞国。鲁桓公与戎人在唐会盟。
【经】冬，桓公从唐地回到国都。

【经】三年，春，正月，公会齐侯于嬴。
【经】夏，齐侯、卫侯胥命于蒲。
〖传〗胥命者何？相命也。何言乎相命？近正也。此其为近正奈何？古者不盟，结言而退。

[译]

【经】鲁桓公三年，春，正月，桓公在齐国的嬴与齐侯会面。
【经】夏，齐侯、卫侯在蒲地胥命。
〖传〗胥命是什么意思？就是相命。相命是什么意思？这就接近正道了。这种方式为什么说接近正道了呢？因为古人都不盟誓，只是口头约定就可以各自回去了。

[解]

◆胥命也是一种会盟，但没有会盟那样歃血的正式仪式。而这恰恰符合公羊学先师所推崇的古道，即"古者不盟，结言而退"。这就是说，古人言而有信，说过了就算数，不必搞发誓、赌咒、立盟约那套。这一解读，体现了公羊学先师对"信"的推崇。

【经】六月，公会纪侯于盛。
【经】秋，七月，壬辰朔，日有食之，既。
〖传〗既者何？尽也。
【经】公子翚如齐逆女。

[译]

【经】六月，桓公在盛与纪侯会面。
【经】秋，七月，壬辰日，初一，发生了日食，既。
〖传〗既是什么意思？就是太阳完全看不见了。
【经】公子翚到齐国迎接鲁桓公的新娘。

【经】九月，齐侯送姜氏于讙。
〖传〗何以书？讥。何讥尔？诸侯越竟送女，非礼也。此入国矣，何以不称夫人？自我言齐，父母之于子，虽为邻国夫人，犹曰吾姜氏。
【经】公会齐侯于讙，夫人姜氏至自齐。
〖传〗翚何以不致？得见乎公矣。

[译]

【经】九月，齐侯亲自送他的女儿姜氏到鲁国的讙地。

〖传〗《春秋》为什么要记载这事呢？为了谴责。谴责什么？诸侯越过国境送女儿出嫁，是非礼的。这时姜氏已经进入了出嫁国，为什么不称她夫人呢？这是从鲁国的角度来说齐国，父母对于自己的女儿，虽然她已经是邻国的夫人了，还是叫她"我的女儿姜氏"。

【经】桓公与齐侯在讙地相会，夫人姜氏从齐国来到鲁国。

〖传〗为什么不记载公子翚从齐国归来呢？因为在讙地已经见到桓公了。

[解]

◆这里的齐侯指齐僖公。《左传》："凡公女嫁于敌（对等）国，姊妹则上卿送之，以礼于先君，公子则下卿送之；于大国，虽公子亦上卿送之；于天子，则诸卿皆行，公不自送；于小国，则上大夫送之。"《穀梁传》："礼，送女，父不下堂，母不出祭门，诸母兄弟不出阙门。送女逾竟，非礼也。"无论是国君之女，还是姊妹，亲自护送都是非礼的，越境则非礼之尤甚。齐僖公自己不懂礼，教育子女无方，正是其女文姜与兄私通的根源。

【经】冬，齐侯使其弟年来聘。有年。

〖传〗有年，何以书？以喜书也。大有年，何以书？亦以喜书也。此其曰有年何？仅有年也。彼其曰大有年何？大丰年也。仅有年亦足以当喜乎？恃有年也。

[译]

【经】冬，齐侯派他的弟弟夷仲年来鲁国访问。本年丰收。

〖传〗丰收为什么要记载呢？因为是喜事，所以要记载。大丰收为什么要记载呢？也因为是喜事，所以要记载。这里说今年丰收是什么意思？只是一般的收成好。那么说大丰收是什么意思？收成特别好。只是一般的收成好，也值得当喜事吗？国家全靠收成好。

[解]

◆《公羊传》认为，桓公是弑兄后成为国君的，在道义上是受到指责的，诸侯随时有可能讨伐桓公而加兵于鲁。如果再碰上饥荒，鲁国可能会陷入大乱。幸好该年丰收，虽然不是大丰收，但也足以缓解紧张局势，有助于桓公政权的稳定，故《春秋》"喜而书之"。正如何休所说："若桓公之行，诸侯所当诛，百姓所当叛，而又元年大水，二年耗减，民人将去，国丧无日，赖得五谷皆有，使百姓安土乐业，故喜而书之。"

【经】四年，春，正月，公狩于郎。

〖传〗狩者何？田狩也，春曰苗，秋曰蒐，冬曰狩。常事不书，此何以书？讥。何讥尔？远也。诸侯曷为必田狩？一曰干豆，二曰宾客，三曰充君之庖。

[译]

【经】鲁桓公四年，春，正月，桓公在郎地狩。

〖传〗狩是什么意思？就是打猎。春季打猎叫作苗，秋季打猎叫作蒐，冬季打猎叫作狩。常规做的事，《春秋》是不记载的，这里为什么要记载呢？为了谴责。谴责什么？谴责鲁桓公到那么远的地方去打猎。诸侯为什么一定要练兵打猎呢？一是为了宗庙祭祀，二是为了款待宾客，三是为了供君食用。

[解]

◆按礼，诸侯田猎不过郊。而桓公远到郎地狩猎，无疑是兴师动众，劳民伤财。《公羊传》对此表示谴责，表现了公羊学先师对仁爱、仁政的提倡与宣扬。

◆春秋时代，由于生产力低下，国家无法供养常备军，实行的是耕战合一的体制，遇战争则临时征召民众入伍以成军。军事训练在生产中进行是常见方式，狩猎就是其中之一。通过狩猎，既训练了民众格斗技术，又培养了他们的勇武精神。

【经】夏，天王使宰渠伯纠来聘。

〖传〗宰渠伯纠者何？天子之大夫也。其称宰渠伯纠何？下大夫也。

[译]

【经】夏，周天王派遣宰渠伯纠来鲁国访问。

〖传〗宰渠伯纠是什么人？是周天子的大夫。为什么称他宰渠伯纠呢？因为他是下大夫。

【经】五年，春，正月，甲戌、己丑，陈侯鲍卒。

〖传〗曷为以二日卒之？怴也。甲戌之日亡、己丑之日死而得，君子疑焉，故以二日卒之也。

[译]

【经】鲁桓公五年，春，正月，甲戌日、己丑日，陈侯鲍去世了。

〖传〗为什么用两天记载他去世的日期呢？因为陈桓公疯了。去年甲戌日他出走，今年己丑日才找到，他已经死了。君子对这件事存疑，所以用这两天记载他去世的日期。

[解]

◆陈侯之死，《春秋》记在两日，看似荒诞，但《公羊传》认为这恰恰是《春秋》严谨的地方。

【经】夏，齐侯、郑伯如纪。

〖传〗外相如不书，此何以书？离不言会。

【经】天王使仍叔之子来聘。

〖传〗仍叔之子者何？天子之大夫也。其称仍叔之子何？讥。何讥尔？讥父老，子代从政也。

【经】葬陈桓公。

【经】城祝丘。

［译］

【经】夏，齐侯、郑伯前往纪国。

〖传〗鲁国以外的人相互往来，《春秋》是不记载的，这里为什么要记载呢？因为两国相会是不能说相会的。

【经】周天王派仍叔的儿子来鲁国访问。

〖传〗仍叔的儿子是什么人？是周天子的大夫。这里称他为仍叔的儿子是什么意思？是谴责。谴责什么？谴责父亲老了，儿子代替父亲从政做官。

【经】安葬陈桓公。

【经】在祝丘筑城。

【经】秋，蔡人、卫人、陈人从王伐郑。

〖传〗其言从王伐郑何？从王，正也。

【经】大雩。

〖传〗大雩者何？旱祭也。然则何以不言旱？言雩，则旱见；言旱，则雩不见。何以书？记灾也。

【经】螽。

〖传〗何以书？记灾也。

［译］

【经】秋，蔡人、卫人、陈人跟随周桓王讨伐郑国。

〖传〗这里说跟随周桓王讨伐郑国是什么意思？跟随周桓王出征，是正道。

【经】大雩。

〖传〗大雩是什么？就是发生大旱时举行的求雨的大祭祀。那么为什么不说发生大旱呢？说求雨祭祀，就可以知道发生了旱灾；说发生了旱灾，并不知道是否举行了求雨祭祀。为什么记载这件事？为了记载灾害。

【经】鲁国发生了蝗灾。

〖传〗为什么记载这件事？为了记载灾害。

[解]

◆周室东迁，依靠的是晋国和郑国，所以郑国同周王室的关系本来非常密切。郑庄公继承父位为王室卿士，大权独揽，十分专横。周平王决定削弱郑庄公的权力，分权给西虢国君虢公忌父，引起郑庄公的不满。由于双方都没有做好破裂的准备，为了表示互信，"周郑交质"，即周平王和郑庄公交换儿子作为人质。

周平王去世后，其孙桓王即位。桓王准备让虢君做卿士，郑庄公则派人抢收王室的麦子和谷子以表达不满。桓王毫不妥协，任命虢君为右卿士，以郑庄公为左卿士。郑庄公意识到失掉王职和与王室关系破裂对他与诸侯争雄不利，于是以退为进，做出了一些让步。桓王则进一步夺取了郑的四个邑，免去了庄公的卿士职位，庄公因此也就不再去王室朝见。桓王决心进一步惩罚庄公，于鲁桓公五年亲自率领王室的军队和还算听话的蔡、卫、陈等国的军队，讨伐郑国，即这里所说的"秋，蔡人、卫人、陈人从王伐郑"。郑国只得出兵抵抗，两军战于繻（rú）葛（今河南省长葛市东南）。史称"繻葛之战"。结果，王师大败，桓王也被郑大夫祝聃射中左肩。

【经】冬，州公如曹。

〖传〗外相如不书，此何以书？过我也。

[译]

【经】冬，州公前往曹国。

〖传〗别国相互往来，《春秋》是不记载的，这里为什么要记载呢？因为州公经过了鲁国。

【经】六年，春，正月，寔来。

〖传〗寔来者何？犹曰是人来也。孰谓？谓州公也。曷为谓之寔来？慢之也。曷为慢之？化我也。

[译]

【经】鲁桓公六年，春，正月，寔来。

〖传〗寔来是什么意思？就有如说："这个人来了。"说谁？说的是州公。为什么称州公来为寔来呢？这是怠慢他。为什么要怠慢他？因为他对鲁国失礼了。

[解]

◆按礼制，诸侯经过他国，必先假道；若经过他国都城，必先朝其君。之所以如此，是为了"崇礼让，绝慢易，戒不虞"。《公羊传》认为，州公上年如曹，途经鲁国，尚守假道之礼，此时归国，却傲慢不假道，所以《春秋》直书"寔来"之名以恶之。直至今日，一般来说，对某人不称职位，不称辈分，直呼其名，依然是一种贬损。

【经】夏，四月，公会纪侯于成。

【经】秋，八月，壬午，大阅。

〖传〗大阅者何？简车徒也。何以书？盖以罕书也。

【经】蔡人杀陈佗。

〖传〗陈佗者何？陈君也。陈君则曷为谓之陈佗？绝也。曷为绝之？贱也。其贱奈何？外淫也。恶乎淫？淫于蔡，蔡人杀之。

[译]

【经】夏，四月，鲁桓公在成地与纪侯会面。

【经】秋，八月，壬午日，鲁国举行大规模检阅。

〖传〗大检阅是什么意思？检阅战车和步兵。为什么要记载这件事呢？大概是因为这件事太罕见了。

【经】蔡人杀了陈佗。

〖传〗陈佗是什么人？是陈国的国君。既然是陈国的国君，为什么直呼其名陈佗呢？因为他已绝了为君之道。为什么说他绝了为君之道呢？因为他太下作了。他怎么下作？他到国外去淫乱。到哪里去淫乱？到蔡国去淫乱，蔡人杀了他。

[解]

◆诸侯有罪，据其轻重不同，《春秋》对其贬损有讥、贬、诛、绝四个层次，诛、绝重于讥、贬。

◆陈佗本娶蔡女为夫人，但又淫蔡君之姑姊妹，蔡人愤恨不已，遂于陈佗入蔡时杀之。《公羊传》认为《春秋》不称"陈公"而直呼其名"陈佗"意在表明陈佗不配为君。

【经】九月，丁卯，子同生。

〖传〗子同生者孰谓？谓庄公也。何言乎子同生？喜有正也。未有言喜有正者，此其言喜有正何？久无正也。子公羊子曰："其诸以病桓与？"

【经】冬，纪侯来朝。

[译]

【经】九月，丁卯日，儿子同出生。

〖传〗儿子同出生说的是什么人？说的是鲁庄公。为什么要强调桓公的儿子同出生呢？是因为高兴鲁国有了正嗣。在《春秋》中并没有因鲁国有了正嗣高兴而记载的，这里为什么要说是因为鲁国有了正嗣高兴而记载呢？因为鲁国很久没有正嗣了。公羊先生说："这话大概是在责备鲁桓公吧。"

【经】冬，纪侯来鲁国朝见鲁桓公。

[解]

◆桓公杀隐公，源于两人皆非正嗣。子同为正嗣，以后不会发生这种情况，所以《公羊传》认为《春秋》书此是为了表示"喜有正"，也是为了表示对桓公的责备。

【经】七年，春，二月，己亥，焚咸丘。

〖传〗焚之者何？樵之也。樵之者何？以火攻也。何言乎以火攻？疾始以火攻也。咸丘者何？邾娄之邑也。曷为不系乎邾娄？国之也。曷为国之？君存焉尔。

[译]

【经】鲁桓公七年，春，二月，己亥日，咸丘被焚烧。

〖传〗用什么焚烧它？用柴焚烧它。为什么要用柴焚烧它呢？这是用火攻城。为什么要记载用火攻城呢？《春秋》憎恨它开了用火攻城的头。咸丘是什么地方？是邾娄国的一个城邑。为什么不系属于邾娄国呢？因为作者把它当作一个国家。为什么把它当作一个国家呢？因为有国君在那里。

[解]

◆以火攻城，其结果必然是玉石俱焚，是灭绝性的。正如何休所说："征伐之道，不过用兵，服则可以退，不服则可以进。火之盛炎，水之盛冲，虽欲服罪，不可复禁，故疾其暴而不仁也。"《公羊传》反对这种丧失人性的做法，所以在初次出现时加以抨击。

【经】夏，榖伯绥来朝。邓侯吾离来朝。

〖传〗皆何以名？失地之君也。其称侯朝何？贵者无后，待之以初也。

[译]

【经】夏,穀伯绥来鲁国朝见。邓侯吾离来鲁国朝见。

〖传〗为什么都称他们的名呢?因为他们都是失地之君。那么为什么还称他们为侯和称他们来朝见呢?尊贵的人虽然失去了后世基业,但仍然应该按照原来的规格对待他们。

【经】八年,春,正月,己卯,烝。

〖传〗烝者何?冬祭也。春曰祠,夏曰礿,秋曰尝,冬曰烝。常事不书,此何以书?讥。何讥尔?讥亟也。亟则黩,黩则不敬。君子之祭也,敬而不黩。疏则怠,怠则忘。士不及兹四者,则冬不裘,夏不葛。

【经】天王使家父来聘。

[译]

【经】鲁桓公八年,春,正月,己卯日,鲁国举行烝礼。

〖传〗烝是什么意思?就是冬祭。祭祀宗庙,春祭叫祠,夏祭叫礿,秋祭叫尝,冬祭叫烝。常规做的事,《春秋》是不记载的,这里为什么记载呢?为了谴责。谴责什么?谴责祭祀的次数太多了。祭祀的次数太多就会轻慢鬼神,轻慢鬼神就会不恭敬鬼神。君子的祭祀是恭敬鬼神而不轻慢鬼神的。祭祀的次数太少就会松懈,松懈就会忘记。士如果赶不上这四季的祭祀,那么冬天就不能穿裘皮大衣,夏天也不能穿凉爽的葛衣。

【经】周天王派大夫家父来鲁国访问。

[解]

◆依照礼制、按照惯例做的事为常事。常事没有记载的必要,因此

《春秋》一般不记载常事。若加以记载，则必有于礼不合之处。这是《春秋》一条重要的书法原则。

【经】夏，五月，丁丑，烝。
〖传〗何以书？讥亟也。
【经】秋，伐邾娄。
【经】冬，十月，雨雪。
〖传〗何以书？记异也。何异尔？不时也。
【经】祭公来，遂逆王后于纪。
〖传〗祭公者何？天子之三公也。何以不称使？婚礼不称主人。遂者何？生事也。大夫无遂事，此其言遂何？成使乎我也。其成使乎我奈何？使我为媒，可则因用是往逆矣。女在其国称女，此其称王后何？王者无外，其辞成矣。

[译]

【经】夏，五月，丁丑日，鲁国举行烝礼。
〖传〗为什么要记载这件事？因为谴责祭祀太频繁了。
【经】秋，鲁军攻打邾娄国。
【经】冬，十月，下雪。
〖传〗为什么记载这件事？为了记载怪异的现象。有什么怪异的呢？这时下雪不合时令。
【经】祭公来鲁国，随后到纪国迎接王后。
〖传〗祭公是什么人？是周天子的三公之一。为什么不说派遣呢？因为在婚礼中是不称呼主人的。遂是什么意思？就是制造事端的。大夫是不能制造事端的，这里为什么要说"遂"呢？因为成全祭公使命的是鲁国。为什么说成全祭公使命的是鲁国呢？因为周天子派鲁国去做媒人，如果做媒成功了，祭公就可以到纪国去迎娶王后。

女子在自己的国家应该称女,这里为什么称她王后呢?因为对于周天王来说,是没有国外的,所以王后这一称呼也就明确了。

[解]

◆ "大夫无遂事",就是说臣下无君命不得自行专断。在《公羊传》中先后有五次阐述"大夫无遂事",除了这里,另外四次分别见于庄公十九年、僖公三十年、襄公二年、襄公十二年。如此三番五次地重申,其目的显然是要把大夫的一切活动限制在君的授权范围内,防止臣下自行其是。但是,《公羊传》其实同样主张在特殊情况下,大夫具有一定的自主权。庄公十九年,《公羊传》说:"出竟有可以安社稷、利国家者,则专之可也。"由此可见,《公羊传》在极力维护君权的同时,仍具有相当的灵活性。

我们在前言里说过,汉代在武帝以后,有《春秋》决狱的司法实践,《公羊传》之说成为裁断评判的最高权威。《公羊传》这里表述的"出竟有可以安社稷、利国家者,则专之可也"在汉代就有过一次实际运用。汉武帝时,博士徐偃奉命前往山东观风俗,对当地民生疾苦颇为同情,就"矫制"令百姓熬盐炼铁获利以改善生活。"矫制"就是皇帝没有授权而假传皇帝的命令,是专权行为。回京后,精通法律的酷吏张汤弹劾徐偃,认为应判死刑。徐偃认为自己无罪,理由就是"《春秋》之义,大夫出疆,有可以安社稷存万民,专之可也"。徐偃所说的"《春秋》之义",显然指的就是《公羊传》的这段表述。徐偃以经义自辩,张汤也无可奈何。后来,还是同样精通《春秋》的终军出面,亦引《春秋》为矛才攻破了徐偃以《春秋》所设之盾,徐偃理屈词穷而被定罪。这位终军就是王勃在《滕王阁序》里所盛称仰慕的"无路请缨,等终军之弱冠;有怀投笔,慕宗悫之长风"的终军。终军说:"古者诸侯国异俗分,百里不通,时有聘会之事,安危之势,呼吸成变,故有不受辞造命颛己之宜;今天下为一,万里同风,故《春秋》'王者无外'。偃巡封域之中,称以出疆,何也?且盐铁,郡有余臧,正二国废,国家不足以为利害,而以安社稷存万民为辞,何也?……直矫作威福,以从民望,干名采誉,此明圣所必加诛也。"在《春秋》

中,"王者无外"的大一统原则显然是高于"出竟有可以安社稷、利国家者,则专之可也"的,在天下一统的时代根本不存在出境问题,徐偃是在错误的时间错误地理解了经义,以至于最终触犯君权而丢掉了性命。在这次"矫制"案中,我们看到,《春秋》经义的辩驳,已经完全取代了法律上的较量并且凌驾在法律之上。这是汉代《春秋》决狱的一个典型案例。

【经】九年,春,纪季姜归于京师。

〖传〗其辞成矣,则其称纪季姜何?自我言纪,父母之于子,虽为天王后,犹曰吾季姜。京师者何?天子之居也。京者何?大也。师者何?众也。天子之居,必以众大之辞言之。

[译]

【经】鲁桓公九年,春,纪季姜出嫁到京师。

〖传〗既然称纪季姜为王后已经明确了,为什么这里又称她为纪季姜呢?这是从纪国的角度来称她为纪的,父母对于自己的女儿,虽然她贵为天王后,还是说"我的女儿季姜"。京师是什么地方?是周天子居住的地方。京是什么意思?就是地方广大。师是什么意思?是人数众多。周天子居住的地方,必须用表示人数众多、地方广大的词来描述。

[解]

◆季姜虽然已贵为王后,但对其父母来说,仍然只是女儿,所以称"吾季姜"。这是《公羊传》对父母养育之恩的肯定,说明国家权力还不能凌驾于人伦之上。后世女儿做了皇后,甚至只是妃子,父母也必须匍匐其脚下称"臣",实际上是皇权凌驾于父母子女亲情之上的表现。如名著《红楼梦》第十八回元妃省亲,其父贾政隔帘问安,对元妃开口便以"臣"自称。

【经】夏,四月。

【经】秋,七月。

【经】冬,曹伯使其世子射姑来朝。

〖传〗诸侯来曰朝。此世子也,其言朝何?《春秋》有讥父老,子代从政者,则未知其在齐与?曹与?

[译]

【经】夏,四月。

【经】秋,七月。

【经】冬,曹伯派他的世子射姑来鲁国朝见。

〖传〗诸侯来叫朝见。这是诸侯的世子,为什么他来也叫朝见呢?《春秋》有谴责父亲年老了,儿子代父从政为官的事例,但不知这里是在谴责齐国呢,还是谴责曹国?

[解]

◆射姑之"射",音yì。

【经】十年,春,王正月,庚申,曹伯终生卒。

【经】夏,五月,葬曹桓公。

【经】秋,公会卫侯于桃丘,弗遇。

〖传〗会者何?期辞也。其言弗遇何?公不见要也。

[译]

【经】鲁桓公十年,春,周历正月,庚申日,曹伯终生去世了。

【经】夏,五月,安葬曹桓公。

【经】秋,鲁桓公前往桃丘与卫侯相会,但没有见到卫侯。

〖传〗会是什么意思?就是预先约定好了会见的日期和地点。这里说没有见到卫侯,是怎么回事?因为鲁桓公并没有被邀请见面。

【经】冬，十有二月，丙午，齐侯、卫侯、郑伯来战于郎。

〖传〗郎者何？吾近邑也。吾近邑则其言来战于郎何？近也。恶乎近？近乎围也。此偏战也，何以不言师败绩？内不言战，言战乃败矣。

[译]

【经】冬，十二月，丙午日，齐侯、卫侯、郑伯率军前来和鲁国在郎地交战。

〖传〗郎是什么地方？是鲁国靠近都城的一座城邑。是鲁国靠近都城的一座城邑，那么《春秋》说"来战于郎"是什么意思呢？因为郎邑离都城太近了。近到什么程度？近到包围郎。这是一场各据一面而战的战役，为什么不说鲁国的军队战败了呢？因为对于鲁国是不说交战的，说交战就等于已经战败了。

【经】十有一年，春，正月，齐人、卫人、郑人盟于恶曹。
【经】夏，五月，癸未，郑伯寤生卒。
【经】秋，七月，葬郑庄公。

[译]

【经】鲁桓公十一年，春，正月，齐人、卫人和郑人在恶曹盟会。
【经】夏，五月，癸未日，郑伯寤生去世了。
【经】秋，七月，安葬郑庄公。

[解]

◆寤生，即《春秋·隐公元年》所载"郑伯克段于鄢"之"郑伯"，亦即郑庄公。

【经】九月，宋人执郑祭仲。

桓 公 61

〖传〗祭仲者何？郑相也。何以不名？贤也。何贤乎祭仲？以为知权也。其为知权奈何？古者郑国处于留。先郑伯有善于邻公者，通乎夫人，以取其国，而迁郑焉，而野留。庄公去世已葬，祭仲将往省于留，涂出于宋，宋人执之，谓之曰："为我出忽而立突。"祭仲不从其言，则君必死，国必亡；从其言，则君可以生易死，国可以存易亡。少辽缓之，则突可故出，而忽可故反，是不可得则病。然后有郑国。古人之有权者，祭仲之权是也。权者何？权者反于经，然后有善者也。权之所设，舍死亡无所设。行权有道，自贬损以行权，不害人以行权。杀人以自生，亡人以自存，君子不为也。

[译]

【经】九月，宋人拘囚了郑国的祭仲。

〖传〗祭仲是什么人？是郑国的宰相。为什么不称呼他的名呢？因为他贤能。祭仲有什么贤能之处？认为他是个知道权变的人。为什么说他知道权变呢？先前，郑国国都在留。到先君郑武公时，与邻国国君关系很好，遂与邻公的夫人私通，后来趁机灭了邻国，并把郑国国都迁到邻，而把留作为下都。郑庄公去世安葬完毕，祭仲准备到留去视察，路过宋国，宋国雍氏宗人拘囚了他，对他说："你替我们把世子忽逐出郑国，改立公子突为国君。"如果祭仲不听从他们的话，那么郑国国君一定会死，郑国一定会亡；如果听从，那么郑国国君就可以用生换取死，郑国也能用存换取亡。只要稍稍缓和一点，慢慢图谋，那么公子突仍然可以被逐，世子忽仍然可以返回郑国，如果不能实现这一计划，祭仲就会受到逐君之罪的指责。最后祭仲权且答应了宋人的要求，郑国遂得以保全。古代有权变的人，就像祭仲这样有权变。权变是什么意思？权变就是与常道相对的，但结果能带来极大好处的行为。权变的施行，除了君死国亡这种事，其他事是不能用的。

施行权变是有原则的：贬损自己来施行权变，不损害别人来施行权变。杀害别人来存活自己，消灭别人来保存自己，君子是不会做的。

[解]

◆这里《公羊传》阐述了经权思想。经是处理事情的基本原则，权是根据实际情况采取的看似背离经的不得已措施。经是根本，权是变通。郑庄公死，祭仲立忽，即郑昭公。祭仲途经宋国，为宋人所执，宋人逼迫祭仲改立公子突为君。按原则来说，祭仲是不应该答应的。果真如此，则郑必亡，昭公必死，其结果是违背了立昭公的初心。基于这样的情况，祭仲权且答应了宋人，以图其后，即《春秋》所载"突归于郑"，"郑忽出奔卫"。突得立，是为郑厉公。郑厉公即位几年后，祭仲将其逐出，恢复了忽的君位，即桓公十五年"五月，郑伯突出奔蔡"，"郑世子忽复归于郑"。事实证明祭仲的权宜之计，更好地实现了其初心。所以，《公羊传》对此大加赞扬，称"古人之有权者，祭仲之权是也"。即使这样，《公羊传》还是对行权做出了严格的界定：第一，"权者反于经，然后有善"，就是说行权的结果必须是好的，否则不必舍经行权；第二，"杀人以自生，亡人以自存，君子不为"，就是说行权不能出于损人利己的目的。

【经】突归于郑。

〖传〗突何以名？挈乎祭仲也。其言归何？顺祭仲也。

【经】郑忽出奔卫。

〖传〗忽何以名？春秋伯、子、男一也，辞无所贬。

[译]

【经】公子突回到郑国。

〖传〗为什么称突的名呢？因为他是祭仲带领回国的。这里说"归"是什么意思？是顺从祭仲的安排。

【经】郑国的世子忽出逃到卫国。

〖传〗为什么称忽的名不称爵呢？春秋时，伯、子、男在同一档次，称郑子并不算贬抑。

【经】柔会宋公、陈侯、蔡叔，盟于折。
〖传〗柔者何？吾大夫之未命者也。
【经】公会宋公于夫童。
【经】冬，十有二月，公会宋公于阚。

[译]
【经】柔与宋公、陈侯、蔡叔相会，并在折地结盟。
〖传〗柔是什么人？是鲁国还没有正式任命的大夫。
【经】鲁桓公在夫童会见宋庄公。
【经】冬，十二月，鲁桓公与宋庄公在阚相会。

【经】十有二年，春，正月。
【经】夏，六月，壬寅，公会纪侯、莒子，盟于殴蛇。
【经】秋，七月，丁亥，公会宋公、燕人，盟于穀丘。
【经】八月，壬辰，陈侯跃卒。公会宋公于郯。
【经】冬，十有一月，公会宋公于龟。
【经】丙戌，公会郑伯，盟于武父。
【经】丙戌，卫侯晋卒。

[译]
【经】鲁桓公十二年，春，正月。
【经】夏，六月，壬寅日，鲁桓公与纪侯、莒子相会，并在殴蛇结盟。
【经】秋，七月，丁亥日，鲁桓公与宋公、燕人相会，并在穀丘结盟。

【经】八月，壬辰日，陈侯跃去世了。鲁桓公在郯与宋公会面。

【经】冬，十一月，鲁桓公在龟与宋公会面。

【经】丙戌日，鲁桓公与郑伯相会，并在郑国的武父结盟。

【经】丙戌日，卫侯晋去世了。

【经】十有二月，及郑师伐宋。丁未，战于宋。

〖传〗战不言伐，此其言伐何？辟嫌也。恶乎嫌？嫌与郑人战也。此偏战也，何以不言师败绩？内不言战，言战乃败矣。

[译]

【经】十二月，鲁国与郑国的军队一起伐宋。丁未日，在宋国交战。

〖传〗交战是不说讨伐的，这里为什么说讨伐呢？为了避嫌。避嫌什么？回避说和郑国的军队一起作战。这是一场各据一方的战役，为什么不说打败了呢？因为对于鲁国是不说交战的，说交战就已经表明战败了。

[解]

◆宋国强迫祭仲立了郑厉公后，自以为有功，向郑厉公"求赂"，即索要好处，引起了双方的矛盾。鲁桓公调解郑、宋矛盾，多次与宋庄公会谈，宋国不愿意和解。于是鲁、郑结盟，"公会郑伯，盟于武父"，"及郑师伐宋"。

【经】十有三年，春，二月，公会纪侯、郑伯。己巳，及齐侯、宋公、卫侯、燕人战，齐师、宋师、卫师、燕师败绩。

〖传〗曷为后日？恃外也。其恃外奈何？得纪侯、郑伯，然后能为日也。内不言战，此其言战何？从外也。曷为从外？恃外，故从外也。何以不地？近也。恶乎近？近乎围。郎亦近矣，郎何以地？郎犹可以地也。

[译]

【经】鲁桓公十三年，春，二月，鲁桓公与纪侯、郑伯相会。己巳日，鲁军与齐侯、宋公、卫侯、燕人的军队交战。齐军、宋军、卫军、燕军战败了。

〖传〗为什么把交战的日期写在后面呢？因为鲁国是凭借外国的力量。凭借外国的力量又怎么样呢？得到了纪侯、郑伯的支持，然后才能定下交战的日期。对于鲁国是不说交战的，这里为什么说交战呢？因为这是跟随外军作战。为什么说是跟随外军作战呢？因为要倚仗外国的力量，所以说是跟随外军作战。为什么不记载交战的地点？因为这里离鲁国都城太近了。近到什么程度？近到都城几乎被包围了。郎离都城也很近，在郎邑交战为什么能写明地点呢？因为郎邑还是可以写明地点的。

【经】三月，葬卫宣公。
【经】夏，大水。
【经】秋，七月。
【经】冬，十月。

[译]

【经】三月，安葬卫宣公。
【经】夏，鲁国发大水。
【经】秋，七月。
【经】冬，十月。

【经】十有四年，春，正月，公会郑伯于曹。

【经】无冰。

〖传〗何以书？记异也。

【经】夏五，郑伯使其弟语来盟。

〖传〗夏五者何？无闻焉尔。

[译]

【经】鲁桓公十四年，春，正月，鲁桓公与郑伯在曹会面。

【经】这个月没有结冰。

〖传〗为什么记载这件事？为了记载怪异的现象。

【经】夏五，郑伯派遣他的弟弟语来会盟。

〖传〗夏五是什么意思？没有听说过。

【经】秋，八月，壬申，御廪灾。

〖传〗御廪者何？粢盛委之所藏也。御廪灾，何以书？记灾也。

【经】乙亥，尝。

〖传〗常事不书，此何以书？讥。何讥尔？讥尝也。曰："犹尝乎？御廪灾，不如勿尝而已矣！"

[译]

【经】秋，八月，壬申日，御廪失火。

〖传〗御廪是什么地方？就是储藏祭祀所用谷物的仓库。御廪失火为什么要记载？为了记载灾害。

【经】乙亥日，鲁国举行尝祭。

〖传〗常规做的事，《春秋》是不记载的，这里为什么要记载呢？为了谴责。谴责什么？谴责鲁桓公举行尝祭。有人说："还举行尝祭吗？御廪都发生了火灾，不如不举行尝祭算了！"

【经】冬，十有二月，丁巳，齐侯禄父卒。

【经】宋人"以"齐人、卫人、蔡人、陈人伐郑。

〖传〗以者何？行其意也。

[译]

【经】冬，十二月，丁巳日，齐侯禄父去世了。

【经】宋人"以"齐人、卫人、蔡人、陈人一起攻打郑国。

〖传〗以是什么意思？就是按照宋人的意志行动。

【经】十有五年，春，二月，天王使家父来求车。

〖传〗何以书？讥。何讥尔？王者无求；求车，非礼也。

【经】三月，乙未，天王崩。

【经】夏，四月，己巳，葬齐僖公。

[译]

【经】鲁桓公十五年，春，二月，周天王派遣家父来鲁国求取车辆。

〖传〗为什么记载这件事呢？为了谴责。谴责什么？作为周天王是不能索求的；求车，是不合于礼的。

【经】三月，乙未日，周王去世了。

【经】夏，四月，己巳日，安葬齐僖公。

【经】五月，郑伯突出奔蔡。

〖传〗突何以名？夺正也。

【经】郑世子忽复归于郑。

〖传〗其称世子何？复正也。曷为或言归？或言复归？复归者，出恶，归无恶；复入者，出无恶，入有恶；入者，出入恶；归者，出入无恶。

【经】许叔入于许。公会齐侯于鄎。邾娄人、牟人、葛人来朝。

〖传〗皆何以称人？夷狄之也。

[译]

【经】五月，郑伯突逃亡到蔡国。

〖传〗突为什么称名呢？因为他夺取了嫡嗣世子忽的君位。

【经】郑国世子忽重新回到郑国。

〖传〗为什么称他为世子呢？因为恢复了他作为嫡嗣的君位。为什么有的地方说归，有的地方说复归？复归的意思是出去时有罪恶，回来时没有罪恶；复入的意思是出去时没有罪恶，回来时有罪恶；入的意思是出去时回来时都有罪恶；归的意思是出去时回来时都没有罪恶。

【经】许叔回到许国。鲁桓公在鄎会见齐侯。邾娄人、牟人、葛人来鲁国朝见。

〖传〗这里为什么都称他们为"人"呢？因为把他们看成夷狄。

[解]

◆夷狄，本为对中原诸夏之外不懂礼仪的野蛮国家、族群的统称。但在《春秋》及《公羊传》中，夷狄与诸夏之别，既不是按地域论，也不是按血统论，而是以文明论。即使是中原之国，只要行为野蛮而不遵礼法，就视为夷狄，即"夷狄之"。比如这里桓公行恶，而邾娄、牟、葛来朝，意味着对野蛮的认同与赞赏，则"夷狄之"。再比如僖公三十三年，秦军长途奔袭郑，秦伯对忠心耿耿、有远见的老臣百里子与蹇叔子破口大骂，行为野蛮而无礼，《公羊传》也是"夷狄之"。而夷狄只要能行为文明，心忧中原诸国，就视同诸夏。比如定公五年，吴有忧中原诸国之心而救蔡，《春

《秋》就不称吴人而尊称吴子；而当吴攻入楚，"君舍于君室，大夫舍于大夫室，盖妻楚王之母"，就不再称"子"，因为吴已经"反夷狄"。

【经】秋，九月，郑伯突入于栎。

〖传〗栎者何？郑之邑。曷为不言入于郑？末言尔。曷为末言尔？祭仲亡矣。然则曷为不言忽之出奔？言忽为君之微也。祭仲存则存矣，祭仲亡则亡矣！

【经】冬，十有一月，公会齐侯、宋公、卫侯、陈侯于侈，伐郑。

[译]

【经】秋，九月，郑伯突进入栎邑。

〖传〗栎是什么地方？是郑国的一座城邑。为什么不说他进入郑国呢？因为没话可说。为什么没话可说呢？因为祭仲去世了。那么为什么不说世子忽逃亡国外呢？这说明世子忽作为国君太弱了。祭仲存在他就存在，祭仲不在了，他的君位也保不住了！

【经】冬，十一月，鲁桓公在侈与齐侯、宋公、卫侯、陈侯相会，讨伐郑国。

【经】十有六年，春，正月，公会宋公、蔡侯、卫侯于曹。
【经】夏，四月，公会宋公、卫侯、陈侯、蔡侯伐郑。
【经】秋，七月，公至自伐郑。
【经】冬，城向。

[译]

【经】鲁桓公十六年，春，正月，鲁桓公在曹国与宋公、蔡侯和卫侯相会。

【经】夏，四月，鲁桓公与宋公、卫侯、陈侯和蔡侯相会，共同讨伐郑国。

【经】秋，七月，鲁桓公从伐郑前线回国。

【经】冬，鲁国在向筑城。

【经】十有一月，卫侯朔出奔齐。

〖传〗卫侯朔何以名？绝。曷为绝之？得罪于天子也。其得罪于天子奈何？见使守卫朔，而不能使卫小众。越在岱阴齐，属负兹舍，不即罪尔。

[译]

【经】十一月，卫侯朔逃亡到齐国。

〖传〗为什么称卫侯朔的名呢？因为他的君位断绝了。为什么他的君位断绝了呢？因为他得罪了周天子。他得罪了周天子是怎么回事？他受命主持卫国的朝政，却不能领导卫国的民众。最后跑到泰山北面的齐国去，并推托有病留在那里，不去向周天子请罪。

【经】十有七年，春，正月，丙辰，公会齐侯、纪侯，盟于黄。

【经】二月，丙午，公及邾娄仪父盟于趡。

【经】五月，丙午，及齐师战于奚。

【经】六月，丁丑，蔡侯封人卒。

[译]

【经】鲁桓公十七年，春，正月，丙辰日，鲁桓公与齐侯、纪侯相会，在黄结盟。

【经】二月，丙午日，鲁桓公和邾娄国国君仪父在趡会盟。

【经】五月，丙午日，鲁军和齐军在奚交战。

【经】六月，丁丑日，蔡桓侯封人去世了。

【经】秋，八月，蔡季自陈归于蔡。癸巳，葬蔡桓侯。及宋人、卫人伐邾娄。

【经】冬，十月，朔，日有食之。

[译]

【经】秋，八月，蔡侯的弟弟蔡季从陈国回到蔡国。癸巳日，安葬蔡桓侯。鲁国和宋人、卫人一起讨伐邾娄国。

【经】冬，十月，初一，发生日食。

【经】十有八年，春，王正月，公会齐侯于泺。公、夫人姜氏遂如齐。

〖传〗公何以不言及夫人？夫人外也。夫人外者何？内辞也，其实夫人外公也。

[译]

【经】鲁桓公十八年，春，周历正月，鲁桓公在泺与齐侯相会。鲁桓公与夫人姜氏接着就去了齐国。

〖传〗为什么不说鲁桓公及夫人呢？是因为把夫人作为外人了。夫人作为外人是什么意思？这是内部的讳辞，其实是夫人姜氏对桓公有外心了。

【经】夏，四月，丙子，公薨于齐。丁酉，公之丧至自齐。

【经】秋，七月。

【经】冬，十有二月，己丑，葬我君桓公。

〖传〗贼未讨,何以书葬?仇在外也。仇在外则何以书葬?君子辞也。

[译]

【经】夏,四月,丙子日,鲁桓公在齐国去世了。丁酉日,鲁桓公的遗体从齐国运回来。

【经】秋,七月。

【经】冬,十二月,己丑日,安葬我们的国君桓公。

〖传〗凶手还没有讨伐,为什么记载葬礼呢?因为仇人在国外。仇人在国外,那么为什么要记载举行葬礼呢?这是君子用的语言。

庄　公

【经】元年，春，王正月。

〖传〗公何以不言即位？《春秋》君弑，子不言即位。君弑则子何以不言即位？隐之也。孰隐？隐子也。

[译]

【经】鲁庄公元年，春，周历正月。

〖传〗为什么《春秋》不记载庄公即位呢？《春秋》的体例是：国君被弑，他的儿子就不说即位。国君被弑，他的儿子为什么不说即位呢？是表示怜悯。怜悯谁？怜悯他的儿子。

【经】三月，夫人孙于齐。

〖传〗孙者何？孙犹孙也。内讳奔，谓之孙。夫人固在齐矣，其言孙于齐何？念母也。正月以存君，念母以首事。夫人何以不称姜氏？贬。曷为贬？与弑公也。其与弑公奈何？夫人谮公于齐侯："公曰：'同非吾子，齐侯之子也。'"齐侯怒，与之饮酒。于其出焉，使公子彭生送之。于其乘焉，搚干而杀之。念母者，所善也，则曷为于其念母焉贬？不与念母也。

[译]

【经】三月,夫人孙至齐国。

〖传〗孙是什么意思?孙就是逊的意思。鲁国避讳说逃亡,就称逃亡为孙。夫人本来就在齐国,这里说她逃亡到齐国是什么意思?是表示鲁庄公思念母亲。正月里臣子们思念去世的国君举行练祭,庄公希望母亲能回来主持祭事。夫人为什么不称姜氏呢?是为了贬低她。为什么要贬低她?因为她参与了杀害鲁桓公之事。说她参与杀害桓公是怎么回事?夫人曾在齐侯面前说桓公的坏话,她说:"鲁桓公说:'同不是我的儿子,是齐侯的儿子。'"齐侯听了很生气,就邀桓公饮酒。在宴后桓公离开时,派公子彭生送他。趁桓公上车时,彭生拉断桓公的肋骨,把他杀了。思念母亲,这是《春秋》称赞的事,那么鲁庄公思念母亲,为什么《春秋》还要贬低他呢?因为不赞成庄公在这样的背景下思念母亲。

[解]

◆夫人,即桓公三年九月"齐侯送姜氏于讙"嫁于桓公之姜氏,也即文姜。文姜未嫁时与哥哥齐襄公(当时还在做世子)私通。襄公大婚,文姜又违礼随鲁桓公回齐,即桓公十八年所说的"公、夫人姜氏遂如齐"。一回到齐国,就与齐襄公旧情复燃。鲁桓公得知,怒骂文姜。为了遮丑,齐襄公宴请桓公,并在宴后让公子彭生送鲁桓公回驿站,彭生在车内猛力拉折了鲁桓公的肋骨,将其谋杀。事后,襄公仅杀彭生以塞责。鲁桓公死后,文姜也不随丧返鲁,而是在齐国和鲁国交界处住下来,且往来于齐、鲁之间与襄公相会,如庄公二年"夫人姜氏会齐侯于郜",庄公四年"夫人姜氏飨齐侯于祝丘",庄公五年"夫人姜氏如齐师",庄公七年"夫人姜氏会齐侯于防""夫人姜氏会齐侯于榖",庄公十五年"夫人姜氏如齐",庄公十九年、二十年两次"夫人姜氏如莒",直到终老。

文姜与齐襄公私通,对于齐、鲁两国影响非常之大,有关典籍如《诗经》《春秋》《左传》《管子》《史记》等均有记载。清人马骕在《左传事纬》中认为："夫齐僖小霸，雄长东方，而于国储无世子之教，爱女无公宫之训。文姜一嫁，两国行秽，《春秋》病襄，兼以病僖也。"

【经】夏，单伯逆王姬。

〖传〗单伯者何？吾大夫之命乎天子者也。何以不称使？天子召而使之也。逆之者何？使我主之也。曷为使我主之？天子嫁女乎诸侯，必使诸侯同姓者主之；诸侯嫁女于大夫，必使大夫同姓者主之。

[译]

【经】夏，单伯去迎接王姬。

〖传〗单伯是什么人？是鲁国受周天子任命的大夫。为什么不说鲁庄公派遣呢？因为单伯是周天子叫去办事的。迎接是什么意思？就是周天子让鲁国主持婚事。为什么让鲁国主持婚事呢？因为天子嫁女儿给诸侯，必须派同姓的诸侯主持婚事；诸侯嫁女儿给大夫，必须派同姓的大夫主持婚事。

[解]

◆天子至尊无敌，嫁女不能纡尊降贵做主人来亲自主持婚礼，只能委托同姓诸侯代劳。此次周庄王嫁女（即王姬）于齐襄公，委托鲁国来主持，即"夏，单伯逆王姬"，"王姬归于齐"。《公羊传》解释《春秋》破例记载此事的动机说："何以书？我主之也。"这对鲁国来说是非常荣耀的事，因而《春秋》特意加以记载，以表明周王对鲁国的器重与信赖。不幸的是王姬嫁到齐国的次年就去世了，《春秋》又破例记载："秋，七月，齐王姬卒。"《公羊传》认为其原因仍然是"我主之也"。《公羊传》的这一阐释，是对其"《春秋》内其国而外诸夏"即《春秋》以鲁国为本思想的一次具体印证。

【经】秋，筑王姬之馆于外。

〖传〗何以书？讥。何讥尔？筑之，礼也；于外，非礼也。于外何以非礼？筑于外，非礼也。其筑之何以礼？主王姬者必为之改筑。主王姬者曷为必为之改筑？于路寝则不可，小寝则嫌，群公子之舍则以卑矣，其道必为之改筑者也。

[译]

【经】秋，鲁国在宫外建造王姬的行馆。

〖传〗为什么记载这件事？为了谴责。谴责什么？建造行馆是合礼法的，但在宫外建造行馆就不合礼法了。在宫外为什么就不合礼法呢？建造在宫廷之外，是不合礼法的。那么建造行馆为什么又合礼法呢？因为主持王姬婚事的诸侯必须为她改建行馆。主持王姬婚事的诸侯为什么一定要为她改建行馆呢？因为让王姬住在诸侯的路寝是不行的，让她住在夫人所住的小寝则有嫌疑，让她住在鲁国公主的馆舍又显得不尊重，根据这个原则，必须为王姬改建行馆。

【经】冬，十月，乙亥，陈侯林卒。王使荣叔来锡桓公命。

〖传〗锡者何？赐也。命者何？加我服也。其言桓公何？追命也。

[译]

【经】冬，十月，乙亥日，陈侯林去世了。周天王派遣荣叔来鲁国锡桓公命。

〖传〗锡是什么意思？就是赏赐。命是什么意思？就是加赐桓公礼服的诏命。这里说桓公是什么意思？表明这是追赐恩命。

[解]

◆在《公羊传》看来，桓公篡弑即位，无功无德，不当享受旨在表彰功德的加服。且按礼制，追赐死者是非礼的。因此，《公羊传》特意点出"加我服""追命"，实际上是对周天子滥用权力、违礼行事表示谴责。

【经】王姬归于齐。

〖传〗何以书？我主之也。

【经】齐师迁纪邢、鄑、郚。

〖传〗迁之者何？取之也。取之则曷为不言取之也？为襄公讳也。外取邑不书，此何以书？大之也。何大尔？自是始灭也。

[译]

【经】王姬出嫁到齐国。

〖传〗为什么记载这件事？因为是鲁国主持婚事。

【经】齐国的军队迁移了纪国的邢、鄑和郚三座城邑。

〖传〗迁移它们是什么意思？就是夺取这三座城邑。夺取它们，那么为什么不说夺取它们呢？为了替齐襄公避讳。鲁国以外的国家夺取城邑是不记载的，这里为什么记载呢？是为了强调这件事。为什么要强调这件事？因为齐国灭亡纪国就是从这时开始的。

【经】二年，春，王二月，葬陈庄公。

【经】夏，公子庆父帅师伐於馀丘。

〖传〗於馀丘者何？邾娄之邑也。曷为不系乎邾娄？国之也。曷为国之？君存焉尔。

[译]

【经】鲁庄公二年，春，周历二月，安葬陈庄公。

【经】夏，鲁国公子庆父率军攻打於馀丘。

〖传〗於馀丘是什么地方？是邾娄国的一座城邑。为什么不把它从属于邾娄国呢?因为把它作为一个国家看待。为什么把它作为一个国家看待呢?因为有国君在那里。

[解]

◆於馀丘只是一个邑,仅仅是因为国君在此,《公羊传》就把它作为国家来看待,说明《公羊传》有"朕即国家"的思想。

【经】秋,七月,齐王姬卒。

〖传〗外夫人不卒,此何以卒?录焉尔。曷为录焉尔?我主之也。

【经】冬,十有二月,夫人姜氏会齐侯于郜。乙酉,宋公冯卒。

[译]

【经】秋,七月,齐国的王姬去世了。

〖传〗鲁国以外的夫人去世是不记载的,这里为什么记载呢?就是把此事记录下来。为什么要把此事记录下来呢?因为王姬的婚事是鲁国主持的。

【经】冬,十二月,鲁桓公的夫人姜氏和齐侯在郜相会。乙酉日,宋公冯去世了。

【经】三年,春,王正月,溺会齐师伐卫。

〖传〗溺者何?吾大夫之未命者也。

[译]

【经】鲁庄公三年,春,周历正月,溺会合齐军讨伐卫国。

〖传〗溺是什么人?是鲁国还未正式任命的大夫。

【经】夏，四月，葬宋庄公。

【经】五月，葬桓王。

〖传〗此未有言崩者，何以书葬？盖改葬也。

[译]

【经】夏，四月，安葬了宋庄公。

【经】五月，安葬了周桓王。

〖传〗这里没有说到周桓王的去世，为什么会写到葬呢？大概是改葬。

【经】秋，纪季以酅入于齐。

〖传〗纪季者何？纪侯之弟也。何以不名？贤也。何贤乎纪季？服罪也。其服罪奈何？鲁子曰："请后五庙以存姑姊妹。"

[译]

【经】秋，纪季以酅邑作为附庸投奔齐国。

〖传〗纪季是什么人？是纪侯的弟弟。为什么不称他的名？因为他贤能。纪季有什么贤能之处呢？他替纪国服了罪。他替纪国服了罪又怎么样呢？鲁子说："请保留纪国的五庙，使姑姊妹能够归宗。"

[解]

◆纪季作为纪侯之弟，知齐、纪实力悬殊，纪为齐所灭已成定局。遂携酅邑弃兄归齐以为附庸，请求齐国允许保留五庙而使出嫁的姑姊妹可以归宁。这是婉辞，实际上是为了存祖庙，但因齐、纪有九世之仇，不敢直言存祖庙，遂以"存姑姊妹"为辞，得以保留五庙延续祭祀。在这种别无选择的情况下，纪季替纪国服罪，权变以存祖庙。纪季的权变应该起到了一定的作用，因为在庄公十二年，"春，王三月，纪叔姬归于酅"。纪叔姬是鲁惠公女，隐公妹。其姐伯姬嫁于纪国（《春秋·隐公二年》："冬，十月，伯姬归于纪。"），叔姬从嫁，因为年幼，"待年父母国"，隐公七年归于纪。纪国灭亡，纪叔姬曾回到鲁国，但《春秋》"国灭来归不书"，所以没有记载。此为由鲁归酅邑，《公羊传》认为是"其国亡矣，徒归于叔尔也"。好歹，因为纪季的权变，保留了酅邑，叔姬作为纪国的媳妇，还有地方可去，否则只能大归于鲁。因此，《春秋》及《公羊传》对纪季的权变表示高度的理解与赞同，而称其为"贤"。

【经】冬，公次于郎。
〖传〗其言公次于郎何？刺欲救纪而后不能也。

［译］

【经】冬，鲁庄公把军队驻扎在郎。
〖传〗这里说把军队驻扎在郎是为什么？是讽刺鲁庄公想挽救纪国而未成功。

【经】四年，春，王二月，夫人姜氏飨齐侯于祝丘。
【经】三月，纪伯姬卒。
【经】夏，齐侯、陈侯、郑伯遇于垂。

［译］

【经】鲁庄公四年，春，周历二月，鲁桓公夫人姜氏在祝丘宴请齐侯。
【经】三月，纪伯姬去世了。
【经】夏，齐侯、陈侯、郑伯在垂相遇。

【经】纪侯大去其国。
〖传〗大去者何？灭也。孰灭之？齐灭之。曷为不言齐灭之？为襄公讳也。《春秋》为贤讳。何贤乎襄公？复仇也。何仇尔？远祖也。哀公亨乎周，纪侯谮之。以襄公之为于此焉者，事祖祢之心尽矣。尽者何？襄公将复仇乎纪，卜之曰："师丧分焉。""寡人死之，不为不吉也。"远祖者几世乎？九世矣。九世犹可以复仇乎？虽百世可也。家亦可乎？曰："不可。"国何以可？国君一体也。先君之耻犹今君之耻也，今君之耻犹先君之耻也。国君何以为一体？国君以国为体，诸侯世，故国君为一体也。今纪无罪，此非怒与？曰："非也。"古者有明天子，则纪侯必诛，必无纪者。纪侯之不诛，至今有纪者，犹无明天子也。古者诸侯必有会聚之事、相朝聘之道，号辞必称先君以相接，然则齐、纪无说焉，不可以并立乎天下。故将去纪侯者，不得不去纪也。有明天子，则襄公得为若行乎？曰："不得也。"不得则襄公曷为为之？上无天子，下无方伯，缘恩疾者可也。

[译]

【经】纪侯永远离开了他的国家。

〖传〗为什么永远离开呢？因为纪国灭亡了。谁灭了纪国？齐国灭了纪国。为什么不说齐国灭亡了纪国呢？是为了替齐襄公避讳。《春秋》只为贤良的人避讳。齐襄公有什么贤良呢？他为祖先报了仇。报什么仇？齐襄公远祖的仇。当年齐哀公被周天子煮杀了，就是纪侯进的谗言。以齐襄公现在的作为来看，他侍奉父祖的心算是尽到了。为什么说尽到了呢？齐襄公准备向纪国复仇，就此进行占卜，结果说："军队要丧失一半。"齐襄公说："我为此而死，也不算不吉利。"齐襄公的先祖有几世了？九世了。已过九世还可以报仇吗？即使是过了百世也可以报仇。大夫家的仇也可以吗？回答说："不可以。"国君的仇为什么就可以呢？因为国与君是一体的。先代国君的耻辱就是现在国君的耻辱，现在国君的耻辱就是先代国君的耻辱。国与君为什么是一体的呢？因为君以国为根本，诸侯的爵位世代相传，所以国与君一体。现在纪国的国君并没有罪，这不是迁怒于他吗？回答说："不是这样。"古时候如有贤明的天子，那么纪侯一定会被诛杀，也必然没有纪国了。纪侯之所以没有被诛杀，到现在还有纪国，就是因为没有贤明的天子。古时候，诸侯之间一定有聚会的事，有互相朝见访问的事，言辞上必先称呼对方先代国君然后才相互交往，那么齐国国君与纪国国君就见面时就不高兴，简直不能同时存在于天底下。那么想要灭掉纪侯的人，就不能不灭掉纪国了。如果有贤明的天子在，那么齐襄公能够这样行事吗？回答说："不可能。"既然不可能，那么齐襄公为什么能这样干呢？因为上面没有贤明的天子，下面没有诸侯之长，只要根据祖先的恩仇，就可以自行干了。

[解]

◆当初周夷王烹杀齐襄公的九世先祖齐哀公，传说是因为纪侯进了逸言。齐、纪两国从此成为世仇。齐国对外扩张，一直伺机吞并纪国，报先祖之仇因此成为一个很好的借口。纪国则与鲁国结好，以鲁为外援而自保。鲁国亦力图保存纪国，以抑制齐国的扩张。庄公四年（前690），齐军攻破纪国都城，纪侯出国逃亡一去不返，即这里记载的"纪侯大去其国"，纪国灭亡。

◆齐襄公复九世之仇，得到了《春秋》及《公羊传》的充分肯定。《春秋》及《公羊传》宣扬的国君可以复九世之仇的思想，对西汉和南宋都产生了巨大的影响。

西汉初年，因实力不济，每为匈奴所欺。汉高祖六年（前201），韩王信在大同地区叛乱，勾结匈奴攻打太原。汉高祖刘邦亲率大军迎击匈奴，因轻敌冒进，被围困于平城白登山，达七天七夜，此即"白登之围"。后来还是通过向单于的妻子行贿，才得以脱险。实为奇耻大辱。

刘邦死后，冒顿单于又给当政的吕后写信："孤偾之君，生于沮泽之中，长于平野牛马之域。数至边境，愿游中国。陛下独立孤偾独居，两主不乐，无以自娱，愿以所有易其所无。"所谓"数至边境，愿游中国"，是冒顿对自己屡次侵犯汉的边境的夸耀，有极强的威胁意味，是要灭亡中原诸国的潜台词。所谓的"两主不乐，无以自娱，愿以所有易其所无"，就是要吕后陪他睡觉。面对这样无以复加的侮辱，自知无力反击的吕后也只能忍气吞声，回信说："年老气衰，发齿堕落，行步失度。单于过听，不足以自污。弊邑无罪，宜在见赦。"意思就是说：我已经老了，你误听了别人的话，要我陪你睡觉，这样会把你弄脏的，有失你的身份。我们没有罪过，你就饶了我们吧。

至汉武帝时，由于中央集权大大加强，经济实力空前雄厚，亦无内顾之忧，反击匈奴已是势在必行，所缺的只是道义上的制高点。而《春秋》及《公羊传》这里所宣扬的齐襄公复九世之仇的思想，恰好为汉武帝的行动提供了理论依据。太初四年，汉武帝下诏说："高皇帝遗朕平城之忧，高后时单于书绝悖逆。昔齐襄公复九世之仇，《春秋》大之。"

南宋时期，宋宁宗、韩侂胄、李壁、陆游等南宋政治家，为了报"靖康之耻"的仇恨，都充分肯定《春秋》及《公羊传》倡导的复九世之仇的意义，九世之仇也成了南宋臣民经常论及的历史名言。比如李壁《讨金檄文》中写道："噫！齐君复仇，上通九世，唐宗刷耻，卒报百王。矧乎家国之仇，接乎月日之近，凤宵是悼，涕泗无从。将勉辑于大勋，必允资于众力。言乎远，言乎迩，孰无中义之心？为人子，为人臣，当念愤。益砺执干之勇，式对在天之灵，庶几中黎旧业之再光，庸示永世宏纲之犹在。布告中外，明体至怀。"陆游的《纵笔》诗曰："会须沥血书封事，请报天家九世仇！"因此，复九世之仇的思想成为南宋恢复中原的精神动力。

【经】六月，乙丑，齐侯葬纪伯姬。

〖传〗外夫人不书葬，此何以书？隐之也。何隐尔？其国亡矣，徒葬于齐尔。此复仇也，曷为葬之？灭其可灭，葬其可葬。此其为可葬奈何？复仇者非将杀之，逐之也。以为虽遇纪侯之殡，亦将葬之也。

[译]

【经】六月，乙丑日，齐侯安葬纪伯姬。

〖传〗《春秋》依例是不记载鲁国以外的夫人的葬礼的，这里为什么记载？因为怜悯她。为什么怜悯她呢？因为她的国家灭亡了，只好葬到齐国。齐国灭纪国是报仇，为什么还要安葬纪伯姬呢？齐国灭掉它应该灭掉的，安葬它应该安葬的。这里安葬纪伯姬为什么说是应该安葬的呢？复仇并不是要把对方杀了，只要驱逐就行了。即使遇到纪侯敛尸在棺，也要安葬他。

[解]

◆《春秋》及《公羊传》对于复仇，有人道主义的要求，即便是仇人的尸首，也要依礼安葬。

【经】秋，七月。

【经】冬，公及齐人狩于郜。

〖传〗公曷为与微者狩？齐侯也。齐侯则其称人何？讳与仇狩也。前此者有事矣，后此者有事矣，则曷为独于此焉讥？于仇者将壹讥而已，故择其重者而讥焉，莫重乎其与仇狩也。于仇者则曷为将壹讥而已？仇者无时，焉可与通？通则为大讥，不可胜讥，故将壹讥而已，其余从同同。

[译]

【经】秋，七月。

【经】冬，鲁庄公和齐人在郜狩猎。

〖传〗鲁庄公为什么要与地位低下的"人"一起狩猎呢？那"人"其实就是齐侯。为什么要称齐侯为"人"呢？因为避讳说与仇人狩猎。他们在这以前已经有过交往，在这以后也有过交往，那么为什么只对这件事指责呢？对于仇人，只谴责一次就算了，所以要选择其中最严重的事情来谴责，而最严重的莫过于与仇人一起狩猎了。对于仇人，为什么只谴责一次就算了呢？因为对于仇人之仇，是没有时限的，怎么能与之交往呢？只要交往了就大肆指责，那么将指责不完，所以指责一次就算了，其余的均依此例看待。

[解]

◆齐襄公是鲁庄公的杀父仇人，庄公理当报仇雪恨。可庄公不但不报仇，还与其一起打猎娱乐，是极其无耻的行为。所以《公羊传》认为《春秋》把齐襄公称作"人"，是为避讳庄公与仇人一起打猎。

【经】五年，春，王正月。

【经】夏，夫人姜氏如齐师。

【经】秋，倪黎来来朝。

〖传〗倪者何？小邾娄也。小邾娄则曷为谓之倪？未能以其名通也。黎来者何？名也。其名何？微国也。

[译]

【经】鲁庄公五年，春，周历正月。

【经】夏，鲁桓公夫人姜氏前往齐军。

【经】秋，倪黎来前来鲁国朝见。

〖传〗倪是什么？是小邾娄国。小邾娄国为什么叫它"倪"呢？因为还不能用它的国名与各诸侯国交往。黎来是什么意思？这是小邾娄国国君的名。为什么称他的名呢？因为邾娄国是小国。

【经】冬，公会齐人、宋人、陈人、蔡人，伐卫。

〖传〗此伐卫何？纳朔也。曷为不言纳卫侯朔？辟王也。

[译]

【经】冬，鲁庄公会同齐人、宋人、陈人、蔡人，讨伐卫国。

〖传〗这次讨伐卫国是为什么？是为了护送卫侯朔回国。为什么不明说护送卫侯朔回国呢？因为避讳周天王出兵的事。

[解]

◆鲁桓公十六年，卫宣公受妻子宣姜及其子公子朔的挑唆，杀世子急及公子寿。宣公死，朔即位，是为卫惠公。职、泄二公子怨恨惠公杀急与寿，逐惠公，即《春秋·桓公十六年》所记"十有一月，卫侯朔出奔齐"。至鲁庄公五年冬，"公会齐人、宋人、陈人、蔡人，伐卫"，目的是"纳朔也"，即让在外逃亡的朔返卫复位。次年春三月，周王出兵救卫，即下所记"王人子突救卫"，意在阻止公子朔返卫，但没有成功，结果"夏，六月，卫侯朔入于卫"。

《公羊传》认为，在朔返卫这件事情上，鲁、齐、宋、陈、蔡对抗周王，显然是不符合君臣之道的。而且这个事情的结果又是周王失败了。为了保住周王的尊严，所以《春秋》仅言"伐卫"，而回避"纳朔"。鲁与其他诸侯在这次对抗周王的战争中，获得了胜利，公子朔返卫为君。按何休所说"公与一国及独出用兵，得意不致，不得意致伐"，《春秋》这里写庄公"至自伐卫"，似乎是没有取得胜利，其实这也是为了回避周王的失败。

【经】六年，春，王三月，王人子突救卫。

〖传〗王人者何？微者也。子突者何？贵也。贵则其称人何？系诸人也。曷为系诸人？王人耳。

[译]

【经】鲁庄公六年，春，周历三月，王人子突救援卫国。

〖传〗王人是什么人？是周天子地位低下的官员。称他"子突"是什么意思？是表示尊重他。既然尊重他，那么为什么还称他为

"人"呢？系属于人而已。为什么系属于人？他只是周天王的人。

【经】夏，六月，卫侯朔入于卫。

〖传〗卫侯朔何以名？绝。曷为绝之？犯命也。其言入何？篡辞也。

[译]

【经】夏，六月，卫侯朔进入卫国。

〖传〗为什么称卫侯朔的名呢？因为他的爵位被剥夺了。他的爵位为什么被剥夺了？因为他违抗了周天子的命令。这里说进入是什么意思？这是表示篡夺君位的语言。

【经】秋，公至自伐卫。

〖传〗曷为或言致会？或言致伐？得意致会，不得意致伐。卫侯朔入于卫，何以致伐？不敢胜天子也。

【经】螟。

[译]

【经】秋，鲁庄公攻打卫回来。

〖传〗为什么有时候说从诸侯会面的地方回来，有时候说从被打的国家回来呢？如果打胜了就说从会面的地方回来，如果没有打胜就说从被攻打的国家回来。卫侯朔已经回到卫国，为什么还说从被攻打的卫国回来呢？因为不敢说战胜了周天子。

【经】鲁国发生了螟灾。

【经】冬，齐人来归卫宝。

〖传〗此卫宝也，则齐人曷为来归之？卫人归之也。卫人归之，则其称齐人何？让乎我也。其让乎我奈何？齐侯曰："此非寡人之力，鲁侯之力也。"

[译]

【经】冬，齐人前来赠送卫国的宝器。

〖传〗这是卫国的宝器，那么齐人为什么来赠送它呢？实际上是卫人前来赠送它。既然是卫人赠送的，那么这里为什么说是齐人呢？因为这是齐人让给鲁国的。齐人为什么要让给鲁国呢？因为齐侯说："护送卫侯朔回国并不是靠我的力量，而是靠鲁侯的力量。"

【经】七年，春，夫人姜氏会齐侯于防。

【经】夏，四月，辛卯夜，恒星不见，夜中星霣如雨。

〖传〗恒星者何？列星也。列星不见，则何以知？夜之中星反也。如雨者何？如雨者非雨也。非雨则曷为谓之如雨？不修《春秋》曰："雨星不及地尺而复。"君子修之曰："星霣如雨。"何以书？记异也。

[译]

【经】鲁庄公七年，春，鲁桓公夫人姜氏与齐侯在防相会。

【经】夏，四月，辛卯日夜里，恒星看不见了，半夜里流星落下来像雨一样。

〖传〗恒星是什么？就是按时出现在固定方位的星。按时出现在固定方位的星看不见了，怎么会知道呢？因为半夜时那些星又归位了。像雨一样是什么意思？像雨但并不是雨。既然不是雨，那为什么要说像雨呢？未经修订的《春秋》上说："落下来的星星在离地面不到一尺的地方又返回去了。"孔子修正这种记载，才写："星星落下来像雨一样。"为什么记载这件事呢？为了记载怪异现象。

[解]

◆ "不修《春秋》",指《春秋》修订前所依据的鲁国国史。

【经】秋,大水。无麦、苗。

〖传〗无苗,则曷为先言无麦,而后言无苗?一灾不书,待无麦,然后书无苗。何以书?记灾也。

【经】冬,夫人姜氏会齐侯于榖。

[译]

【经】秋,鲁国发大水。麦子不收,地里无苗。

〖传〗既然地里无苗,那为什么要先说麦子不收,然后才说地里无苗呢?因为一种自然灾害,《春秋》是不记载的,只有等到麦子不收这种灾害出现了,然后才记载地里无苗。为什么记载这些事?这是记载灾害。

【经】冬,鲁桓公夫人姜氏在榖与齐侯相会。

【经】八年,春,王正月,师次于郎,以俟陈人、蔡人。

〖传〗次不言俟,此其言俟何?托不得已也。

[译]

【经】鲁庄公八年,春,周历正月,鲁军驻扎在郎,以等待陈人和蔡人。

〖传〗部队驻扎是不说等待的,这里说等待是什么意思?这是假托,不得不这样说。

【经】甲午,祠兵。

〖传〗祠兵者何?出曰祠兵,入曰振旅,其礼一也,皆习战也。何言乎祠兵？为久也。曷为为久？吾将以甲午之日，然后祠兵于是。

[译]

【经】甲午日，鲁军祠兵。

〖传〗祠兵是什么意思？军队出征之礼叫祠兵，还师之礼叫振旅，它们的礼仪都是一样的，都是为了练习作战。为什么要记载祠兵呢？因为鲁军在这里停留的时间太久了。为什么说停留的时间太久呢？鲁军将从甲午日开始，一直在这里祠兵。

【经】夏，师及齐师围成，成降于齐师。

〖传〗成者何？盛也。盛则曷为谓之成？讳灭同姓也。曷为不言降吾师？辟之也。

[译]

【经】夏，鲁军和齐军包围了成，成向齐军投降。

〖传〗成是什么地方？就是盛国。既然是盛国，那么为什么又称之为成呢？这是为了避讳灭了同姓的国家。为什么不说盛国向鲁军投降呢？是为了避讳灭同姓之国。

【经】秋，师还。

〖传〗还者何？善辞也。此灭同姓何善尔？病之也。曰："师病矣，曷为病之？"非师之罪也！

【经】冬，十有一月，癸未，齐无知弑其君诸儿。

[译]

【经】秋，鲁国的军队返回。

庄 公 91

〖传〗返回是什么意思?这是赞美的语言。这是灭掉同姓国家的战争,为什么还要赞美呢?这是为了慰劳这支疲惫的军队。有人说:"部队出征都很疲惫,为什么只慰劳这支部队呢?"因为出征参战不是军队的罪过!

【经】冬,十一月,癸未日,齐国的公孙无知杀害了他的国君诸儿。

【经】九年,春,齐人杀无知。公及齐大夫盟于暨。

〖传〗公曷为与大夫盟?齐无君也。然则何以不名?为其讳与大夫盟也,使若众然。

[译]

【经】鲁庄公九年,春,齐人杀了公孙无知。鲁庄公和齐国大夫在暨会盟。

〖传〗鲁庄公为什么与齐国大夫会盟呢?因为这时齐国没有国君。既然这样,那么为什么不记载齐国大夫的名呢?这是为了避讳与大夫会盟,让它像与齐国民众会盟一样。

[解]

◆按礼,会盟讲究对等原则,即国君只能与国君盟誓,不能与大夫盟誓。与大夫盟誓,是有辱身份的事。但春秋时期,因为各种原因,国君与大夫盟誓的情况实际上是数见不鲜。这里,当时齐国无君,庄公只能与其当权的大夫盟会,但《春秋》不书大夫之名,《公羊传》认为这是"讳与大夫盟"。庄公二十二年,可能是慑于齐的强大,鲁庄公不得不委屈自己与其执政的大夫高傒会盟,《春秋》书作"秋,七月,丙申,及齐高傒盟于防",不明言庄公,《公羊传》认为这也是"讳与大夫盟"。文公二年,文公前往晋国,因文公此前未能及时去晋国朝拜,晋国仅派大夫阳处父与之结盟。《春秋》书作"三月,乙巳,及晋处父盟",也不明言文公,《公羊传》认为这也是"讳与大夫盟"。《公羊传》的"讳与大夫盟",是对君臣名分的维护。

【经】夏,公伐齐纳纠。

〖传〗纳者何?入辞也。其言伐之何?伐而言纳者,犹不能纳也。纠者何?公子纠也。何以不称公子?君前臣名也。

【经】齐小白入于齐。

〖传〗曷为以国氏?当国也。其言入何?篡辞也。

[译]

【经】夏,鲁庄公讨伐齐国以送公子纠回国即君位。

〖传〗纳是什么意思?是入国之辞。这里说攻打齐国是什么意思?攻打又说"纳",好像不能护送一样。纠是什么人?就是公子纠。为什么不称他公子呢?因为他在鲁庄公面前还是臣子,只能称名。

【经】齐小白进入齐国即位。

〖传〗为什么要用国名作为他的姓呢?因为他控制着国家。这里说"入"是什么意思?是篡夺之辞。

[解]

◆齐襄公荒淫残暴,齐国政局混乱。襄公的几个弟弟恐祸及自身,纷纷出逃。小白由师傅鲍叔牙保护逃到莒国,子纠由管仲、召忽保护逃到舅家鲁国。庄公八年,公孙无知杀齐襄公,自立为君,即"冬,十有一月,癸未,齐无知弑其君诸儿",诸儿即齐襄公。次年,"春,齐人杀无知"。一时间齐国无君,给逃亡在外的齐国诸公子提供了机会。子纠和小白启程返齐,成为君位的争夺对手。鲁庄公以兵伐齐,亲自送子纠返齐,即"夏,公伐齐纳纠"。鲁庄公为了让子纠顺利回到齐国,还派管仲去阻拦小白。管仲遇到小白后,用箭射中小白,小白佯死。子纠一方放松警惕,从容返齐。而小白在骗过管仲后,日夜兼程,返回齐国,即"齐小白入于齐",从而成为国君,是为齐桓公。齐桓公即位后,发兵拒鲁,战于乾时,结果鲁军大败,即"八月,庚申,及齐师战于乾时,我师败绩"。乾时之战后,在齐国的压力下,鲁国只好杀了子纠,即"九月,齐人取子纠杀之"。齐桓公对鲁支持子纠同自己争位,依然怀恨在心,又于庄公十年春,再派大军进攻鲁国,双方再战于长勺,是为长勺之战。鲁庄公在自愿来参战的普通国人曹刿的帮助下,大败齐军,即"公败齐师于长勺"。众所周知的曹刿论战,论的就是这一战。

【经】秋,七月,丁酉,葬齐襄公。

【经】八月,庚申,及齐师战于乾时,我师败绩。

〖传〗内不言败,此其言败何?伐败也。曷为伐败?复仇也。此复仇乎大国,曷为使微者?公也。公则曷为不言公?不与公复仇也。曷为不与公复仇?复仇者在下也。

[译]

【经】秋,七月,丁酉日,安葬齐襄公。

【经】八月,庚申日,鲁军与齐军在乾时交战,鲁军大败。

〖传〗对鲁国是不说失败的,这里为什么说失败呢?这是表示因为讨伐而失败的。为什么说鲁国因讨伐而失败呢?是为了报仇。这是向大国报仇,为什么派地位卑微的人去呢?其实就是鲁庄公。既然是鲁庄公,为什么不说是他呢?因为《春秋》的作者不赞成鲁庄公出面报仇。为什么不赞成鲁庄公出面报仇呢?因为报仇的人应该是臣下。

【经】九月,齐人取子纠杀之。

〖传〗其言取之何?内辞也。胁我,使我杀之也。其称子纠何?贵也。其贵奈何?宜为君者也。

[译]

【经】九月，齐人取公子纠，并把他杀了。

〖传〗这里说"取"是什么意思？这是为鲁国避讳之辞。齐军威胁鲁国，让鲁国杀了公子纠。这里称他为子纠是什么用意呢？是表示尊重他。为什么尊重他呢？因为他本宜为君。

【经】冬，浚洙。

〖传〗洙者何？水也。浚之者何？深之也。曷为深之？畏齐也。曷为畏齐也？辞杀子纠也。

[译]

【经】冬，鲁国浚洙。

〖传〗洙是什么意思？是鲁国河流的名称。浚是什么意思？就是加深河道。为什么要加深洙水的河道呢？因为害怕齐国的进攻。为什么害怕齐国的进攻呢？因为鲁国曾拒绝杀害公子纠。

【经】十年，春，王正月，公败齐师于长勺。

【经】二月，公侵宋。

〖传〗曷为或言侵？或言伐？粗者曰侵，精者曰伐。战不言伐，围不言战，入不言围，灭不言入：书其重者也。

[译]

【经】鲁庄公十年，春，周历正月，鲁庄公在长勺打败了齐国的军队。

【经】二月，鲁庄公派兵入侵宋国。

〖传〗为什么有的时候说侵，有的时候说伐呢？粗浅的叫侵，精

庄 公 95

深的叫伐。有战则不说伐，有围则不说战，有入则不说围，有灭则不说入：都是记录程度重的。

[解]

◆长勺之战，《左传》以曹刿论战的形式做了较为详细的记载。这次战争规模虽然不大，但鲁以少胜多、以弱胜强，在军事史上具有典型意义。

【经】三月，宋人迁宿。

〖传〗迁之者何？不通也，以地还之也。子沈子曰："不通者，盖因而臣之也。"

[译]

【经】三月，宋人迁移宿国。

〖传〗迁移宿国是什么意思？就是断绝宿国的交通，用土地从四周把宿国围起来。子沈子说："断绝宿国的交通，大概是想借此迫使宿国称臣吧。"

【经】夏，六月，齐师、宋师次于郎，公败宋师于乘丘。

〖传〗其言次于郎何？伐也。伐则其言次何？齐与伐而不与战，故言伐也。我能败之，故言次也。

[译]

【经】夏，六月，齐军、宋军驻扎在鲁国的郎邑，鲁庄公在乘丘击败了宋军。

〖传〗这里说齐、宋两军驻扎在郎邑是什么意思？齐、宋两军要讨伐鲁国。既然是讨伐，那么为什么还说驻扎呢？齐军参与了讨伐但并没有直接参战，所以说讨伐。鲁国能够打败他们，所以说他们是驻扎。

【经】秋，九月，荆败蔡师于莘，以蔡侯献舞归。

〖传〗荆者何？州名也。州不若国，国不若氏，氏不若人，人不若名，名不若字，字不若子。蔡侯献舞何以名？绝。曷为绝之？获也。曷为不言其获？不与夷狄之获中国也。

[译]

【经】秋，九月，荆在莘击败了蔡国的军队，俘虏了蔡侯献舞回国。

〖传〗荆是什么？是一个州的名称。称州不如称国，称国不如称姓，称姓不如称人，称人不如称名，称名不如称字，称字不如称子。蔡侯献舞为什么要称名呢？因为他的君位断绝了。为什么说他的君位断绝了呢？因为他被俘了。那么为什么不说他被俘了呢？因为《春秋》的作者不赞成夷狄俘虏中原的国君。

[解]

◆《公羊传》"不与夷狄"，除这里外，在本书还有多次表达：隐公七年，戎人抓住了出使鲁国回京师的凡伯；僖公二十一年，楚拘捕了宋襄公。《公羊传》都表示"不与夷狄之执中国"。昭公二十三年，《春秋》以诈战之词"吴败顿、胡、沈、蔡、陈、许之师于鸡父"记偏战；哀公十三年，《春秋》以"公会晋侯及吴子于黄池"记黄池之会，把晋排在吴前面。《公羊传》都认为是"不与夷狄之主中国"。如此三番五次申明"不与夷狄"，是《公羊传》对"内华夏而外夷狄"思想的强烈宣示。

【经】冬，十月，齐师灭谭，谭子奔莒。

〖传〗何以不言出？国已灭矣，无所出也。

[译]

【经】冬，十月，齐国的军队灭掉了谭国，谭子逃到了莒国。

〖传〗为什么不说出呢？因为他的国家已经灭亡了，无国可出了。

【经】十有一年，春，王正月。
【经】夏，五月，戊寅，公败宋师于鄑。
【经】秋，宋大水。
〖传〗何以书？记灾也。外灾不书，此何以书？及我也。

[译]

【经】鲁庄公十一年，春，周历正月。
【经】夏，五月，戊寅日，鲁庄公在鄑打败了宋军。
【经】秋，宋国发大水。
〖传〗为什么记载这件事？为了记载灾害。鲁国以外的灾害是不记载的，这里为什么要记载呢？因为宋国的水灾殃及鲁国了。

【经】冬，王姬归于齐。
〖传〗何以书？过我也。

[译]

【经】冬，王姬嫁到齐国。
〖传〗为什么记载这件事？因为王姬路过鲁国。

【经】十有二年，春，王三月，纪叔姬归于酅。
〖传〗其言归于酅何？隐之也。何隐尔？其国亡矣，徒归于叔尔也。

[译]

【经】鲁庄公十二年，春，周历三月，纪叔姬回到酅。

〖传〗这里说回到鄘是什么意思？是怜悯她。为什么怜悯她呢？因为她的国家灭亡了，只好投奔到她小叔子这里来。

【经】夏，四月。

【经】秋，八月，甲午，宋万弑其君接及其大夫仇牧。

〖传〗及者何？累也。弑君多矣，舍此无累者乎？孔父、荀息皆累也。舍孔父、荀息无累者乎？曰："有。"有则此何以书？贤也。何贤乎仇牧？仇牧可谓不畏强御矣！其不畏强御奈何？万尝与庄公战，获乎庄公。庄公归，散舍诸宫中；数月，然后归之。归反为大夫于宋。与闵公博，妇人皆在侧。万曰："甚矣，鲁侯之淑，鲁侯之美也！天下诸侯宜为君者，唯鲁侯尔！"闵公矜此妇人，妒其言，顾曰："此虏也！尔虏焉故，鲁侯之美恶乎至？"万怒，搏闵公，绝其脰。仇牧闻君弑，趋而至，遇之于门，手剑而叱之。万臂揉仇牧，碎其首，齿著乎门阖。仇牧可谓不畏强御矣！

【经】冬，十月，宋万出奔陈。

[译]

【经】夏，四月。

【经】秋，八月，甲午日，宋万杀害了他的国君接及大夫仇牧。

〖传〗及是什么意思？就是连累。杀国君的事很多，除了仇牧之外就没有被连累的吗？孔父、荀息都是被连累的。除了孔父、荀息之外就没有被连累的吗？回答说："还有。"既然还有，那么这里为什么要记载仇牧的事呢？因为仇牧贤良。仇牧怎么贤良呢？仇牧可以说是个不畏强暴的人！他怎样不畏强暴呢？宋万曾与鲁庄公交战，被鲁庄公俘获了。庄公凯旋后，不限制宋万的自由，让他住在宫中；过了几个月，庄公就放他回去了。宋万返回宋国后又当上了大夫。八月甲

庄 公 99

午日,宋万和宋闵公在一起博戏,有很多女人在旁边观看。宋万情不自禁地说:"太了不起了,鲁侯多么善良,鲁侯多么美好!天下的诸侯适宜当国君的,只有鲁侯一个人啊!"闵公在这些女人面前自负贤能,很忌恨听到这些话,就回过头对众人说:"这位是鲁侯的俘虏!大概因为你曾被鲁侯俘虏过的缘故吧,不然鲁侯的美好怎么会达到这样完美的程度呢?"宋万大怒,与闵公打了起来,扭断了他的脖子。仇牧听到国君被杀,跑步赶来,在宫殿门口遇到宋万,他手持宝剑大声责骂。宋万挥起手臂,侧手击杀仇牧,把他的脑袋也打碎了,牙齿飞嵌在宫门上。仇牧真可以说是不畏强暴的人!

【经】冬,十月,宋万逃奔到陈国。

【经】十有三年,春,齐侯、宋人、陈人、蔡人、邾娄人会于北杏。

【经】夏,六月,齐人灭遂。

【经】秋,七月。

[译]

【经】鲁庄公十三年,春,齐侯、宋人、陈人、蔡人、邾娄人在北杏会面。

【经】夏,六月,齐人灭掉遂国。

【经】秋,七月。

[解]

◆齐桓公在位时,多次会合诸侯,主持会盟,史称"九合诸侯"。北杏会盟是"九合诸侯"中的第一次,目的在于平定宋万之乱。由一个诸侯国出面,而不是由周王出面,召集诸侯解决另一个国家的内乱,这是春秋史上的第一次。会后,为了表示尊崇周王,齐桓公还请王室象征性地出兵,以使这次行动"合法"化。于是,齐桓公就在"尊王"的旗帜下掀起了称霸的序幕。

【经】冬，公会齐侯，盟于柯。

〖传〗何以不日？易也。其易奈何？桓之盟不日，其会不致，信之也。其不日何以始乎此？庄公将会乎桓，曹子进曰："君之意何如？"庄公曰："寡人之生，则不若死矣！"曹子曰："然则君请当其君，臣请当其臣。"庄公曰："诺。"于是会乎桓。庄公升坛，曹子手剑而从之。管子进曰："君何求乎？"曹子曰："城坏压竟，君不图与？"管子曰："然则君将何求？"曹子曰："愿请汶阳之田。"管子顾曰："君许诺。"桓公曰："诺。"曹子请盟，桓公下与之盟。已盟，曹子摽剑而去之。要盟可犯，而桓公不欺；曹子可仇，而桓公不怨。桓公之信著乎天下，自柯之盟始焉。

[译]

【经】冬，鲁庄公与齐侯相会，并在柯会盟。

〖传〗为什么不记载会盟的日期呢？因为平安无事。平安无事又怎么样呢？齐桓公的会盟不再记载日期，他与诸侯会面也不再写归国的时间，因为相信他是讲信义的。不再记载他会盟的日期为什么是从这次开始的呢？鲁庄公将要与齐桓公相会，曹子进见庄公，问："君王您是什么意思？"鲁庄公说："我这样活着还不如死了。"曹子说："那么就请君王去对付齐君，我去对付他的大臣。"鲁庄公说："好。"就这样，会见了齐桓公。庄公登上盟坛，曹子持剑跟随。齐相管仲走上前来问："贵国国君有什么要求吗？"曹子说："我国城邑被毁，大军压境，你就不思量思量？"管仲说："既然这样，那么贵国国君有什么要求呢？"曹子说："希望齐国归还鲁国汶阳的田地。"管仲回过头，对齐桓公说："君王可以同意。"齐桓公说："好。"曹子请求盟

庄 公 101

誓，齐桓公走下坛来，与曹子定约盟誓。盟完誓，曹子把剑一丢，离开桓公而去。强迫签订的盟约可以被违反，但齐桓公并没有欺骗他；曹子可以被认为是仇敌，但齐桓公并没有怨恨他。齐桓公的信义传遍天下，就是从柯地会盟开始的。

[解]

◆春秋动乱，诸侯参与集会、结盟都有很高的风险，因集会、结盟而一去不复返的情况屡见不鲜。故《春秋》盟记日，会记致，以平安归来为幸。齐、鲁柯之盟，齐桓公赢得了信誉，不必担心安全问题，即"桓之盟不日，其会不致，信之也"。这是公羊学先师对诚信的推崇。

◆汶阳之田，鲁地，在今泰安西南、汶水北。春秋时代，齐、鲁两国对这块富饶的土地进行了反复的争夺，所谓"齐鲁必争汶阳田"。它的易手除了双方直接的战争，更与大国的操纵密切相关。

庄公十二年，宋国发生宋万之乱，齐桓公召集北杏会盟，以平宋乱。当时鲁及附庸遂国不与盟，齐国便出兵灭了遂国，又出兵伐鲁，夺取了鲁的汶阳之田。鲁求和，两国盟于柯。会盟之际，鲁将曹刿（《左传》名篇《曹刿论战》之曹刿），即曹子，拿匕首劫持齐桓公，迫使桓公答应归还汶阳之田。事后齐桓公欲反悔，管仲认为"弃信于诸侯，失天下之援，不可"。齐桓公从善如流，将汶阳之田还鲁，由是诸侯知桓公之可信。

近百年之后，齐国再次发兵夺取汶阳之田。鲁向霸主晋求救，鞌之战爆发，结果晋胜齐败，晋把从齐夺得的汶阳之田还鲁。这就是成公二年八月的"取汶阳田"，"鞌之赂也"。

鞌之战后，齐顷公表示反省，"七年不饮酒、不食肉"。晋景公深为感动，于成公八年春"使韩穿来言汶阳之田归之于齐"。晋国是霸主，鲁国只好不情愿地把汶阳之田还给了齐国。于是，各诸侯国觉得晋国随心所欲，不守信用，遂"贰于晋"，不想承认它的盟主地位了。结果，晋人害怕了，召诸侯再盟于蒲地。鲁国的季文子对晋国的范文子说如果没有德行，重新申明盟誓也不会有什么用处。

齐桓公以战争取得汶阳之田，又在宴会上失去它，却赢得了守信的好名声，日后成了春秋首霸。晋国以霸主权威，随心所欲拨弄这块土地，结果人心尽失。

【经】十有四年，春，齐人、陈人、曹人伐宋。

【经】夏，单伯会伐宋。

〖传〗其言会伐宋何？后会也。

【经】秋，七月，荆入蔡。

【经】冬，单伯会齐侯、宋公、卫侯、郑伯于鄄。

[译]

【经】鲁庄公十四年，春，齐人、陈人、曹人讨伐宋国。

【经】夏，单伯领兵会合诸侯军队讨伐宋国。

〖传〗这里说会合讨伐宋国是为什么？因为他是后来与诸侯军队会合的。

【经】秋，七月，楚军攻进蔡国。

【经】冬，单伯与齐侯、宋公、卫侯、郑伯在鄄会面。

【经】十有五年，春，齐侯、宋公、陈侯、卫侯、郑伯会于鄄。

【经】夏，夫人姜氏如齐。

【经】秋，宋人、齐人、邾娄人伐儿。郑人侵宋。

【经】冬，十月。

[译]

【经】鲁庄公十五年，春，齐侯、宋公、陈侯、卫侯、郑伯再次在鄄会面。

【经】夏，鲁桓公夫人姜氏前往齐国。

【经】秋，宋人、齐人、邾娄人讨伐兒（即倪）。郑人入侵宋国。

【经】冬，十月。

【经】十有六年，春，王正月。

【经】夏，宋人、齐人、卫人伐郑。

【经】秋，荆伐郑。

【经】冬，十有二月，公会齐侯、宋公、陈侯、卫侯、郑伯、许男、曹伯、滑伯、滕子，同盟于幽。

〖传〗同盟者何？同欲也。

【经】邾娄子克卒。

[译]

【经】鲁庄公十六年，春，周历正月。

【经】夏，宋人、齐人、卫人讨伐郑国。

【经】秋，楚国攻打郑国。

【经】冬，十二月，鲁庄公和齐侯、宋公、陈侯、卫侯、郑伯、许男、曹伯、滑伯、滕子会面，并且在幽同盟。

〖传〗同盟是什么意思？就是同心结盟。

【经】邾娄子克去世了。

【经】十有七年，春，齐人执郑瞻。

〖传〗郑瞻者何？郑之微者也。此郑之微者，何言乎齐人执之？书甚佞也。

[译]

【经】鲁庄公十七年，春，齐人拘囚了郑瞻。

〖传〗郑瞻是什么人？是郑国地位低下的人。既然他是郑国地位低下的人，为什么还要记载齐人拘囚他呢？这是记载特别奸佞的人。

【经】夏，齐人歼于遂。

〖传〗歼者何？歼，积也，众杀戍者也。

[译]

【经】夏，齐人在遂国被歼。

〖传〗歼是什么意思？歼，尸体堆积，表示被杀的人很多，这是遂国民众杀害齐国戍守的将士。

【经】秋，郑瞻自齐逃来。

〖传〗何以书？书甚佞也。曰："佞人来矣！佞人来矣！"

[译]

【经】秋，郑瞻从齐国逃到鲁国来。

〖传〗为什么记载这件事？为了记载特别奸佞的人。就好像说："奸佞的人来了！奸佞的人来了！"

【经】冬，多麋。

〖传〗何以书？记异也。

[译]

【经】冬，鲁国的麋鹿泛滥。

〖传〗为什么记载这件事？为了记载怪异现象。

【经】十有八年，春，王三月，日有食之。

【经】夏，公追戎于济西。

〖传〗此未有言伐者，其言追何？大其为中国追也。此未有伐中国者，则其言为中国追何？大其未至而豫御之也。其言于济西何？大之也。

【经】秋，有蜮。

〖传〗何以书？记异也。

【经】冬，十月。

[译]

【经】鲁庄公十八年，春，周历三月，发生日食。

【经】夏，鲁庄公追击戎人直到济水以西。

〖传〗这里没有说到讨伐戎人的事，为什么说追击呢？这是赞扬鲁庄公为中原诸国追击戎人。《春秋》没有记载戎人进攻中原地区，为什么要说他是为中原诸国追击呢？这是赞扬鲁庄公能在戎人进攻中原地区之前预先防备他们。这里说追到济水以西是什么意思？是为了赞扬鲁庄公。

【经】秋，鲁国出现了蜮。

〖传〗为什么记载这件事？为了记载怪异现象。

【经】冬，十月。

[解]

◆蜮，古代汉族神话传说中一种在水里暗中害人的怪物，古书中多有记载。如晋张华《博物志》记载："江南山溪水中有射工虫，甲类也。长一二寸，口中有弩形，气射人影，随所著处发疮，不治则杀人。"晋葛洪《抱朴子》说："又有短狐，一名蜮，一名射工，一名射影，其实水虫也。状如鸣蜩，状似三合杯，有翼能飞，无目而利耳，口中有横物角弩，如闻人声，缘口中物如角弩，以气为矢，则因水而射人，中人身者即发疮，中影者亦病。""其病似大伤寒，不十日皆死。"晋干宝《搜神记》说："汉光武中元中，有物处于江水，其名曰'蜮'，一曰'短狐'，能含沙射人。所中者则身体筋急,头痛,发热;剧者至死。"后多以此指阴险的小人。如白居易《读史》:"含沙射人影,虽病人不知。巧言构人罪,至死人不疑。"后来,由此产生了不少为人所熟知的成语。如为鬼为蜮,比喻使用阴谋诡计,暗地害人;鬼蜮伎俩,比喻阴险卑劣的手段;含沙射影,比喻在暗中诽谤中伤人;奸同鬼蜮,行若狐鼠,意思是奸诈像鬼蜮,狡猾像狐鼠,比喻人恶劣到极点。

【经】十有九年,春,王正月。

【经】夏,四月。

【经】秋,公子结媵陈人之妇于鄄,遂及齐侯、宋公盟。

〖传〗媵者何?诸侯娶一国,则贰国往媵之,以侄娣从。侄者何?兄之子也。娣者何?弟也。诸侯壹聘九女,诸侯不再娶。媵不书,此何以书?为其有遂事书。大夫无遂事,此其言遂何?聘礼,大夫受命不受辞。出竟有可以安社稷、利国家者,则专之可也。

【经】夫人姜氏如莒。

【经】冬,齐人、宋人、陈人伐我西鄙。

[译]

【经】鲁庄公十九年,春,周历正月。

【经】夏,四月。

【经】秋,公子结送随卫女嫁到陈国去做媵的鲁女到鄄,顺便与齐侯、宋公会盟。

〖传〗媵是什么意思?诸侯从一个国家娶亲,那么另有两个同姓国家就要陪嫁,以其侄、娣相随。侄是什么意思?就是哥哥的女儿。娣是什么意思?就是妹妹。诸侯一次聘娶九女,诸侯不娶第二次。送陪嫁女子的事,《春秋》是不记载的,这里为什么记载呢?因为它有另外要办的事，所以才记载。大夫没有什么另外要办的事，这里说另外要办指的是什么？就聘礼来说，大夫只是接受出访的使命，并不接受预先设定的言辞。出了国境，只要是能够安定社稷、有利国家的事，就可以自行处理。

【经】鲁桓公夫人姜氏前往莒国。

【经】冬，齐人、宋人、陈人攻打鲁国西部边邑。

[解]

◆诸侯嫁女时，要以该女的妹妹、侄女陪嫁；还有两个同姓诸侯国送女随嫁，称之为媵，此二媵女也要有妹妹、侄女随媵女作为陪嫁。这样合计有九女，所以说"诸侯壹聘九女"。从繁衍子嗣的角度来说，娶九女也就足够了；如果命中不当有子嗣，娶再多也没有用，所以"诸侯不再娶"，就是不可以娶两次。但实际上，春秋时期诸侯并未受不再娶的约束，再娶者不罕见。

◆大夫出使邻国，只接受使命，而不接受预先设定的言辞。因为外事无常，变化多端，要灵活应变，以不辱使命为宗旨。所以说"大夫受命不受辞"。

【经】二十年，春，王二月，夫人姜氏如莒。

【经】夏，齐大灾。

〖传〗大灾者何？大瘠也。大瘠者何？疠也。何以书？记灾也。外灾不书，此何以书？及我也。

【经】秋，七月。

【经】冬，齐人伐戎。

[译]

【经】鲁庄公二十年，春，周历二月，鲁桓公夫人姜氏前往莒国。

【经】夏，齐国发生大灾。

〖传〗这里的大灾是什么？是大瘠。大瘠是什么？是大范围的传染病。为什么记载这件事？为了记载灾难。鲁国以外的灾难是不记载的，这里为什么记载呢？因为此病已殃及鲁国。

【经】秋，七月。

【经】冬，齐人进攻戎人。

【经】二十有一年，春，王正月。

【经】夏，五月，辛酉，郑伯突卒。

【经】秋，七月，戊戌，夫人姜氏薨。

【经】冬，十有二月，葬郑厉公。

[译]

【经】鲁庄公二十一年，春，周历正月。

【经】夏，五月，辛酉日，郑伯突去世了。

【经】秋，七月，戊戌日，夫人姜氏去世了。

【经】冬，十二月，安葬郑厉公。

【经】二十有二年，春，王正月，肆大省。

〖传〗肆者何？跌也。大省者何？灾省也。肆大省，何以书？讥。何讥尔？讥始忌省也。

【经】癸丑，葬我小君文姜。

〖传〗文姜者何？庄公之母也。

【经】陈人杀其公子御寇。

[译]

【经】鲁庄公二十二年，春，周历正月，肆大省。

〖传〗肆是什么意思？就是过度。大省是什么意思？就是因灾害而减省、节约。为什么要记载"肆大省"呢?为了谴责。谴责什么?谴责庄公开了在忌日以"省日"为由而废朝夕哭的头。

【经】癸丑日,安葬我们的小君文姜。

〖传〗文姜是什么人?是鲁庄公的母亲。

【经】陈人杀了他们的公子御寇。

【经】夏,五月。

【经】秋,七月,丙申,及齐高傒盟于防。

〖传〗齐高傒者何?贵大夫也。曷为就吾微者而盟?公也。公则曷为不言公?讳与大夫盟也。

【经】冬,公如齐纳币。

〖传〗纳币不书,此何以书?讥。何讥尔?亲纳币,非礼也。

[译]

【经】夏,五月。

【经】秋,七月,丙申日,与齐高傒在防会盟。

〖传〗齐高傒是什么人?是齐国尊贵的大夫。为什么他和鲁国地位低下的人会盟呢?其实是与鲁庄公会盟。既然是鲁庄公,那么为什么不说是鲁庄公呢?因为要避讳庄公与大夫会盟。

【经】冬,鲁庄公前往齐国纳币。

〖传〗纳币是不记载的,这里为什么记载呢?为了谴责。谴责什么?国君亲自去纳币订婚是不合乎礼的。

【经】二十有三年,春,公至自齐。

〖传〗桓之盟不日,其会不致,信之也。此之桓国何以致?危之也。何危尔?公一陈佗也。

【经】祭叔来聘。

[译]

【经】鲁庄公二十三年,春,鲁庄公从齐国回来。

〖传〗齐桓公的会盟不记载日子,和他的会面也不写明归来,因为相信他是讲信义的。这次鲁庄公到齐桓公的国家去,为什么记载归来的时间呢?因为鲁庄公有危险。有什么危险?鲁庄公可能是又一个陈佗。

【经】周大夫祭叔来鲁国访问。

【经】夏,公如齐观社。
〖传〗何以书?讥。何讥尔?诸侯越竟观社,非礼也。
【经】公至自齐。
【经】荆人来聘。
〖传〗荆何以称人?始能聘也。
【经】公及齐侯遇于穀。萧叔朝公。
〖传〗其言朝公何?公在外也。

[译]

【经】夏,鲁庄公去齐国观看祭祀社神。

〖传〗为什么记载这件事?为了谴责。谴责什么?诸侯越过国境去观看祭祀社神,是不合乎礼的。

【经】鲁庄公从齐国回来。

【经】楚人来鲁国访问。

〖传〗楚为什么要称人?因为楚开始能够对中原诸侯国进行友好访问了。

【经】鲁庄公与齐侯在穀相遇。萧叔朝见鲁庄公。

〖传〗这里为什么说朝见鲁庄公呢?因为鲁庄公正在外地。

[解]

◆在《公羊传》看来,只要夷狄能够进步,脱离野蛮走向文明,就应该与中原诸夏一视同仁。何休说:"《春秋》王鲁,因其始来聘,明夷狄能慕王化、修聘礼、受正朔者,当进之,故使称人也。"所以《公羊传》的"始能聘"是对本为夷狄的楚的赞扬与褒美。

【经】秋,丹桓宫楹。

〖传〗何以书?讥。何讥尔?丹桓宫楹,非礼也。

【经】冬,十有一月,曹伯射姑卒。

【经】十有二月,甲寅,公会齐侯盟于扈。

〖传〗桓之盟不日,此何以日?危之也。何危尔?我贰也。鲁子曰:"我贰者,非彼然,我然也。"

[译]

【经】秋,将鲁桓公庙的柱子漆成红色。

〖传〗为什么记载这件事?为了谴责。谴责什么?将鲁桓公庙的柱子漆成红色,是不合乎礼的。

【经】冬,十一月,曹伯射姑去世了。

【经】十二月,甲寅日,鲁庄公与齐侯相会,并在扈会盟。

〖传〗齐桓公的会盟是不记载日期的,这里为什么写上日期?因为庄公有危险。有什么危险?因为鲁国有二心。鲁子说:"我国有二心,不是对方造成的,是我方造成这样的。"

[解]

◆在《公羊传》看来,《春秋》虽然"内其国而外诸夏",但在对外交往中,如果鲁国不诚心,也是要予以揭露的,所以《公羊传》说:"我贰也。鲁子曰:'我贰者,非彼然,我然也。'"这反映了《公羊传》对

"信"的提倡。

【经】二十有四年,春,王三月,刻桓宫桷。

〖传〗何以书?讥。何讥尔?刻桓宫桷,非礼也。

【经】葬曹庄公。

【经】夏,公如齐逆女。

〖传〗何以书?亲迎,礼也。

【经】秋,公至自齐。

【经】八月,丁丑,夫人姜氏入。

〖传〗其言入何?难也。其言日何?难也。其难奈何?夫人不偻,不可使入。与公有所约,然后入。

【经】戊寅,大夫、宗妇觌用币。

〖传〗宗妇者何?大夫之妻也。觌者何?见也。用者何?用者不宜用也。见用币,非礼也。然则曷用?枣栗云乎!腶脩云乎!

【经】大水。

[译]

【经】鲁庄公二十四年,春,周历三月,庄公在鲁桓公庙的椽头上雕刻花纹。

〖传〗为什么记载这件事?为了谴责。谴责什么?谴责庄公在桓公庙的椽头上雕刻花纹,这是不合乎礼的。

【经】安葬曹庄公。

【经】夏,鲁庄公前往齐国迎娶夫人。

〖传〗为什么记载这件事?因为亲自去迎娶夫人是合乎礼仪的。

【经】秋,鲁庄公从齐国回来。

【经】八月,丁丑日,夫人姜氏进入鲁国。

〖传〗这里为什么说进入呢?因为很困难。为什么记载进入的日期呢?也是因为很困难。是什么困难呢?夫人姜氏不肯很快到鲁国来,无法让她进入鲁国。她与鲁庄公约定好日期,然后才进入鲁国都城。

【经】戊寅日,鲁国大夫、宗妇觌夫人姜氏,并用币做礼物。

〖传〗"宗妇"是什么人?是大夫的妻子。觌是什么意思?就是相见。用是什么意思?"用"这个词在这里就是表示不应该用的意思。相见时用币做礼物,是不合乎礼的。既然这样,那么应该用什么做礼物呢?应该用枣子、板栗!应该用干肉!

【经】鲁国发大水。

[解]

◆庄公亲迎,这与隐公二年纪君不亲迎形成鲜明对比,公羊学先师认为这与夫妻之道相合,所以《春秋》要特书一笔"亲迎,礼也",表示赞扬。

【经】冬,戎侵曹,曹羁出奔陈。

〖传〗曹羁者何?曹大夫也。曹无大夫,此何以书?贤也。何贤乎曹羁?戎将侵曹,曹羁谏曰:"戎众以无义,君请勿自敌也。"曹伯曰:"不可。"三谏不从,遂去之。故君子以为得君臣之义也。

【经】赤归于曹郭公。

〖传〗赤者何?曹无赤者,盖郭公也。郭公者何?失地之君也。

[译]

【经】冬,戎人侵犯曹国,曹羁出逃到陈国去。

〖传〗曹羁是什么人?曹国的大夫。曹国没有大夫,这里为什么记载这件事？因为他贤良。曹羁有什么贤良之处？戎人将要侵犯曹国时，曹羁规劝曹伯，说："戎人众多而且没有信义，请君王不要亲自前去对敌。"曹伯说："不行。"曹羁规劝三次，曹伯都不听，曹羁只好离开曹国去避祸。所以孔子认为曹羁这样做已符合君臣之间的道义了。

【经】赤回到曹郭公那里。

〖传〗赤是什么人？曹国没有这个人，大概就是郭公吧。郭公又是什么人呢？这是一个失去国土的国君。

【经】二十有五年，春，陈侯使女叔来聘。

【经】夏，五月，癸丑，卫侯朔卒。

【经】六月，辛未，朔，日有食之，鼓，用牲于社。

〖传〗日食则曷为鼓、用牲于社？求乎阴之道也。以朱丝营社，或曰胁之，或曰为暗，恐人犯之，故营之。

【经】伯姬归于杞。

[译]

【经】鲁庄公二十五年，春，陈侯派女叔到鲁国来访问。

【经】夏，五月，癸丑日，卫侯朔去世了。

【经】六月，辛未日，初一，发生日食，鲁国民众敲打着鼓，用牲祭社神。

〖传〗发生日食为什么要击鼓，还用牲祭社神呢？这是责求阴的方式。用红丝线将社神围绕起来，有人说这是威胁它，有人说这是因为光线阴暗，担心有人侵犯它，所以用红丝线将它围绕起来。

【经】鲁国的伯姬出嫁到杞国。

【经】秋，大水，鼓，用牲于社于门。

〖传〗其言于社于门何？于社，礼也；于门，非礼也。

【经】冬，公子友如陈。

[译]

【经】秋，鲁国发大水，鲁人敲着鼓在社坛和都门用牲祭祀。

〖传〗这里说在社坛和都门用牲祭祀是什么意思？祭祀社神，是合乎礼仪的；祭祀门神，是不合乎常礼的。

【经】冬，公子友前往陈国。

【经】二十有六年，春，公伐戎。

【经】夏，公至自伐戎。

【经】曹杀其大夫。

〖传〗何以不名？众也。曷为众杀之？不死于曹君者也。君死乎位曰灭，曷为不言其灭？为曹羁讳也。此盖战也，何以不言战？为曹羁讳也。

【经】秋，公会宋人、齐人伐徐。

【经】冬，十有二月，癸亥，朔，日有食之。

[译]

【经】鲁庄公二十六年，春，鲁庄公攻打戎人。

【经】夏，鲁庄公从攻打戎人的战场上回来。

【经】曹国屠杀它的大夫。

〖传〗为什么不记载被杀大夫的名字呢？因为被杀的很多。为什么把很多人都杀了呢？因为他们不肯为战死的曹伯伏节死义。国君死在他的君位上叫"灭"，这里为什么没有提及曹伯"灭"呢？这是为曹羁避讳。曹伯是与戎人作战死的，这里为什么不说与戎人作战呢？也是为曹羁避讳。

【经】秋，鲁庄公会同宋人、齐人攻打徐国。

【经】冬，十二月，癸亥日，初一，发生日食。

【经】二十有七年，春，公会杞伯姬于洮。

【经】夏，六月，公会齐侯、宋公、陈侯、郑伯，同盟于幽。

[译]

【经】鲁庄公二十七年，春，鲁庄公在洮会见杞伯姬。

【经】夏，六月，鲁庄公与齐侯、宋公、陈侯、郑伯相会，并在幽结盟。

【经】秋，公子友如陈，葬原仲。

〖传〗原仲者何？陈大夫也。大夫不书葬，此何以书？通乎季子之私行也。何通乎季子之私行？辟内难也。君子辟内难而不辟外难。内难者何？公子庆父、公子牙、公子友皆庄公之母弟也。公子庆父、公子牙通乎夫人以胁公，季子起而治之，则不得与于国政，坐而视之则亲亲。因不忍见也，故于是复请至于陈，而葬原仲也。

[译]

【经】秋，公子友到陈国去，参加原仲的葬礼。

〖传〗原仲是什么人？陈国的大夫。大夫的葬礼是不记载的，这里为什么记载呢？因为与季子以私事外出有关。为什么与季子以私事外出有关呢？因为季子要躲避国内的祸乱。君子躲避内乱，而不躲避外乱。鲁国的内乱是什么？公子庆父、公子牙和公子友都是鲁庄公的同母弟弟。公子庆父、公子牙都与庄公夫人姜氏私通，胁迫庄公传位庆父，公子友想挺身而出来管这件事，但自己无权参与国政，要坐视不管，则不忍见亲亲之乱。因为不忍心看到事态的发展，所以这才又请求到陈国去参加原仲的葬礼。

【经】冬，杞伯姬来。
〖传〗其言来何？直来曰来，大归曰来归。
【经】莒庆来逆叔姬。
〖传〗莒庆者何？莒大夫也。莒无大夫，此何以书？讥。何讥尔？大夫越竟逆女，非礼也。
【经】杞伯来朝。
【经】公会齐侯于城濮。

[译]
【经】冬，杞伯姬回到鲁国。
〖传〗来是什么意思？无事回来就叫来，被夫家抛弃后回来就叫来归。
【经】莒庆到鲁国来迎接叔姬。
〖传〗莒庆是什么人？是莒国的大夫。莒国没有大夫，这里为什么记载这件事？为了谴责。谴责什么？大夫越过国境来迎接新娘，这是不合乎礼的。
【经】杞伯来鲁国朝见鲁庄公。
【经】鲁庄公在城濮与齐侯会面。

【经】二十有八年，春，王三月，甲寅，齐人伐卫，卫人及齐人战，卫人败绩。
〖传〗伐不日，此何以日？至之日也。战不言伐，此其言伐何？至之日也。《春秋》伐者为客，伐者为主，故使卫主之也。

曷为使卫主之？卫未有罪尔。败者称师，卫何以不称师？未得乎师也。

【经】夏，四月，丁未，邾娄子琐卒。

【经】秋，荆伐郑。公会齐人、宋人、邾娄人救郑。

[译]

【经】鲁庄公二十八年，春，周历三月，甲寅日，齐人攻打卫国，卫人与齐人交战，卫人大败。

《传》攻打是不记载日期的，这里为什么记载日期呢？因为齐军到达的那天就开始进攻。交战就不说攻打的，这里为什么说攻打呢？也是因为齐军到达的那天就开始进攻。《春秋》上都以攻打别人的国家为客方，以被攻打的国家为主方，所以这里就以卫国为主方。为什么让卫国作为主方呢？因为卫国没有罪过。战败的军队都称"师"，卫国为什么不称"师"呢？因为齐军进攻太快，卫人还没有形成阵势就被打败了。

【经】夏，四月，丁未日，邾娄子琐去世了。

【经】秋，楚军攻打郑国。鲁庄公派兵会同齐人、宋人、邾娄人救援郑国。

[解]

◆按礼，征伐某国，目的是让其服罪。所以军队到达后，在动武前先问其罪，如果服罪，那就罢兵；如果不服罪，才采取军事行动。如僖公四年，齐桓公率中原诸侯伐楚，先问其罪："你们应当进贡的包茅没有交纳，我特来征收；周昭王南巡没有返回，我特地来查问此事。"虽然昭王南巡没有返回这项大罪楚国没有认，但在没有进贡包茅这个问题上还是承认了错误，之后双方达成了召陵之盟，而没有真正开打。但这次齐桓公一到卫国就动武，"至之日"即伐之日，且"卫未有罪尔"，齐桓公的行为是无礼的。所以《公羊传》的阐释是对齐桓公好战、霸道的强烈批评。

庄 公 119

【经】冬,筑微。大无麦、禾。

〖传〗冬既见无麦、禾矣,曷为先言筑微,而后言无麦、禾?讳以凶年造邑也。

【经】臧孙辰告籴于齐。

〖传〗告籴者何?请籴也。何以不称使?以为臧孙辰之私行也。曷为以为臧孙辰之私行?君子之为国也,必有三年之委。一年不熟,告籴,讥也。

[译]

【经】冬,鲁国在微筑城。今年鲁国麦、禾颗粒无收。

〖传〗冬天既然已经看到国内粮食颗粒无收了,为什么要先说建筑微邑,然后才说麦、禾颗粒无收呢?这是避讳在大荒之年还要筑城。

【经】鲁国大夫臧孙辰向齐国告籴。

〖传〗告籴是什么意思?就是请求购买粮食。为什么不说派遣呢?这是把购买粮食看成臧孙辰的个人行为。为什么要把这看成臧孙辰的个人行为呢?君子治理国家,一定要有三年的粮食储备。一年没有收成,就向别国请求买粮,这是应该谴责的事。

[解]

◆臧孙辰,即臧文仲,是鲁历庄、闵、僖、文四君的重要决策人物。这次入齐告籴成功,是其功绩之一。鲁庄公二十八年,鲁国发生了饥荒。危难之际,臧文仲提出充分利用诸侯国之间互相支援的约定,互通婚姻的友好关系,用鲁国的名器珍宝去购买粮食,并主动请缨前往齐国。到了齐国后,臧孙辰不但献宝物以示诚意,而且把周公和伯禽的在天之灵抬了出来。齐桓公被感动了,不仅让鲁国得到粮食,还退还了宝物。臧孙辰在国家危难之际挺身而出的担当意识和救百姓于水火的人道情怀,为后人所称道。

僖公二十一年，鲁国又遭大旱，僖公打算把那些仰面朝天的畸人抓来烧死，以祈求上天降雨。臧孙辰力阻之，并提出了一系列抗旱保民的措施。僖公采纳了他的建议，结果这一年虽然有饥荒却未成大灾。

僖公二十六年，臧孙辰又与东门襄仲一起到楚国借兵伐齐，取得穀地，即《春秋·僖公二十六年》所记"公子遂如楚乞师"，"公以楚师伐齐，取穀"。鲁这次以攻为守，暂时阻止了齐国对鲁国的进攻。由于臧孙辰的努力，这一时期成为鲁国外交史上较有利的时期之一。

总之，臧孙辰是春秋初期鲁国的一位极为重要的辅政大夫，不仅受到历代鲁君的信任，也赢得了世人的尊敬，为鲁国的发展做出了巨大的贡献。襄公二十四年，臧孙辰去世几十年后，鲁国大夫穆叔豹出使晋国，与晋国大夫范宣子谈论何为"不朽"问题，穆叔豹说："鲁有先大夫曰臧文仲，既没，其言立，其是之谓乎！豹闻之：'大上有立德，其次有立功，其次有立言。'虽久不废，此之谓不朽。"（《左传·襄公二十四年》）这就是中国文化中"三不朽"的来历。

【经】二十有九年，春，新延厩。

〖传〗新延厩者何？修旧也。修旧不书，此何以书？讥。何讥尔？凶年不修。

【经】夏，郑人侵许。

【经】秋，有蜚。

〖传〗何以书？记异也。

【经】冬，十有二月，纪叔姬卒。

【经】城诸及防。

［译］

【经】鲁庄公二十九年，春，新延厩。

〖传〗新延厩是什么意思？就是翻修旧物。翻修旧物是不记载的，这里为什么要记载呢？为了谴责。谴责什么？饥荒之年是不应该

庄　公　121

翻修马房的。

【经】夏，郑人入侵许国。

【经】秋，鲁国出现虫灾。

〖传〗为什么记载这件事？为了记载怪异现象。

【经】冬，十二月，纪叔姬去世了。

【经】鲁国在诸和防这两个地方筑城。

【经】三十年，春，王正月。

【经】夏，师次于成。

【经】秋，七月，齐人降鄣。

〖传〗鄣者何？纪之遗邑也。降之者何？取之也。取之则曷为不言取之？为桓公讳也。外取邑不书，此何以书？尽也。

[译]

【经】鲁庄公三十年，春，周历正月。

【经】夏，鲁军驻扎在成。

【经】秋，七月，齐军迫使鄣投降。

〖传〗鄣是什么地方？是纪国遗留下的一座城邑。降是什么意思？就是夺取它。既然是夺取它，那么为什么不说夺取呢？这是为齐桓公避讳。鲁国以外的国家夺取城邑是不记载的，这里为什么记载呢？因为纪国的城邑至此已经被齐国夺取光了。

【经】八月，癸亥，葬纪叔姬。

〖传〗外夫人不书葬，此何以书？隐之也。何隐尔？其国亡矣，徒葬乎叔尔。

【经】九月，庚午，朔，日有食之，鼓，用牲于社。

[译]

【经】八月,癸亥日,安葬纪叔姬。

〖传〗鲁国以外的夫人是不记载葬礼的,这里为什么记载呢?是为了怜悯她。为什么怜悯她?因为她的国家灭亡了,只能把她安葬在她的小叔子的地方。

【经】九月,庚午,初一日,发生日食,鲁国民众击鼓,用牲祭祀社神。

【经】冬,公及齐侯遇于鲁济。

【经】齐人伐山戎。

〖传〗此齐侯也,其称人何?贬。曷为贬?子司马子曰:"盖以操之为已蹙矣!"此盖战也,何以不言战?《春秋》敌者言战,桓公之与戎狄,驱之尔。

[译]

【经】冬,鲁庄公和齐侯在鲁国济水相遇。

【经】齐人攻打山戎。

〖传〗这是齐桓公,为什么称他"人"呢?为了贬低他。为什么要贬低他?子司马子说:"大概是因为齐桓公追杀山戎人太过分了。"这是战争,为什么不说交战呢?《春秋》认为只有势均力敌的双方作战才能说交战,齐桓公对付山戎人,是驱逐。

【经】三十有一年,春,筑台于郎。

〖传〗何以书?讥。何讥尔?临民之所漱浣也。

[译]

【经】鲁庄公三十一年,春,鲁国在郎筑台。

〖传〗为什么记载这件事？为了谴责。谴责什么？谴责郎台下临民众洗涤用水之处。

[解]

◆筑台本是为了候四时，但庄公筑台只是为了游玩，且皆不合礼制。如这里筑郎台，下临老百姓洗涤用水之处，有亵慢之意；下筑台于薛，纯粹是为了游玩，且离得很远，大耗民力；又下筑台于秦，下临宗庙，有不敬之意。且一年之中，连筑三台，所以《公羊传》认为《春秋》皆书之以表讥讽。

【经】夏，四月，薛伯卒。
【经】筑台于薛。
〖传〗何以书？讥。何讥尔？远也。
【经】六月，齐侯来献戎捷。
〖传〗齐，大国也，曷为亲来献戎捷？威我也。其威我奈何？旗获而过我也。

[译]

【经】夏，四月，薛伯去世了。
【经】鲁国又在薛筑台。
〖传〗为什么记载这件事？为了谴责。谴责什么？谴责薛台离国都太远了。
【经】六月，齐侯来鲁国进献伐山戎缴获的战利品。
〖传〗齐国是大国，为什么齐侯要亲自来进献呢？是为了威胁鲁国。怎样威胁鲁国？他们把军旗插在俘虏身上从鲁国经过。

【经】秋，筑台于秦。
〖传〗何以书？讥。何讥尔？临国也。

【经】冬,不雨。
〖传〗何以书?记异也。

[译]

【经】秋,鲁国在秦筑台。
〖传〗为什么记载这件事?为了谴责。谴责什么?谴责筑台于高处而临国。
【经】冬,不下雨。
〖传〗为什么记载这件事?为了记载怪异现象。

【经】三十有二年,春,城小穀。
【经】夏,宋公、齐侯遇于梁丘。

[译]

【经】鲁庄公三十二年,春,鲁国在小穀筑城。
【经】夏,宋公和齐侯在梁丘相遇。

【经】秋,七月,癸巳,公子牙卒。
〖传〗何以不称弟?杀也。杀则曷为不言刺?为季子讳杀也。曷为为季子讳杀?季子之遏恶也,不以为国狱,缘季子之心而为之讳。季子之遏恶奈何?庄公病将死,以病召季子,季子至而授之以国政,曰:"寡人即不起此病,吾将焉致乎鲁国?"季子曰:"般也存,君何忧焉?"公曰:"庸得若是乎?牙谓我曰:'鲁一生一及,君已知之矣。'庆父也存。"季子曰:"夫何敢?是将为乱乎!夫何敢!"俄而,牙弑械成。季子和药而饮之,曰:"公子从吾言而饮此,则必可以无为天下戮笑,必有后乎鲁国;不从吾言而不饮此,则必为天下戮笑,必无后乎鲁国。"于

庄 公 125

是从其言而饮之，饮之无傫氏，至乎王堤而死。公子牙今将尔，辞曷为与亲弑者同？君亲无将，将而诛焉。然则善之与？曰："然。"杀世子、母弟，直称君者，甚之也。季子杀母兄，何善尔？诛不得辟兄，君臣之义也。然则曷为不直诛而鸩之？行诸乎兄，隐而逃之，使托若以疾死然，亲亲之道也。

[译]

【经】秋，七月，癸巳日，鲁庄公的弟弟公子牙去世了。

〖传〗为什么不称他弟弟呢？因为他是被处死的。鲁国处死大夫一般讳称"刺"，那这里为什么又不说"刺"呢？这是为季子避讳杀。为什么替季子避讳杀呢？季子为了制止公子牙作恶，但又不愿用国家刑律来制裁他，根据季子的心愿就替他避讳。季子怎样制止公子牙作恶呢？鲁庄公病重将死，因此就把季子召来，季子来后，庄公就把国家政权交给他，对他说："我要是一病不起，我将把鲁国的君位传给谁呢？"季子说："有您的儿子般在，有什么可忧虑的呢？"鲁庄公说："难道能够这样吗？叔牙曾对我说：'鲁国的君位一代是父亲传给儿子，一代是哥哥传给弟弟，您是知道的。'现在您的弟弟庆父还健在。"季子大声说："他们怎么敢？这不是要犯上作乱吗！他们怎么敢！"不久，公子牙弑杀庄公的武器都已准备好了。季子知道后，兑好毒药强迫公子牙喝下去，并对他说："公子如果能够听从我的话，把这杯毒药喝下去，那么一定可以不被天下人耻笑，在鲁国一定会有您的后代；不听我的话，不喝这杯毒药，那么必然被天下人耻笑，在鲁国一定没有您的后代。"于是，公子牙听从公子友的话而喝下毒药，他是在无傫氏家喝下毒药的，走到王堤就死了。公子牙当时只是将要弑君，为什么在记载上与亲自弑杀国君的人一样对待呢？对国君和父母是不能存有弑杀的企图，如果心存弑杀的企图就一定要被诛杀。既然这样，那么季子这样做对不对呢？回答说："对的。"《春秋》上记载那些杀死世子或者同母弟弟的国君，都直接称他们的君位，就是认为他们做得太过分了。季子杀自己的同母哥哥，为什么却认为他做得对呢？诛杀弑君之贼是不回避哥哥的，这是君臣大义。既然如此，那么为什么不直接诛杀公子牙而要用毒药呢？季子要把哥哥杀死，但为了把这件事隐瞒起来，让公子牙逃脱弑君的罪名，使他假托好像是因病而死，这样做表现了季子爱他哥哥的亲情。

[解]

◆鲁庄公夫人哀姜无子，陪嫁的妹妹叔姜生子启方。此前，庄公娶本国党氏女孟任，生子般。故庄公无嫡嗣。就庄公本人来讲，希望子般即位。庄公临死前，向他的几位兄弟征求意见。庄公先问叔牙，而叔牙与庆父为同母兄弟，并且两人是一党，所以推举庆父做继承人。庄公很失望，便赶快召拥护自己的另一个弟弟季友来商议，季友表示坚决拥立般。随后，季友以庄公的名义，设计毒杀叔牙，却没有除掉庆父，留下了祸根。

庄公死后，季友立公子般为国君不足两月，庆父即杀之，另立启方，是为闵公。季友出逃。闵公立后，把季友请回国。季友回国，庆父自不会善罢甘休。不久，齐派仲孙湫出访鲁国，仲孙湫看出了鲁国的紧张形势。回国后向齐桓公报告："不去庆父，鲁难未已。"意思是如不除掉庆父，鲁国的乱子就不会结束。后来就形成了一个成语"庆父不死，鲁难未已"，比喻不清除制造内乱的罪魁祸首，国家就不得安宁。

果然，第二年八月，庆父杀死闵公。季友带着闵公的庶兄申逃到郑国避难。庆父连杀两位国君，自知罪恶深重，乃出逃莒国，季友便乘机回国立申为君，是为鲁僖公。随后，季友向莒国行贿，使之交出庆父。庆父只得返鲁，归途中先派公子奚斯回国请罪，未得宽恕，只好上吊自杀。事在僖公元年冬十月。鲁国政局至此才稳定下来。

◆《公羊传》认为，为了君臣大义，季子不得不杀死亲兄叔牙，但兄弟间有"亲亲之道"，如果直书，季子势必要背上"杀兄"的罪名。所以《春秋》把叔牙之死写成"卒"，让人觉得是病死而非被毒杀。这实际上是《春秋》及《公羊传》对"亲亲之道"的提倡。

◆ "君亲无将，将而诛焉"以及《公羊传·昭公元年》的"君亲无将，将而必诛"、《春秋·昭公十九年》"许世子止弑其君买"，构成了中国古代法制史上"原心定罪"原则的理论来源。《汉书·哀帝纪》："《春秋》之义，原心定罪。"所谓原心定罪，就是不论有无犯罪事实，只要有犯罪动机，即可认定罪行。《公羊传》学者董仲舒在《春秋繁露·精华》中有详细阐述："《春秋》之所听狱也，必本其事而原其志。志邪者，不待成；首恶者，罪特重；本直者，论其轻。"桓宽的《盐铁论·刑德》篇进一步做了概括："故《春秋》之决狱，论心定罪：志善而违于法者免，志恶而合于法者诛。"由于《春秋》的圣经地位，汉儒把这一原则贯彻到了司法审判中。我们今天法律中的故意犯罪、过失犯罪的区分也即源于此。

【经】八月，癸亥，公薨于路寝。

〖传〗路寝者何？正寝也。

【经】冬，十月，乙未，子般卒。

〖传〗子卒云子卒，此其称子般卒何？君存称世子，君薨称子某，既葬称子，逾年称公。子般卒，何以不书葬？未逾年之君也。有子则庙，庙则书葬；无子不庙，不庙则不书葬。

【经】公子庆父如齐。狄伐邢。

[译]

【经】八月，癸亥日，鲁庄公在路寝去世了。

〖传〗路寝是什么地方？就是正寝。

【经】冬，十月，乙未日，子般去世了。

〖传〗儿子去世了就说儿子去世了，这里说子般去世了是什么意思？对于世子来说，国君活着时称世子，国君去世了就称子某，国君已经安葬就称子，即位满一年就称公。子般去世了为什么不记载葬礼？因为他是即位还不满一年的国君。如果有儿子就给他建庙，有庙就记载葬礼；没有儿子就不建庙，没有庙就不记载葬礼。

【经】公子庆父逃往齐国。狄人攻打邢国。

闵　公

【经】元年，春，王正月。

〖传〗公何以不言即位？继弑君不言即位。孰继？继子般也。孰弑子般？庆父也。杀公子牙，今将尔，季子不免。庆父弑君，何以不诛？将而不免，遏恶也。既而不可及。因狱有所归，不探其情而诛焉，亲亲之道也。恶乎归狱？归狱仆人邓扈乐。曷为归狱仆人邓扈乐？庄公存之时，乐曾淫于宫中，子般执而鞭之。庄公去世，庆父谓乐曰："般之辱尔，国人莫不知，盍弑之矣？"使弑子般，然后诛邓扈乐而归狱焉。季子至而不变也。

【经】齐人救邢。

[译]

【经】鲁闵公元年，春，周历正月。

〖传〗为什么不说鲁闵公即位呢？因为继承被弑杀的国君，《春秋》是不说即位的。闵公继承谁？继承子般。谁弑杀了子般？是公子庆父。杀掉公子牙，是因为公子牙当时将要弑杀国君，季子不饶恕他。现在庆父弑杀国君，为什么不杀他呢？不饶恕将要弑杀国君的人是为了制止作恶。现在国君已经被杀，就是杀了庆父也不可挽回。又因为弑君的罪责已经有人承担，所以公子友不必再探究详情而杀庆父，这是季子爱自己哥哥的表现。弑君的罪责归在谁身上呢？归罪于仆人邓扈乐。为什么归罪于仆人邓扈乐呢？庄公活着的时候，邓扈乐曾经在宫中淫乱，子般把他抓起来，鞭打了一顿。庄公去世后，庆父挑拨邓扈乐说："子般羞辱过你，国人没有不知道的，你为什么不杀了他呢？"就这样，庆父唆使邓扈乐杀了子般，然后他又把邓扈乐杀了，并把弑君的罪责归在邓扈乐身上。公子友来处理时，也不改变这个结论。

【经】齐人去救邢国。

[解]

◆邓扈乐因淫乱宫中而被子般鞭打，子般即位后，庆父唆使邓扈乐弑子般，然后又把邓扈乐杀掉。当初叔牙只是想弑杀庄公，季子就把叔牙杀掉。如今子般被弑，是既成事实，季子却不杀庆父，因为即使杀了庆父也无法挽回，且邓扈乐已为此承担了罪责，为了"亲亲之道"，季子不再深究详情，对庆父也不予追责。季子对事情的处理，既有君臣大义的原则性，又有兄弟亲情的灵活性，反映了季子高超的政治技巧。《公羊传》在闵公二年秋八月中再次探讨这一问题，强调的仍然是"亲亲之道"。由此可见《公羊传》对"亲亲之道"这一人伦关系的重视。

【经】夏，六月，辛酉，葬我君庄公。
【经】秋，八月，公及齐侯盟于洛姑。季子来归。
〖传〗其称季子何？贤也。其言来归何？喜之也。

[译]

【经】夏，六月，辛酉日，安葬鲁国国君庄公。
【经】秋，八月，鲁闵公和齐侯在洛姑会盟。季子回到鲁国。
〖传〗为什么称公子友为季子呢？因为他贤良。说他回到鲁国是什么意思？是喜欢他的意思。

[解]

◆子般被弑，季子以参加原仲葬礼的名义逃到陈国避难，即庄公二十七年"秋,公子友如陈,葬原仲"。当年八月返国,上段说的"季子至"和这里说的"季子来归",都指的是这件事。

【经】冬,齐仲孙来。

〖传〗齐仲孙者何?公子庆父也。公子庆父,则曷为谓之齐仲孙?系之齐也。曷为系之齐?外之也。曷为外之?《春秋》为尊者讳,为亲者讳,为贤者讳。子女子曰:"以春秋为《春秋》,齐无仲孙,其诸吾仲孙与?"

[译]

【经】冬,齐仲孙到鲁国来。

〖传〗齐仲孙是什么人?就是鲁国公子庆父。既然是公子庆父,为什么叫他齐仲孙呢?因为把他看作齐人。为什么把他看作齐人?这是把他当作鲁国以外的人。为什么把他当作鲁国以外的人呢?因为《春秋》一书为尊贵的人避讳,为亲人避讳,为贤良的人避讳。子女子说:"《春秋》是根据古代史料编撰的,齐国没有仲孙这个人,大概这个仲孙就是鲁国的仲孙吧?"

[解]

◆ "为尊者讳,为亲者讳,为贤者讳",是《春秋》几项重要的书法原则,也是对中国人影响很深的传统观念。

"尊尊"是《春秋》的核心观念。尊者即在高位者,或有大恶,比如好战灭国、好利伤民、好霸非礼等。对尊者的大恶,直言不讳,可能适得其反,甚至招来杀身之祸。而为之讳,以表面上掩盖而实质上揭露的独特表达方式引导人们去关注,既可以做到不危身,又能达到批判的效果。

血缘亲情是一种天然的社会关系,亲者犯有失误、过错,乃至罪恶,要为之讳,此即为亲者讳。《公羊传·文公十五年》所说的"父母之于子,虽有罪,犹若其不欲服罪然"、《论语·子路》中孔子所宣扬的"父为子隐，子为父隐，直在其中"都是为亲者讳，为亲者隐的意思。亲亲相隐，人情所致，无可厚非，得到了人们的高度理解与认同。在汉代，这一原则在法律层面得到确认。汉宣帝于地节四年（前66）下诏明确规定："父子之亲，夫妇之道，天性也。虽有患祸，犹蒙死而存之。诚爱结于心，仁厚之至也，岂能违之哉！自今子首匿父母、妻匿夫、孙匿大父母，皆勿坐。其父母匿子、夫匿妻、大父母匿孙，罪殊死，皆上请廷尉以闻。"（《汉书·宣帝纪》）就是说直系三代血亲之间和夫妻之间，除犯谋反、大逆以外的罪行，有罪可以相互包庇隐瞒，不向官府告发，法律也不追究其刑事责任。时至今日，一些法学家仍然认为在法律上完全排除"亲亲得相首匿"，提倡"大义灭亲"有违人性。正如马克思所说："社会不是以法律为基础。那是法学家们的幻想。相反地，法律应该以社会为基础。"

《春秋》尚贤，但贤者有过错之处，一般不直书，要以曲笔的形式为之讳，此即为贤者讳。比如公子喜时有让国之贤，昭公二十年时，其后人叛逃，《春秋》书作"夏，曹公孙会自鄸出奔宋"，就是典型的一例为贤讳。《公羊传》分析说："奔未有言自者，此其言自何？畔也。畔则曷为不言其畔？为公子喜时之后讳也。《春秋》为贤者讳。何贤乎公子喜时？让国也。其让国奈何？曹伯庐卒于师，则未知公子喜时从与？公子负刍从与？或为主于国，或为主于师。公子喜时见公子负刍之当主也，逡巡而退。贤公子喜时，则曷为为会讳？君子之善善也长，恶恶也短，恶恶止其身，善善及子孙。贤者子孙，故君子为之讳也。"

对于《春秋》的"为尊者讳，为亲者讳，为贤者讳"，清代孔广森有精到的概括，他说："闻之，有虞氏贵德，夏后氏贵爵，殷周贵亲。《春秋》监四代之全模，建百王之通轨。尊尊、亲亲而贤其贤。尊者有过，是不敢讥；亲者有过，是不可讥；贤者有过，是不忍讥。爰变其文而为之讳，讳犹讥也。"一言以蔽之，这三种讳其实是隐性的、理性的、文明的批判。

【经】二年，春，王正月，齐人迁阳。

【经】夏，五月，乙酉，吉禘于庄公。

〖传〗其言吉何？言吉者，未可以吉也。曷为未可以吉？未三年也。三年矣，曷为谓之未三年？三年之丧，实以二十五月。其言于庄公何？未可以称宫庙也。曷为未可以称宫庙？在三年之中矣。吉禘于庄公，何以书？讥。何讥尔？讥始不三年也。

[译]

【经】鲁闵公二年，春，周历正月，齐人迁移到了阳国。

【经】夏，五月，乙酉日，为庄公举行吉禘。

〖传〗这里为什么说吉？说吉，就是还不可以吉。为什么还不可以吉呢？因为庄公去世还不满三年。已经有三个年头了，为什么说还不满三年呢？因为三年的丧期，实际上要满二十五个月才算。这里说"于庄公"是什么意思？因为庄公庙还不能称为宫庙。为什么还不能称为宫庙呢？因为还在三年丧期之内。为庄公举行吉禘，为什么要记载呢？为了谴责。谴责什么？谴责从闵公开始不遵守三年的丧期了。

[解]

◆吉禘是孝子在父丧满二十五个月后，去掉丧服，换上吉服，将亡父神位移入祖庙而举行的一种祭祀。闵公二年五月，上距庄公之死的庄公三十二年八月，才二十一个月，鲁闵公就急不可待地举行吉禘，以尽快了结此事，未尽三年丧之义，是不孝的行为，所以《公羊传》认为《春秋》明确书写吉禘的时间是表示对闵公的谴责。

【经】秋，八月，辛丑，公薨。

〖传〗公薨何以不地？隐之也。何隐尔？弑也。孰弑之？庆父也。杀公子牙，今将尔，季子不免。庆父弑二君，何以不诛？将而不免，遏恶也。既而不可及。缓追逸贼，亲亲之道也。

【经】九月，夫人姜氏孙于邾娄。

【经】公子庆父出奔莒。

[译]

【经】秋,八月,辛丑日,鲁闵公去世了。

〖传〗鲁闵公去世了为什么不记载地点?为了怜悯他。为什么要怜悯他?因为闵公是被人弑杀的。是什么人弑杀了闵公?是公子庆父。杀掉公子牙,是因为公子牙当时将要弑杀国君,季子不饶恕他。现在庆父弑杀了两个国君,为什么不杀庆父?不饶恕将要弑杀国君的人是为了制止作恶。现在国君已经被弑,就是杀了庆父也不可挽回。不急于追究这件事,让逆贼逃亡,这是季子爱自己哥哥的表现。

【经】九月,庄公夫人哀姜逃到邾娄国去了。

【经】公子庆父也出逃到莒国。

【经】冬,齐高子来盟。

〖传〗高子者何?齐大夫也。何以不称使?我无君也。然则何以不名?喜之也。何喜尔?正我也。其正我奈何?庄公死,子般弑,闵公弑,比三君死,旷年无君。设以齐取鲁,曾不兴师,徒以言而已矣。桓公使高子将南阳之甲,立僖公而城鲁,或曰自鹿门至于争门者是也,或曰自争门至于吏门者是也。鲁人至今以为美谈,曰:"犹望高子也。"

[译]

【经】冬,齐国的高子到鲁国来会盟。

〖传〗高子是什么人?是齐国的大夫。为什么不说派遣呢?因为这时鲁国没有国君。既然这样,那么为什么不以他的名字称呼他呢?因为喜欢他。为什么喜欢他?因为他使鲁国拨乱反正。他怎样使鲁国拨乱反正?庄公去世了,子般被弑杀,闵公又被弑杀,接连三个国君去世,多年没有国君。假如当年齐国想要夺取鲁国,不必动用军队,只要凭借语言的力量就行了。齐桓公派高子率领南阳的军队，拥立了鲁僖公，并且修建了鲁国都城，有人说从鹿门到争门这一段就是当年修建的，也有人说是从争门到吏门这一段。鲁人至今还把这件事作为美谈，人们都说："还盼望高子来。"

【经】十有二月，狄入卫。

【经】郑弃其师。

〖传〗郑弃其师者何？恶其将也。郑伯恶高克，使之将逐而不纳，弃师之道也。

[译]

【经】十二月，狄人入侵卫国。

【经】郑国抛弃了他的军队。

〖传〗郑国为什么要抛弃他的军队呢？因为他厌恶军队的将领。郑伯（文公）厌恶高克，派他率军而不让他回来，这就是遗弃军队的做法。

[解]

◆此次狄入卫，由于国君卫懿公好鹤，国人拒战，卫懿公身死国灭，事详《左传》。齐桓公出手救援，带领诸侯在楚丘（今河南滑县东）替卫国新建一座国都。由于齐桓公妥善而周到的安排，卫国人很快忘掉了亡国的痛苦和耻辱，所以史家说"卫国忘亡"。

齐桓公把黄河中下游的诸侯国联合起来，援助弱小国家抵御戎狄侵扰，保护了中原先进文化。孔子说："微管仲，吾其被发左衽矣！"当时中原华夏是束发右衽，夷狄是被发左衽。如果夷狄侵占了中原，会强制中原服从夷狄之俗，即被发左衽。幸好有管仲辅助桓公，攘夷狄，使中原免于沦陷，没有陷入"被发左衽"的境地。这是对管仲的感激与赞扬，充分说明了齐桓公保护中原华夏文化的功绩。

僖 公

【经】元年,春,王正月。

〖传〗公何以不言即位?继弑君,子不言即位。此非子也,其称子何?臣、子一例也。

[译]

【经】鲁僖公元年,春,周历正月。

〖传〗为什么不说鲁僖公即位?继承被弑的国君,儿子是不说即位的。僖公不是闵公的儿子,这里为什么称"子"呢?因为在国君面前臣子和儿子是一样的。

[解]

◆鲁国自隐公以来,政局动荡,直到此时,僖公在季友的辅助下,才得以平息内乱,稳固了统治。他即位以后,在外交上一度与齐国结盟,政治、军事力量有所恢复,在位33年,出现了鲁国历史上的中兴时期。《诗经·鲁颂》四篇《駉》《有駜》《泮水》《閟宫》皆为颂扬僖公而作,所以清齐召南说:"鲁人甚重僖公,《鲁颂》之文铺张扬厉,赞不容口,宜乎夏父弗忌之以为圣贤也。"韩席筹认为,僖公"不惟为鲁十二公之首,即求之春秋列国,如公之以德致颂者,亦绝无而仅有","若僖公者,洵无愧鲁之中兴之主矣"。以至于在僖公去世后,连周天子都派叔服来鲁参加其葬礼。

【经】齐师、宋师、曹师次于聂北，救邢。

〖传〗救不言次，此其言次何？不及事也。不及事者何？邢已亡矣。孰亡之？盖狄灭之。曷为不言狄灭之？为桓公讳也。曷为为桓公讳？上无天子，下无方伯，天下诸侯有相灭亡者，桓公不能救，则桓公耻之。曷为先言次而后言救？君也。君则其称师何？不与诸侯专封也。曷为不与？实与，而文不与。文曷为不与？诸侯之义不得专封也。诸侯之义不得专封，则其曰实与之何？上无天子，下无方伯，天下诸侯有相灭亡者，力能救之，则救之可也。

[译]

【经】齐军、宋军和曹军驻扎在聂北，以救援邢国。

〖传〗救援是不说驻扎的，这里为什么说驻扎呢？因为救援没有及时赶到。救援没有及时赶到是什么意思？邢国已经灭亡了。谁灭了邢国？大概是狄人灭了它。为什么不说狄人灭了邢国呢？为了替齐桓公避讳。为什么替齐桓公避讳？因为上面没有贤明的天子，下面没有诸侯之长，天下的诸侯有相互吞并的事，齐桓公不能救援，那么他会感到很耻辱。为什么要先说驻扎，后说救援呢？因为是各国国君在亲自指挥。既然是国君在指挥，那为什么要称军队呢？因为不赞成诸侯自专，随意封给别人土地或称号。为什么不赞成呢？实际上是赞成的，只是文辞上不能说赞成。文辞上为什么不能说赞成呢？因为从诸侯的名分来说，是不能自专的。既然从诸侯的名分来说不能自专，那么这里为什么说实际上赞成这种做法呢？因为上面没有贤明的天子，下面没有诸侯之长，天下的诸侯有相互吞并的事，有力量救援他们的，去救援他们是允许的。

[解]

◆ "不与诸侯专封",就是不赞成诸侯自作主张独断专行地为他国筑都邑,或救助处于危难中的诸侯。在《公羊传》看来,这是周王的权力,这些事都只能由周王来做,或者周王明确授权诸侯来做。然而,当时的周王无论是权威上,还是政治号召力上,还是实力上,都已经无法与西周时相比,做这些事情已经无能为力。而齐桓公则是"尊王攘夷"、数合诸侯的霸主,有愿望、有能力,也有实力去做这些周王做不了的大事。在这样一种情况下,《公羊传》对齐桓公的专封行为,只能采取默认的态度,但从言论上是绝不能松口的,即"实与,而文不与"。《公羊传》这种委婉曲折的心理,实际上仍然是对周王"大一统"的极力维护。

【经】夏,六月,邢迁于陈仪。

〖传〗迁者何?其意也。迁之者何?非其意也。

【经】齐师、宋师、曹师城邢。

〖传〗此一事也,曷为复言齐师、宋师、曹师?不复言师,则无以知其为一事也。

[译]

【经】夏,六月,邢国迁移到陈仪。

〖传〗某国迁移是什么意思?这意味着是自己的意愿。迁移某国是什么意思?这意味着不是自己的意愿。

【经】齐军、宋军、曹军共建邢国都城。

〖传〗这是一件事,为什么又说齐军、宋军、曹军呢?不再说一遍各军,那就无法知道前面说的"邢迁"和这里说的"城邢"是一件事。

[解]

◆邢国近于狄人,长期受其侵扰。《春秋》记载的就有庄公三十二年

"狄伐邢"、闵公元年"齐人救邢"。僖公元年,狄人再次向邢国大举进攻,攻破邢国国都,大肆抢掠烧杀,"齐师、宋师、曹师次于聂北,救邢",才把狄人赶走。经此一劫,邢国国都残破,且地又靠近狄人,为了从根本上解决问题,桓公于是把邢国都城迁到夷仪(今山东聊城西),即这里所说的"邢迁于陈仪",并会同诸侯帮助建筑城郭。邢国人迁到新地,有新建的都城可居,像是怀着回家一样的心情乐意搬迁,故史家称为"邢迁如归"。

【经】秋,七月,戊辰,夫人姜氏薨于夷,齐人以归。

〖传〗夷者何?齐地也。齐地,则其言齐人以归何?夫人薨于夷,则齐人以归。夫人薨于夷,则齐人曷为以归?桓公召而缢杀之。

【经】楚人伐郑。

【经】八月,公会齐侯、宋公、郑伯、曹伯、邾娄人于柽。

【经】九月,公败邾娄师于缨。

[译]

【经】秋,七月,戊辰日,鲁庄公夫人姜氏在夷去世,齐人把她的遗体带回去了。

〖传〗夷是什么地方?是齐国的地名。既然是齐国的地名,这里为什么说齐人把她的遗体带回去呢?夫人姜氏在夷去世,当然是齐人把她的遗体带回去。夫人在夷去世,为什么当然是齐人把她的遗体带回去?因为是齐桓公把她召回去勒死的。

【经】楚军攻打郑国。

【经】八月,鲁僖公在柽与齐侯、宋公、郑伯、曹伯、邾娄人相会。

【经】九月,鲁僖公在缨打败了邾娄国的军队。

[解]

◆鲁庄公夫人哀姜，齐女，未生育子女。哀姜与庄公的两个弟弟公子庆父和公子牙私通。庄公死后，哀姜与庆父合谋杀了庄公庶子般，立另一个庶子启为王，即闵公。未几，庆父又弑闵公，欲自立为君。哀姜与庆父的行为，引起了鲁人的愤怒。二人在国内无法立足，分头逃往邾和莒。齐桓公恨哀姜丢了姜家的脸面，将其从邾召回杀掉，尸体送归鲁国。鲁国也很给齐桓公面子，仍以国母之礼将哀姜隆重下葬，即下文"葬我小君哀姜"。庆父意欲回国被拒，遂自缢而死。

【经】冬，十月，壬午，公子友帅师，败莒师于郦，获莒挐。

〖传〗莒挐者何？莒大夫也。莒无大夫，此何以书？大季子之获也。何大乎季子之获？季子治内难以正，御外难以正。其御外难以正奈何？公子庆父弑闵公，走而之莒，莒人逐之，将由乎齐，齐人不纳，却反舍于汶水之上，使公子奚斯入请。季子曰："公子不可以入，入则杀矣！"奚斯不忍反命于庆父，自南涘，北面而哭。庆父闻之曰："嘻！此奚斯之声也。诺，已！"曰："吾不得入矣！"于是抗輈经而死。莒人闻之曰："吾已得子之贼矣！"以求赂乎鲁，鲁人不与。为是兴师而伐鲁。季子待之以偏战。

[译]

【经】冬，十月，壬午日，公子友率军在郦打败了莒军，并俘获莒挐。

〖传〗莒挐是什么人？是莒国大夫。莒国没有大夫，这里为什么这样写呢？是为了扩大季子的俘获影响。为什么要扩大季子的俘获影响呢？因为季子能够用正道治理内乱，也能用正道抵御外侮。他怎样用正道来抵御外侮呢？公子庆父弑杀鲁闵公后，逃跑到莒国，莒人把他赶出来。他又打算逃到齐国，齐人也不接纳，他只好返回来住在汶水岸边，他派公子奚斯回鲁请求回国。季子说："公子不能回来，回来就杀了他！"奚斯不忍心以这个结果向庆父复命，就在汶水南岸向北面大哭。公子庆父听到哭声，就长叹道："唉！这是奚斯的哭声。一切都完了！"他又说："我无法回鲁国了！"于是就在小车的车辕上吊死。莒人听到这个消息，就对鲁僖公说："我们已经抓到您的逆贼了！"并以此向鲁国索取贿赂，鲁人不给。为了这事，莒国就出动军队进攻鲁国。季子用约定好时间地点、不相欺诈的作战方式来应对莒国的军队。

[解]

◆奚斯，即作《诗经·鲁颂·閟宫》者。《鲁颂·閟宫》是《鲁颂》的第四篇，是《诗经》中最长的一首诗。此诗以鲁僖公作閟宫为素材，歌颂僖公的文治武功，表达诗人对鲁国在僖公的领导下实现中兴的感慨之情。

【经】十有二月，丁巳，夫人氏之丧至自齐。

〖传〗夫人何以不称姜氏？贬。曷为贬？与弑公也。然则曷为不于弑焉贬？贬必于其重者，莫重乎其以丧至也。

[译]

【经】十二月，丁巳日，鲁庄公夫人的遗体从齐国运回来。

〖传〗夫人为什么不称姜氏呢？为了贬低她。为什么要贬低她？因为她参与了弑杀闵公。既然这样，那么为什么不在弑杀的时候贬低她呢？因为贬低必须在重要的方面，没有什么比把她的遗体运回国时更重要了。

【经】二年，春，王正月，城楚丘。

〖传〗孰城之？城卫也。曷为不言城卫？灭也。孰灭之？盖狄灭之。曷为不言狄灭之？为桓公讳也。曷为为桓公讳？上无天子，下无方伯，天下诸侯有相灭亡者，桓公不能救，则桓公耻之也。然则孰城之？桓公城之。曷为不言桓公城之？不与诸侯专封也。曷为不与？实与，而文不与。文曷为不与？诸侯之义，不得专封。诸侯之义不得专封，则其曰实与之何？上无天子，下无方伯，天下诸侯有相灭亡者，力能救之，则救之可也。

[译]

【经】鲁僖公二年，春，周历正月，在楚丘筑城。

〖传〗为谁筑城？为卫国筑城。为什么不说为卫国筑城呢？因为卫国灭亡了。谁灭了卫国？大概是狄人灭了卫国。为什么不说狄人灭了卫国呢？为了替齐桓公避讳。为什么替齐桓公避讳？因为上面没有贤明的天子，下面没有诸侯之长，天下的诸侯有相互吞并的事，齐桓公不能救援，那么他会感到很耻辱。既然这样，那么是什么人替卫国筑城呢？是齐桓公替卫国筑城。为什么不说齐桓公为卫国筑城呢？因为不赞成诸侯自专，随意封给别人土地或称号。为什么不赞成呢？实际上是赞成的，只是文辞上不能说赞成。文辞上为什么不能说赞成呢？因为从诸侯的名分来说，是不能自专的。既然从诸侯的名分来说不能自专，那么这里为什么说实际上赞成这种做法呢？因为上面没有贤明的天子，下面没有诸侯之长，天下的诸侯有相互吞并的事，有力量救援他们的，去救援他们是允许的。

【经】夏，五月，辛巳，葬我小君哀姜。

〖传〗哀姜者何？庄公之夫人也。

【经】虞师、晋师灭夏阳。

〖传〗虞，微国也，曷为序乎大国之上？使虞首恶也。曷为使虞首恶？虞受赂，假灭国者道，以取亡焉。其受赂奈何？献公朝诸大夫而问焉，曰："寡人夜者寝而不寐，其意也何？"诸大夫有进对者曰："寝不安与？其诸侍御有不在侧者与？"献公不应。荀息进曰："虞、郭见与？"献公揖而进之，遂与之入而谋曰："吾欲攻郭，则虞救之；攻虞，则郭救之。如之何？愿与子虑之。"荀息对曰："君若用臣之谋，则今日取郭，而明日取虞尔，君何忧焉？"献公曰："然则奈何？"荀息曰："请以屈产之乘与垂棘之白璧，往必可得也。则宝出之内藏，藏之外府；马出之内厩，系之外厩尔。君何丧焉？"献公曰："诺！虽然，宫之奇存焉，如之何？"荀息曰："宫之奇知则知矣！虽然，虞公贪而好宝，见宝必不从其言，请终以往。"于是终以往，虞公见宝许诺。宫之奇果谏："记曰：'唇亡则齿寒。'虞、郭之相救，非相为赐，则晋今日取郭，而明日虞从而亡尔。君请勿许也。"虞公不从其言，终假之道以取郭。还，四年，反取虞。虞公抱宝牵马而至。荀息见曰："臣之谋何如？"献公曰："子之谋则已行矣，宝则吾宝也，虽然，吾马之齿亦已长矣！"盖戏之也。夏阳者何？郭之邑也。曷为不系于郭？国之也。曷为国之？君存焉尔。

[译]

【经】夏，五月，辛巳日，安葬我们的小君哀姜。

〖传〗哀姜是什么人？是鲁庄公的夫人。

【经】虞军和晋军灭了夏阳。

〖传〗虞国是很小的国家，为什么把它排在大国的前面呢？为了使虞国成为灭夏阳的首恶。为什么要使虞国成为首恶呢？虞国接受贿赂，借道给灭亡别国的侵略者而自取灭亡。虞国接受贿赂是怎么回事？晋献公有一天在朝廷上召见大夫们，并问他们："我每天夜里都睡不着觉，是怎么回事呢？"大夫中有人上前回答说："国君睡不安稳，恐怕是侍妾中有心爱的人不在身边吧？"献公不吭声。大夫荀息走上前说："国君是在想着虞国和郭国吧？"晋献公向荀息作了一揖，并召他上前来，和他入内谋划。献公说："我想攻打郭国，虞国就会去救它；攻打虞国，郭国也会去救它。怎么办才好呢？很想和您一起谋划这件事。"荀息回答说："国君如果能用我的计谋，那么今天夺取了郭国，明天就能夺取虞国了，您还有什么忧虑呢？"献公说："那该怎么办呢？"荀息说："请带上屈产的宝马和垂棘的白璧到虞国去一趟，就一定能如愿以偿。这样做，宝贝只是从内库拿出来，收藏在外库里；良马不过从内厩牵出来，系在外厩罢了。您会有什么损失呢？"献公说："好！虽然这样，但是虞国贤臣宫之奇还在呀，怎么办呢？"荀息说："宫之奇聪明确实聪明！虽然这样，但是虞公却很贪婪，并十分喜爱宝物，看见这些宝物，一定不会听从宫之奇的规劝，请定下来带上宝物前去。"就这样，最后带上宝物去了。虞公看见这些宝物，对晋国的要求满口答应。宫之奇果然规劝虞公说："史书上说：'嘴唇没有了，那么牙齿就会感到寒冷。'虞国和郭国是相互救助的关系，不是相互恩惠的关系，假如晋国今天夺取了郭国，那么明天虞国就跟着灭亡了。请国君不要答应晋国的要求。"虞公不听从宫之奇的话，终于借道给晋国，让它夺取了郭国。晋国夺取郭国回来，过了四年，又返回去夺取了虞国。虞公抱着白璧牵着宝马来到晋国。荀息看见了说："我的计谋怎么样？"献公说："你的计谋是已经实现了，宝贝还是我的宝贝，只是我的宝马变老了！"大概这是戏谑荀息吧。夏阳是什么地方？是郭国的一座城邑。为什么不说是郭国的城邑呢？是把它当作一个国家。为什么把它当作一个国家呢？因为有国君在那里。

[解]

◆唇亡齿寒、假途伐虢（《左传》作"虢"，本书作"郭"）、马齿徒增等成语均出于此。

【经】秋,九月,齐侯、宋公、江人、黄人盟于贯泽。

〖传〗江人、黄人者何?远国之辞也。远国至矣,则中国曷为独言齐、宋至尔?大国言齐、宋,远国言江、黄,则以其余为莫敢不至也。

【经】冬,十月,不雨。

〖传〗何以书?记异也。

【经】楚人侵郑。

[译]

【经】秋,九月,齐侯、宋公、江人、黄人在贯泽会盟。

〖传〗江人、黄人是什么意思?这是对远方国家的称呼。远方的国家来参加会盟,那么中原地区为什么只说齐国、宋国来会盟呢?因为大国只要说到齐国、宋国,远方的国家只要说到江国、黄国,那么其他各国就没有敢不来的了。

【经】冬,十月,不下雨。

〖传〗为什么记载这件事?为了记载怪异现象。

【经】楚军侵犯郑国。

【经】三年,春,王正月,不雨。

【经】夏,四月,不雨。

〖传〗何以书?记异也。

【经】徐人取舒。

〖传〗其言取之何?易也。

【经】六月,雨。

〖传〗其言六月雨何?上雨而不甚也。

[译]

【经】三年，春，周历正月，不下雨。

【经】夏，四月，不下雨。

〖传〗为什么记载这件事？为了记载怪异现象。

【经】徐人取了舒国。

〖传〗这里说"取"是什么意思？是说得到的太容易了。

【经】六月，下雨了。

〖传〗这里为什么专门说六月下雨了呢？因为在此之前没有下过大雨。

【经】秋，齐侯、宋公、江人、黄人会于阳穀。

〖传〗此大会也，曷为末言尔？桓公曰："无障谷，无贮粟，无易树子，无以妾为妻。"

【经】冬，公子友如齐莅盟。

〖传〗莅盟者何？往盟乎彼也。其言来盟者何？来盟于我也。

【经】楚人伐郑。

[译]

【经】秋，齐侯、宋公、江人、黄人在齐国阳穀聚会。

〖传〗这是一次大聚会，为什么只是轻描淡写地说说呢？在会上，齐桓公提出："不要阻断河谷，不要囤积粮食，不要把应当立为世子的嫡长子换掉，不要把侍妾当作妻子。"

【经】冬，公子友到齐国莅盟。

〖传〗莅盟是什么意思？就是前去和别人会盟。那么说来盟是什么意思呢？就是别人来我国参加会盟。

【经】楚人攻打郑国。

[解]

◆阳榖之会发生于齐桓公霸主威信达到顶峰的时候。阳榖之会的四项约法,在当时具有国际公法的意义,有利于资源的合理利用,有利于维护各国的政治稳定。如此重要的一次会盟,又制定了如此重要的国际公法,《春秋》书写时却轻描淡写。对此,何休《春秋公羊解诂》的解释是:"此四者皆时人所患,时桓公功德隆盛,诸侯咸曰:'无言不从,曷为用盟哉?'故告誓而已。"

【经】四年,春,王正月,公会齐侯、宋公、陈侯、卫侯、郑伯、许男、曹伯侵蔡,蔡溃。

〖传〗溃者何?下叛上也。国曰溃,邑曰叛。

【经】遂伐楚,次于陉。

〖传〗其言次于陉何?有俟也。孰俟?俟屈完也。

[译]

【经】鲁僖公四年,春,周历正月,僖公会同齐侯、宋公、陈侯、卫侯、郑伯、许男、曹伯入侵蔡国,蔡国溃。

〖传〗溃是什么意思?就是下面反叛上面。一个国家的叛乱叫溃,一个城邑的叛乱叫叛。

【经】入侵蔡国的军队随即又去攻打楚国,临时驻扎在陉。

〖传〗这里为什么说在陉临时驻扎呢?因为有所等待。等待什么人?等待楚国的大夫屈完。

【经】夏,许男新臣卒。楚屈完来盟于师,盟于召陵。

〖传〗屈完者何?楚大夫也。何以不称使?尊屈完也。曷为尊屈完?以当桓公也。其言盟于师、盟于召陵何?师在召陵也。

师在召陵，则曷为再言盟？喜服楚也。何言乎喜服楚？楚有王者则后服，无王者则先叛。夷狄也，而亟病中国，南夷与北狄交。中国不绝若线，桓公救中国，而攘夷狄，卒怗荆，以此为王者之事也。其言来何？与桓为主也。前此者有事矣，后此者有事矣，则曷为独于此焉？与桓公为主，序绩也。

[译]

【经】夏，许男新臣去世了。楚国的屈完来到诸侯军队中会盟，在召陵会盟。

〖传〗屈完是什么人？是楚国的大夫。为什么不说是派遣呢？因为尊重屈完。是怎么尊重屈完的呢？把他看成与齐桓公对等的会盟者。这里说在诸侯军队中会盟，又说在召陵会盟是什么意思？因为这时军队已经退到召陵了。军队在召陵，那么为什么要两次说会盟呢？是为楚国的屈服表示高兴。为什么说对楚国的屈服表示高兴呢？因为楚国在有周王的时候总是最后服从，没有周王的时候则总是最先反叛。他们是夷狄，屡次侵犯中原，南方的夷人和北方的狄人交替为害。中原各国如将断的细线一般，齐桓公拯救中原各国，攘除南夷北狄，终于使楚国屈服，他用这些业绩成就了王的事业。这里说"来"是什么意思？是表示赞成齐桓公成为霸主。在这以前有过这种事，在这以后也会有这种事，那么为什么独独在这件事上赞成齐桓公成为霸主呢？因为历数齐桓公的功绩，没有比这次服楚更大的了。

[解]

◆春秋初年，楚国在吞并周边小国之后，北进中原，与齐抗衡。鲁僖公四年，为压制楚国北进的势头，齐桓公率齐、宋、陈、卫等八国军队攻溃楚的盟国蔡国，即"四年，春，王正月，公会齐侯、宋公、陈侯、卫侯、郑伯、许男、曹伯侵蔡，蔡溃"，"遂伐楚"，以不向王室朝贡为由问罪于楚。楚王自忖尚不能与齐国争锋，于是派大夫屈完与齐讲和。"楚屈完来盟于师，盟于召陵"，史称"召陵之盟"。召陵之盟，迫使楚国在事实上承认了齐国在中原的霸主地位。楚国北进的势头被阻止，进一步提高了齐桓公的威望。

【经】齐人执陈袁涛涂。

〖传〗涛涂之罪何？辟军之道也。其辟军之道奈何？涛涂谓桓公曰："君既服南夷矣，何不还师滨海而东，服东夷且归？"桓公曰："诺！"于是还师滨海而东，大陷于沛泽之中。顾而执涛涂。执者曷为或称侯？或称人？称侯而执者，伯讨也；称人而执者，非伯讨也。此执有罪，何以不得为伯讨？古者周公东征则西国怨；西征则东国怨。桓公假涂于陈而伐楚，则陈人不欲其反由己者，师不正故也。不修其师而执涛涂，古人之讨，则不然也。

[译]

【经】齐人拘囚了陈国的袁涛涂。

〖传〗袁涛涂的罪是什么？他改变了行军路线。他怎样改变行军路线的呢？袁涛涂对齐桓公说："国君既然已经降服了南夷，为什么不调转军队沿着海边向东而行，降服了东夷再回国呢？"齐桓公说："好！"于是调转军队，沿着海边东进，结果，军队大批陷入草棘丛生的沼泽地里。齐桓公回过头，把袁涛涂抓起来。拘捕人为什么有时称"侯"，有时称"人"呢？拘捕人称"侯"，是属于方伯的讨伐；拘捕人称"人"，就不属于方伯的讨伐。这次拘捕的是有罪的人，为什么不能算方伯的讨伐呢？古代周公东征时，西边的国家就有怨言；西征时，东边的国家就有怨言。这次齐桓公向陈国借道征伐楚国，但是陈人不想让军队返回时从自己的国家经过，这是齐国军队风纪不正的缘故。不整顿自己的军队而抓袁涛涂，古人讨伐有罪者，就不是这样的。

［解］

◆此前齐桓公伐楚,道经陈国,由于军纪不严,骚扰了陈国百姓。回军时,陈国大夫袁涛涂诡称齐军应东进降服东夷再回国,其目的是不让齐军再经过陈国。齐军沿海东进,结果陷入沼泽。齐桓公一怒之下,拘捕了袁涛涂。《公羊传》作者认为,齐军不受欢迎,是因为自己"师不正""不修其师",齐桓公缺乏周公那种兼济天下的爱心。而拘捕袁涛涂,也不是一个以天下为己任、有广博胸怀的霸主应当做的。

【经】秋,及江人、黄人伐陈。

【经】八月,公至自伐楚。

〚传〛楚已服矣,何以致伐楚?叛盟也。

【经】葬许缪公。

【经】冬,十有二月,公孙慈帅师会齐人、宋人、卫人、郑人、许人、曹人侵陈。

［译］

【经】秋,鲁僖公和江人、黄人一起讨伐陈国。

【经】八月,鲁僖公从讨伐楚国的战场上回来。

〚传〛楚国已经屈服了,为什么还说讨伐楚归来?因为楚国背叛了盟誓。

【经】安葬许缪公。

【经】冬,十二月,鲁国大夫公孙慈率军会同齐人、宋人、卫人、郑人、许人、曹人共同入侵陈国。

【经】五年,春,晋侯杀其世子申生。

〚传〛曷为直称晋侯以杀?杀世子、母弟,直称君者,甚之也。

[译]

【经】鲁僖公五年,春,晋侯杀了他的世子申生。

〖传〗为什么直接说晋侯把世子申生杀了呢?《春秋》上记载那些杀死世子或者同母弟弟的国君,都直接称他们的君位,就是认为他们做得太过分了。

[解]

◆晋献公惑于妃子骊姬,听信诬陷,逼杀儿子。《公羊传》认为:《春秋》书作"晋侯",是为了表明晋献公做得太过分了,为了权力完全不顾亲情。这是以批反面教材的形式,提倡父母子女亲情,说明《公羊传》重视人伦。

【经】杞伯姬来朝其子。
〖传〗其言来朝其子何?内辞也,与其子俱来朝也。

[译]

【经】杞国国君夫人伯姬让他的儿子到鲁国来访问。
〖传〗这里说"让他的儿子到鲁国来访问"是什么意思?这是鲁国内部的说法。其实是她和儿子一起来鲁国朝见。

【经】夏,公孙慈如牟。公及齐侯、宋公、陈侯、卫侯、郑伯、许男、曹伯会王世子于首戴。
〖传〗曷为殊会王世子?世子贵也。世子,犹世世子也。
【经】秋,八月,诸侯盟于首戴。
〖传〗诸侯何以不序?一事而再见者,前目而后凡也。
【经】郑伯逃归不盟。

〚传〛其言逃归不盟者何？不可使盟也。不可使盟，则其言逃归何？鲁子曰："盖不以寡犯众也。"

【经】楚人灭弦。弦子奔黄。

[译]

【经】夏，公孙慈前往牟国。鲁僖公和齐侯、宋公、陈侯、卫侯、郑伯、许男、曹伯在首戴拜会周天王的世子。

〚传〛为什么要特别地拜会周天王的世子呢？因为周天王的世子很高贵。世子是周天王代代承袭的儿子。

【经】秋，八月，诸侯在首戴会盟。

〚传〛为什么不按次序排列诸侯的名称呢？因为一件事情第二次出现时，前面已经列有细目，后面就同前面一致。

【经】郑伯逃回国不参加会盟。

〚传〛这里说逃回国不参加会盟是什么意思？是不能让他参加会盟。不能让他参加会盟，那么又为什么说他逃回国呢？鲁子说："大概是不愿意因为他一个人而冒犯大家吧。"

【经】楚人灭了弦国。弦子逃到黄国去。

[解]

◆僖公五年，齐桓公与各诸侯会盟于首戴。时齐桓公正插手周王室太子人选的确定，周王不愿齐桓公插手，便鼓动郑文公联络楚、晋以对抗齐桓公。郑文公想听从周王的，但又不敢公然与齐桓公对抗，于是便逃回郑国，不参加会盟。第二年，齐桓公遂率诸侯之师讨伐郑国，即《春秋·僖公六年》"夏，公会齐侯、宋公、陈侯、卫侯、曹伯伐郑，围新城"。

【经】九月，戊申，朔，日有食之。

【经】冬，晋人执虞公。

〚传〛虞已灭矣，其言执之何？不与灭也。曷为不与灭？灭者，亡国之善辞也。灭者，上下之同力者也。

[译]

【经】九月，戊申日，初一，发生日食。

【经】冬，晋人拘捕了虞公。

〖传〗虞国已经灭亡了，这里说拘捕虞公是什么意思？因为《春秋》的作者不赞成灭掉虞国。为什么不赞成灭掉虞国？灭，是国家灭亡的好词。灭，就是说全国上下君臣同心协力抵抗而亡。

【经】六年，春，王正月。

【经】夏，公会齐侯、宋公、陈侯、卫侯、曹伯伐郑，围新城。

〖传〗邑不言围，此其言围何？强也。

【经】秋，楚人围许，诸侯遂救许。

【经】冬，公至自伐郑。

[译]

【经】鲁僖公六年，春，周历正月。

【经】夏，鲁僖公会同齐侯、宋公、陈侯、卫侯、曹伯出兵攻打郑国，包围了新城。

〖传〗对城邑是不说包围的，这里说包围是什么意思？是表示齐桓公太霸道。

【经】秋，楚军围攻许国。诸侯军队就去救援许国。

【经】冬，鲁僖公从攻打郑国的战场上回来。

【经】七年，春，齐人伐郑。

【经】夏，小邾娄子来朝。

【经】郑杀其大夫申侯。

〖传〗其称国以杀何？称国以杀者，君杀大夫之辞也。

【经】秋，七月，公会齐侯、宋公、陈世子款、郑世子华，盟于宁毋。

【经】曹伯般卒。

【经】公子友如齐。

【经】冬，葬曹昭公。

[译]

【经】鲁僖公七年，春，齐人攻打郑国。

【经】夏，小邾娄子来鲁国朝见。

【经】郑国杀了它的大夫申侯。

〖传〗这里说国家把它的大夫杀了是什么意思？说国家把它的大夫杀了，这是国君杀大夫的说法。

【经】秋，七月，鲁僖公会见齐侯、宋公、陈世子款、郑世子华，并在宁毋会盟。

【经】曹伯般去世了。

【经】公子友前往齐国。

【经】冬，安葬曹昭公。

【经】八年，春，王正月，公会王人、齐侯、宋公、卫侯、许男、曹伯、陈世子款、郑世子华，盟于洮。

〖传〗王人者何？微者也。曷为序乎诸侯之上？先王命也。

【经】郑伯乞盟。

〖传〗乞盟者何？处其所而请与也。其处其所而请与奈何？盖酌之也。

[译]

【经】鲁僖公八年，春，周历正月，鲁僖公会见王人、齐侯、宋公、卫侯、许男、曹伯、陈国世子款、郑国世子华，并在洮会盟。

〖传〗王人是什么人？是周王室地位较低的官员。为什么把他排在各国诸侯的前面呢？因为要尊崇周天王的命令。

【经】郑伯乞求参加会盟。

〖传〗乞求参加会盟是什么意思？就是身居国内而请求加盟。这里说身居国内而请求加盟是怎么回事？大概是一种试探吧。

[解]

◆周惠王本立王子郑为太子，而又宠爱小儿子王子带，因而引发了动乱。僖公五年夏，齐桓公"及齐侯、宋公、陈侯、卫侯、郑伯、许男、曹伯会王世子于首戴"，王世子即王子郑，把他请来就是表示对他的支持。有齐国的支持，周惠王不敢废王子郑的太子地位。僖公七年，周惠王死。"八年，春，王正月，公会王人、齐侯、宋公、卫侯、许男、曹伯、陈世子款、郑世子华，盟于洮"，拥立王子郑为周王，即周襄王。周襄王当了天子，这才给他的父亲办丧事，即下所言"冬，十有二月，丁未，天王崩"，这是按周朝讣告发丧日说的，实际上周惠王已死一年了。襄王的王位是齐桓公支持的结果，这就是史书上所说的"一匡天下"。"九合诸侯，一匡天下"，是对齐桓公功绩的高度概括。

◆《公羊传》认为，这里的王人虽然地位不高，但他是受周王的派遣而来的，是王室的代表，故理应将他排在诸侯之前，以示尊重，正如何休《春秋公羊解诂》所说："（王人）衔王命会诸侯，诸侯当北面受之，故尊序于上。"

【经】夏，狄伐晋。

【经】秋，七月，禘于大庙，用致夫人。

〖传〗用者何？用者不宜用也。致者何？致者不宜致也。禘用致夫人，非礼也。夫人何以不称姜氏？贬。曷为贬？讥以妾为妻也。其言以妾为妻奈何？盖胁于齐媵女之先至者也。

【经】冬，十有二月，丁未，天王崩。

[译]

【经】夏，狄人攻打晋国。

【经】秋，七月，鲁国在太庙举行禘祭，用致夫人。

〖传〗用是什么意思？说用就表明不应该用。致是什么意思？致，就表明不应该致。举行禘祭，借以告致夫人，这是不合乎礼的。夫人为什么不称姜氏呢？是为了贬低她。为什么要贬低她？要谴责鲁僖公以妾为妻。这里说鲁僖公以妾为妻是怎么回事？大概是鲁僖公迫于齐国的压力，将先到鲁国的齐国媵女立为夫人。

【经】冬，十二月，丁未日，周惠王去世了。

【经】九年，春，王三月，丁丑，宋公御说卒。
〖传〗何以不书葬？为襄公讳也。
【经】夏，公会宰周公、齐侯、宋子、卫侯、郑伯、许男、曹伯于葵丘。
〖传〗宰周公者何？天子之为政者也。

[译]

【经】鲁僖公九年，春，周历三月，丁丑日，宋公御说去世了。
〖传〗为什么不记载葬礼？因为要替宋襄公避讳。
【经】夏，鲁僖公在葵丘会见了宰周公、齐侯、宋子、卫侯、郑伯、许男、曹伯。
〖传〗宰周公是什么人？是周天子的执政官。

[解]

◆宋桓公病故,《春秋》不记其葬礼,有违惯例。《公羊传》仅说这是为宋桓公的继位者宋襄公避讳,但没有说明为何避讳。前人认为,这是为本年宋襄公参与葵丘之会而避讳。据《左传》说,此会是为周天子派周公送祭祀文王、武王的祭肉给齐桓公而举行的,目的是奖励齐桓公的匡周室、攘夷狄的功劳。宋襄公在守丧期间外出与会,实属违礼;但葵丘之会又有维护王室的意义,应当肯定。所以古人认为《公羊传》所说的避讳指的就是为他的赴会避讳。

【经】秋,七月,乙酉,伯姬卒。

〖传〗此未适人,何以卒?许嫁矣。妇人许嫁,字而笄之,死则以成人之丧治之。

[译]

【经】秋,七月,乙酉日,伯姬去世了。

〖传〗这是还没有出嫁的人,为什么记载她的去世呢?因为她已经订婚了。女子订了婚,称字行过笄礼,去世就按照成人的丧礼来办理。

[解]

◆先秦贵族男女成人,男子有冠礼,女子有笄礼。女子笄礼的时间,按这里说是许嫁之后,《礼记·曲礼》记载相同,《礼记·内则》则说是十五岁,最迟二十岁。举行笄礼时,要先取字,如伯姬、叔姬之类,然后再举行仪式,即这里说的"字而笄之"。笄,古代女子用以束发或固定弁、冕的一种簪子,用来插住挽起的头发,或插住帽子。笄礼的仪式,就是将原来女童的散发汇成一束挽作成人发髻,然后插上簪子,以示成人。

【经】九月,戊辰,诸侯盟于葵丘。

〖传〗桓之盟不日,此何以日?危之也。何危尔?贯泽之会,桓公有忧中国之心,不召而至者,江人、黄人也。葵丘之会,桓公震而矜之,叛者九国。震之者何?犹曰振振然。矜之者何?犹曰莫若我也。

【经】甲戌,晋侯诡诸卒。

[译]

【经】九月,戊辰日,诸侯在葵丘会盟。

〖传〗齐桓公的会盟是不记载日期的,这里为什么记载日期呢?这是认为他有危险了。他有什么危险?在贯泽的那次会盟,齐桓公有忧虑中原诸侯国的心意,没有受到邀请而自愿来参加的就有江人和黄人。葵丘的这次会盟,齐桓公"震而矜之",背叛他的就有九个国家。震之是什么意思?犹如骄横傲慢的样子。矜之是什么意思?犹如说"没有谁的功劳比我大"。

【经】甲戌日,晋国国君诡诸去世了。

[解]

◆葵丘会盟,周襄王也派代表参加,对齐桓公极力表彰。这是齐桓公多次召集诸侯会盟中最盛大的一次,标志着齐桓公的霸业达到顶峰。也就是这次会盟,由于齐桓公的傲慢自矜,"叛者九国",使得威信大衰。

【经】冬,晋里克弑其君之子奚齐。

〖传〗此未逾年之君,其言弑其君之子奚齐何?杀未逾年君之号也。

[译]

【经】冬,晋国里克弑杀了他国君的儿子奚齐。

〖传〗奚齐是即位不满一年的国君,这里说弑杀了他国君的儿子奚齐是什么意思?这是弑杀即位不满一年的国君的说法。

【经】十年，春，王正月，公如齐。

【经】狄灭温。温子奔卫。

【经】晋里克弑其君卓子及其大夫荀息。

〖传〗及者何？累也。弑君多矣，舍此无累者乎？曰："有。孔父、仇牧皆累也。"舍孔父、仇牧无累者乎？曰："有。"有则此何以书？贤也。何贤乎荀息？荀息可谓不食其言矣。其不食其言奈何？奚齐、卓子者，骊姬之子也，荀息傅焉。骊姬者，国色也。献公爱之甚，欲立其子，于是杀世子申生。申生者，里克傅之。献公病将死，谓荀息曰："士何如则可谓之信矣？"荀息曰："使死者反生，生者不愧乎其言，则可谓信矣。"献公死，奚齐立。里克谓荀息曰："君杀正而立不正，废长而立幼，如之何？愿与子虑之。"荀息曰："君尝讯臣矣，臣对曰：'使死者反生，生者不愧乎其言，则可谓信矣。'"里克知其不可与谋，退，弑奚齐。荀息立卓子，里克弑卓子，荀息死之。荀息可谓不食其言矣！

[译]

【经】鲁僖公十年，春，周历正月，鲁僖公前往齐国。

【经】狄人灭亡了温国。温子逃到卫国去。

【经】晋国里克弑杀了他的国君卓子及大夫荀息。

〖传〗及是什么意思？就是牵连。弑杀国君的事很多，除了荀息就没有被牵连的吗？回答说："有。宋国大夫孔父、仇牧都是受牵连而死的。"除了孔父、仇牧之外就没有受牵连的了吗？回答说："还有。"既然还有，那么这里为什么要记载荀息呢？因为他贤良。荀息怎么贤良呢？荀息可以说是说话算数的人了。他怎么说话算数呢？奚齐和卓子，都是骊姬的儿子，荀息教导辅佐他们。骊姬是天下最美的女人，晋献公非常爱她，想立她的儿子为世子，于是杀了世子申生。世子申生是由里克教导辅佐的。晋献公病重将死，就对荀息说："士怎样做才可以说是讲信义呢？"荀息回答说："如果让死去的人活转回来，活着的人也不会对自己说过的话感到惭愧，那就可以说他是讲信义的。"献公去世后，奚齐被立为国君。里克对荀息说："国君杀了嫡子而立庶子，废了长子而立了幼子，这该怎么办呢？我愿意和您一起考虑这个问题。"荀息说："国君曾经问过我士怎样做才算讲信义，我回答他说：'如果让死去的人活转回来，活着的人也不会对自己说过的话感到惭愧，那就可以说他是讲信义的。'"里克知道荀息不会和他一起谋划，回去后，就弑杀了奚齐。荀息就立卓子为国君，里克又弑杀了卓子，荀息就为他们自杀了。荀息真可以说是说话算数的人啊！

[解]

◆晋君献公宠幸后立的夫人骊姬及其妹少姬，太子申生遭骊姬陷害，被迫自杀，献公的另外两个儿子重耳和夷吾也被迫逃亡国外。僖公九年，献公死，太傅荀息受献公之托拥立骊姬之子奚齐为君。大臣里克和丕郑父想迎回重耳，遂攻杀奚齐，即前所言"冬，晋里克弑其君之子奚齐"。荀息又立少姬之子卓子，里克亦杀之。荀息见新立的两君皆被杀，认为自己辜负了先君献公的托付，就惭愧地自杀了。后夷吾回国为君，是为晋惠公。惠公担心自己落得奚齐、卓子一样的命运，于是就杀了里克与丕郑父，即下所言"晋杀其大夫里克""晋杀其大夫丕郑父"。

【经】夏，齐侯、许男伐北戎。晋杀其大夫里克。

〖传〗里克弑二君，则曷为不以讨贼之辞言之？惠公之大夫也。然则孰立惠公？里克也。里克弑奚齐、卓子，逆惠公而入。里克立惠公，则惠公曷为杀之？惠公曰："尔既杀夫二孺子矣，又将图寡人，为尔君者，不亦病乎？"于是杀之。然则曷为不言惠公之入？晋之不言出入者，踊为文公讳也。齐小白入于齐，则曷为不为桓公讳？桓公之享国也长，美见乎天下，故不为之讳本恶也。文公之享国也短，美未见乎天下，故为之讳本恶也。

【经】秋，七月。

【经】冬，大雨雹。

〖传〗何以书？记异也。

[译]

【经】夏，齐侯和许男征伐北戎。晋国杀了它的大夫里克。

〖传〗里克弑杀了两位国君，这里为什么不用讨伐叛贼的言辞来说他呢？因为他是晋惠公的大夫。那么是谁立的晋惠公呢？就是里克。里克弑杀了奚齐和卓子后，迎接惠公进入晋国。既然是里克立惠公为国君，那么惠公为什么还要杀他呢？惠公说："你既然已经杀了那两个小孩，又将图谋我，当你的国君，不也太难了吗？"于是就把里克杀了。既然这样，那么为什么不说惠公进入晋国的事呢？对于晋国，不说谁出逃、谁进入，是预先为晋文公避讳。那么说齐国小白进入齐国，为什么不为齐桓公避讳呢？因为齐桓公为君时间长，功德之美为天下人所见，所以用不着替他避讳原来的罪过。而晋文公为君时间短，功德之美尚未为天下人所见，所以要为他避讳原来的罪过。

【经】秋，七月。

【经】冬，下大冰雹。

〖传〗为什么记载这件事？为了记载怪异现象。

【经】十有一年，春，晋杀其大夫丕郑父。

【经】夏，公及夫人姜氏会齐侯于阳穀。

【经】秋，八月，大雩。

【经】冬，楚人伐黄。

[译]

【经】鲁僖公十一年,春,晋国杀了它的大夫丕郑父。

【经】夏,鲁僖公和夫人姜氏在阳穀会见齐侯。

【经】秋,八月,鲁国举行求雨的大祭祀。

【经】冬,楚人攻打黄国。

【经】十有二年,春,王三月,庚午,日有食之。

【经】夏,楚人灭黄。

【经】秋,七月。

【经】冬,十有二月,丁丑,陈侯处臼卒。

[译]

【经】鲁僖公十二年,春,周历三月,庚午日,发生日食。

【经】夏,楚人灭了黄国。

【经】秋,七月。

【经】冬,十二月,丁丑日,陈侯处白去世了。

【经】十有三年,春,狄侵卫。

【经】夏,四月,葬陈宣公。

【经】公会齐侯、宋公、陈侯、卫侯、郑伯、许男、曹伯于咸。

【经】秋,九月,大雩。

【经】冬,公子友如齐。

[译]

【经】鲁僖公十三年,春,狄人入侵卫国。

【经】夏，四月，安葬陈宣公。

【经】鲁僖公在咸与齐侯、宋公、陈侯、卫侯、郑伯、许男、曹伯会面。

【经】秋，九月，鲁国举行求雨的大祭祀。

【经】冬，公子友前往齐国。

【经】十有四年，春，诸侯城缘陵。

〖传〗孰城之？城杞也。曷为城杞？灭也。孰灭之？盖徐、莒胁之。曷为不言徐、莒胁之？为桓公讳也。曷为为桓公讳？上无天子，下无方伯，天下诸侯有相灭亡者，桓公不能救，则桓公耻之也。然则孰城之？桓公城之。曷为不言桓公城之？不与诸侯专封也。曷为不与？实与，而文不与。文曷为不与？诸侯之义不得专封也。诸侯之义不得专封，则其曰实与之何？上无天子，下无方伯，天下诸侯有相灭亡者，力能救之，则救之可也。

[译]

【经】鲁僖公十四年，春，诸侯在缘陵筑城。

〖传〗为谁筑城？为杞国筑城。为什么要为杞国筑城？杞国灭亡了。谁灭亡了杞国？大概是徐国和莒国威胁它。为什么不说是徐国和莒国威胁它呢？为了替齐桓公避讳。为什么替齐桓公避讳呢？因为上面没有贤明的天子，下面没有诸侯之长，天下的诸侯有相互吞并的事，齐桓公不能救援，那么他会感到很耻辱。既然这样，那么是什么人替杞国筑城呢？是齐桓公替杞国筑城。为什么不说齐桓公为杞国筑城呢？因为不赞成诸侯自专，随意封给别人土地或称号。为什么不赞成呢？实际上是赞成的，只是文辞上不能说赞成。文辞上为什么不能说赞成呢？因为从诸侯的名分来说，是不能自专的。既然从诸侯的名分来说不能自专，那么这里为什么说实际上赞成这种做法呢？因为上面没有贤明的天子，下面没有诸侯之长，天下的诸侯有相互吞并的事，有力量救援他们的，去救援他们是允许的。

【经】夏，六月，季姬及鄫子遇于防，使鄫子来朝。
〖传〗鄫子曷为使乎季姬来朝？内辞也。非使来朝，使来请己也。

[译]
【经】夏，六月，季姬与鄫子在防相遇，季姬让鄫子来鲁国朝见。
〖传〗鄫子为什么是季姬叫来鲁国朝见的呢？这是鲁国内部的说法。并不是让鄫子来朝见，是季姬让鄫子来鲁国聘娶自己。

[解]
◆季姬，鲁僖公之女，伯姬之媵。伯姬许嫁邾娄，未嫁而亡。依礼，嫡未嫁而死，媵犹当往。鲁送季姬去邾娄，至防，遇鄫子而悦之。鄫子往鲁请求娶季姬，僖公许之，即下所言"季姬归于鄫"。这是本传记录的自由恋爱而婚配的故事。

【经】秋，八月，辛卯，沙鹿崩。
〖传〗沙鹿者何？河上之邑也。此邑也，其言崩何？袭邑也。沙鹿崩，何以书？记异也。外异不书，此何以书？为天下记异也。
【经】狄侵郑。
【经】冬，蔡侯肸卒。

[译]
【经】秋，八月，辛卯日，沙鹿崩塌了。
〖传〗沙鹿是什么地方？是黄河上的一座城邑。这是城邑，这里说崩塌是什么意思？是说城邑突然陷入地中。沙鹿崩塌为什么记载呢？为了记载怪异现象。鲁国之外的怪异现象是不记载的，这里为什么记载呢？这是为天下记载怪异的现象。

【经】狄人入侵郑国。

【经】冬，蔡侯肸去世了。

[解]

◆对鲁国之外的一些奇异现象，按惯例《春秋》是不做记载的。但鲁国之外的沙鹿，《春秋》却记载了其崩塌，属于特例。这样的特例还有成公五年的梁山崩，昭公十八年的宋、卫、陈、郑同日火灾。《公羊传》认为之所以记载，是因为此类奇异现象，虽然没有发生在鲁国，但属于天下之事。而"溥天之下，莫非王土；率土之滨，莫非王臣"，所以《春秋》就要"为天下记异"。《春秋》通过"为天下记异"，再次表达了"大一统"与"王者无外"的思想。

【经】十有五年，春，王正月，公如齐。

【经】楚人伐徐。

【经】三月，公会齐侯、宋公、陈侯、卫侯、郑伯、许男、曹伯，盟于牡丘，遂次于匡。

【经】公孙敖率师及诸侯之大夫救徐。

[译]

【经】鲁僖公十五年，春，周历正月，鲁僖公前往齐国。

【经】楚军攻打徐国。

【经】三月，鲁僖公与齐侯、宋公、陈侯、卫侯、郑伯、许男、曹伯会晤，在牡丘会盟，遂后驻扎在匡。

【经】公孙敖率军和各诸侯的大夫一起去救徐国。

【经】夏,五月,日有食之。

【经】秋,七月,齐师、曹师伐厉。

【经】八月,螽。

【经】九月,公至自会。

〖传〗桓公之会不致,此何以致?久也。

【经】季姬归于鄫。

【经】己卯,晦,震夷伯之庙。

〖传〗晦者何?冥也。震之者何?雷电击夷伯之庙者也。夷伯者,曷为者也?季氏之孚也。季氏之孚则微者,其称夷伯何?大之也。曷为大之?天戒之,故大之也。何以书?记异也。

[译]

【经】夏,五月,发生日食。

【经】秋,七月,齐军和曹军联合攻打厉国。

【经】八月,有蝗虫。

【经】九月,鲁僖公从诸侯盟会的地方回国。

〖传〗与齐桓公会盟是不记载归来日期的,这里为什么记载鲁僖公归来呢?这次会盟的时间太久了。

【经】季姬嫁到鄫国去了。

【经】己卯日,晦,震坏了夷伯的庙。

〖传〗晦是什么意思?就是白天天色黑暗。震之是什么意思?就是雷电击坏了夷伯的庙。夷伯是干什么的?是季氏信任的大夫。季氏信任的大夫,那么是地位较低的人,这里称夷伯是什么意思?是为了强调。为什么要强调?因为上天惩戒他,所以要强调。为什么记载雷电击坏夷伯庙这件事?为了记载怪异现象。

【经】冬,宋人伐曹。

【经】楚人败徐于娄林。

【经】十有一月，壬戌，晋侯及秦伯战于韩，获晋侯。

〖传〗此偏战也，何以不言师败绩？君获，不言师败绩也。

[译]

【经】冬，宋人攻打曹国。

【经】楚人在娄林打败徐国。

【经】十一月，壬戌日，晋侯与秦伯在韩交战，俘获晋侯。

〖传〗这是约定好时间地点的正规战争，为什么不说晋军大败呢？因为国君都被俘了，也就不用再说晋军大败。

【经】十有六年，春，王正月，戊申，朔，霣石于宋五。是月，六鹢退飞，过宋都。

〖传〗曷为先言霣而后言石？霣石记闻，闻其磌然，视之则石，察之则五。是月者何？仅逮是月也。何以不日？晦日也。晦则何以不言晦？《春秋》不书晦也。朔有事则书，晦虽有事不书。曷为先言六而后言鹢？六鹢退飞，记见也，视之则六，察之则鹢，徐而察之则退飞。五石六鹢，何以书？记异也。外异不书，此何以书？为王者之后，记异也。

[译]

【经】鲁僖公十六年，春，周历正月，戊申日，初一，宋国上空陨落五块石头。这个月，有六只鹢鸟后退着飞，从宋国都城上经过。

〖传〗为什么先说坠落后说石头呢？陨落石头是记载听到的事情，听到它们"轰"的一声落下，走过去看，才知道是石头，仔细察看，才知道共有五块。是月是什么意思？就是刚刚赶上这个月。为什么不记载日期呢？这是晦日，即每月的最后一天。既然是晦日，那么为什么不写明是晦日呢？因为《春秋》是不记载晦日的。朔日，即每月初一，有事情发生就写上是朔；如果是晦日，虽然有事情发生也不写上是晦。为什么先说六后说鹢鸟呢？因为六只鹢鸟后退着飞，这是记载看见的事情，先看见它们，知道有六只，仔细察看才知道是鹢鸟，慢慢观察才发现它们是后退着飞的。五块陨石、六只鹢鸟，为什么要记载呢？为了记载怪异现象。鲁国以外发生的怪异现象是不记载的，这里为什么记载呢？因为这是为称过王的人的后代记载怪异现象。

【经】三月，壬申，公子季友卒。

〖传〗其称季友何？贤也。

【经】夏，四月，丙申，鄫季姬卒。

【经】秋，七月，甲子，公孙慈卒。

【经】冬，十有二月，公会齐侯、宋公、陈侯、卫侯、郑伯、许男、邢侯、曹伯于淮。

［译］

【经】三月，壬申日，公子季友去世了。

〖传〗这里为什么称他为季友呢？因为他贤良。

【经】夏，四月，丙申日，鄫季姬去世了。

【经】秋，七月，甲子日，公孙慈去世了。

【经】冬，十二月，鲁僖公在淮会见了齐侯、宋公、陈侯、卫侯、郑伯、许男、邢侯和曹伯。

【经】十有七年，春，齐人、徐人伐英氏。

【经】夏，灭项。

【传】孰灭之？齐灭之。曷为不言齐灭之？为桓公讳也。《春秋》为贤者讳。此灭人之国，何贤尔？君子之恶恶也疾始，善善也乐终。桓公尝有继绝存亡之功，故君子为之讳也。

【经】秋，夫人姜氏会齐侯于卞。

【经】九月，公至自会。

【经】十有二月，乙亥，齐侯小白卒。

[译]

【经】鲁僖公十七年，春，齐人和徐人联合攻打英氏。

【经】夏，灭亡项国。

〖传〗是什么人灭亡了项国？是齐国灭亡了项国。为什么不说齐国灭亡了项国呢？因为要替齐桓公避讳。《春秋》为贤良的人避讳，这是灭亡别人的国家，有什么贤良呢？君子憎恨丑恶的事情，主要恨在开始；喜爱美好的事情，主要爱在善终。齐桓公曾经有继绝存亡的功绩，所以君子为他避讳。

【经】秋，夫人姜氏在卞会见齐侯。

【经】九月，鲁僖公从诸侯会盟的地方回国。

【经】十二月，乙亥日，齐侯小白去世了。

[解]

◆齐桓公治理齐国使其富强后，以"尊王攘夷"相号召，帮燕国击退北戎的入侵；先后营救卫、邢两国；又筑缘陵城以复存杞国，使之亡而复存、危而复安；鲁国庆父作难，庄公、子般、闵公连续三位国君死去，旷年无君，齐桓公立僖公，又为鲁国修筑城墙，使鲁国恢复稳定（详见《公羊传·闵公二年》）。齐桓公的这些活动，使绝嗣得续，亡国复存，被称作"继绝存亡"。这是齐桓公的一大功绩。因此，齐桓公虽有灭项之恶，但与继绝存亡的大功比起来，属于小恶。所以，《公羊传》认为《春秋》不明言何人灭项，是本着"内大恶讳""为尊者讳"的惯例为桓公避讳。

【经】十有八年,春,王正月,宋公会曹伯、卫人、邾娄人伐齐。

【经】夏,师救齐。五月,戊寅,宋师及齐师战于甗,齐师败绩。

〖传〗战不言伐,此其言伐何?宋公与伐而不与战,故言伐。《春秋》伐者为客,伐者为主。曷为不使齐主之?与襄公之征齐也。曷为与襄公之征齐?桓公死,竖刁、易牙争权不葬,为是故伐之也。

【经】狄救齐。

【经】秋,八月,丁亥,葬齐桓公。

【经】冬,邢人、狄人伐卫。

[译]

【经】鲁僖公十八年,春,周历正月,宋襄公会同曹伯、卫人和邾娄人讨伐齐国。

【经】夏,鲁军前去救援齐国。五月,戊寅日,宋军和齐军在甗交战,齐军大败。

〖传〗交战是不说讨伐的,这里说讨伐是什么意思?因为宋国国君参加了讨伐并没有参战,所以说讨伐。《春秋》的体例是:把讨伐别国的一方算作客,把被讨伐的一方算作主。这次讨伐为什么不以齐国为主呢?因为赞成宋襄公对齐国的征伐。为什么赞成宋襄公对齐国的征伐呢?齐桓公去世后,竖刁和易牙争权而不安葬桓公,为了这个所以讨伐它。

【经】狄人出兵救齐国。

【经】秋,八月,丁亥日,安葬齐桓公。

【经】冬,邢人、狄人攻打卫国。

[解]

◆齐桓公晚年昏庸，宠信易牙、竖刁和开方三个奸佞小人。这三个人为骗取齐桓公的信任和重用，都使用了灭绝人性的无耻手段。易牙把自己的儿子杀死蒸给齐桓公吃；竖刁主动阉割自己以亲近桓公；开方为了表示忠于桓公，十五年不回卫国见父母，他那位爱鹤的父亲卫懿公被戎人杀害也没掉一滴眼泪。管仲对三人的用心看得很清楚，临终前告诫桓公不要相信三人，但桓公没有听从。等到桓公一病不起的时候，易牙、竖刁便发动政变，把桓公囚于宫中，与外界隔绝，断了桓公的饮食，直至饿死，即前文所言"十有二月，乙亥，齐侯小白卒"。桓公死后，诸公子为争位，又展开了旷日持久的相互屠杀，而桓公的尸体却一直无人理睬。直至鲁僖公十八年，宋襄公联合其他诸侯军伐齐，才平息了齐国的动乱。

【经】十有九年，春，王三月，宋人执滕子婴齐。

【经】夏，六月，宋人、曹人、邾娄人盟于曹南。鄫子会盟于邾娄。

〖传〗其言会盟何？后会也。

【经】己酉，邾娄人执鄫子用之。

〖传〗恶乎用之？用之社也。其用之社奈何？盖叩其鼻以血社也。

[译]

【经】鲁僖公十九年，春，周历三月，宋人拘捕了滕子婴齐。

【经】夏，六月，宋人、曹人和邾娄人在曹南会盟。鄫子到邾娄国来参加会盟。

〖传〗这里说鄫子来会盟是什么意思？因为他是会盟之后才到的。

【经】己酉日，邾娄人拘捕了鄫子，把他用于祭祀。

〖传〗用他做什么？用他祭社。在祭社时怎样使用他？大概是打破他的鼻子，用他的鼻血祭社。

【经】秋，宋人围曹。

【经】卫人伐邢。

【经】冬，公会陈人、蔡人、楚人、郑人盟于齐。

【经】梁亡。

〖传〗此未有伐者，其言梁亡何？自亡也。其自亡奈何？鱼烂而亡也。

[译]

【经】秋，宋军围攻曹国。

【经】卫军攻打邢国。

【经】冬，鲁僖公会见陈人、蔡人、楚人、郑人，并与他们在齐国会盟。

【经】梁国灭亡了。

〖传〗《春秋》没有记载讨伐梁国的国家。这里说梁国灭亡了是为什么呢？它是自己灭亡的。它自己是如何灭亡的呢？就好像鱼从内腐烂而死。

[解]

◆国家的灭亡有各种原因，有被灭，有自亡，对此《春秋》及《公羊传》是区别对待的。像这里的梁国，"鱼烂而亡"，前文的虞国，假道于晋以灭虢，从而自取灭亡，都不值得同情。而那些遭遇强大外力入侵而不可抗，君臣上下戮力同心，战败而亡的国家，虽败犹荣，是值得嘉许的，所以《公羊传·僖公二年》说："灭者，亡国之善辞也。"

【经】二十年，春，新作南门。

【传】何以书？讥。何讥尔？门有古常也。

【经】夏，郜子来朝。

【传】郜子者何？失地之君也。何以不名？兄弟辞也。

[译]

【经】鲁僖公二十年，春，鲁国新建都城南门。

【传】为什么记载这件事？为了谴责。谴责什么？建造城门是有古制常法的。

【经】夏，郜子来鲁国朝见。

【传】郜子是什么人？是失去国土的国君。为什么不称呼他的名字呢？这是同姓兄弟国家之间的说法。

[解]

◆郜、盛是鲁国的同姓小国，亡国后其国君来投奔。《公羊传》认为，《春秋》不写二人之名而以爵位相称，是为了表示二人虽亡国，但仍是国君，鲁国当以兄弟之礼待之。这其实强调的是"亲亲之道"。

【经】五月，乙巳，西宫灾。

【传】西宫者何？小寝也。小寝则曷为谓之西宫？有西宫则有东宫矣。鲁子曰："以有西宫，亦知诸侯之有三宫也。"西宫灾，何以书？记灾也。

【经】郑人入滑。

[译]

【经】五月，乙巳日，西宫发生火灾。

【传】西宫是什么地方？就是小寝。小寝为什么称为西宫呢？因为有西宫就有东宫。鲁子说："因为有西宫，也就知道诸侯是有三宫的。"西宫发生火灾，为什么记载呢？为了记载灾异现象。

【经】郑人入侵滑国。

【经】秋,齐人、狄人盟于邢。
【经】冬,楚人伐随。

[译]

【经】秋,齐人与狄人在邢国会盟。
【经】冬,楚军征伐随国。

【经】二十有一年,春,狄侵卫。
【经】宋人、齐人、楚人盟于鹿上。
【经】夏,大旱。
〖传〗何以书?记灾也。
【经】秋,宋公、楚子、陈侯、蔡侯、郑伯、许男、曹伯会于霍,执宋公以伐宋。
〖传〗孰执之?楚子执之。曷为不言楚子执之?不与夷狄之执中国也。

[译]

【经】鲁僖公二十一年,春,狄人入侵卫国。
【经】宋人、齐人和楚人在鹿上会盟。
【经】夏,鲁国发生大旱。
〖传〗为什么记载这件事?为了记载灾害。
【经】秋,宋公、楚子、陈侯、蔡侯、郑伯、许男、曹伯在霍会面,拘捕了宋公并且出兵攻打宋国。
〖传〗是什么人拘捕了宋公?是楚子拘捕了宋公。《春秋》中为什么不说楚子拘捕了宋公呢?因为《春秋》不赞成夷狄拘捕中原各国的国君。

【经】冬,公伐邾娄。

【经】楚人使宜申来献捷。

〖传〗此楚子也,其称人何?贬。曷为贬?为执宋公贬。曷为为执宋公贬?宋公与楚子期以乘车之会,公子目夷谏曰:"楚,夷国也,强而无义,请君以兵车之会往。"宋公曰:"不可。吾与之约以乘车之会,自我为之,自我堕之,曰不可。"终以乘车之会往,楚人果伏兵车,执宋公以伐宋。宋公谓公子目夷曰:"子归守国矣。国,子之国也。吾不从子之言,以至乎此。"公子目夷复曰:"君虽不言国,国固臣之国也。"于是归设守械而守国。楚人谓宋人曰:"子不与我国,吾将杀子君矣。"宋人应之曰:"吾赖社稷之神灵,吾国已有君矣。"楚人知虽杀宋公,犹不得宋国,于是释宋公。宋公释乎执,走之卫。公子目夷复曰:"国为君守之,君曷为不入?"然后逆襄公归。恶乎捷?捷乎宋。曷为不言捷乎宋?为襄公讳也。此围辞也,曷为不言其围?为公子目夷讳也。

【经】十有二月,癸丑,公会诸侯盟于薄。释宋公。

〖传〗执未有言释之者,此其言释之何?公与为尔也。公与为尔奈何?公与议尔也。

[译]

【经】冬,鲁僖公征伐邾娄国。

【经】楚人派遣宜申到鲁国来进献战利品。

〖传〗这是楚子,为什么称他为"人"呢?为了贬低他。为什么要贬低他?因为他拘捕了宋公,所以贬低他。为什么拘捕了宋公就要贬低他呢？因为宋公和楚子约好乘坐普通车子来会面，公子目夷规劝宋公说："楚国是夷狄之邦，强暴且不讲信义，请国君还是带着兵车去赴会。"宋公说："不行。我和他约定乘坐普通车子会面的，约是我定的，如果约由我毁掉，这是不可以的。"结果还是乘坐普通车子去赴约会，楚人果然埋伏了兵车，抓住宋公并攻打宋国。宋公对公子目夷说："你快回去守卫国家吧。宋国是你的国家了。我不听你的规劝，才落到今天这个地步。"公子目夷回答说："您即使不提到宋国，宋国本来也是我的国家。"于是，公子目夷逃回宋国，准备好防守的武器来保卫宋国。楚人对宋人说："你们不把国家交给我们，我们就准备杀死你们的国君。"宋人回答说："我们仰仗社稷的神灵，我国已经又有国君了。"楚人知道即使杀了宋公，还是得不到宋国，于是就释放了宋公。宋公从被抓的地方释放后，就跑到卫国去了。公子目夷对宋公说："宋国是我为您保卫的，您为什么不回国呢？"然后迎接宋襄公回到宋国。战利品是从哪里来的？战利品是从宋国夺取的。这里为什么不说战利品是从宋国夺取的呢？因为要替宋襄公避讳。这里还用了包围的说法，为什么不说明楚国曾经包围过宋国呢？因为要替公子目夷避讳。

【经】十二月，癸丑日，鲁僖公在薄与诸侯会面并举行盟誓。释放了宋襄公。

〖传〗拘捕什么人，《春秋》例所不书，这里说释放了宋襄公是什么意思呢？因为鲁僖公参与了解决这个问题。鲁僖公怎么参与解决这个问题呢？鲁僖公参与讨论释放宋襄公。

[解]

◆古代打胜仗后，有向天子或同盟国进献俘虏和战利品的礼仪，称之为献捷，其意在邀功请赏或夸耀武功。献是自下而上，所以献捷有尊重对方的意味。

◆古代小车一般是立乘。若贵妇、父老、尊者，可以坐乘，称为安车。

高官告老还乡或征召德高望重之人，往往赐乘安车。这里的乘车之会，亦为安车，以示不用武，为和平而会。若为防不测或夸耀武力，则往往乘兵车并带军队相会，称为"兵车之会"。如齐桓公争霸，屡次与诸侯会盟，其中发生在鲁僖公年间的四次，皆为"兵车之会"。

◆公子目夷是宋襄公的庶兄，宋襄公曾让国与他而不接受。目夷是很有眼光、很有谋略的政治家，曾力劝襄公不要务虚名图霸而招实祸，而不被襄公接受。僖公二十一年，"宋人、齐人、楚人盟于鹿上"。秋，"会于霍"，目夷提醒襄公，楚强而无义，要做军事准备，襄公不听。结果楚把宋襄公抓了起来，并进攻宋国。幸目夷及时归国，处置得当，楚无计可施，最后才在当年冬天由鲁组织的薄之会上放了宋襄公。次年宋楚泓之战，目夷主张乘楚未准备好及时发起进攻，也不被襄公接受，结果宋军大败，即僖公二十二年"冬，十有一月，己巳，朔，宋公及楚人战于泓，宋师败绩"。宋襄公本人也受重伤，最终不治而死。

【经】二十有二年，春，公伐邾娄，取须朐。

【经】夏，宋公、卫侯、许男、滕子伐郑。

【经】秋，八月，丁未，及邾娄人战于升陉。

【经】冬，十有一月，己巳，朔，宋公及楚人战于泓，宋师败绩。

〖传〗偏战者日尔，此其言朔何？《春秋》辞繁而不杀者，正也。何正尔？宋公与楚人期，战于泓之阳。楚人济泓而来。有司复曰："请迨其未毕济而系之。"宋公曰："不可。吾闻之也：君子不厄人。吾虽丧国之余，寡人不忍行也。"既济，未毕陈，有司复曰："请迨其未毕陈而击之。"宋公曰："不可。吾闻之也：君子不鼓不成列。"已陈，然后襄公鼓之，宋师大败。故君子大其不鼓不成列，临大事而不忘大礼，有君而无臣，以为虽文王之战，亦不过此也。

[译]

【经】鲁僖公二十二年,春,鲁僖公讨伐邾娄国,夺取了须朐国。

【经】夏,宋公、卫侯、许男、滕子攻打郑国。

【经】秋,八月,丁未日,鲁军与邾娄军在升陉交战。

【经】冬,十一月,己巳日,初一,宋公与楚人在泓水交战,宋军大败。

〖传〗约定日期地点的正规战争是应该记载日期的,这里为什么还特别写明是初一呢?《春秋》有些地方写得很多而且不肯省略,目的是要宣扬正道。这里要宣扬什么正道呢?宋襄公与楚人约定,在泓水的北面交战。楚军正渡过泓水而来。有司请示说:"请趁着楚军还没有完全渡过泓水时攻击他们。"宋公说:"不行。我听说:君子不把人逼入困境。我虽然是已经亡国的商的后裔,也不忍心这样做。"楚军已经渡过泓水,但还未排列成阵,有司又请示说:"请求准许宋军趁着楚军还没有布成阵势进攻他们。"宋襄公说:"不行。我听说:君子不攻击没有布好阵势的军队。"楚军已经布好阵势,宋襄公这才击鼓进攻,宋军大败。所以君子很赞成宋襄公不攻击没有布好阵势的军队,在大事面前不忘大礼的做法,只是可惜他具有帝王的品德而没有辅佐他的臣民,认为即使是周文王作战,也无过于此。

[解]

◆宋襄公因为让国于兄、泓水之战等事情,在历史上遭受了两极分化的评价。有人对他评价很高,也有人说他虚伪、假道学。我们把相关评价列在下面。

春秋楚令尹成得臣:"宋君好名无实,轻信篡谋。"

汉司马迁:"襄公之时,修行仁义,欲为盟主。其大夫正考父美之,故追道契、汤、高宗,殷所以兴,作《商颂》。襄公既败于泓,而君子或以为多,伤中国阙礼义,褒之也,宋襄之有礼让也。"

唐李宗闵："若乃诵前圣之言，守已行之制，遭变而不通，得时而不随，夫如是，可谓王莽、宋襄公之言，不足为有道者也。昔者王莽尝为德化矣，不问可否，语必援经，不量人心，动必据古，于是天下烦溃，从而丧之。此不知变之祸也。昔者宋襄公尝为仁义矣，楚人尚诈我必信，彼兵尚奇我必正，用欲以兴商道，霸诸侯，一战而为敌所执，再战而身死国削，为天下笑。此不知时之祸也。"

宋钱时："无义师之实而欲假义师之名，虑敌之不周，防患之不密，以致身殒国丧，如探笼阱而屠之，遂使流俗之论谓王者之兵真无用于后世。后世非诈谋不可，皆宋襄公、成安君之徒实误之也。"苏轼："宋襄公，疑于仁者也。……襄公不修德，而疲弊其民以求诸侯，此其心岂汤武之心也哉？独至于战，则曰'不禽二毛，不鼓不成列'。非有仁者之素，而欲一旦窃取其名以欺后世，苟《春秋》不为正之，则世之为仁者，相率而为伪也。"苏辙："至宋襄公，国小德薄，而求诸侯，凌虐邾、鄫之君，争郑以怒楚，兵败身死之不暇，虽窃伯者之名，而实非也。"

毛泽东："我们不是宋襄公，不要那种蠢猪式的仁义道德。"

【经】二十有三年，春，齐侯伐宋围缗。

〖传〗邑不言围，此其言围何？疾重故也。

【经】夏，五月，庚寅，宋公慈父卒。

〖传〗何以不书葬？盈乎讳也。

【经】秋，楚人伐陈。

【经】冬，十有一月，杞子卒。

[译]

【经】鲁僖公二十三年，春，齐侯攻打宋国，包围了缗邑。

〖传〗城邑是不说包围的，这里说包围是为什么？因为憎恶齐国加重宋国的旧创。

【经】夏，五月，庚寅日，宋襄公慈父去世了。

〖传〗为什么不记载宋襄公的葬礼呢？完全是为了避讳。

【经】秋，楚人攻打陈国。

【经】冬，十一月，杞子去世了。

【经】二十有四年，春，王正月。

【经】夏，狄伐郑。

【经】秋，七月。

【经】冬，天王出居于郑。

〖传〗王者无外，此其言出何？不能乎母也。鲁子曰："是王也，不能乎母者，其诸此之谓与？"

【经】晋侯夷吾卒。

[译]

【经】鲁僖公二十四年，春，周历正月。

【经】夏，狄人攻打郑国。

【经】秋，七月。

【经】冬，周天王出，居住在郑国。

〖传〗对于周天王来说，是没有国外的，这里说"出"是什么意思？因为不能见容于母亲。鲁子说："这个周天王，不能见容于母亲，大概说的就是这个人吧？"

【经】晋侯夷吾去世了。

[解]

◆襄王娶狄人隗氏为后，隗氏与襄王弟王子带私通。襄王废隗氏，王子带遂引狄人攻襄王。又襄王之母惠后亦宠爱幼子带，每欲以带取代襄王。大臣们建议襄王反击，但襄王不愿意杀弟而失母意，遂主动出居于郑，以避母弟之难。

【经】二十有五年，春，王正月，丙午，卫侯燬灭邢。

〖传〗卫侯燬，何以名？绝。曷为绝之？灭同姓也。

【经】夏，四月，癸酉，卫侯燬卒。

【经】宋荡伯姬来逆妇。

〖传〗宋荡伯姬者何？荡氏之母也。其言来逆妇何？兄弟辞也。其称妇何？有姑之辞也。

[译]

【经】鲁僖公二十五年，春，周历正月，丙午日，卫侯燬灭掉了邢国。

〖传〗为什么称呼卫侯燬的名字呢？因为应该断绝他的爵位。为什么认为应该断绝他的爵位呢？因为他灭了同姓的兄弟国家。

【经】夏，四月，癸酉日，卫侯燬去世了。

【经】宋国的荡伯姬来鲁国迎娶儿媳妇。

〖传〗宋国的荡伯姬是什么人？是宋国荡氏的母亲。这里说来鲁国迎娶儿媳妇是什么意思？这是兄弟国家之间的说法。这里称"妇"是什么意思呢？这是表示她是有婆婆的说法。

【经】宋杀其大夫。

〖传〗何以不名？宋三世无大夫，三世内娶也。

【经】秋，楚人围陈，纳顿子于顿。

〖传〗何以不言遂？两之也。

【经】葬卫文公。

【经】冬，十有二月，癸亥，公会卫子、莒庆，盟于洮。

[译]

【经】宋国杀了它的大夫。

〖传〗为什么不记载被杀大夫的名字呢？因为宋国已经三代没有大夫了，三代国君都娶了国内大夫的女儿为妻。

【经】秋，楚军包围了陈国，把顿子护送回顿国。

〖传〗楚军的这次行动为什么不用"遂"字来连接呢？因为把围陈与纳顿子作为两件独立的事来看。

【经】安葬了卫文公。

【经】冬，十二月，癸亥日，鲁僖公会见卫子和莒庆，并与他们在洮结盟。

[解]

◆宋"三世内娶"，指宋公慈父、王臣、处臼三代国君，皆娶国内大夫之女为妻。儒家对宋的"内娶"颇有微词。西汉的《白虎通》说："王者所以不臣三，何也？谓天王之后，妻之父母，夷狄也……不臣妻父母何？妻者，与己一体，恭承宗庙，欲得其欢心，上承先祖，下继万世，传于无穷，故不臣也。《春秋》曰：'纪季姜归于京师。'父母之于子，虽为王后，尊不加于父母，加王何？王者不臣也。又讥宋三世内娶于国中，谓无臣也。"何休也有类似的意见："内娶，大夫女也。言无大夫者，礼不臣妻之父母，国内皆臣，无娶道，故绝其大夫名，正其义也。"其实，这种内娶，也即内婚，是殷商的传统。宋作为商的后裔，沿袭此习俗，并非不经。同姓不婚，是周才开始实行的。正如王国维所说："然则商人六世以后，或可通婚，而同姓不婚之制，实自周始。"但这并不是说宋的内娶没有问题。事实上，宋的内娶，直接导致了宋的政局动荡，正如何休所说："宋以内娶，公族以弱，妃党以强，威权下流，政分三门，卒生篡弑，亲亲出奔，疾其末，故正其本。"

【经】二十有六年，春，王正月己未，公会莒子、卫宁遬，盟于向。

【经】齐人侵我西鄙。公追齐师至酅，弗及。

〖传〗其言"至酅，弗及"何？侈也。

【经】夏,齐人伐我北鄙。

【经】卫人伐齐。

【经】公子遂如楚乞师。

〖传〗乞者何?卑辞也。曷为以外内同若辞?重师也。曷为重师?师出不正反,战不正胜也。

[译]

【经】鲁僖公二十六年,春,周历正月,己未日,鲁僖公与莒子、卫国的大夫宁遫会面,并在向结盟。

【经】齐人侵犯我国的西部边境。鲁僖公率兵追击齐军一直追到酅,没有追上。

〖传〗这里说"一直追到酅,没有追上"是什么意思?是夸大鲁僖公军队的勇猛。

【经】夏,齐人又侵犯鲁国的北部边境。

【经】卫人攻打齐国。

【经】公子遂前往楚国请求军队援助。

〖传〗请求援助是什么意思?是卑下的语言。为什么对外对内都用同样卑下的语言呢?为了表示重视军队。为什么要重视军队呢?因为军队出征,不一定能完整地返回,作战也不一定能取胜。

【经】秋,楚人灭隗,以隗子归。

【经】冬,楚人伐宋,围缗。

〖传〗邑不言围,此其言围何?刺道用师也。

【经】公以楚师伐齐,取穀。公至自伐齐。

〖传〗此已取穀矣,何以致伐?未得乎取穀也。曷为未得乎取穀?曰:"患之起,必自此始也。"

[译]

【经】秋,楚人灭亡了隗国,俘获隗子回去。

【经】冬,楚人攻打宋国,包围了缗邑。

〖传〗城邑是不说包围的,这里为什么说包围呢?这是指责楚国半道上用借给鲁国的军队去攻打宋国。

【经】鲁僖公用楚军攻打齐国,夺取了齐国的穀。鲁僖公从讨伐齐国的战场上回来。

〖传〗这次讨伐已经夺取了穀,为什么还说从讨伐的战场上回来呢?因为夺取穀并不值得得意。为什么夺取穀并不值得得意呢?回答说:"鲁国的祸患,一定会从这次讨伐开始。"

[解]

◆鲁僖公二十六年,由于齐人连续"侵我西鄙""伐我北鄙",鲁国迫于压力,向楚求救。楚派兵北上援鲁,走到中途,主帅却改变计划,欲转而攻宋,然后再北上击齐。楚军主帅这样"道用师",显然是增加了军队的风险,置士卒生命于不顾,正如何休所说:"未至又道用之于是,恶其视百姓之命若草木,不仁之甚也。"《公羊传》认为《春秋》书作"围",意在"刺",实际上是《公羊传》对"仁"的又一次提倡。

【经】二十有七年,春,杞子来朝。

【经】夏,六月,庚寅,齐侯昭卒。

【经】秋,八月,乙未,葬齐孝公。

【经】乙巳,公子遂帅师入杞。

【经】冬,楚人、陈侯、蔡侯、郑伯、许男围宋。

〖传〗此楚子也,其称人何?贬。曷为贬?为执宋公贬。故终僖之篇贬也。

【经】十有二月,甲戌,公会诸侯盟于宋。

僖 公 185

[译]

【经】鲁僖公二十七年,春,杞子来鲁国朝见。

【经】夏,六月,庚寅日,齐侯昭去世了。

【经】秋,八月,乙未日,安葬齐孝公。

【经】乙巳日,公子遂率军攻进杞国。

【经】冬,楚人、陈侯、蔡侯、郑伯、许男包围了宋国。

〖传〗这个楚人就是楚国国君,这里为什么称他为"人"呢?为了贬低他。为什么要贬低他呢?因为他拘捕过宋襄公所以要贬低他。在整个僖公篇里,作者都要贬低楚子。

【经】十二月,甲戌日,鲁僖公会见诸侯,并在宋国会盟。

【经】二十有八年,春,晋侯侵曹,晋侯伐卫。

〖传〗曷为再言晋侯?非两之也。然则何以不言遂?未侵曹也。未侵曹则其言侵曹何?致其意也。其意侵曹,则曷为伐卫?晋侯将侵曹,假涂于卫,卫曰:"不可得。"则固将伐之也。

【经】公子买戍卫,不卒戍,刺之。

〖传〗不卒戍者何?不卒戍者,内辞也,不可使往也。不可使往,则其言戍卫何?遂公意也。刺之者何?杀之也。杀之,则曷为谓之刺之?内讳杀大夫,谓之刺之也。

【经】楚人救卫。

[译]

【经】鲁僖公二十八年,春,晋文公侵犯曹国,晋文公讨伐卫国。

〖传〗为什么两次提到晋文公?这里并不把"侵曹"和"伐卫"当作两件事。既然这样,为什么不用一个"遂"字把这次军事行动连接起来呢?因为还没有侵犯曹国。没有侵犯曹国,那么这里说侵犯曹国是什么意思呢？这是表达晋文公的意愿。既然晋文公的意愿是侵犯曹国，那么为什么又讨伐卫国呢？晋文公准备侵犯曹国而向卫国借道，卫国回答："不可能！"于是晋文公就坚持要讨伐卫国。

【经】公子买率兵驻守卫国，没有完成驻守的任务，刺之。

〖传〗没有完成驻守的任务是什么意思？没有完成驻守的任务，这是鲁国内部的一种说法，实际上是没能派遣动他。既然没能派遣动他，那么这里说他驻守卫国又是什么意思呢？这是为了顺从鲁僖公的意愿。刺之是什么意思？就是杀了他。既然杀了公子买，那为什么说"刺之"呢？因为鲁国避讳说杀了大夫，就说成"刺之"了。

【经】楚人救援卫国。

[解]

◆晋文公当年流亡时，曹、卫均慢怠文公，宋则有恩于文公。本年，楚围宋，晋攻楚的同盟国曹以解宋围。卫处晋、曹之间，晋文公出兵侵曹向卫借道，不许，于是伐卫。

【经】三月，丙午，晋侯入曹，执曹伯"畀"宋人。

〖传〗畀者何？与也。其言畀宋人何？与使听之也。曹伯之罪何？甚恶也。其甚恶奈何？不可以一罪言也。

[译]

【经】三月，丙午日，晋文公率兵攻进曹国，拘捕了曹伯，并把他"畀"宋人。

〖传〗畀是什么意思？就是交给。这里说交给宋人是什么意思？就是交给宋人审讯他。曹伯有什么罪？曹伯是非常坏的人。他非常坏表现在什么地方？这是不能用一桩罪行来概括的。

【经】夏，四月，己巳，晋侯、齐师、宋师、秦师及楚人战于城濮，楚师败绩。

〚传〛此大战也，曷为使微者？子玉得臣也。子玉得臣则其称人何？贬。曷为贬？大夫不敌君也。

【经】楚杀其大夫得臣。

【经】卫侯出奔楚。

[译]

【经】夏，四月，己巳日，晋侯、齐军、宋军、秦军和楚人在城濮交战，楚军大败。

〚传〛这是一次大的战役，为什么楚国派遣一个地位低微的人来指挥作战呢？这个人其实就是楚国的令尹子玉得臣。既然是令尹子玉得臣，那么为什么称他为"人"呢？为了贬低他。为什么要贬低他呢？因为大夫是不能与国君对敌的。

【经】楚国杀了它的大夫得臣。

【经】卫国国君逃往楚国。

[解]

◆战于城濮，即晋、楚争夺中原霸权的城濮之战。结果楚军大败，确立了晋在中原的霸权地位。

◆在《公羊传》看来，子玉虽然是楚军的主帅，但在作为国君的晋文公面前，只是一个微者，不能与文公相敌，所以不能以爵位称之，而只能称他为人。《公羊传》这一阐释，再次彰显了君臣之间森严的等级差别。

【经】五月，癸丑，公会晋侯、齐侯、宋公、蔡侯、郑伯、卫子、莒子，盟于践土。陈侯如会。

〚传〛其言如会何？后会也。

【经】公朝于王所。

〚传〛曷为不言公如京师？天子在是也。天子在是，则曷为不言天子在是？不与致天子也。

【经】六月，卫侯郑自楚复归于卫。

【经】卫元咺出奔晋。

【经】陈侯款卒。

【经】秋，杞伯姬来。

【经】公子遂如齐。

[译]

【经】五月，癸丑日，鲁僖公与晋侯、齐侯、宋公、蔡侯、郑伯、卫子、莒子会见，并在践土结盟。陈侯到会。

〖传〗这里说到会是什么意思？是说会盟已经结束了他才到来。

【经】鲁僖公在周天子住的地方朝见周天子。

〖传〗为什么不说鲁僖公到京师去呢？因为周天子就在践土这里。既然周天子就在践土这里，那么为什么不说周天子在这里呢？因为不赞成诸侯会盟召请周天子前来。

【经】六月，卫侯郑从楚国又回到卫国。

【经】卫国元咺逃往晋国。

【经】陈侯款去世了。

【经】秋，杞伯姬来到鲁国。

【经】公子遂前往齐国。

【经】冬，公会晋侯、齐侯、宋公、蔡侯、郑伯、陈子、莒子、邾娄子、秦人于温。

【经】天王狩于河阳。

〖传〗狩不书，此何以书？不与再致天子也。鲁子曰："温近而践土远也。"

【经】壬申，公朝于王所。

〖传〗其日何？录乎内也。

[译]

【经】冬，鲁僖公在温与晋侯、齐侯、宋公、蔡侯、郑伯、陈子、莒子、邾娄子、秦人会面。

【经】周天王到河阳狩猎。

〖传〗狩猎是不记载的，这里为什么记载呢？因为不赞成诸侯第二次召请周天王前来。鲁子说："大概温离狩猎的地方近，所以说'狩'；践土离狩猎的地方远，就不说'狩'了。"

【经】壬申日，鲁僖公到周天王的所在地朝见。

〖传〗这里为什么记载日期呢？这是鲁国的内部记录。

[解]

◆城濮之战后，获胜的晋文公大会诸侯于践土（今河南原阳西南），把周王请来并让他接受诸侯朝见，即《春秋》所记"公朝于王所"。周王在会上正式册封晋文公为霸主。同年冬，晋文公又和诸侯会盟于温（今河南温县），周王也从践土来到河阳，即文中所记"天王狩于河阳"，并接受诸侯的朝见。过去，齐桓公做霸主，每次都是先与诸侯会盟，然后主动带着诸侯去京师朝见周天子。但现在，晋文公做了霸主，却以臣召君，显然很不成体统。所以，《公羊传》认为《春秋》书作"天王狩于河阳""公朝于王所"是隐讳之笔。《公羊传》连着两次疾呼"不与致天子也""不与再致天子也"，其意显然是为了维护周王的尊严，维护君臣名分。

【经】晋人执卫侯归之于京师。

〖传〗归之于者何？归于者何？归之于者罪已定矣，归于者罪未定也。罪未定，则何以得为伯讨？归之于者，执之于天子之侧者也，罪定不定，已可知矣。归于者，非执之于天子之侧者也，罪定不定，未可知也。卫侯之罪何？杀叔武也。何以不书？

为叔武讳也。《春秋》为贤者讳。何贤乎叔武？让国也。其让国奈何？文公逐卫侯而立叔武，叔武辞立而他人立，则恐卫侯之不得反也，故于是己立。然后为践土之会，治反卫侯。卫侯得反，曰："叔武篡我。"元咺争之曰："叔武无罪。"终杀叔武。元咺走而出。此晋侯也，其称人何？贬。曷为贬？卫之祸，文公为之也。文公为之奈何？文公逐卫侯而立叔武，使人兄弟相疑，放乎杀母弟者，文公为之也。

[译]

【经】晋人拘捕了卫侯，把他押送到京师。

〖传〗归之于是什么意思？归于又是什么意思？"归之于"表明罪责已定，"归于"表明罪责未定。既然罪还没有定，那么为什么可以称晋人此次行动为"伯讨"呢？说"归之于"，表明是在周天王的身边拘捕他，罪定不定，已经可以知道了。说"归于"，表明不是在周天王的身边拘捕他，罪定不定，还不知道。卫侯的罪是什么？就是杀了他的弟弟叔武。为什么不记载呢？为了替叔武避讳。《春秋》一书是为贤良的人避讳的。叔武有什么贤良之处呢？他主动让出君位。他怎样主动让出君位呢？晋文公驱逐卫侯，要立叔武为君，叔武如果辞让，别人就会被立为国君，那么恐怕卫侯就不能再返回卫国，因此，叔武自己立为卫国国君。后来，他参加了诸侯的践土会盟，经过诉讼，终于使卫侯返回卫国。卫侯得以回国后，却说："叔武篡夺了我的君位。"元咺和他争辩，说："叔武代理国政没有罪。"最终卫侯还是杀了叔武。元咺逃出卫国。这里说的"晋人"就是晋文公。那为什么称他为人呢？为了贬低他。为什么要贬低他呢？因为卫国的祸难，都是晋文公造成的。怎么是晋文公造成的呢？晋文公驱逐了卫侯而立叔武为君，导致别人兄弟之间互相猜疑，纵容杀害同母弟弟的人，这些都是晋文公做的。

僖公　191

【经】卫元咺自晋复归于卫。

〖传〗自者何？有力焉者也。此执其君，其言自何？为叔武争也。

【经】诸侯遂围许。

【经】曹伯襄复归于曹，遂会诸侯围许。

[译]

【经】卫国元咺自晋国又回到卫国。

〖传〗自是什么意思？是表示有晋国的力量在他那里。晋国拘捕了它的国君，这里还说有晋国的力量在他那里是为什么？因为元咺是为叔武无罪争辩。

【经】诸侯们接着包围了许国。

【经】曹伯襄又回到曹国，曹伯接着就会同诸侯围攻许国。

【经】二十有九年，春，介葛卢来。

〖传〗介葛卢者何？夷狄之君也。何以不言朝？不能乎朝也。

【经】公至自围许。

【经】夏，六月，公会王人、晋人、宋人、齐人、陈人、蔡人、秦人，盟于狄泉。

【经】秋，大雨雹。

【经】冬，介葛卢来。

[译]

【经】鲁僖公二十九年，春，介葛卢来鲁国。

〖传〗介葛卢是什么人？是夷狄国家的国君。为什么不说来朝见呢？因为他不懂朝见的礼仪不能朝见。

【经】鲁僖公从包围许国的战场上回到鲁国。

【经】夏，六月，鲁僖公会见周天王派来的人、晋人、宋人、齐人、陈人、蔡人和秦人，并在狄泉结盟。

【经】秋，下了大冰雹。

【经】冬，介葛卢又到鲁国来。

【经】三十年，春，王正月。

【经】夏，狄侵齐。

【经】秋，卫杀其大夫元咺及公子瑕。

〖传〗卫侯未至，其称国以杀何？道杀也。

【经】卫侯郑归于卫。

〖传〗此杀其大夫，其言归何？归恶乎元咺也。曷为归恶乎元咺？元咺之事君也，君出则己入，君入则己出，以为不臣也。

【经】晋人、秦人围郑。

【经】介人侵萧。

【经】冬，天王使宰周公来聘。

【经】公子遂如京师，遂如晋。

〖传〗大夫无遂事，此其言遂何？公不得为政尔。

[译]

【经】鲁僖公三十年，春，周历正月。

【经】夏，狄人入侵齐国。

【经】秋，卫国杀了它的大夫元咺及公子瑕。

〖传〗卫侯还没有回到卫国，这里为什么说是国家杀了他们呢？因为是在卫侯回国的途中杀的。

【经】卫侯从郑国回到卫国。

〖传〗这个国君杀了他的大夫,为什么还说他回到卫国呢?这是把罪恶归到元咺身上。为什么要把罪恶归到元咺身上呢?元咺作为臣子事奉国君,国君离开国家他自己却回了国,国君返回国时他却离开了国家,因此《春秋》认为元咺的行为不符合做臣子的道义。

【经】晋人和秦人包围了郑国。

【经】介人入侵萧国。

【经】冬,周天王派遣宰周公来鲁国访问。

【经】公子遂到京师去,接着又前往晋国。

〖传〗大夫不可以没有君命自作主张做事,这里说"遂"是什么意思?这是表示鲁僖公已经不能掌握国政了。

【经】三十有一年,春,取济西田。

〖传〗恶乎取之?取之曹也。曷为不言取之曹?讳取同姓之田也。此未有伐曹者,则其言取之曹何?晋侯执曹伯,班其所取侵地于诸侯也。晋侯执曹伯,班其所取侵地于诸侯,则何讳乎取同姓之田?久也。

【经】公子遂如晋。

[译]

【经】鲁僖公三十一年,春,鲁国夺取了济水以西的土地。

〖传〗是从哪里夺取的土地?是从曹国夺取的。为什么不说是从曹国取得土地的呢?避讳夺取同姓国家的土地。这里并没有提及讨伐曹国的事,那么为什么说是从曹国取得土地的呢?晋文公拘捕了曹伯,将他侵占的土地分给各诸侯国。既然是晋文公拘捕了曹伯,将他侵占的土地分给各诸侯国,那么为什么还要避讳夺取同姓国家的土地呢?因为这时离晋文公拘捕曹伯的时间已经比较久了。

【经】公子遂前往晋国。

【经】夏，四月，四卜郊，不从，乃免牲，犹三望。

〖传〗曷为或言三卜？或言四卜？三卜，礼也；四卜，非礼也。三卜何以礼？四卜何以非礼？求吉之道三。禘、尝不卜，郊何以卜？卜郊，非礼也。卜郊何以非礼？鲁郊，非礼也。鲁郊何以非礼？天子祭天，诸侯祭土。天子有方望之事，无所不通。诸侯山川有不在其封内者，则不祭也。曷为或言免牲？或言免牛？免牲，礼也；免牛，非礼也。免牛何以非礼？伤者曰牛。三望者何？望祭也。然则曷祭？祭泰山、河、海。曷为祭泰山、河、海？山川有能润于百里者，天子秩而祭之。触石而出，肤寸而合，不崇朝而遍雨乎天下者，唯泰山尔。河、海润于千里。犹者何？通可以已也。何以书？讥不郊而望祭也。

[译]

【经】夏，四月，鲁国四次占卜郊祭的日期，都不吉利，就免牲，但仍然祭祀泰山、黄河和东海三望。

〖传〗为什么有时说三次占卜，有时说四次占卜呢？占卜三次，合于礼。占卜四次，不合于礼。占卜三次为什么合于礼？占卜四次为什么就不合于礼？因为求吉日的规矩就是只能占卜三次。禘祭、尝祭都不用占卜，郊祭为什么要占卜呢？占卜郊祭是不合于礼的。占卜郊祭为什么不合于礼？因为鲁国举行郊祭是不合于礼的。鲁国举行郊祭为什么不合于礼呢？因为只有周天子才能祭天，诸侯只能祭土。周天子在祭天之后，还有祭祀方望群神之事，是无所不至的。对于诸侯来说，凡是不在自己封疆里的名山大川，就不能祭祀。为什么有时说"免牲"，有时说"免牛"呢？免牲，是合于礼的；免牛，是不合于礼的。免牛为什么不合于礼呢？因为只有伤残不能用于祭礼的牛才叫它牛。三望是什么意思？就是遥望山川祭祀。那么主要祭祀什么呢？

祭泰山、黄河和东海。为什么要祭泰山、黄河和东海呢？因为凡是能滋润方圆百里的名山大川，周天子都要按照一定的次序祭祀它们。而能够从石缝中产生云气，然后一点一点汇聚起来，不到一早晨就能形成大雨普降天下的名山，只有泰山了。黄河和东海都是能够润泽千里的，因此要祭祀它们。犹是什么意思？就是郊祭、三望全都应该停止了。为什么要记载鲁国这些事呢？为了谴责鲁僖公在不能举行祭天的郊祭时却举行对山川的望祭。

【经】秋，七月。

【经】冬，杞伯姬来求妇。

〖传〗其言来求妇何？兄弟辞也。其称妇何？有姑之辞也。

【经】狄围卫。

【经】十有二月，卫迁于帝丘。

[译]

【经】秋，七月。

【经】冬，杞伯姬来鲁国为儿子求娶媳妇。

〖传〗这里说来鲁国为儿子求娶媳妇是什么意思？这是兄弟国家之间的说法。这里称"妇"是什么意思？这是表示她是有婆婆的说法。

【经】狄人围攻卫国。

【经】十二月，卫国迁都到帝丘。

【经】三十有二年，春，王正月。

【经】夏，四月，己丑，郑伯接卒。

【经】卫人侵狄。

【经】秋，卫人及狄盟。

【经】冬，十有二月，己卯，晋侯重耳卒。

[译]
【经】鲁僖公三十二年，春，周历正月。
【经】夏，四月，已丑日，郑伯接去世了。
【经】卫军入侵狄国。
【经】秋，卫人和狄人结盟。
【经】冬，十二月，己卯日，晋侯重耳去世了。

【经】三十有三年，春，王二月，秦人入滑。
【经】齐侯使国归父来聘。

[译]
【经】鲁僖公三十三年，春，周历二月，秦军入侵滑国。
【经】齐侯派遣国归父来鲁国访问。

【经】夏，四月，辛巳，晋人及姜戎败秦于殽。
〖传〗其谓之秦何？夷狄之也。曷为夷狄之？秦伯将袭郑，百里子与蹇叔子谏曰："千里而袭人，未有不亡者也。"秦伯怒曰："若尔之年者，宰上之木拱矣。尔曷知！"师出，百里子与蹇叔子送其子而戒之曰："尔即死，必于殽之嵚岩，是文王之所辟风雨者也，吾将尸尔焉。"子揖师而行。百里子与蹇叔子从其子而哭之。秦伯怒曰："尔曷为哭吾师？"对曰："臣非敢哭君师，哭臣之子也。"弦高者，郑商也，遇之殽，矫以郑伯之命而犒师焉，或曰往矣，或曰反矣。而晋人与姜戎要之殽而击之，匹马只轮无反者。其言及姜戎何？姜戎微也，称人亦微者也。何言乎姜戎之微？先轸也，或曰襄公亲之。襄公亲之，则其称人何？

贬。曷为贬？君在乎殡而用师危，不得葬也。诈战不日，此何以日？尽也。

[译]

【经】夏，四月，辛巳日，晋人和姜戎在殽打败秦。

〖传〗这里称它为"秦"是什么意思？把它当夷狄看待。为什么把秦当夷狄看待呢？秦伯准备偷袭郑国，百里子和蹇叔子都来劝谏，说："到千里之外去偷袭别人，没有不败亡的。"秦伯大怒说："像你们这样大的年纪，坟墓上的树木早就该有两手合抱这么粗了。你们懂什么！"军队出发，百里子和蹇叔子前来送他们的儿子，并告诫他们说："你们如果战死，一定会死在殽山险峻的山谷中，那是周文王当年曾用来躲避风雨的地方，我们将在那里去寻找你们的尸骨。"他们的儿子在军中向他们作揖告别，然后出发了。百里子和蹇叔子跟在儿子后面边走边哭。秦伯大发脾气说："你们为什么哭送我的军队？"百里子和蹇叔子回答说："我们不敢哭送君王的军队，是哭送自己的儿子。"弦高是郑国的商人，在殽遇到秦军，就诈称奉郑伯的命令前来慰劳秦军，秦军的将领们议论纷纷，有人说继续向郑国进发，有人说干脆回去。但是，晋人和姜戎在殽拦截并袭击秦军，秦军大败，连一匹马一个车轮也没有返回秦国。这里说"及姜戎"是什么意思？姜戎卑微，用以称人，也是表示卑微的意思。为什么要说姜戎卑微呢？因为晋军是先轸做统帅，有人说是晋襄公亲自统帅。既然是晋襄公亲自统帅晋军，那么为什么要称人呢？为了贬低他。为什么要贬低他呢？因为先君还没有安葬好就出兵打仗，这是很危险的，会使先君不能得到安葬。对于突然出击的诈战，是不记载日期的，这里为什么记载日期呢？因为秦军被消灭尽了。

[解]

◆百里子，即百里奚，虞国人，秦穆公时著名的政治家。

百里奚虽然很有才干，可是出身卑微，不能为官。妻杜氏贤，鼓励百里奚出游列国求仕。百里奚历经宋、齐等国，都没有得到录用。在齐国，遇见了蹇叔，结为知己。在蹇叔的朋友宫之奇的举荐下，回虞国当了大夫。由于虞君不听宫之奇之劝，借道给晋国灭虢，唇亡齿寒，虞国自己也被晋国灭掉，百里奚和虞君一道成了晋国的俘虏。事在僖公二年。由于百里奚拒绝在晋国做官，被晋国充作奴隶，在穆姬嫁给秦穆公时候，陪嫁到秦国。百里奚在去秦国的途中，逃到楚国。刚当上秦国国君的秦穆公，是一位胸怀大志的国君，听说百里奚是人才，就想重金赎回百里奚。又因为不想让楚王知道百里奚是个人才，就故意说百里奚是自己的奴隶，遂以一个奴隶的市价，即五张黑公羊皮赎了回来。百里奚回到秦国后，秦穆公亲自解除了他的奴隶身份，让他和蹇叔一道做秦国的上大夫。因百里奚是秦穆公用五张黑公羊皮换回来的奴隶，故世人称百里奚为"五羖大夫"。羖，就是黑公羊的意思。

在主持秦国国政期间，百里奚"谋无不当，举必有功"（《吕氏春秋·慎人》），使秦穆公成为春秋五霸之一，为秦国最终统一中国奠定了牢固的基础，而且百里奚平易近人，深受人民爱戴，及卒，"秦国男女流涕，童子不歌谣，舂者不相杵"（《史记·商君列传》）。

百里奚不仅有政治才能，而且有不忘糟糠之妻的美德。原来自百里奚离家之后，妻儿也因无法生活而背井离乡。后打听到百里奚在秦国为相，杜氏设法到相府当了洗衣的佣人，以等待机会相认。有一次，百里奚招待宾客，杜氏自创了一首《五羊皮歌》，歌词是：

"百里奚，五羊皮。忆别时，烹伏雌，炊扊扅，今日富贵忘我为。

"百里奚，初娶我时五羊皮。临当别时烹乳鸡，今适富贵忘我为。

"百里奚，百里奚，母已死，葬南溪。坟以瓦，覆以柴。舂黄藜，搤伏鸡。西入秦，五羖皮，今日富贵捐我为。"

听着这委婉幽怨，耐人寻味，字字真切的歌声，百里奚知道是自己的结发妻子杜氏来到了眼前。遂于相堂之上相认，夫妻两人抱头痛哭。秦国人知道这件事情以后，很为百里奚的品质所感动。这段故事就叫作"相堂听琴"。从此，百里奚位高不忘旧情，相堂认妻的故事在民间广为流传。直到当代，《百里奚认妻》还是台湾、广东、福建等地的汉剧、粤剧、潮州剧和闽剧等剧种的保留剧目。

对于百里奚卓越的政治才能和优良的品德，司马迁在《史记》中给予了高度评价，赞其"功名藏于府库，而德行传于后世"。

◆蹇叔，宋国人，历史上著名的政治家和军事家。

蹇叔本为隐士，不欲仕进。后遇困顿中的百里奚，知其为非凡之才，遂结为知己。

蹇叔有识势之智，曾三次阻拦百里奚投奔非人。当时齐国的公子无知杀襄公而自立，招揽人才以自固。百里奚意欲投奔，蹇叔劝阻说："襄公之子出亡在外，无知名位不正，终必无成。"后来无知果为雍廪袭杀。百里奚由于听从了蹇叔的劝告从而避开了这次灾难。

周厉王的弟弟王子颓喜欢斗牛，百里奚又想通过养牛来接近和投靠他。蹇叔提醒他说："丈夫不可轻失身于人。仕而弃之，则不忠，与同患难，则不智。此行弟其慎之！"（《东周列国志》）二人共同见过王子颓后，蹇叔认为王子颓志大而才疏，所用之人多为小人，此人不可依靠。百里奚听从蹇叔的意见，放弃了原来的打算。后来王子颓造反，失败被杀，百里奚又免于一难。

之后两位好朋友一道来到了虞，在宫之奇的引荐下，他们见到了虞公。见过后蹇叔对百里奚说："我看虞公爱贪小便宜，也不是有为之主。"百里奚因长久贫困，急于谋生，这次未听蹇叔的话，留在虞国做了大夫。蹇叔的担心不久就变成了现实，虞国为晋国所灭，百里奚也沦为奴隶。

在求仕的过程中，百里奚有两次听蹇叔的话都得以避险，只有一次不听，就碰上了虞君亡国之难，由此可见蹇叔对人和事的洞察能力。

做了大夫的百里奚，又向秦穆公举荐蹇叔。秦穆公遂拜蹇叔为右庶长，百里奚为左庶长，也就是"二相"，两人同掌朝政，秦国也因此一天天地强大起来了，秦穆公最终也成就了霸业。于是就有了秦"无蹇不成霸"和"百里致霸"之说。

【经】癸巳,葬晋文公。

【经】狄侵齐。

【经】公伐邾娄,取丛。

【经】秋,公子遂率师伐邾娄。

【经】晋人败狄于箕。

【经】冬,十月,公如齐。

【经】十有二月,公至自齐。

【经】乙巳,公薨于小寝。

【经】陨霜不杀草,李、梅实。

〖传〗何以书?记异也。何异尔?不时也。

【经】晋人、陈人、郑人伐许。

[译]

【经】癸巳日,安葬了晋文公。

【经】狄人侵犯齐国。

【经】鲁僖公讨伐邾娄国,夺取了丛邑。

【经】秋,公子遂率军讨伐邾娄国。

【经】晋人在箕打败了狄人。

【经】冬,十月,鲁僖公前往齐国。

【经】十二月,鲁僖公从齐国回到鲁国。

【经】乙巳日,鲁僖公在小寝去世了。

【经】降了霜,却不能使草枯,李树和梅树又结了果实。

〖传〗为什么记载这些事?为了记载怪异现象。有什么怪异?不合时令。

【经】晋人、陈人和郑人共同攻打许国。

文 公

【经】元年，春，王正月，公即位。

【经】二月，癸亥，朔，日有食之。

【经】天王使叔服来会葬。

〖传〗其言来会葬何？会葬，礼也。

【经】夏，四月，丁巳，葬我君僖公。

【经】天王使毛伯来锡公命。

〖传〗锡者何？赐也。命者何？加我服也。

【经】晋侯伐卫。

【经】叔孙得臣如京师。

【经】卫人伐晋。

【经】秋，公孙敖会晋侯于戚。

【经】冬，十月，丁未，楚世子商臣弑其君髡。

【经】公孙敖如齐。

[译]

【经】鲁文公元年，春，周历正月，鲁文公即位。

【经】二月，癸亥日，初一，发生日食。

【经】周天王派遣叔服来鲁国参加僖公的葬礼。

【传】这里为什么说来鲁国参加葬礼呢？因为来参加葬礼是合乎礼仪的。

【经】夏，四月，丁巳日，安葬我们的国君僖公。

【经】周天王派遣毛伯来鲁国"锡公命"。

【传】锡是什么意思？就是赐予。命是什么意思？就是增加赐我君衣服的诏命。

【经】晋侯率军攻打卫国。

【经】叔孙得臣前往京师。

【经】卫人讨伐晋国。

【经】秋，公孙敖在戚会见晋侯。

【经】冬，十月，丁未日，楚国世子商臣弑杀了他的国君髡。

【经】公孙敖前往齐国。

[解]

◆ "天王使叔服来会葬"，即周天子派叔服来鲁国，会同鲁君、臣及各国吊唁的使节，为鲁僖公举行葬礼。周天子派使臣参加诸侯葬礼，在整部《春秋》中也仅此一例。不论是"九合诸侯，一匡天下"的齐桓公，还是匡扶王室、开创百年霸业的晋文公，都不曾享此殊荣。这充分反映了鲁在周建国中的重要作用和现实中鲁和王室的特殊关系，也反映了僖公作为鲁中兴之主的重要地位，而鲁的中兴对于周室天下的稳定也具有重要意义。对于周天子遣使来会葬这一荣耀，《春秋》念念不忘，以至于两年后叔服即王子虎死时，还特意记载："夏，五月，王子虎卒。"《公羊传》解释说："王子虎者何？天子之大夫也。外大夫不卒，此何以卒？新使乎我也。"在《公羊传》看来，之所以要对王子虎这位外大夫之死加以记载，是因为他新近出使过鲁国，所谓新近出使指的就是这次受周天子委派来会葬僖公，从而唤起人们对这一荣光的回忆。

【经】二年，春，王二月，甲子，晋侯及秦师战于彭衙，秦师败绩。

【经】丁丑，作僖公主。

〖传〗作僖公主者何？为僖公作主也。主者曷用？虞主用桑，练主用栗。用栗者，藏主也。作僖公主，何以书？讥。何讥尔？不时也。其不时奈何？欲久丧而后不能也。

【经】三月，乙巳，及晋处父盟。

〖传〗此晋阳处父也，何以不氏？讳与大夫盟也。

[译]

【经】鲁文公二年，春，周历二月，甲子日，晋侯率兵与秦军在彭衙交战，秦军大败。

【经】丁丑日，作僖公主。

〖传〗作僖公主是什么意思？就是为鲁僖公制作供奉用的神主。用什么制作神主？虞祭的神主用桑木做，练祭的神主用栗木做。用栗木做的是藏在宗庙里的神主。制作鲁僖公的神主为什么要记载呢？为了谴责。谴责什么？谴责制作不及时。怎么制作不及时呢？鲁文公想服丧长久些，但后来又没有做到。

【经】三月，乙巳日，鲁文公与晋国的处父结盟。

〖传〗这人就是晋国大夫阳处父，为什么不写他的姓氏呢？因为避讳鲁文公与大夫结盟。

[解]

◆晋文公去世后，晋国的霸业受到来自楚、秦、齐三面的挑战。新即位的鲁文公有战略调整的考虑，在犹豫之中，就没有按惯例第一时间去朝拜霸主晋国的国君晋襄公。晋国为此问罪鲁国。鲁文公赶紧前往朝拜，晋国却只派大夫阳处父来与鲁文公结盟以示羞辱。不过情况很快发生了变化。次年秦穆公兴兵伐晋，一路打到晋都郊外，晋人畏惧不敢出，秦穆公大胜而归，"遂霸西戎"。遭此打击，晋国霸主地位已失，深悔自己一年前接待鲁文公的做法非常失礼，遂请求重新结盟并盛情款待鲁文公，即文公三年

"十有二月,己巳,公及晋侯盟"。

【经】夏,六月,公孙敖会宋公、陈侯、郑伯、晋士縠,盟于垂敛。

【经】自十有二月,不雨,至于秋七月。

〖传〗何以书?记异也。大旱以灾书,此亦旱也,曷为以异书?大旱之日短而云灾,故以灾书;此不雨之日长而无灾,故以异书也。

[译]

【经】夏,六月,公孙敖会见宋公、陈侯、郑伯、晋国的士縠,并与他们在垂敛结盟。

【经】鲁国从去年十二月开始就没有下雨,直到今年秋天七月。

〖传〗为什么记载这件事?为了记载怪异现象。大旱应该按照灾害来记载,这次也是大旱,为什么按照怪异现象来记载呢?大旱的时间短,所以说是灾害,因此就按照灾害来记载;这次不下雨的时间虽然很长,但没有造成灾害,所以就作为怪异现象来记载。

【经】八月,丁卯,大事于大庙,跻僖公。

〖传〗大事者何?大祫也。大祫者何?合祭也。其合祭奈何?毁庙之主,陈于大祖;未毁庙之主,皆升,合食于大祖。五年而再殷祭。跻者何?升也。何言乎升僖公?讥。何讥尔?逆祀也。其逆祀奈何?先祢而后祖也。

[译]

【经】八月,丁卯日,在太庙中有大事,"跻"鲁僖公。

〖传〗大事是什么?就是大祫。大祫是什么?就是集中远近祖先的神主在太庙中合祭。怎样举行合祭呢？庙已经毁掉的先辈的神主，就陈列在太祖庙里；没有毁掉庙的先辈的神主，都升进太庙中，与太祖的神主共同享受祭祀。五年以后再举行一次这样盛大的祭祀。跻是什么意思？就是升。为什么记载升鲁僖公的神主呢？为了谴责。谴责什么？谴责鲁文公不按顺序祭祀。鲁文公不按顺序祭祀是怎么回事？他是先祭祀父亲然后才祭祀祖先。

[解]

◆古代贵族死后，子孙为之建庙，但因为种种原因，不可能按在位顺序全部保留。因此宗庙制度规定，天子只能立七庙，诸侯只能立五庙，大夫只能立三庙，士只能立一庙。诸侯五庙之一是太祖庙，是永远保留的，其余四庙，是从自己的父亲到高祖，也就是四代。太祖之下高祖之上的，都要把神主移到太庙中，称为毁庙。

【经】冬，晋人、宋人、陈人、郑人伐秦。

【经】公子遂如齐纳币。

〖传〗纳币不书，此何以书？讥。何讥尔？讥丧娶也。娶在三年之外，则何讥乎丧娶？三年之内不图婚。吉禘于庄公，讥，然则曷为不于祭焉讥？三年之恩疾矣，非虚加之也，以人心为皆有之。以人心为皆有之，则曷为独于娶焉讥？娶者，大吉也，非常吉也。其为吉者主于己，以为有人心焉者，则宜于此焉变矣！

[译]

【经】冬，晋人、宋人、陈人和郑人联合攻打秦国。

【经】公子遂前往齐国纳币。

〖传〗纳币是不记载的，这里为什么记载呢？为了谴责。谴责什么？谴责鲁文公在服丧期间娶妻。迎娶夫人时已经是三年之外的事了，怎么还说谴责鲁文公在服丧期间娶妻呢？因为服丧的三年之内是不考虑婚事的。闵公吉禘于庄公，《春秋》谴责，那么为何不在文公行袷祭时谴责呢？孝子服丧三年报答父母养育之恩，心情是很沉痛的，这种感情并不是虚假地加上去的，从人的内心来看，人人都会有这种感情。既然从人的内心来看，人人都会有这种感情，那么为什么单单在娶妻这件事上谴责呢？因为娶妻，是大吉大利的事，不是一般的吉利事。这件大吉大利的事的主人就是孝子自己，如果孝子真有报答父母养育之恩的深情，那么就会在听到人们替自己谋划婚事时痛哭流涕！

[解]

◆三年丧，是儒家礼的要求，但在当时，并未成为制度，也并未成为普遍的社会习俗；甚至还遭到其他学派的抨击，比如主张节葬的墨家就认为三年丧不近人情，会导致社会混乱。因此整个春秋战国至秦及汉初，只有孔子弟子曾为孔子守丧三年，其他并无一例守满三年者。即便是孝子，如春秋时齐相晏子为其父晏桓子、战国时刺杀韩相侠累的刺客聂政为其母，也都是在三个月或百日安葬后即结束居丧，称为"既葬除服"。所以，《公羊传·宣公元年》所说的"古者臣有大丧，则君三年不呼其门"，实际上只是一种并不存在的理想化的追忆。只有到汉武帝的时候，"罢黜百家，独尊儒术"，三年丧才在王室诸侯范围内成为一种强制性规定。但后世为了军国大事，或大臣有不可或缺之任，皇帝仍可夺去大臣的孝亲之情，命其以素服办公，即"墨绖从戎"或"金革之事不避"，被称作"夺情起复"。

【经】三年，春，王正月，叔孙得臣会晋人、宋人、陈人、卫人、郑人伐沈。沈溃。

【经】夏，五月，王子虎卒。

〖传〗王子虎者何？天子之大夫也。外大夫不卒，此何以卒？新使乎我也。

【经】秦人伐晋。

【经】秋，楚人围江。

【经】雨螽于宋。

〖传〗雨螽者何？死而坠也。何以书？记异也。外异不书，此何以书？为王者之后记异也。

【经】冬，公如晋。

【经】十有二月，己巳，公及晋侯盟。

【经】晋阳处父帅师伐楚救江。

〖传〗此伐楚也，其言救江何？为谖也。其为谖奈何？伐楚为救江也。

[译]

【经】鲁文公三年，春，周历正月，叔孙得臣会合晋人、宋人、陈人、卫人和郑人攻打沈国。沈国溃散。

【经】夏，五月，王子虎去世了。

〖传〗王子虎是什么人？是周天子的大夫。鲁国以外的大夫是不记载死讯的，这里为什么记载死讯呢？因为他是周天子最近派来出使鲁国的。

【经】秦军攻打晋国。

【经】秋，楚人包围了江国。

【经】蝗虫像雨一样坠落在宋国。

〖传〗蝗虫像雨一样坠落是怎么回事？是蝗虫死了坠落下来。为什么记载这件事？为了记载怪异现象。鲁国以外的怪异现象是不记载的，这里为什么记载呢？这是为王者之后记载怪异现象。

【经】冬，鲁文公前往晋国。

【经】十二月，己巳日，鲁文公与晋侯结盟。

【经】晋国大夫阳处父率军攻打楚国救援江国。

〖传〗这是攻打楚国，为什么说是救援江国呢？因为这是欺诈。

为什么是欺诈呢？因为晋国把攻打楚国说成是救援江国了。

【经】四年，春，公至自晋。

【经】夏，逆妇姜于齐。

〖传〗其谓之逆妇姜于齐何？略之也。高子曰："娶乎大夫者，略之也。"

【经】狄侵齐。

【经】秋，楚人灭江。

【经】晋侯伐秦。

【经】卫侯使宁俞来聘。

【经】冬，十有一月，壬寅，夫人风氏薨。

[译]

【经】鲁文公四年，春，鲁文公从晋国回到鲁国。

【经】夏，到齐国迎娶妻子姜氏。

〖传〗这里说到齐国迎娶妻子姜氏是什么意思？是简略的记载。高子说："因为娶的是大夫的女儿，所以简略记载。"

【经】狄人入侵齐国。

【经】秋，楚军灭了江国。

【经】晋侯讨伐秦国。

【经】卫侯派遣宁俞来鲁国进行访问。

【经】冬，十一月，壬寅日，鲁文公的祖母老夫人成风去世了。

【经】五年，春，王正月，王使荣叔归含且赗。

〖传〗含者何？口实也。其言归含且赗何？兼之。兼之非礼也。

【经】三月，辛亥，葬我小君成风。

文 公 209

〖传〗成风者何？僖公之母也。

【经】王使召伯来会葬。

【经】夏，公孙敖如晋。

【经】秦人入鄀。

【经】秋，楚人灭六。

【经】冬，十月，甲申，许男业卒。

[译]

【经】鲁文公五年，春，周历正月，周天王派遣荣叔来鲁国赠送含和助葬用的车马束帛。

〖传〗含是什么东西？就是放在死者口里的珠玉。这里说赠送含和助葬用的车马束帛是什么意思？是指同时赠送两种东西。这两种东西同时赠送是不合于礼的。

【经】三月，辛亥日，安葬鲁国小君成风。

〖传〗成风是什么人？是鲁僖公的母亲。

【经】周天王派遣召伯来鲁国参加老夫人成风的葬礼。

【经】夏，公孙敖前往晋国。

【经】秦军入侵鄀国。

【经】秋，楚人灭了六国。

【经】冬，十月，甲申日，许男业去世了。

[解]

◆含是古代殡殓时的一种仪式，即在死者口中放进珠玉等物。其用意，何休说："孝子所以实亲口。缘生以事，死不忍虚其口。"所放之物，因为等级而不同，天子用珠，诸侯用玉，大夫用璧，士用贝，庶人用米。

【经】六年，春，葬许僖公。

【经】夏，季孙行父如陈。

【经】秋,季孙行父如晋。

【经】八月,乙亥,晋侯讙卒。

【经】冬,十月,公子遂如晋。

【经】葬晋襄公。

【经】晋杀其大夫阳处父,晋狐射姑出奔狄。

〖传〗晋杀其大夫阳处父,则狐射姑曷为出奔?射姑杀也。射姑杀则其称国以杀何?君漏言也。其漏言奈何?君将使射姑将。阳处父谏曰:"射姑民众不说,不可使将。"于是废将。阳处父出,射姑入。君谓射姑曰:"阳处父言曰:'射姑民众不说,不可使将。'"射姑怒,出刺阳处父于朝而走。

[译]

【经】鲁文公六年,春,安葬许僖公。

【经】夏,季孙行父到陈国去。

【经】秋,季孙行父前往晋国。

【经】八月,乙亥日,晋侯讙去世了。

【经】冬,十月,公子遂前往晋国。

【经】安葬晋襄公。

【经】晋国杀了它的大夫阳处父,晋国大夫狐射姑逃往狄国。

〖传〗晋国杀了它的大夫阳处父,那么狐射姑为什么要出逃呢?因为阳处父是狐射姑杀的。既然是狐射姑杀的,那么这里说国家杀了他是什么意思?这是因为晋灵公泄露了话。晋灵公怎么泄露了话呢?晋灵公准备任命狐射姑担任中军统帅。阳处父规劝说:"射姑这个人,民众不喜欢,不能让他担任统帅。"因此晋灵公放弃了任命射姑任中军统帅的打算。阳处父出宫后,狐射姑进宫去。晋灵公对他说:"阳处父刚才对我说:'射姑这个人,民众不喜欢,不能让他担任统帅。'"射姑听说后大怒,冲出去在朝廷上刺死阳处父,然后逃跑了。

【经】闰月不告月，犹朝于庙。

〖传〗不告月者何？不告朔也。曷为不告朔？天无是月也。闰月矣，何以谓之天无是月？非常月也。犹者何？通可以已也。

[译]

【经】闰月不告月，但还是要到祖庙祭拜。

〖传〗不告月是什么意思？就是不举行告朔之礼。为什么不举行告朔之礼呢？因为时令是没有这个月的。这是闰月，为什么说时令是没有这个月的呢？因为这不是正常的月份。犹是什么意思？是表示全都可以停止。

[解]

◆天子每年十二月颁朔，即由太史把第二年的历书、每月的政令，布告天下诸侯，诸侯听朔。诸侯归，藏之于太庙，每月朔（初一）朝于太庙，先祭其祖先，然后使大夫南面奉天子命，颁布此月的政事，自己北面受之，并听政理事，故谓之告月、告朔、听朔、视朔。闰月非常月，不行告朔礼，但仍保留朝庙仪式。孔子非常重视告朔之礼，因为这是诸侯奉行周天子正朔和郑重处理国政的隆重礼仪，是尊奉王室、大一统的表现。至春秋时，告朔之礼废多行少，所以"子贡欲去告朔之饩羊"（《论语·季氏》）。告朔礼废，是礼崩乐坏的最重要标志之一。

【经】七年，春，公伐邾娄。

【经】三月，甲戌，取须朐。

〖传〗取邑不日，此何以日？内辞也，使若他人然。

【经】遂城郚。

【经】夏，四月，宋公王臣卒。

【经】宋人杀其大夫。

〖传〗何以不名？宋三世无大夫，三世内娶也。

[译]

【经】鲁文公七年，春，鲁文公率兵攻打邾娄国。

【经】三月，甲戌日，鲁文公夺取了须朐。

〖传〗夺取城邑是不记载日期的，这里为什么记载日期呢？这是鲁国的说法，让它好像是别人干的一样。

【经】接着，鲁国又在郚筑城。

【经】夏，四月，宋公王臣去世了。

【经】宋人杀了他们的大夫。

〖传〗为什么不写名字？因为宋国已经三代没有大夫了，三代国君都是娶国内大夫的女儿为妻。

【经】戊子，晋人及秦人战于令狐，晋先眛以师奔秦。

〖传〗此偏战也，何以不言师败绩？敌也。此晋先眛也，其称人何？贬。曷为贬？外也。其外奈何？以师外也。何以不言出？遂在外也。

【经】狄侵我西鄙。

[译]

【经】戊子日，晋人和秦人在令狐交战，晋国先眛率领部下逃亡到秦国。

〖传〗这是各据一方的正规战争，为什么不说哪个国家失败了呢？因为势均力敌，不分胜负。这是晋国的先眛率兵，为什么称他为人呢？为了贬低他。为什么要贬低他？因为他怀有二心。他怎么怀有二心呢？他率领部下逃亡了。为什么不说他出逃呢？因为他逃亡前就已经在国外了。

文　公　213

【经】狄人侵犯鲁国西部边境。

[解]

◆晋襄公死,赵盾以太子夷皋幼不能执政为由,派先眜往秦迎襄公弟雍为君。秦派兵护送公子雍回国,赵盾这时却因为顶不住夷皋母亲穆嬴的纠缠威逼,内心也自觉有愧于襄公临终所托,于是变卦,仍立太子,是为灵公,并派兵拒公子雍回国。先眜认为赵盾背信于秦,遂以师奔秦。

【经】秋,八月,公会诸侯、晋大夫,盟于扈。
〖传〗诸侯何以不序?大夫何以不名?公失序也。公失序奈何?诸侯不可使与公盟,眣晋大夫使与公盟也。
【经】冬,徐伐莒。
【经】公孙敖如莒莅盟。

[译]

【经】秋,八月,鲁文公会见诸侯和晋国大夫,并在扈会盟。
〖传〗诸侯们为什么不排列位次?大夫为什么不写出姓名?因为鲁文公失去了与诸侯排列位次的机会。鲁文公不得与诸侯排列位次是怎么回事?鲁文公来晚了,诸侯不能和他会盟,使眼色让晋国大夫和他结盟。
【经】冬,徐国攻打莒国。
【经】公孙敖到莒国去参加会盟。

[解]

◆此次盟于扈,是为晋灵公即位为君而盟,由赵盾以灵公的名义召集,但"公后至,故不书所会。凡会诸侯,不书所会,后也。后至,不书其国,辟不敏也"(《左传》)。最后,文公只能屈辱地与晋国大夫会盟。《公羊传》认为之所以《春秋》不写明会盟的诸侯有哪些,就是为鲁国避讳。

【经】八年,春,王正月。

【经】夏,四月。

【经】秋,八月,戊申,天王崩。

【经】冬,十月,壬午,公子遂会晋赵盾,盟于衡雍。

【经】乙酉,公子遂会伊、雒戎,盟于暴。

[译]

【经】鲁文公八年,春,周历正月。

【经】夏,四月。

【经】秋,八月,戊申日,周襄王驾崩。

【经】冬,十月,壬午日,公子遂和晋国赵盾会面,并在衡雍结盟。

【经】乙酉日,公子遂会见伊、雒地方的戎人,并在暴与他们结盟。

【经】公孙敖如京师,不至复。丙戌,奔莒。

〖传〗不至复者何?不至复者,内辞也,不可使往也。不可使往,则其言如京师何?遂公意也。何以不言出?遂在外也。

【经】螽。

【经】宋人杀其大夫司马。

【经】宋司城来奔。

〖传〗司马者何?司城者何?皆官举也。曷为皆官举?宋三世无大夫,三世内娶也。

[译]

【经】公孙敖到京师去,不至复。丙戌日,公孙敖逃到莒国去。

〖传〗不至复是什么意思?"不至复"是鲁国的说法,就是不能派遣他到京师去。既然是不可以派遣他到京师去,那么为什么说他到京师去呢?这是顺从鲁文公的心意。为什么不说他出逃呢?因为他出逃前已经在国外了。

【经】鲁国发生蝗灾。

【经】宋人杀了他的大夫司马。

【经】宋国的司城逃奔到鲁国来。

〖传〗司马是什么意思?司城是什么意思?都是用官职来指称。为什么都用官职来指称呢?因为宋国已经三代没有大夫了,三代国君都是娶国内大夫的女儿为妻。

【经】九年,春,毛伯来求金。

〖传〗毛伯者何?天子之大夫也。何以不称使?当丧未君也。逾年矣,何以谓之未君?即位矣,而未称王也。未称王,何以知其即位?以诸侯之逾年即位,亦知天子之逾年即位也。以天子三年然后称王,亦知诸侯于其封内三年称子也。逾年称公矣,则曷为于其封内三年称子?缘民臣之心,不可一日无君;缘终始之义,一年不二君,不可旷年无君;缘孝子之心,则三年不忍当也。毛伯来求金,何以书?讥。何讥尔?王者无求,求金非礼也。然则是王者与?曰:"非也。"非王者则曷为谓之王者?王者无求。曰:"是子也,继文王之体,守文王之法度,文王之法无求而求,故讥之也。"

【经】夫人姜氏如齐。

[译]

【经】鲁文公九年,春,毛伯来鲁国索求贡金。

〖传〗毛伯是什么人?是周天子的大夫。为什么不说派遣他来呢?因为嗣君正在居丧,还没有立君主。已经过去一年了,为什么还说没有立君主呢？周天子已经即位了，但还没有称王。还没有称王，怎么知道他已经即位了呢？根据诸侯过了一年就即位的礼仪，也可以知道天子是过了一年就即位的。根据天子过了三年之后才称王的礼仪，也可以知道诸侯在自己的封地里三年之内应称"子"。诸侯也有过了一年就称"公"的，那又怎么解释诸侯在自己的封地里三年之内应称"子"呢？因为从民众和臣子们的心情来说，国家是一天也不能没有国君的；又因为从君位交接的道理来说，一年之内是不能有两个国君的，也不能长年没有国君；但从孝子的心情来说，三年丧期之内是不忍心继承父亲的君位的。毛伯来鲁国索求贡金，为什么记载呢？为了谴责。为什么谴责？王者对于诸侯是无所谓求取的，求取贡金，是不合于礼的。既然如此，那么他是王者吗？回答说："不是。"既然不是王者，那么为什么说他是王者呢？所谓王者，对于诸侯是无所谓求取的。因此说："这个'子'，继承了周文王的体制，就应遵守周文王的法度，周文王的法度是对诸侯无所求取，他却求取了，所以要谴责他。"

【经】夫人姜氏前往齐国。

【经】二月，叔孙得臣如京师。

【经】辛丑，葬襄王。

〖传〗王者不书葬，此何以书？不及时书，过时书，我有往者则书。

【经】晋人杀其大夫先都。

【经】三月，夫人姜氏至自齐。

【经】晋人杀其大夫士縠及箕郑父。

【经】楚人伐郑。

【经】公子遂会晋人、宋人、卫人、许人救郑。

[译]

【经】二月，叔孙得臣前往京师。

【经】辛丑日，安葬周襄王。

〖传〗《春秋》对称王的人不记葬礼，这里为什么记载呢？有三种情况可以记载：不到葬期提前安葬的要记载，超过葬期安葬的要记载，有鲁人去参加葬礼的要记载。

【经】晋人杀了他的大夫先都。

【经】三月，夫人姜氏从齐国回到鲁国。

【经】晋人又杀了他的大夫士縠和箕郑父。

【经】楚军攻打郑国。

【经】公子遂会合晋人、宋人、卫人、许人救援郑国。

【经】夏，狄侵齐。

【经】秋，八月，曹伯襄卒。

【经】九月，癸酉，地震。

〖传〗地震者何？动地也。何以书？记异也。

【经】冬，楚子使椒来聘。

〖传〗椒者何？楚大夫也。楚无大夫，此何以书？始有大夫也。始有大夫，则何以不氏？许夷狄者，不一而足也。

【经】秦人来归僖公、成风之禭。

〖传〗其言僖公、成风何？兼之。兼之非礼也。曷为不言及成风？成风尊也。

【经】葬曹共公。

[译]

【经】夏，狄人侵犯齐国。

【经】秋，八月，曹伯襄去世了。

【经】九月，癸酉日，发生地震。

〖传〗地震是什么意思？就是大地震动了。为什么记载这件事？为了记载怪异现象。

【经】冬，楚子派遣椒来鲁国进行友好访问。

〖传〗椒是什么人？是楚国的大夫。楚国是没有大夫的，这里为什么记载呢？因为楚国开始有大夫了。既然楚国开始有大夫了，那么为什么不记载他的姓氏呢？因为赞许夷狄人，不是一事一物就可以满足的。

【经】秦人来鲁国向去世的僖公、成风赠送衣衾。

〖传〗这里说僖公、成风是什么意思？是表示使者兼送两个人的衣衾。使者兼送两个人的衣衾是不合礼仪的。为什么不说"及"成风呢？因为成风是僖公的母亲，更尊贵。

【经】安葬曹共公。

【经】十年，春，王三月，辛卯，臧孙辰卒。

【经】夏，秦伐晋。

【经】楚杀其大夫宜申。

【经】自正月不雨，至于秋七月。

【经】及苏子盟于女栗。

【经】冬，狄侵宋。

【经】楚子、蔡侯次于屈貉。

[译]

【经】鲁文公十年，春，周历三月，辛卯日，臧孙辰去世了。

【经】夏，秦军攻打晋国。

【经】楚国杀了它的大夫宜申。

【经】从正月开始，鲁国不下雨，一直到秋七月。

【经】鲁文公和苏子在女栗结盟。

【经】冬，狄人入侵宋国。

【经】楚子和蔡侯一起领兵驻扎在屈貉。

【经】十有一年，春，楚子伐圈。

【经】夏，叔彭生会晋郤缺于承匡。

【经】秋，曹伯来朝。

【经】公子遂如宋。

【经】狄侵齐。

【经】冬，十月，甲午，叔孙得臣败狄于咸。

〖传〗狄者何？长狄也。兄弟三人，一者之齐，一者之鲁，一者之晋。其之齐者，王子成父杀之；其之鲁者，叔孙得臣杀之；则未知其之晋者也。其言败何？大之也。其日何？大之也。其地何？大之也。何以书？记异也。

[译]

【经】鲁文公十一年，春，楚子率兵攻打圈国。

【经】夏，叔彭生在承匡会见晋国大夫郤缺。

【经】秋，曹文公来鲁国朝见。

【经】公子遂前往宋国。

【经】狄人侵犯齐国。

【经】冬，十月，甲午日，叔孙得臣在咸打败了狄人。

〖传〗狄人指的是什么人？是身材高大的长狄。长狄首领有三兄弟，一个侵犯齐国，一个侵犯鲁国，一个侵犯晋国。那个侵犯齐国的，被王子成父杀了；那个侵犯鲁国的，被叔孙得臣杀了；就是不知道侵犯晋国的那个下场如何。这里说打败狄人是什么意思？是表示强调这件事。为什么记载日期呢？也是为了强调这件事。记载地点又是为什么呢？同样是为了强调这件事。为什么记载这件事呢？为了记载怪异的事。

【经】十有二年，春，王正月，盛伯来奔。

〖传〗盛伯者何？失地之君也。何以不名？兄弟辞也。

【经】杞伯来朝。

【经】二月，庚子，子叔姬卒。

〖传〗此未适人，何以卒？许嫁矣。妇人许嫁，字而笄之，死则以成人之丧治之。其称子何？贵也。其贵奈何？母弟也。

[译]

【经】鲁文公十二年，春，周历正月，盛伯逃奔到鲁国来。

〖传〗盛伯是什么人？是失去国土的国君。为什么不写出他的名字？这是兄弟国家之间的说法。

【经】杞伯来鲁国朝见。

【经】二月，庚子日，子叔姬去世了。

〖传〗这是还没有出嫁的人，为什么记载她的去世呢？她已经订婚了。女子订了婚，称字行过笄礼，去世就按照成人的丧礼来办理。这里为什么称"子"呢？因为她尊贵。为什么她尊贵呢？因为她是鲁文公同母妹妹。

【经】夏，楚人围巢。

【经】秋，滕子来朝。

【经】秦伯使遂来聘。

〖传〗遂者何？秦大夫也。秦无大夫，此何以书？贤缪公也。何贤乎缪公？以为能变也。其为能变奈何？惟諓諓善竫言，

文 公 221

俾君子易怠，而况乎我多有之，惟一介断断焉无他技，其心休休，能有容，是难也。

[译]

【经】夏，楚人包围了巢国都城。

【经】秋，滕国国君来鲁国朝见。

【经】秦伯派遣遂来鲁国访问。

〖传〗遂是什么人？是秦国的大夫。秦国没有大夫，这里为什么记载呢？因为认为秦缪公贤明。秦缪公有什么贤明之处呢？《春秋》作者认为他能够改悔。他能改悔是怎么回事？秦缪公认识到能说会道的人善于编造谎言，易使君子轻忽惰息，何况自己经常犯这种毛病，只有为人臣子忠心耿耿不追求奇巧异端，自己心胸宽广，能容纳不同的意见，这才是最难做到的。

【经】冬，十有二月，戊午，晋人、秦人战于河曲。

〖传〗此偏战也，何以不言师败绩？敌也。曷为以水地？河曲疏矣，河千里而一曲也。

【经】季孙行父帅师，城诸及运。

[译]

【经】冬，十二月，戊午日，晋人与秦人在河曲交战。

〖传〗这是各据一方的正规战争，为什么不说哪一方军队溃败了呢？因为秦晋两军势均力敌，不分胜负。为什么记录河流作为交战地点呢？因为河曲稀少，黄河上千里才形成一个河曲。

【经】季孙行父率军修筑诸邑和运邑。

【经】十有三年，春，王正月。

【经】夏,五月,壬午,陈侯朔卒。

【经】邾娄子蘧蒢卒。

【经】自正月不雨,至于秋七月。

【经】世室屋坏。

〖传〗世室者何?鲁公之庙也。周公称大庙,鲁公称世室,群公称宫。此鲁公之庙也,曷为谓之世室?世室,犹世室也,世世不毁也。周公何以称大庙于鲁?封鲁公以为周公也。周公拜乎前,鲁公拜乎后。曰:"生以养周公,死以为周公主。"然则周公之鲁乎?曰:"不之鲁也,封鲁公以为周公主。"然则周公曷为不之鲁?欲天下之一乎周也。鲁祭周公,何以为牲?周公用白牡,鲁公用骍犅,群公不毛。鲁祭周公,何以为盛?周公盛,鲁公煮,群公廪。世室屋坏,何以书?讥。何讥尔?久不修也。

[译]

【经】鲁文公十三年,春,周历正月。

【经】夏,五月,壬午日,陈侯朔去世了。

【经】邾娄子蘧蒢去世了。

【经】鲁国从正月开始不下雨,直到秋七月。

【经】世室的屋顶坏了。

〖传〗世室是什么地方?是鲁公的庙。周公旦的庙称太庙,鲁公的庙称世室,其他祖先的庙称宫。这是鲁公的庙,为什么称为世室呢?世室就是世世代代供奉的庙,是世世代代不能毁掉的庙。周公的庙为什么在鲁国称太庙呢?因为封鲁公是为了周公。册命时,周公旦拜在前,鲁公伯禽拜在后。周天王册命说:"周公活着时由鲁国供养;周公去世后,要以鲁公为主祭人。"既然这样,那么周公实际上到鲁国治国理政吗?回答说:"没有到鲁国来。"既然封鲁公为周公的主祭人,那么周公为什么不到鲁国来呢?周公想让天下都统一在周王朝

文 公 223

下。鲁国祭祀周公用什么为牲？祭祀周公用纯白的公牛作为牺牲，鲁公用赤色的公牛，其他祖先用杂色的公牛。鲁国祭祀周公时用什么粢盛？祭祀周公用新谷，祭祀鲁公用一半新一半旧的谷子，祭祀其他祖先用旧谷，上面洒一点新谷。世室的屋顶坏了，为什么记载？为了谴责。谴责什么？谴责鲁文公长期不修缮祖庙。

【经】冬，公如晋。

【经】卫侯会于沓。

【经】狄侵卫。

【经】十有二月，己丑，公及晋侯盟。

【经】还自晋。

【经】郑伯会公于斐。

〖传〗还者何？善辞也。何善尔？往党，卫侯会公于沓，至得与晋侯盟；反党，郑伯会公于斐，故善之也。

[译]

【经】冬，鲁文公前往晋国。

【经】卫侯在沓会见了鲁文公。

【经】狄人侵犯卫国。

【经】十二月，己丑日，鲁文公与晋侯盟会。

【经】鲁文公从晋国"还"。

【经】郑伯在斐会见了鲁文公。

〖传〗"还"是什么意思？是赞扬鲁文公的语言。为什么要赞扬呢？因为鲁文公去晋国时，在沓会见了卫侯，到了晋国与晋侯结盟；回来时，又与郑伯在斐会面，所以要赞扬他。

【经】十有四年，春，王正月，公至自晋。

【经】邾娄人伐我南鄙。

【经】叔彭生帅师伐邾娄。

【经】夏，五月，乙亥，齐侯潘卒。

【经】六月，公会宋公、陈侯、卫侯、郑伯、许男、曹伯、晋赵盾。癸酉，同盟于新城。

【经】秋，七月，有星孛入于北斗。

〖传〗孛者何？彗星也。其言入于北斗何？北斗有中也。何以书？记异也。

【经】公至自会。

[译]

【经】鲁文公十四年，春，周历正月，鲁文公从晋国回到鲁国。

【经】邾娄人攻打鲁国南部边邑。

【经】叔彭生率军讨伐邾娄。

【经】夏，五月，乙亥日，齐侯潘去世。

【经】六月，鲁文公会见宋公、陈侯、卫侯、郑伯、许男、曹伯、晋国的赵盾，并于癸酉日与他们在新城结盟。

【经】秋，七月，有星"孛"进入北斗。

〖传〗"孛"是什么？是彗星。这里说它进入北斗是什么意思？北斗有魁中。为什么记载呢？为了记载怪异现象。

【经】鲁文公从盟会的地方回到鲁国。

【经】晋人纳接菑于邾娄，弗克纳。

〖传〗纳者何？入辞也。其言弗克纳何？大其弗克纳也。何大乎其弗克纳？晋郤缺帅师，革车八百乘，以纳接菑于邾娄，力沛若有余而纳之。邾娄人言曰："接菑，晋出也；貜且，齐出也。子以其指，则接菑也四，貜且也六。子以大国压之，则未知齐、晋孰有之也。贵则皆贵矣；虽然，貜且也长。"郤缺曰："非吾力不能纳也，义实不尔克也。"引师而去之，故君子大其弗克纳也。此晋郤缺也，其称人何？贬。曷为贬？不与大夫专废置君也。曷为不与？实与，而文不与。文曷为不与？大夫之义，不得专废置君也。

[译]

【经】晋人纳接菑回邾娄国，"弗克纳"。

〖传〗纳是什么意思？就是回国为君。这里说"弗克纳"是为什么？就是为了强调晋国没能护送接菑回国为君。为什么要强调晋国没能护送接菑回国为君呢？因为晋国郤缺率军，有八百辆战车，护送接菑回邾娄国为君，力量这样强大，护送接菑回国绰绰有余。邾娄人却辞谢说："接菑是晋国的外甥；貜且是齐国的外甥。您扳着指头算算二人为君各自占的条件，接菑占四条，貜且占六条。如果您以大国来压服我们的话，那么还不知道齐、晋两国哪个能够控制邾娄国。接菑和貜且，论尊贵呢，二者都同样尊贵；虽然如此，但是貜且的年龄还更大些。"郤缺说："不是我的力量不能护送接菑回国为君，从道义上来说，实在是不能这样做。"于是率军离开了，所以君子要宣扬晋国没能护送接菑回邾娄国为君。这是晋国的大夫郤缺，这里为什么称他为人呢？为了贬低他。为什么要贬低他呢？因为不赞成大夫拥有废置国君的权力。为什么不赞成呢？实际上是赞成的，只是文辞上不能说赞成。文辞上为什么不能说赞成呢？因为在名义上大夫是不能拥有废置国君的权力的。

【经】九月，甲申，公孙敖卒于齐。

【经】齐公子商人弑其君舍。

〖传〗此未逾年之君也，其言弑其君舍何？已立之，已杀之，成死者而贱生者也。

【经】宋子哀来奔。

〖传〗宋子哀者何？无闻焉尔。

【经】冬，单伯如齐。

【经】齐人执单伯。齐人执子叔姬。

〖传〗执者曷为或称行人，或不称行人？称行人而执者，以其事执也；不称行人而执者，以己执也。单伯之罪何？道淫也。恶乎淫？淫乎子叔姬。然则曷为不言齐人执单伯及子叔姬？内辞也，使若异罪然。

[译]

【经】九月，甲申日，公孙敖在齐国去世了。

【经】齐国公子商人杀了他的国君舍。

〖传〗这是即位不满一年的国君，这里说弑杀了他的国君是什么意思？因为公子商人自己立舍为国君，自己又杀了舍，这样说是为了成全死了的舍而使活着的商人显得更下贱。

【经】宋国的子哀来投奔鲁国。

〖传〗宋国的子哀是什么人？没有听说过。

【经】冬，单伯前往齐国。

【经】齐人拘捕了单伯。齐人又拘捕了子叔姬。

〖传〗被拘捕的人为什么有的称为使者，有的不称为使者呢？称为使者而被拘捕的，是因为执行公务而被拘捕的；不称为使者而被拘捕的，是因为个人私事而被拘捕的。单伯有什么罪行？当年单伯送子叔姬出嫁时，在路上淫乱。与谁淫乱？与子叔姬淫乱。既然这样，那么为什么不说齐人拘捕了单伯和子叔姬呢？这是鲁国的说法，使他们好像犯不同的罪行一样。

文 公　227

[解]

◆此叔姬与文公十二年许嫁杞伯,未几而卒之叔姬非一人。

【经】十有五年,春,季孙行父如晋。
【经】三月,宋司马华孙来盟。
【经】夏,曹伯来朝。
【经】齐人归公孙敖之丧。
〖传〗何以不言来?内辞也。胁我而归之,筍将而来也。
【经】六月,辛丑,朔,日有食之。鼓,用牲于社。
【经】单伯至自齐。
【经】晋郤缺帅师伐蔡。戊申,入蔡。
〖传〗入不言伐,此其言伐何?至之日也。其日何?至之日也。

[译]

【经】鲁文公十五年,春,季孙行父前往晋国。
【经】三月,宋国的司马华孙来鲁国结盟。
【经】夏,曹伯来鲁国朝见。
【经】齐人送回鲁国大夫公孙敖的遗体。
〖传〗为什么不说"来"呢?这是鲁国的说法。是齐国胁迫鲁国而送回公孙敖遗体的,是用竹轿将公孙敖遗体送回来的。
【经】六月,辛丑日,初一,发生日食。敲打着鼓,在社坛用牺牲祭祀。
【经】单伯从齐国到鲁国来。
【经】晋国大夫郤缺率军讨伐蔡国。戊申日,攻入蔡国。
〖传〗攻入是不说讨伐的,这里说讨伐是什么意思?这是晋军到达的日子。为什么记载这个日子呢?因为这也是晋军到达的日子。

【经】秋,齐人侵我西鄙。

【经】季孙行父如晋。

【经】冬,十有一月,诸侯盟于扈。

【经】十有二月,齐人来归子叔姬。

〖传〗其言来何?闵之也。此有罪,何闵尔?父母之于子,虽有罪,犹若其不欲服罪然。

【经】齐侯侵我西鄙,遂伐曹,入其郛。

〖传〗郛者何?恢郭也。入郛书乎?曰:"不书。"入郛不书,此何以书?动我也。动我者何?内辞也。其实我动焉尔。

[译]

【经】秋,齐人入侵鲁国西部边境。

【经】季孙行父前往晋国。

【经】冬,十一月,诸侯在扈会盟。

【经】十二月,齐人"来"送回子叔姬。

〖传〗这里说"来"是什么意思?是怜恤她。她是有罪的,为什么还要怜恤她呢?父母对于自己的子女,纵使他们有罪,还是像希望他们不要承认罪状的样子。

【经】齐侯入侵鲁国西部边境,接着又去攻打曹国,攻入曹国的郛。

〖传〗郛是什么地方?就是曹国高大的外城。攻进外城要记载吗?回答说:"不记载。"既然攻进外城不记载,这里为什么要记载呢?因为齐国攻入曹国国都的外城使鲁国恐惧不安。使鲁国恐惧不安是什么意思?这是鲁国的说法,其实是鲁国因此而感到恐惧不安。

【经】十有六年,春,季孙行父会齐侯于阳穀,齐侯弗及盟。

〖传〗其言弗及盟何？不见与盟也。

【经】夏，五月，公四不视朔。

〖传〗公曷为四不视朔？公有疾也。何言乎公有疾不视朔？自是公无疾，不视朔也。然则曷为不言公无疾不视朔？有疾犹可言也，无疾不可言也。

【经】六月，戊辰，公子遂及齐侯盟于犀丘。

[译]

【经】鲁文公十六年，春，季孙行父在阳穀与齐侯会面，齐侯没来得及结盟。

〖传〗这里说齐侯没来得及结盟是什么意思？就是齐侯不愿与季孙行父结盟。

【经】夏，五月，鲁文公四次没有在初一日上朝听政了。

〖传〗鲁文公为什么四次没有在初一日上朝听政呢？因为鲁文公有病。为什么不说明鲁文公因有病而初一不上朝听政呢？因为从此以后鲁文公即使没有病，初一也不上朝听政。既然这样，那么为什么不说鲁文公没有病初一也不上朝听政呢？因为有病，还可以说；没有病，就不可以说了。

【经】六月，戊辰日，鲁国大夫公子遂与齐侯在犀丘会盟。

【经】秋，八月，辛未，夫人姜氏薨。

【经】毁泉台。

〖传〗泉台者何？郎台也。郎台则曷为谓之泉台？未成为郎台，既成为泉台。毁泉台，何以书？讥。何讥尔？筑之讥，毁之讥。先祖为之，己毁之，不如勿居而已矣！

【经】楚人、秦人、巴人灭庸。

【经】冬,十有一月,宋人弑其君处臼。

〖传〗弑君者曷为或称名氏,或不称名氏?大夫弑君称名氏,贱者穷诸人。大夫相杀称人,贱者穷诸盗。

[译]

【经】秋,八月,辛未日,夫人姜氏去世。

【经】拆毁了泉台。

〖传〗泉台是什么?就是鲁庄公筑的郎台。郎台为什么要称作泉台呢?还没有建成的时候称为郎台,建好以后就称为泉台。拆毁泉台,为什么要记载呢?为了谴责。谴责什么?谴责这个台的建筑,同时也谴责这个台的拆毁。先祖建筑了这个台,自己却拆毁它,还不如不住在这里算了!

【经】楚人、秦人和巴人灭亡了庸国。

【经】冬,十一月,宋人弑杀了他的国君处臼。

〖传〗弑杀国君的人为什么有时称他的姓名,有时不称他的姓名呢?大夫弑杀国君要称他的姓名;地位低贱的人弑杀国君,就只称他为人。大夫互相杀害,称他为人;地位低贱的人杀害大夫,就只能称他为盗。

【经】十有七年,春,晋人、卫人、陈人、郑人伐宋。

【经】夏,四月,癸亥,葬我小君圣姜。

〖传〗圣姜者何?文公之母也。

【经】齐侯伐我西鄙。

【经】六月,癸未,公及齐侯盟于穀。

【经】诸侯会于扈。

【经】秋,公至自穀。

【经】冬,公子遂如齐。

[译]

【经】鲁文公十七年,春,晋人、卫人、陈人、郑人联合攻打宋国。

【经】夏,四月,癸亥日,安葬我们的小君圣姜。

〖传〗圣姜是什么人?是鲁文公的母亲。

【经】齐侯攻打鲁国西部边邑。

【经】六月,癸未日,鲁文公与齐侯在穀会盟。

【经】诸侯在扈会晤。

【经】秋,鲁文公从穀回到鲁国。

【经】冬,公子遂前往齐国。

【经】十有八年,春,王二月,丁丑,公薨于台下。

【经】秦伯罃卒。

【经】夏,五月,戊戌,齐人弑其君商人。

【经】六月,癸酉,葬我君文公。

【经】秋,公子遂、叔孙得臣如齐。

【经】冬,十月,子卒。

〖传〗子卒者孰谓?谓子赤也。何以不日?隐之也。何隐尔?弑也。弑则何以不日?不忍言也。

【经】夫人姜氏归于齐。

【经】季孙行父如齐。

【经】莒弑其君庶其。

〖传〗称国以弑何?称国以弑者,众弑君之辞。

[译]

【经】鲁文公十八年,春,周历二月,丁丑日,鲁文公在台下去世了。

【经】秦伯䓨去世了。

【经】夏,五月,戊戌日,齐人弑杀了他的国君商人。

【经】六月,癸酉日,为我们的国君文公举行葬礼。

【经】秋,公子遂和叔孙得臣前往齐国。

【经】冬,十月,子卒。

〖传〗子卒说的是什么人?说的是世子赤去世了。为什么不记载他去世的日期?因为怜悯他。为什么怜悯他?因为他是被弑杀的。被弑杀的为什么不写明日期呢?不忍心说。

【经】夫人姜氏回娘家齐国去了。

【经】季孙行父前往齐国。

【经】莒国弑杀了它的国君庶其。

〖传〗称国家弑杀自己的国君是什么意思?称国家弑杀了它的国君,是众人弑杀了国君的说法。

宣　公

【经】元年，春，王正月，公即位。

〖传〗继弑君不言即位，此其言即位何？其意也。

【经】公子遂如齐逆女。

【经】三月，遂以夫人妇姜至自齐。

〖传〗遂何以不称公子？一事而再见者，卒名也。夫人何以不称姜氏？贬。曷为贬？讥丧娶也。丧娶者公也，则曷为贬夫人？内无贬于公之道也。内无贬于公之道，则曷为贬夫人？夫人与公一体也。其称妇何？有姑之辞也。

[译]

【经】鲁宣公元年，春，周历正月，宣公即位。

〖传〗继承被弑国君的君位是不说即位的，这里说即位是什么意思？是为了揭示弑君篡位就是鲁宣公的本意。

【经】公子遂前往齐国迎接齐女。

【经】三月，遂带着夫人妇姜从齐国回到鲁国。

〖传〗遂为什么不称公子呢？同一件事某人出现两次，那就一直称呼名字到底。鲁宣公夫人为什么不称为姜氏呢？这是贬责她。为什么贬责她呢？谴责在丧期中婚娶。在丧期中婚娶的是鲁宣公，那为什么要贬责夫人呢？在鲁国没有贬责鲁宣公的道理。既然在鲁国没有贬责鲁宣公的道理，那么为什么要贬责夫人呢？因为夫人与宣公是一体的。这里称宣公夫人为妇是什么意思？这是她有婆婆的说法。

[解]

◆按礼，父死，当守丧三年。守丧期间，容体、声音、言语要表现出悲戚之心，饮食要大幅度减损，只能穿粗恶的衣服，必须住在简陋的草棚中，有官职者必须解官居丧，尤其不能婚娶。而宣公之娶，上距文公之死尚不足一年，显然有违礼制，《公羊传》当然要加以抨击。但宣公为君，又当为其避讳。在《公羊传》看来，"夫人与公一体"，就转而抨击夫人，借以间接抨击宣公，可以说是一种指桑骂槐的手法。

【经】夏，季孙行父如齐。

【经】晋放其大夫胥甲父于卫。

〖传〗放之者何？犹曰无去是云尔。然则何言尔？近正也。此其为近正奈何？古者大夫已去，三年待放。君放之，非也；大夫待放，正也。

古者臣有大丧，则君三年不呼其门。已练可以弁冕，服金革之事。君使之，非也；臣行之，礼也。闵子要绖而服事，既而曰："若此乎！古之道不即人心。"退而致仕。孔子盖善之也。

【经】公会齐侯于平州。

【经】公子遂如齐。

[译]

【经】夏，季孙行父前往齐国。

【经】晋国放逐自己的大夫胥甲父到卫国。

〖传〗放逐是什么意思？就犹如说不准离开卫国。然而为什么这样说呢？这是接近正道。这样做为什么说是接近正道呢？古时候大夫被免职以后，三年之内等待国君放逐。其实国君放逐大夫，是不合于礼的；大夫等待被放逐，是合于正道的。

古时候臣子有父母的丧事，那么国君三年之内不到臣子的门上去召唤他。如果举行过周年的练祭，就可以服弁冕，从事有关军务的事了。国君夺情，是不合乎礼的；大臣听从国君夺情之命，是合于礼的。从前闵子骞带着要绖从事公务，事后说："假如是这个样子！古时候的规钜也太不近人情了。"于是他隐退了。孔子大概很赞许他。

【经】鲁宣公在平州与齐侯会晤。

【经】公子遂前往齐国。

[解]

◆中国人往往对历史、文学作品中为了正义、为了国家、为了百姓而"文死谏""批龙鳞、逆圣听""舍得一身剐，敢把皇帝拉下马"之类的极谏行为表示五体投地的钦佩。但《公羊传》所倡导的却不是这样的理念。《公羊传·庄公二十四年》说："三谏不从，遂去之。"《礼记·曲礼》则说："为人臣之礼，不显谏，三谏而不听，则逃之。"孔子说："所谓大臣者，以道事君，不可则止。"（《论语·八佾》）这是先秦时期提倡的古代君臣离合之道。为臣者当然有规谏国君过失的义务，但不能明说国君的过错，不必过分劝谏，不必强谏。三谏而国君不听，就要停止。为了自重，臣子就应该自我放逐。这样的做法才"得君臣之义"（《公羊传·庄公二十四年》）。但自我放逐，不能骤然离去，若骤然离去，则显得决绝无情。合乎礼的做法是臣子在郊外自我流放三年，给国君思考的时间，等待国君回心转意而用其言，即这里说的"古者大夫已去，三年待放"。在这三年中，国君不能断待放之臣的俸禄。若欲其还，则赐之以环，环就意味着还；若不欲其还，则赐之以玦，玦就意味着决绝，即听其所去，不得阻拦。所以，在那个时代，君臣虽有尊卑，但臣对君尚无人身依附，合则留，不合则去，君无权控制臣的人身自由，臣反倒有权选择国君，所以孔子同时代的人卫国孔文子感慨地说："鸟则择木，木岂能择鸟？"即后世说的"良禽择木而栖，贤臣择主而事"。

在名著《红楼梦》中，贾宝玉对历来倡导的"文死谏"极度反感，认为是"胡闹","他只顾邀名,猛拼一死,将来弃君于何地","都是沽名,并不知大义"(见三十六回《绣鸳鸯梦兆绛芸轩　识分定情悟梨香院》)。一般认为,这是贾宝玉的忿激之言。其实,贾宝玉之论更应该说是对《公羊传》"三谏不从,遂去之"、《礼记·曲礼》"为人臣之礼,不显谏,三谏而不听,则逃之"、孔子"所谓大臣者,以道事君,不可则止"等这些正宗儒家思想的回归,他口中的"大义"当即指此类思想。《红楼梦》蒙府本侧批曰:"此一段论文武之死,真真确确的非凡常可能道者。"庚辰本绮园眉批曰:"死时当知大义,千古不磨之论。"可谓有识。

【经】六月,齐人取济西田。

〖传〗外取邑不书,此何以书?所以赂齐也。曷为赂齐?为弑子赤之赂也。

【经】秋,邾娄子来朝。

【经】楚子、郑人侵陈,遂侵宋。

【经】晋赵盾帅师救陈。宋公、陈侯、卫侯、曹伯会晋师于斐林,伐郑。

〖传〗此晋赵盾之师也,曷为不言赵盾之师?君不会大夫之辞也。

【经】冬,晋赵穿帅师侵柳。

〖传〗柳者何?天子之邑也。曷为不系乎周?不与伐天子也。

【经】晋人、宋人伐郑。

[译]

【经】六月,齐人取得了济水以西的土地。

〖传〗鲁国以外的国家取得城邑田地是不记载的,这里为什么要记载呢?因为这是鲁宣公用来贿赂齐国的。为什么要贿赂齐国呢?为了弑杀世子赤而向齐国行贿。

【经】秋，郏娄子来鲁国朝见。

【经】楚子和郑人侵略陈国，接着入侵宋国。

【经】晋国赵盾率军救援陈国。宋公、陈侯、卫侯、曹伯与晋军在斐林会见，共同讨伐郑国。

〖传〗这里的晋师就是晋国大夫赵盾的军队，为什么不说明是赵盾的军队呢？这是表示国君不与大夫会晤的一种说法。

【经】冬，晋国赵穿率军侵犯柳。

〖传〗柳是什么地方？是周天子的邑。为什么不说是周天子的呢？因为不赞成晋国攻打周天子。

【经】晋军和宋军攻打郑国。

[解]

◆鲁文公薨，夫人姜氏之子世子赤（《左传》称恶）即位，公子遂（即东门襄仲）欲立宣公，故而弑杀世子赤（《春秋·成公十五年》）。世子赤被弑后，其母氏依礼回到娘家齐国，宣公篡世子赤之位，恐为齐所诛，故以济西田贿赂齐国。

◆按礼，相会只能对等相会，即国君与国君相会、大夫与大夫相会。赵盾是臣，与国君不对等，是不能与四国国君相会的。《公羊传》认为《春秋》只写"晋师"而略去"赵盾"，就是为了避讳这一有违礼制的相会，其目的是维护君尊臣卑的等级制度，维护"君君臣臣"的名分。

【经】二年，春，王二月，壬子，宋华元帅师及郑公子归生帅师，战于大棘。宋师败绩，获宋华元。

【经】秦师伐晋。

【经】夏，晋人、宋人、卫人、陈人侵郑。

【经】秋，九月，乙丑，晋赵盾弑其君夷獳。

【经】冬，十月，乙亥，天王崩。

[译]

【经】鲁宣公二年,春,周历二月,壬子日,宋国华元率军和郑国公子归生率军在大棘交战。宋军溃败,郑军俘获华元。

【经】秦军攻打晋国。

【经】夏,晋人、宋人、卫人、陈人联合侵袭郑国。

【经】秋,九月,乙丑日,晋国赵盾弑杀自己的国君夷獆。

【经】冬,十月,乙亥日,周匡王驾崩。

[解]

◆这里所说的赵盾弑君,其实并不是赵盾真的弑了君。晋灵公是个昏君,而作为正卿的赵盾非常正直,经常劝谏。灵公嫌赵盾碍手碍脚,派刺客去暗杀赵盾。(详见《公羊传·宣公六年》)赵盾只得出走,出逃还未越过国境,赵盾的族人赵穿便起兵杀了晋灵公。晋太史董狐便在史书上写道:"赵盾弑其君。"赵盾对董狐说:"我并未弑君。"董狐说:"你是正卿,逃亡没有出境,国君被杀了,你回来后又并未法办弑君的人,当然就等于是你弑君了。"赵盾毫无办法,只好叹口气,听任董狐写自己弑君了。后来孔子称董狐为"良史";同时,孔子也认为,赵盾不干涉史官秉笔直书的权力,也是"良大夫"。董狐不畏权势、坚持直书实录的史笔传统,自古以来,是史家以及一切士人的榜样。

【经】三年,春,王正月,郊牛之口伤,改卜牛。牛死,乃不郊,犹三望。

〖传〗其言之何?缓也。曷为不复卜?养牲养二卜。帝牲不吉,则扳稷牲而卜之。帝牲在于涤三月,于稷者唯具是视。郊则曷为必祭稷?王者必以其祖配。王者则曷为必以其祖配?自内出者,无匹不行;自外至者,无主不止。

【经】葬匡王。

宣 公

【经】楚子伐贲浑戎。

【经】夏,楚人侵郑。

【经】秋,赤狄侵齐。

【经】宋师围曹。

【经】冬,十月,丙戌,郑伯兰卒。

【经】葬郑缪公。

[译]

【经】鲁宣公三年,春,周历正月,祭祀天的牛嘴受伤了,重新占卜一头牛来祭天。这头牛又死了,于是就不祭天了,但仍然祭祀泰山、黄河和东海三望。

〖传〗这里说"之"是什么意思?这是为了使语气舒缓。为什么不再占卜一头牛呢?因为养祭天的牛只养两头来占卜。如果祭祀天帝用的牛不吉利,就牵祭祀后稷用的牛来占卜。祭天帝的牛要在涤宫饲养三个月,祭后稷用的牛只要观察身体是否完好无损就行了。祭祀天帝为什么必须同时祭祀后稷呢?祭祀天帝时天子一定要以他的先祖配享。为什么天子必须以他的先祖附祭配享呢?因为好比自内而出,无所会合则不出行;自外而来,没有主人,则客人无所依止。

【经】安葬匡王。

【经】楚子攻打贲浑这支戎人。

【经】夏,楚人侵犯郑国。

【经】秋,赤狄人侵犯齐国。

【经】宋军围攻曹国都城。

【经】冬,十月,丙戌日,郑伯兰去世了。

【经】安葬郑缪公。

【经】四年,春,王正月,公及齐侯平莒及郯。莒人不肯,公伐莒,取向。

〖传〗此平莒也,其言不肯何?辞取向也。

【经】秦伯稻卒。

【经】夏,六月,乙酉,郑公子归生弑其君夷。

【经】赤狄侵齐。

【经】秋,公如齐。

【经】公至自齐。

【经】冬,楚子伐郑。

[译]

【经】鲁宣公四年,春,周历正月,鲁宣公和齐侯让莒国和郯国讲和。莒人不肯,鲁宣公率兵攻打莒国,夺取了莒国的向地。

〖传〗这是协助莒国解决矛盾,这里说莒人"不肯"是什么意思?这是为鲁宣公夺取莒国的向地找借口。

【经】秦伯稻去世了。

【经】夏,六月,乙酉日,郑国公子归生弑杀了自己的国君灵公夷。

【经】赤狄人侵犯齐国。

【经】秋,鲁宣公前往齐国。

【经】鲁宣公从齐国回到鲁国。

【经】冬,楚子率兵攻打郑国。

【经】五年,春,公如齐。

【经】夏,公至自齐。

【经】秋,九月,齐高固来逆子叔姬。

【经】叔孙得臣卒。

【经】冬,齐高固及子叔姬来。

〖传〗何言乎高固之来?言叔姬之来,而不言高固之来则不可。子公羊子曰:"其诸为其双双而俱至者与!"

【经】楚人伐郑。

[译]

【经】鲁宣公五年,春,鲁宣公前往齐国。

【经】夏,鲁宣公从齐国回到鲁国。

【经】秋,九月,齐国高固来鲁国迎接子叔姬。

【经】叔孙得臣去世了。

【经】冬,齐国高固和子叔姬一起来到鲁国。

〖传〗为什么要说高固的到来呢?如果只说子叔姬来,而不说高固也来,就不行。子公羊子说:"这恐怕是他们要成双成对一起到鲁国来的原因吧!"

【经】楚人攻打郑国。

[解]

◆高固与叔姬双双来鲁,《公羊传》与《左传》说法不同。公羊学者认为,按礼大夫只能从国外娶妻,其妻可以一岁一归宁。今高固从鲁娶叔姬,叔姬无法归宁,高固更不应该与叔姬同来。现在二人双双来鲁,是违礼的,其行如同鸟兽。《左传》认为他们是来行反马礼。反马是婚礼的尾声。诸侯、士大夫迎娶新娘,新娘乘娘家的车,驾娘家的马。婚后三月,新妇入庙拜祭后,夫家返其马,表示新妇已被接受,夫妇情好,永不休弃;而妇则留其车,以自谦不确信不会犯错误,不被休弃。后世的婚礼中的"三朝回门礼"当由此演化而来。

【经】六年,春,晋赵盾、卫孙免侵陈。

〖传〗赵盾弑君,此其复见何?亲弑君者赵穿也。亲弑君者赵穿,则曷为加之赵盾?不讨贼也。何以谓之不讨贼?晋史书贼曰："晋赵盾弑其君夷獳。"赵盾曰："天乎！无辜！吾不弑君，谁谓吾弑君者乎？"史曰："尔为仁为义，人弑尔君，而复国不讨贼，此非弑君而何？"

〖传〗赵盾之复国奈何？灵公为无道，使诸大夫皆内朝，然后处乎台上，引弹而弹之，己趋而辟丸，是乐而已矣。赵盾已朝而出，与诸大夫立于朝，有人荷畚，自闺而出者。赵盾曰："彼何也？夫畚曷为出乎闺？"呼之不至，曰："子大夫也，欲视之则就而视之。"赵盾就而视之，则赫然死人也。赵盾曰："是何也？"曰："膳宰也，熊蹯不熟，公怒以斗擎而杀之，支解将使我弃之。"赵盾曰："嘻！"趋而入。灵公望见赵盾，愬而再拜。赵盾逡巡北面再拜稽首，趋而出，灵公心怍焉，欲杀之。于是使勇士某者往杀之，勇士入其大门，则无人门焉者；入其闺，则无人闺焉者；上其堂，则无人焉。俯而窥其户，方食鱼飧。勇士曰："嘻！子诚仁人也！吾入子之大门，则无人焉；入子之闺，则无人焉；上子之堂，则无人焉；是子之易也。子为晋国重卿而食鱼飧，是子之俭也。君将使我杀子，吾不忍杀子也，虽然，吾亦不可复见吾君矣。"遂刎颈而死。

〖传〗灵公闻之怒，滋欲杀之甚，众莫可使往者。于是伏甲于宫中，召赵盾而食之。赵盾之车右祁弥明者，国之力士也，仡然从乎赵盾而入，放乎堂下而立。赵盾已食，灵公谓盾曰："吾闻子之剑盖利剑也，子以示我，吾将观焉。"赵盾起将进剑，祁弥明自下呼之曰："盾食饱则出，何故拔剑于君所？"赵盾知之，躇阶而走。灵公有周狗，谓之獒，呼獒而属之，獒亦躇阶而从之。祁弥明逆而踆之，绝其颔。赵盾顾曰："君之獒不若臣之獒也！"然而宫中甲鼓而起，有起于甲中者，抱赵盾而乘之。赵盾顾曰："吾何以得此于子？"曰："子某时所食活我于暴桑下者也。"赵盾曰:"子名为谁?"曰:"吾君孰为介?子之乘矣,何问吾名?"赵盾驱而出,众无留之者。赵穿缘民众不说,起弑灵公,然后迎赵盾而入,与之立于朝,而立成公黑臀。

【经】夏,四月。

【经】秋,八月,螽。

【经】冬,十月。

[译]

【经】鲁宣公六年,春,晋国赵盾和卫国孙免率兵入侵陈国。

〖传〗赵盾弑杀了国君,这里为什么又重新出现呢?因为亲手弑杀国君的是赵穿。既然亲手弑杀国君的是赵穿,那么为什么将弑君的罪名加在赵盾头上呢?因为赵盾没有讨伐弑君的贼人。怎么说赵盾没有讨伐弑君的贼人呢?晋国史官记录弑君的贼人时写道:"晋国赵盾弑杀了他的国君夷獳。"赵盾大呼:"天啊!我没有罪!我没有弑杀国君,谁说我弑杀了国君啊?"史官说:"你是行仁义的人,有人弑杀了你的国君,你回到国都却不去讨伐弑君的贼人,这不是弑君又是什么?"

〖传〗赵盾回到国都是怎么一回事呢?晋灵公行事无道,他让大夫们都到内朝上朝,然后他却站在台上用弹弓射击上朝的大夫,自己驱使着大夫们奔走躲避弹丸,以此取乐。有一次赵盾上完朝出来,和大夫们站在外朝,这时有人背着一个竹筐,从内朝的小门出来。赵盾问:"那是什么?为什么筐会从内朝的小门背出来呢?"赵盾喊那个背筐的人,那人不过来,只说:"您是大夫,您想看,就过来看看吧。"赵盾近前一看,却是触目惊心的一个死人。赵盾问:"这是什么人?"回答说:"这是膳宰,因为他没有把熊掌煮熟,主公大怒,用斗打他的头,把他打死了,肢解了他的尸体,叫我扔出去。"赵盾惊叫一声:"嘻!"接着赶紧跑进宫去。晋灵公看见赵盾匆匆忙忙地跑进来，就惊慌地向他先拜了两拜。赵盾见此，就迟疑不前，只好向北面叩了两个头，然后快步退了出去。晋灵公因此恼羞成怒，想杀了赵盾。于是就派勇士某人前去杀赵盾，勇士走进赵盾家的大门，却发现没有人守卫大门；勇士进了赵家内院的小门，也没有人把守内院小门；走上他家厅堂，厅堂里也没有人。勇士低头从窗户里偷看，看见赵盾正在吃只有鱼的晚饭。勇士自叹说："唉！您确实是仁义的人。我进入您的大门，却无人把守；进了您的内院小门，也无人守卫；上了您的厅堂，那里也没有人；可见您很俭省。您是晋国的重臣，却吃只有鱼的晚饭，这说明您很俭朴。国君派我来杀您，我不忍心杀您。即使这样，我也不能再去见我的国君了。"于是就拔剑自刎而死。

〖传〗晋灵公听说后大怒，想杀赵盾的念头更加强烈了，可是众多手下没有一个可以派遣去杀赵盾的。于是就在宫中埋伏下武士，召唤赵盾前去就餐。赵盾的车右武士叫祁弥明，是晋国的大力士，他勇敢地跟着赵盾走进宫中，站立在堂下等候。赵盾吃过饭后，晋灵公对赵盾说："我听说你的剑是一把锋利的剑，你拿出来给我，我想观赏一下。"赵盾站起来，准备把剑呈给灵公，这时祁弥明在堂下大呼："赵盾吃饱就出来，为什么要在国君面前拔剑呢？"赵盾明白了这是一个圈套，三步并两步地沿阶跑下。晋灵公养有一条训练有素的狗，叫作"獒"，晋灵公唤来獒，叫它去追赵盾，獒也沿阶疾追而下。祁弥明迎上去用脚踢獒，一脚就把它的下巴踢断了。赵盾回过头对灵公说："您的獒不如我的獒啊！"然而这时埋伏在宫中的甲士击着鼓，冲了上来，在冲上来的武士中，有一个人抱起赵盾，把他送上车。赵盾回头对那个武士说："我为什么会得到您的搭救呢？"那人说："我就是您有一次在桑树下给饭吃、救活的那个人。"赵盾问："你叫什么名字？"那人回答："我们国君为谁埋伏了这些武士，您还不明白吗？您赶快坐车走吧，何必问我的名字呢？"赵盾驱车冲出宫去，众武士没有一个阻拦他的。赵穿因为百姓对晋灵公已经很不满了，就起兵弑杀了灵公，然后迎接赵盾进入国都，和赵盾在朝廷上共同执政，并立晋成公黑臀为国君。

【经】夏，四月。

【经】秋，八月，鲁国发生虫灾。

【经】冬，十月。

[解]

◆秦汉以前，人们取名比较随意，包括那些国君。像这里的晋成公叫"黑臀"，显然是因为他屁股上有块黑色胎记。与"黑臀"这名字类似的还有：黑肩，周公旦的后裔，周桓王时的卿士；姬黑背，卫子叔，卫国国君之弟；芈黑肱，楚国的王子，父亲是楚共王；姬黑肱，鲁成公，鲁国第二十一任君主。可以看出，先秦时代，诸侯们取名字还是以质朴为主，比较随意，身体上的胎记（如黑肩、黑臀）都可以用来取名。鼎鼎大名的郑庄公，取名为"寤生"。寤，逆、倒着。因为他出生时脚先出来，即难产，所以叫"寤生"。晋文公重耳，大约是因为他长着副耳，就是耳朵上有一个小肉赘。这种以生下来的生理特征取名的方式，在当时是很自然的一件事，人们并不觉得奇怪。但这并不是说当时人们取名没有原则，更不是毫无禁忌，鲁国大夫申繻曾说："名有五，有信，有义，有象，有假，有类。以名生为信，以德命为义，以类命为象，取于物为假，取于父为类。不以国，不以官，不以山川，不以隐疾，不以畜牲，不以器币。周人以讳事神，名，终将讳之。故以国则废名，以官则废职，以山川则废主，以畜牲则废祀，以器币则废礼。晋以僖侯废司徒，宋以武公废司空，先君献、武废二山，是以大物不可以命。"这段话，总结了当时取名的五个原则和六条禁忌。五个原则是信、义、类、假、象。所谓信，即以出生时与生俱来的特殊标记为名；所谓义，是根据出生时的祥瑞现象命名；所谓象，是以相似之物命名；所谓假，是可以假托万物之名；所谓类，是可以取与其父亲类似的名字。六条禁忌：不能以国家名为名，不能以官职名为名，不能以山川为名，不能以隐疾为名，不能以畜牲为名，不能以器币为名。否则会引起诸多不便。像晋国的僖侯名"司徒"，就废了司徒这个官名；宋武公名"司空"，就废了司空这个官名；鲁献公名"具"，武公名"敖"，就废了具、敖二山的山名。

◆这位被晋灵公派去刺杀赵盾，因感于赵盾仁义俭朴而自刎的勇士，在《左传》里叫作"鉏麑"，不过不是自刎而死，而是触槐而死，自杀前的那番自言自语也与这里记载的大意相同："不忘恭敬，民之主也。贼民之主，不忠。弃君之命，不信。有一于此，不如死也。"在《史记》里司马迁采纳了这种记载。后世有人提出疑问，既然鉏麑所为无人见，鉏麑说完就自杀了，那番自言自语，记载者又是从何得知呢？对此，钱锺书解释说："盖非记言也，乃代言也，如后世小说、剧本中之对话独白也。左氏设身处地，依傍性格身份，假之喉舌，想当然耳。"

◆这里于危难之中救出赵盾而不肯留名者，在《左传·宣公二年》里有记载，叫灵辄。当初，赵盾在首阳山打猎，在翳桑休息，见到了饿得奄奄一息的灵辄，就给他东西吃。灵辄吃了一半，想把另一半带给自己三年未见的母亲。赵盾让他吃完，又另外给他准备了一篮子饭和一些肉带给他母亲。灵辄为了报恩，在这次危难中救了赵盾。这则故事后来在元杂剧《赵氏孤儿》中，以屠岸贾道白形式进行了生动的演绎：

"俺主灵公在位，文武千员，其信任的只有一文一武。文者是赵盾，武者是某矣。俺二人文武不和，常有伤害赵盾之心……那赵盾为劝农出到郊外，见一饿夫在桑树下垂死，将酒饭赐他饱餐了一顿，其人不辞而去。……赵盾出的殿门，便寻他原乘的驷马车。某已使人将驷马摘了二马，双轮去了一轮。上的车来，不能前去。傍边转过一个壮士，一臂扶轮，一手策马，逢山开路，救出赵盾去了。你道其人是谁？就是那桑树下饿夫灵辄。"

因此后来就形成了一个颇具人文内涵的成语——灵辄扶轮，意思就是知恩图报。

【经】七年，春，卫侯使孙良夫来盟。
【经】夏，公会齐侯伐莱。

【经】秋，公至自伐莱。

【经】大旱。

【经】冬，公会晋侯、宋公、卫侯、郑伯、曹伯于黑壤。

[译]

【经】鲁宣公七年，春，卫侯派遣孙良夫来鲁国结盟。

【经】夏，鲁宣公会合齐侯出兵攻打莱国。

【经】秋，宣公从攻打莱国的战场上回到鲁国。

【经】鲁国发生大旱。

【经】冬，宣公与晋侯、宋公、卫侯、郑伯、曹伯在黑壤会晤。

【经】八年，春，公至自会。

【经】夏，六月，公子遂如齐，至黄乃复。

〖传〗其言至黄乃复何？有疾也。何言乎有疾乃复？讥。何讥尔？大夫以君命出，闻丧徐行而不反。

【经】辛巳，有事于大庙。

【经】仲遂卒于垂。

〖传〗仲遂者何？公子遂也。何以不称公子？贬。曷为贬？为弑子赤贬。然则曷为不于其弑焉贬？于文则无罪，于子则无年。

【经】壬午，犹绎。万入去籥。

〖传〗绎者何？祭之明日也。万者何？干舞也。籥者何？籥舞也。其言万入去籥何？去其有声者，废其无声者，存其心焉尔。存其心焉尔者何？知其不可而为之也。犹者何？通可以已也。

【经】戊子，夫人熊氏薨。

【经】晋师、白狄伐秦。

【经】楚人灭舒蓼。

[译]

【经】鲁宣公八年，春，宣公从黑壤之会归来。

【经】夏，六月，公子遂前往齐国，走到黄就返回来了。

〖传〗这里说走到黄就返回来是为什么？因为公子遂生病了。为什么说公子遂有病就返回了呢？为了谴责。谴责什么？大夫奉国君的命令出使，即使听到父母的丧事也只能慢慢向前走而不能返回。

【经】辛巳日，鲁国在太庙举行祭祀。

【经】仲遂在垂去世了。

〖传〗仲遂是什么人？就是公子遂。为什么不称他公子？为了贬斥他。为什么要贬斥他？因为他曾经弑杀了世子赤而贬斥他。既然这样，那么为什么不在他弑杀世子赤时贬斥他呢？因为遂在文公时没有罪，世子赤又没有年号，都无法记载。

【经】壬午日，举行了绎祭。万舞入场表演，罢去籥舞。

〖传〗绎是什么意思？就是在大祭的第二天再举行祭祀。万是什么意思？就是手执盾牌表演的一种舞蹈。籥是什么意思？就是吹着籥表演的一种舞蹈。这里说万舞入场表演，罢去籥舞是为什么呢？是为了表示取消有声的表演，保留无声的舞蹈，把音乐的旋律保留在人们心中就行了。把音乐的旋律保留在人们心中是什么意思呢？因为明知这种情况是不能举行绎祭的，却勉强去做，只能以取消音乐而保留舞蹈的方式来进行。犹是什么意思？是全部都可以停止的意思。

【经】戊子，鲁国夫人熊氏去世了。

【经】晋军和白狄人攻打秦国。

【经】楚军灭亡了舒蓼国。

[解]

◆按何休之说，奉君命出使，即使得知父母去世，也只能慢慢往前走，因为不忍心往前快走，也是希望国君会派人追来代替自己，但不能停下来，更不能返回。汉代的《白虎通义》也说，大夫受命出使，即使得知父母去世，如果没有国君的命令也不能返回。这都说明国事高于家事、私事，不能以家事、私事而废国事。而这里公子遂只不过是有疾，就以此为借口返回，所以《公羊传》认为《春秋》加以记载，是表示讥讽。

【经】秋，七月，甲子，日有食之，既。

【经】冬，十月，己丑，葬我小君顷熊。雨不克葬。庚寅，日中而克葬。

〖传〗顷熊者何？宣公之母也。而者何？难也。乃者何？难也。曷为或言而？或言乃？乃难乎而也。

【经】城平阳。

【经】楚师伐陈。

[译]

【经】秋，七月，甲子日，发生日食，是日全食。

【经】冬，十月，己丑日，安葬我们的小君顷熊。因为下大雨没有下葬。庚寅日，中午时才下葬。

〖传〗顷熊是什么人？是鲁宣公的母亲。这里"日中而克葬"的"而"是什么意思？是很困难的意思。定公十五年九月"日下昃，乃克葬"的"乃"是什么意思？也是很困难的意思。为什么有的地方用"而"，有的地方用"乃"呢？用"乃"字时，表示更困难。

【经】鲁国在平阳筑城。

【经】楚军攻打陈国。

【经】九年，春，王正月，公如齐。

【经】公至自齐。

【经】夏,仲孙蔑如京师。

【经】齐侯伐莱。

【经】秋,取根牟。

〖传〗根牟者何?邾娄之邑也。曷为不系乎邾娄?讳亟也。

【经】八月,滕子卒。

【经】九月,晋侯、宋公、卫侯、郑伯、曹伯会于扈。

【经】晋荀林父帅师伐陈。

【经】辛酉,晋侯黑臀卒于扈。

〖传〗扈者何?晋之邑也。诸侯卒其封内不地,此何以地?卒于会,故地也;未出其地,故不言会也。

【经】冬,十月,癸酉,卫侯郑卒。

【经】宋人围滕。

【经】楚子伐郑。

【经】晋郤缺帅师救郑。

【经】陈杀其大夫泄冶。

[译]

【经】鲁宣公九年,春,周历正月,宣公前往齐国。

【经】鲁宣公从齐国回来。

【经】夏,仲孙蔑前往京师。

【经】齐侯率兵攻打莱国。

【经】秋,鲁军夺取根牟。

〖传〗根牟是什么地方?是邾娄国的一个城邑。为什么不挂在邾娄国名下呢?是避讳夺取根牟太急了。

【经】八月,滕子去世了。

【经】九月,晋侯、宋公、卫侯、郑伯、曹伯在扈会晤。

【经】晋国大夫荀林父率军攻打陈国。

【经】辛酉日，晋成公黑臀在扈去世了。

〖传〗扈是什么地方？是晋国的一座城邑。诸侯在自己的封地内去世是不记载地名的，这里为什么记载地名呢？因为晋成公是死在诸侯的盟会上，所以要写出地名；又因为晋成公没有离开扈，所以就不说盟会的事了。

【经】冬，十月，癸酉日，卫侯郑去世了。

【经】宋人包围了滕国。

【经】楚子率兵攻打郑国。

【经】晋国大夫郤缺率军救援郑国。

【经】陈国杀了它的大夫泄冶。

【经】十年，春，公如齐。公至自齐。

【经】齐人归我济西田。

〖传〗齐已取之矣，其言我何？言我者未绝于我也。曷为未绝于我？齐已言取之矣，其实未之齐也。

【经】夏，四月，丙辰，日有食之。

【经】己巳，齐侯元卒。

【经】齐崔氏出奔卫。

〖传〗崔氏者何？齐大夫也。其称崔氏何？贬。曷为贬？讥世卿。世卿，非礼也。

【经】公如齐。

【经】五月，公至自齐。

【经】癸巳，陈夏徵舒弑其君平国。

[译]

【经】鲁宣公十年，春，宣公前往齐国。宣公从齐国回来。

【经】齐人归还鲁国济水以西的土地。

〖传〗齐国已经取得济水以西的土地，这里还说是我们鲁国的是怎么回事？说是鲁国的，是因为这片土地还没有与鲁国断绝关系。为什么还没有与鲁国断绝关系呢？因为虽然齐国已经说占取这片土地，但实际上这片土地还没有到齐国手里。

【经】夏，四月，丙辰日，发生日食。

【经】己巳日，齐侯元去世了。

【经】齐国的崔氏逃亡到卫国。

〖传〗崔氏是什么人？是齐国的大夫。这里称他崔氏是什么意思？是表示贬低他。为什么要贬低他？谴责他家世代为国卿。世代为国卿，是不合于礼的。

【经】鲁宣公前往齐国。

【经】五月，宣公从齐国回来。

【经】癸巳日，陈国大夫夏徵舒弑杀了他的国君平国。

[解]

◆夏姬是郑穆公的女儿，嫁给陈国的夏御叔，生子夏徵舒。御叔死，夏姬同时与陈灵公、孔宁、仪行父君臣三人淫乱。三个人喝了酒，肆无忌惮，陈灵公对仪行父说："徵舒长得像你啊。"仪行父则说："我看他长得也像您啊。"夏徵舒已经成年，深感受到污辱，遂射杀了陈灵公，即这里说的"癸巳，陈夏徵舒弑其君平国"，孔宁、仪行父则逃到楚国。之后，夏徵舒一不做二不休，干脆篡夺了陈国的政权，自立为侯。此即"夏徵舒之乱"。次年，楚庄王以平乱为由出兵陈国，杀夏徵舒，即下所言"冬，十月，楚人杀陈夏徵舒"。

【经】六月，宋师伐滕。

【经】公孙归父如齐，葬齐惠公。

【经】晋人、宋人、卫人、曹人伐郑。

【经】秋，天王使王季子来聘。

〖传〗王季子者何？天子之大夫也。其称王季子何？贵也。其贵奈何？母弟也。

【经】公孙归父帅师伐邾娄，取蘱。

【经】大水。

【经】季孙行父如齐。

【经】冬，公孙归父如齐。

【经】齐侯使国佐来聘。

【经】饥。

〖传〗何以书？以重书也。

【经】楚子伐郑。

[译]

【经】六月，宋军攻打滕国。

【经】公孙归父前往齐国，安葬齐惠公。

【经】晋人、宋人、卫人、曹人联合攻打郑国。

【经】秋，周天王派遣王季子来鲁国进行访问。

〖传〗王季子是什么人？是周天王的大夫。这里称他为王季子是什么意思？是表示他很高贵。他怎么很高贵呢？因为他是周天王的同母弟弟。

【经】公孙归父率军攻打邾娄国，夺取蘱地。

【经】鲁国发生大水灾。

【经】季孙行父前往齐国。

【经】冬，公孙归父前往齐国。

【经】齐侯派遣大夫国佐来鲁国进行回访。

【经】鲁国发生大饥荒。

〖传〗为什么记载这件事？是因为饥荒严重，所以记载下来。

【经】楚子率兵攻打郑国。

【经】十有一年，春，王正月。

【经】夏，楚子、陈侯、郑伯盟于辰陵。

【经】公孙归父会齐人伐莒。

【经】秋，晋侯会狄于欑函。

【经】冬，十月，楚人杀陈夏徵舒。

〖传〗此楚子也，其称人何？贬。曷为贬？不与外讨也。不与外讨者，因其讨乎外而不与也，虽内讨亦不与也。曷为不与？实与，而文不与。文曷为不与？诸侯之义，不得专讨也。诸侯之义不得专讨，则其曰实与之何？上无天子，下无方伯，天下诸侯有为无道者，臣弑君，子弑父，力能讨之，则讨之可也。

【经】丁亥，楚子入陈，纳公孙宁、仪行父于陈。

〖传〗此皆大夫也，其言纳何？纳公党与也。

[译]

【经】鲁宣公十一年，春，周历正月。

【经】夏，楚子、陈侯、郑伯在辰陵结盟。

【经】公孙归父会同齐人攻打莒国。

【经】秋，晋侯与狄人在欑函会面。

【经】冬，十月，楚人杀了陈国夏徵舒。

〖传〗这个楚人就是楚子，这里为什么称他为"人"呢？为了贬责他。为什么要贬责他？因为不赞成诸侯向外讨伐有罪的人。不赞成诸侯向外讨伐有罪的人，是因为楚子向外讨伐而不赞成，即使诸侯在国内讨伐自己的臣下也不赞成。为什么不赞成呢？实际上是赞成的，只是文辞上不能说赞成。文辞上为什么不能说赞成呢？因为从诸侯的名义来说，是不能自作主张讨伐有罪之人的。既然从诸侯的名义来说是不能自作主张讨伐有罪之人的，那么这里为什么说实际上是赞成的呢？因为上面没有贤明的天子，下面没有诸侯之长，天下诸侯国内如果有谁做出不道义的事情，比如臣下弑杀国君，儿子弑杀父亲，如果有实力讨伐他，那么讨伐他是可以的。

【经】丁亥日，楚子率兵进入陈国，把公孙宁、仪行父护送回陈国。

〖传〗公孙宁和仪行父都是陈国大夫，这里为什么要说护送呢？因为这是把陈灵公的同党护送回国。

[解]

◆按，《公羊传》中"实与，而文不与"之文共有六条，分别见于僖公元年、僖公二年、僖公十四年、文公十四年、宣公十一年、定公元年，刘家和在其《史学、经学与思想》中对此有精到分析：

> 从以上六条材料来看，前三条是说齐桓公攘夷狄而救诸夏的事迹，事情都是做得很正确的，所以必须"实与"（在实际上加以肯定）；不过根据"礼乐征伐自天子出"的原则，齐桓公作为诸侯是无权自作主张地为其他诸侯筑城（专封）的，所以又必须"文不与"（在形式上加以否定）。第四条讲晋郤缺帅大军把晋国女儿生的邾娄公子送回去当国君，邾娄人予以拒绝，其理由是，齐国女子生的公子比晋国女人生的公子年长。晋大夫不依靠强大的兵力把晋女所出的公子强加于邾娄，这是重礼义而不重武力的表现，所以应该"实与"；但是按照传统的礼，他作为一个大夫，是无权自作主张地决定一位君主的废或立的，所以又应该"文不与"。第五条讲楚庄王讨陈夏徵舒。夏徵舒杀了陈灵公（其实他是罪有应得），在当时算以臣弑君，罪不容诛。楚庄王杀了他，算是讨乱臣贼子，所以必须"实与"；可是，楚庄王是一个诸侯，无权自作主张地讨伐罪人，所以又必须"文不与"。第六条讲晋大夫逮捕了宋仲几的事。晋率领诸侯为周王修都城，这是应该肯定的大事。宋仲几不服从晋的命令，拒绝做所分配的工作，当然是犯了严重的错误。晋大夫逮捕他是应该的，所以必须"实与"；可是按照传统的原则，大夫无权自作主张逮捕人（专执），所以

又必须"文不与"。

【经】十有二年，春，葬陈灵公。
〖传〗讨此贼者非臣子也，何以书葬？君子辞也。楚已讨之矣，臣子虽欲讨之而无所讨也。
【经】楚子围郑。

[译]
【经】鲁宣公十二年，春，安葬陈灵公。
〖传〗讨伐弑杀陈灵公的贼人不是陈国的臣子，为什么要记载陈灵公的葬礼呢？这是君子的说法。楚国已经讨伐了夏徵舒，陈国臣子即使想讨伐，也没有讨伐的对象了。
【经】楚子包围了郑国。

【经】夏，六月，乙卯，晋荀林父帅师及楚子战于邲。晋师败绩。
〖传〗大夫不敌君，此其称名氏以敌楚子何？不与晋而与楚子为礼也。曷为不与晋而与楚子为礼也？庄王伐郑，胜乎皇门，放乎路衢。郑伯肉袒，左执茅旌，右执鸾刀，以逆庄王曰："寡人无良，边垂之臣，以干天祸，是以使君王沛焉，辱到敝邑。君如矜此丧人，锡之不毛之地，使帅一二耋老而绥焉，请唯君王之命。"庄王曰："君之不令臣，交易为言，是以使寡人得见君之玉面而微至乎此。"庄王亲自手旌，左右㧌军退舍七里。将军子重谏曰："南郢之与郑相去数千里，诸大夫死者数人，厮役扈养死者数百人，今君胜郑而不有，无乃失民臣之力乎？"庄王曰："古者杅不穿、皮不蠹，则不出于四方。是以君子笃于礼而薄于利，要其人而不要其土，告从，不赦不详，吾以不详道民，灾及吾身，何日之有？"既则晋师之救郑者至，曰："请战。"庄王许诺。将军子重谏曰："晋，大国也，王师淹病矣，君请勿许也。"庄王曰："弱者吾威之，强者吾辟之，是以使寡人无以立乎天下！"令之还师而逆晋寇。庄王鼓之，晋师大败，晋众之走者，舟中之指可掬矣。庄王曰："嘻！吾两君不相好，百姓何罪？"令之还师而佚晋寇。

【经】秋，七月。

【经】冬，十有二月，戊寅，楚子灭萧。

【经】晋人、宋人、卫人、曹人同盟于清丘。

【经】宋师伐陈。

【经】卫人救陈。

[译]

【经】夏，六月，乙卯日，晋国荀林父率军和楚庄王在邲交战。晋军大败。

〖传〗大夫是不能与国君对敌交战的，这里称荀林父的姓名与楚子对敌交战是为什么呢？作者不认可晋国，而认可楚庄王的做法是合乎礼仪的。为什么不认可晋国，而认可楚庄王的做法是合乎礼仪的呢？楚庄王讨伐郑国，从郑国国都的皇门攻进郑国，到了国都的大道。郑伯袒露上身，左手拿着茅旌，右手拿着鸾刀，迎接楚庄王，说："都是我不好，我有如君王您的边陲之臣，冒犯上天招致大祸，使您怒不可遏，有辱您大老远地来到我这小国。大王如果怜悯我这个亡国之人，请赐给我一块不毛之地，让我带两个老臣在那里了此残生，我将对您唯命是从。"楚庄王说："您的一些不好的臣下，常来我这里说您的坏话，所以才使我能见到您高贵的容貌，事情还没有到您说得这么严重的地步。"楚庄王亲自拿起指挥旗，指挥他的左右军后退七里。楚国将军子重规劝庄王说："楚国的国都南郢与郑国，相距几千里,这次出征,大夫已死了几个,各类杂役士兵也死了几百人,现在君王战胜了郑国而不占领它,岂不是白白浪费民众和臣子们的精力吗?"楚庄王说:"古时候的人,如果杆没有多到积压破损,裘衣没有多到被虫蛀,就不可能外出朝聘征伐。因此君子是重礼仪而轻利益的,征伐的目的是要取得它的人心,而不是强占它的土地,如果对方表示服从了,不宽恕他们,就是用心不善了,我如果用心不善,并去迁怒民众,那么灾难降在我的身上,还要多少日子呢?"不久,晋国派来救援郑国的军队到了,晋军主帅荀林父对楚庄王说:"请求交战。"楚庄王答应了。这时楚国将军子重又规劝说:"晋国是大国,君王的军队疲惫很久了,君王请不要同意与他们决战。"楚庄王说:"如果面对弱小的国家,我就威胁它,面对强大的国家,我就躲避它,这样就会使我无法在天下诸侯面前立足!"于是楚庄王命令军队回师向北,迎战晋军。楚晋两军相遇,楚庄王亲自击鼓进攻,晋军大败,晋军逃亡的人,争抢渡船,砍下的手指掉在船里,多得可以用双手捧起来。庄王感叹说:"唉!两国国君不友好,而百姓又有什么罪过呢?"楚庄王命令军队撤退,让晋军逃走。

【经】秋,七月。

【经】冬,十二月,戊寅日,楚子灭亡了萧国。

【经】晋人、宋人、卫人和曹人一起在清丘结盟。

【经】宋军攻打陈国。

【经】卫人救援陈国。

[解]

◆邲之战,是晋、楚争霸中原继晋胜楚败的城濮之战后的第二次重大较量,是春秋中期的一次著名会战。

鲁宣公十二年,楚国围攻郑国,晋国派荀林父率三军救郑,双方在邲地(今河南郑州北)交战,在作战中,楚军利用晋军内部分歧、指挥无力等弱点,又顾忌秦军从背后偷袭,适时出击,战胜对手,从而一洗城濮之

宣 公

战中失败的耻辱,在中原争霸斗争中暂时占了上风。楚庄王也由于此役的胜利而一举奠定了"春秋五霸"的地位。

◆战国时廉颇向蔺相如负荆请罪的故事,可谓家喻户晓。所谓负荆请罪,就是廉颇脱去上衣,裸露上身,背着荆条,要蔺相如用这荆条痛打自己,从而宽恕自己。这里郑伯肉袒也是这个意思。

◆楚伐郑,本可将其灭掉;但楚庄王认为"君子笃于礼而薄于利,要其人而不要其土",一旦郑国国君肉袒请罪,就将其轻轻放过。面对强敌,楚庄王并没有退缩。晋军大败,楚军本可乘胜追击,楚庄王却感叹"吾两君不相好,百姓何罪","令之还师而佚晋寇"。楚庄王所思所为,已经完全脱离了野蛮落后的夷狄之风,而具有仁爱之心,所以《公羊传》认为《春秋》称楚庄王为"子"是"不与晋而与楚子为礼"。这也说明《春秋》及《公羊传》对诸夏与夷狄的划分,并不是以血统、地域为标准,而是以文明程度为标准:只要所为符合礼,就是诸夏;只要所为不符合礼,就是夷狄。

【经】十有三年,春,齐师伐卫。
【经】夏,楚子伐宋。
【经】秋,螽。
【经】冬,晋杀其大夫先縠。

[译]
【经】鲁宣公十三年,春,齐军攻打卫国。
【经】夏,楚子攻打宋国。
【经】秋,鲁国发生蝗灾。
【经】冬,晋国杀了它的大夫先縠。

【经】十有四年,春,卫杀其大夫孔达。
【经】夏,五月,壬申,曹伯寿卒。

【经】晋侯伐郑。

【经】秋，九月，楚子围宋。

【经】葬曹文公。

【经】冬，公孙归父会齐侯于穀。

[译]

【经】鲁宣公十四年，春，卫国杀了它的大夫孔达。

【经】夏，五月，壬申日，曹伯寿去世了。

【经】晋侯攻打郑国。

【经】秋，九月，楚子包围了宋国。

【经】安葬曹文公。

【经】冬，公孙归父与齐侯在穀会晤。

【经】十有五年，春，公孙归父会楚子于宋。

【经】夏，五月，宋人及楚人平。

〖传〗外平不书，此何以书？大其平乎已也。何大乎其平乎己？庄王围宋，军有七日之粮尔。尽此不胜，将去而归尔。于是使司马子反乘堙而窥宋城，宋华元亦乘堙而出见之。司马子反曰："子之国何如？"华元曰："惫矣。"曰："何如？"曰："易子而食之，析骸而炊之。"司马子反曰："嘻！甚矣惫！虽然，吾闻之也：围者柑马而秣之，使肥者应客，是何子之情也？"华元曰："吾闻之：君子见人之厄则矜之，小人见人之厄则幸之。吾见子之君子也，是以告情于子也。"司马子反曰："诺，勉之矣！吾军亦有七日之粮尔，尽此不胜，将去而归尔。"揖而去之，反于庄王。

〖传〗庄王曰："何如？"司马子反曰："惫矣！"曰："何

如?"曰:"易子而食之,析骸而炊之。"庄王曰:"嘻!甚矣惫!虽然,吾今取此,然后而归尔。"司马子反曰:"不可。臣已告之矣,军有七日之粮尔。"庄王怒曰:"吾使子往视之,子曷为告之?"司马子反曰:"以区区之宋,犹有不欺人之臣,可以楚而无乎?是以告之也。"庄王曰:"诺。舍而止。虽然,吾犹取此,然后归尔。"司马子反曰:"然则君请处于此,臣请归尔。"庄王曰:"子去我而归,吾孰与处于此?吾亦从子而归尔。"引师而去之。故君子大其平乎己也。此皆大夫也,其称人何?贬。曷为贬?平者在下也。

[译]

【经】鲁宣公十五年,春,公孙归父在宋国会见楚庄王。

【经】夏,五月,宋人和楚人讲和。

〖传〗鲁国之外的国家讲和是不记载的,这里为什么记载呢?为了赞扬宋楚的讲和是靠他们自己。为什么要赞扬宋楚的讲和是靠他们自己呢?楚庄王围攻宋国,军中只剩下七天的粮食了。如果吃完这些粮草还攻不下,就准备撤军回国。于是,楚庄王就派司马子反登上楚军为攻城而堆成的土山,偷看宋国国都的情况,碰巧宋国大夫华元这时也登上宋军为守城而堆成的土山,伸出头就看见了司马子反。司马子反问华元说:"您的国家怎么样了?"华元回答说:"已经极其困乏了。"司马子反又问:"具体情况怎样?"华元说:"人们相互交换子女杀了吃,人们劈开死人骨头当柴烧火做饭。"司马子反叹息说:"唉!确实是相当困乏了!即使如此,我听说:古代被围的国家,都是把木头放在马的口中,再给马喂粮草,让马想吃也吃不上,派肥胖的人来接待客人,表示己方粮草充足,但是您为什么向我透露真实情况呢?"华元说:"我听说:君子看到别人的危难就怜悯他,小人看到别人的危难就幸灾乐祸。我看您是君子,因此把宋国的真情实况告诉您。"司马子反说:"好,努力坚守吧!我军也只有七天的粮草了,如果吃完这些粮草还攻不下城,就准备撤军回国。"说完,他向华元作揖离去,回到楚庄王那里。

〖传〗楚庄王问:"宋国情况怎么样?"司马子反说:"已经疲惫不堪了!"庄王又问:"具体情况呢?"司马子反说:"宋国都城内人们相互交换子女杀了吃,劈开死人骨头当柴烧。"楚庄王说:"唉!真是很疲惫了!即使如此,我现在还是要攻下宋国都城,然后再班师回国。"司马子反说:"不行。我已经把我军的实情告诉华元,我军也只有七天的粮草了。"楚庄王听后大怒,说:"我派你去侦察他们的情况,为什么你要把我军的情况告诉华元?"司马子反说:"以一个小小的宋国来说,还有不欺骗别人的臣子,难道像我们楚国这样大的国家就可以没有这样的臣子吗?所以我把情况也告诉了华元。"楚庄王只好说:"好吧。我军就在这里扎下营寨,住下来。即使宋国已经知道我军粮草短缺,我还是要攻下宋国都城后再回国。"司马子反说:"既然这样,君王就请留在这里吧,我请求回去。"庄王说:"您离开我回国,我和谁留在这里?我也和您一起回国算了。"于是楚庄王率军离开了宋国国都。所以君子要赞扬宋楚两国讲和是依靠他们自己。司马子反和华元他们都是大夫,"宋人及楚人平"这里为什么称他们为人呢?为了贬斥两国国君。为什么要贬斥两国国君呢?因为宋楚两国的和解是由国君手下的臣子实现的。

[解]

◆我们在前言里说过,《公羊传》记事一般比较简略,但关于这次战争,记得却比较详细,华元与司马子反的对话,司马子反与楚庄王的对话,都写得活灵活现,超过了《左传》。其实,在这样的细节描写中,依然传递的是《公羊传》所崇尚的儒家理念:道义与诚信的力量在武力之上。

董仲舒《春秋繁露·竹林》说:"《春秋》(按,实指《春秋公羊传》)大之,奚由哉?曰:为其有惨怛之恩,不忍饿一国之民,使之相食。推恩者远之而大,为仁者自然而美。今子反出己之心,矜宋之民,无计其间,故大之也。"在董仲舒看来,《公羊传》之所以高度推崇楚宋这次讲和,就是因为楚国的司马子反不忍心再让宋国的百姓因战争而"易子而食之,析骸而炊之",具有仁爱之心。

通过这样的详细史实记述与对仁爱之心的大力推崇,《公羊传》表达了自己反对战争的思想。

【经】六月,癸卯,晋师灭赤狄潞氏,以潞子婴儿归。

〖传〗潞何以称子?潞子之为善也,躬足以亡尔。虽然,君子不可不记也。离于夷狄,而未能合于中国,晋师伐之,中国不救,狄人不有,是以亡也。

【经】秦人伐晋。

【经】王札子杀召伯、毛伯。

〖传〗王札子者何?长庶之号也。

[译]

【经】六月,癸卯日,晋军灭亡了赤狄的潞国,俘获潞子婴儿回来。

〖传〗潞国国君为什么被称为子?潞子实行仁义,他自身的行为就足以使潞国灭亡。即使如此,君子也不能不记载下来。潞国在行为上已经脱离了夷狄的习俗,但在礼仪上与中原地区的诸侯国还有较大的差距,因此,晋军攻打它时,中原地区的诸侯国不去救援,狄人对它又不友爱,所以它灭亡了。

【经】秦军攻打晋国。

【经】王札子杀了召伯和毛伯。

〖传〗王札子是什么人?是周天子庶兄的称号。

【经】秋,螽。

【经】仲孙蔑会齐高固于牟娄。

【经】初税亩。

〖传〗初者何？始也。税亩者何？履亩而税也。初税亩，何以书？讥。何讥尔？讥始履亩而税也。何讥乎始履亩而税？古者什一而藉。古者曷为什一而藉？什一者天下之中正也。多乎什一，大桀、小桀；寡乎什一，大貉、小貉。什一者天下之中正也，什一行而颂声作矣。

【经】冬，蝝生。

〖传〗未有言蝝生者，此其言蝝生何？蝝生不书，此何以书？幸之也。幸之者何？犹曰受之云尔。受之云尔者何？上变古易常，应是而有天灾，其诸则宜于此焉变矣。

【经】饥。

[译]

【经】秋，鲁国发生蝗灾。

【经】仲孙蔑在牟娄会见齐国大夫高固。

【经】鲁国实行初税亩。

〖传〗初是什么意思？就是开始。税亩是什么意思？就是丈量百姓土地的亩数，让他们按亩交税。鲁国开始推行税亩制，为什么记载呢？为了谴责。谴责什么？谴责鲁宣公丈量百姓的土地，让百姓按亩交税。为什么要谴责鲁宣公丈量百姓的土地，让百姓按亩交税呢？因为鲁国自古以来都是实行上缴收成的十分之一的井田制。为什么古代都是实行上缴收成的十分之一的井田制呢？因为上缴收成的十分之一是天下最合适的税法。多于十分之一，就是夏桀商纣横征暴敛的大桀、小桀；少于十分之一，就是行蛮貉之道的大貉、小貉。十分之一的税率，是天下最合适的税率，实行什一税，百姓的歌颂声就会兴起。

宣　公

【经】冬，鲁国出现大量的蝗虫幼虫。

〖传〗以前没有记载过出现蝗虫幼虫的事，这里为什么说出现了蝗虫幼虫呢？出现蝗虫幼虫是不记载的，这里为什么记载呢？因为对出现大量蝗虫幼虫感到庆幸。为什么感到庆幸呢？就好像说接受这种现象。为什么说接受这种现象呢？因为鲁宣公改变了从古代起就实行的制度，上天为报应鲁宣公这种做法必然出现天灾，大概鲁宣公应该从这次天灾中警醒过来，改变推行初税亩的做法。

【经】鲁国发生大饥荒。

［解］

◆初税亩，即开始按土地亩数征税。前此实行的税收方式是建立在井田制基础上的"藉"法，即"藉田以力"。"藉"即"助"。所谓的井田制是指奴隶主把土地分为公田与私田两部分。私田授予耕种者，收获归耕种者所有；作为私田的使用条件，私田耕种者必须定期在奴隶主保有的公田上进行耕种，即所谓的"助耕公田"。但是随着时间的推移，出现了耕种者在私田上努力耕作而在公田上只出工不出力的情况，结果就是"公田不治"。而且，进入春秋以后，战患增多，国家开支骤然加大，"公田之入"日益减少，国家已经入不敷出。正是在这种背景下，统治者改变了税收方法。税亩，就是不再区分公田与私田，而是把统治者在全部田地中指定地块的收成作为税入。

税亩的实行，改变了利益的分配形式，在一定程度上体现了劳动者的利益要求，从而在一定程度上调动了劳动者的生产积极性。税亩的实行，意味着公田与私田差别的消失，私田的合法性得到承认，井田制正式退出了历史舞台。所以说"初税亩"是历史发展的必然。

"初税亩"与之后成公时的"作丘甲"、襄公时的"三分公室"、昭公时的"四分公室"、哀公时的"用田赋"，构成了鲁国税制和兵赋制度的系列改革。

【经】十有六年，春，王正月，晋人灭赤狄甲氏及留吁。

【经】夏，成周宣谢灾。

〖传〗成周者何？东周也。宣谢者何？宣宫之谢也。何言乎成周宣谢灾？乐器藏焉尔。成周宣谢灾，何以书？记灾也。外灾不书，此何以书？新周也。

【经】秋，郯伯姬来归。

【经】冬，大有年。

[译]

【经】鲁宣公十六年，春，周历正月，晋人灭亡了赤狄的甲氏和留吁两个部族。

【经】夏，成周的宣谢发生火灾。

〖传〗成周是什么地方？就是平王东迁后的都城。宣谢是什么地方？就是周宣王庙中的谢。这里为什么说成周的周宣王庙的谢发生火灾呢？因为乐器存放在这里。成周的宣谢发生火灾，为什么要记载呢？为了记载灾害。鲁国以外发生的灾害是不记载的，这里为什么记载呢？作者认为东周是新兴的周王朝。

【经】秋，郯伯姬回到鲁国。

【经】冬，鲁国大丰收。

[解]

◆宣谢，即宣榭。何休注："室有东西厢曰'庙'，无东西厢有室曰'寝'，无室曰'榭'。"这里指古代建筑于土台上的厅堂，为讲武临观之所。

【经】十有七年，春，王正月，庚子，许男锡我卒。

【经】丁未，蔡侯申卒。

【经】夏，葬许昭公。

【经】葬蔡文公。

【经】六月，癸卯，日有食之。

【经】己未，公会晋侯、卫侯、曹伯、邾娄子，同盟于断道。

【经】秋，公至自会。

【经】冬，十有一月，壬午，公弟叔肸卒。

[译]

【经】鲁宣公十七年，春，周历正月，庚子日，许男锡我去世了。

【经】丁未日，蔡侯申去世了。

【经】夏，安葬许昭公。

【经】安葬蔡文公。

【经】六月，癸卯日，发生日食。

【经】己未日，鲁宣公会见晋侯、卫侯、曹伯、邾娄子，并在断道结盟。

【经】秋，鲁宣公从会盟的地方回到鲁国。

【经】冬，十一月，壬午日，鲁宣公的同母弟弟叔肸去世了。

【经】十有八年，春，晋侯、卫世子臧伐齐。

【经】公伐杞。

【经】夏，四月。

【经】秋，七月，邾娄人戕鄫子于鄫。

〖传〗戕鄫子于鄫者何？残贼而杀之也。

【经】甲戌，楚子旅卒。

〖传〗何以不书葬？吴、楚之君不书葬，辟其号也。

【经】公孙归父如晋。

[译]

【经】鲁宣公十八年，春，晋侯和卫国世子臧攻打齐国。

【经】鲁宣公率兵攻打杞国。

【经】夏,四月。

【经】秋,七月,邾娄人在鄑国戕害了鄑子。

〖传〗在鄑国戕害了鄑子是什么意思?就是用肢解的方式把他杀害了。

【经】甲戌日,楚庄王旅去世了。

〖传〗为什么不记载葬礼呢?吴国和楚国的国君去世不记载葬礼,是为了避免出现他们自己封的吴王、楚王这样的封号。

【经】公孙归父前往晋国。

【经】冬,十月,壬戌,公薨于路寝。

【经】归父还自晋,至柽,遂奔齐。

〖传〗还者何?善辞也。何善尔?归父使于晋,还自晋,至柽,闻君薨家遣,墠帷,哭君成踊,反命乎介,自是走之齐。

[译]

【经】冬,十月,壬戌日,鲁宣公在路寝去世了。

【经】公孙归父从晋国回来,走到柽地,就逃亡到齐国了。

〖传〗这里说的"还"是什么意思呢?是赞许的说法。为什么要赞许他呢?因为公孙归父出使晋国,从晋国回来时,走到柽地,就听到国君宣公去世、自己的家族被驱逐出境,于是就清扫出一块祭祀用的平地,张开帷幕围上,痛哭国君完成三日五哭踊之礼,通过副手向鲁国复命,然后从这里逃往齐国。

成 公

【经】元年,春,王正月,公即位。

【经】二月,辛酉,葬我君宣公。

【经】无冰。

【经】三月,作丘甲。

〖传〗何以书?讥。何讥尔?讥始丘使也。

【经】夏,臧孙许及晋侯盟于赤棘。

【经】秋,王师败绩于贸戎。

〖传〗孰败之?盖晋败之,或曰贸戎败之。然则曷为不言晋败之?王者无敌,莫敢当也。

【经】冬,十月。

[译]

【经】鲁成公元年,春,周历正月,鲁成公即位。

【经】二月,辛酉日,安葬我们的国君宣公。

【经】鲁国今年没有结冰。

【经】三月,鲁国规定了按丘征兵的丘甲制度。

〖传〗为什么记载这件事?为了谴责。谴责什么?谴责鲁成公开始实行丘甲制度。

【经】夏,鲁国大夫臧孙许与晋侯在赤棘结盟。

【经】秋,周天王的军队在贸戎氏的地方被打得大败。

〖传〗是什么人打败了周天王的军队呢?大概是晋军打败的,也有人说是贸戎氏打败的。既然这样,那么为什么不直接说晋军打败了周天王的军队呢?因为周天王天下无敌,没有谁敢抵挡他。

【经】冬,十月。

[解]

◆ "作丘甲"就是让作为野人的丘民负担起为甲士出兵役的任务。在"作丘甲"之前,鲁国的国、野是有着严格区别的,丘民作为野人没有充当甲士的资格,也没有充当甲士的义务。之所以改变以往的赋役制度,让丘民承担起兵役,主要是因为进入春秋以后,战争越来越频繁,战争规模也越来越大,对甲士的需求越来越多。扩军备战已是势在必行,原只限于国人的兵源远远不能满足需求。而此前数百年的融合,周初那种国野对立的局面已极大缓和,国人不能不放弃对野人的偏见,赋予野人一定地位,使之服务于鲁国。宣公十五年实行的初税亩,走出了提高丘民身份的重要一步。再经"作丘甲"这一改革,国野之间根本的差别已经基本消失。

【经】二年,春,齐侯伐我北鄙。

【经】夏,四月,丙戌,卫孙良夫师师及齐师战于新筑,卫师败绩。

【经】六月,癸酉,季孙行父、臧孙许、叔孙侨如、公孙婴齐帅师,会晋郤克、卫孙良夫、曹公子手及齐侯战于鞌,齐师败绩。

〖传〗曹无大夫,公子手何以书?忧内也。

[译]

【经】鲁成公二年,春,齐侯攻打我国北部边境。

【经】夏，四月，丙戌日，卫国孙良夫率军，与齐军在新筑交战，卫军大败。

【经】六月，癸酉日，鲁国大夫季孙行父、臧孙许、叔孙侨如、公孙婴齐率军，会同晋国郤克、卫国孙良夫、曹国公子手率领的军队，与齐侯在鞌交战，齐军大败。

〖传〗曹国是没有大夫的，这里为什么记载曹国公子手呢？因为曹国为鲁国分忧。

[解]

◆鲁宣公十七年，晋卿郤克、鲁国的季孙行父、卫国的孙良夫、曹国的公子手出使齐国，去齐国聘问。巧的是，这几位使臣都有生理缺陷：郤克是跛子，季孙行父是秃子，孙良夫是独眼龙，公子手是罗锅。齐顷公派了四个有相应残疾的人去迎接，颇有轻侮嘲笑的意味。行礼时，齐顷公的母亲又越礼偷看，见郤克一瘸一拐登上高台，禁不住笑出了声。郤克感觉受到侮辱，就和季孙行父商量日后报复齐顷公。郤克回国后，向晋景公请求攻打齐国以报仇雪恨，晋景公没有同意。鲁成公二年，齐攻打鲁、卫，两国向晋求援。此时，郤克已是晋国的执政官、中军主帅，于是亲自带兵攻打齐国。开战前，齐顷公信心满满，夸口要"灭此朝食"，就是说要灭掉晋军再吃早饭。战斗一打响，郤克就被箭射中，血流到靴子里，但在部下的鼓励下，忍痛坚持指挥全军，于是大败齐军。晋军韩厥紧追齐顷公，绕着华不注山追了三圈。危急时刻，车右逢丑父与齐顷公换了位置，战车却又被树木挂住不能前进，齐顷公眼看就要成了俘虏。幸好韩厥不认识齐顷公，逢丑父急中生智，冒充齐顷公，指使齐顷公去泉边取水，齐顷公才乘机逃脱。整个战争以齐大败而告终。这就是晋齐鞌之战。战后谈判见于下文。

【经】秋，七月，齐侯使国佐如师。己酉，及国佐盟于袁娄。

〖传〗君不行使乎大夫，此其行使乎大夫何？佚获也。其佚获奈何？师还齐侯，晋郤克投戟逡巡再拜稽首马前。逢丑父者，顷公之车右也。面目与顷公相似，衣服与顷公相似，代顷公当左。使顷公取饮，顷公操饮而至，曰："革取清者。"顷公用是佚而不反。逢丑父曰："吾赖社稷之神灵，吾君已免矣。"郤克曰："欺三军者，其法奈何？"曰："法斫。"于是斫逢丑父。己酉，及齐国佐盟于袁娄。曷为不盟于师而盟于袁娄？前此者，晋郤克与臧孙许同时而聘于齐。萧同侄子者，齐君之母也，踊于棓而窥客，则客或跛或眇，于是使跛者逆跛者，使眇者逆眇者。二大夫出，相与踦闾而语，移日然后相去。齐人皆曰："患之起必自此始！"二大夫归，相与率师为鞌之战，齐师大败。齐侯使国佐如师，郤克曰："与我纪侯之甗，反鲁、卫之侵地，使耕者东亩，且以萧同侄子为质，则吾舍子矣。"国佐曰："与我纪侯之甗，请诺。反鲁、卫之侵地，请诺。使耕者东亩，是则土齐也。萧同侄子者，齐君之母也。齐君之母，犹晋君之母也，不可。请战，一战不胜请再，再战不胜请三，三战不胜则齐国尽子之有也，何必以萧同侄子为质？"揖而去之。郤克眣鲁、卫之使，使以其辞而为之请，然后许之。逮于袁娄而与之盟。

[译]

【经】秋，七月，齐侯派遣国佐到诸侯联军中来。己酉日，与国佐在袁娄结盟。

〖传〗国君不向大夫派遣使者，这里却向大夫派遣使者，是什么意思？意思是在俘获时逃跑了。在俘获时逃跑了是怎么回事？诸侯的军队包围了齐侯，晋国主帅郤克扔掉戟，在齐侯战车的马前欲进又止，然后向齐侯两次揖拜叩头。逢丑父是齐顷公的车右。他的容貌与齐顷公相似，衣服与齐顷公相似，代替齐顷公站在车的左边。诸侯军队围住齐顷公战车时，他让齐顷公去取水，顷公端着水回来时，逢丑父却说:"去换清洁的水来。"齐顷公借这个机会逃走了不再回来。逢丑父说:"我们得到社稷神灵的保佑,我们的国君已经免除了灾难。"郤克问:"欺骗三军的人,按照军法应该怎样处分?"执法官回答:"按照军法应该处斩。"于是斩了逢丑父。己酉日,与齐国国佐在袁娄结盟。为什么他们不在军中结盟,而在袁娄结盟呢?在这次战争之前,晋国的郤克和鲁国的臧孙许曾经同时出访齐国。萧同侄女是齐顷公的母亲,她提前登上一块跳板偷偷地观察两位使者,发现一个是跛子,一个瞎了一只眼睛,于是她就让跛子去迎接跛的使者,让瞎了一只眼睛的人去迎接瞎了一只眼睛的使者。两位大夫朝见完出来,靠在大门上,一个站在门里,一个站在门外交谈,直到日影移动了才一起离去。齐人都说:"齐国祸乱的出现,必定从这事开始!"两个大夫回国后,一起率军发动了鞌之战,齐军大败。齐顷公派遣国佐到诸侯军中来,郤克对国佐说:"给我国纪侯的甗,退还齐国侵占鲁国和卫国的土地,让你们国家种田人把田地的垄埂由南北向改为东西向,并且让萧同侄女到晋国来做人质,那么我就放过你。"国佐说:"把纪侯的甗送给你们晋国,可以答应。退还我国侵占鲁国和卫国的土地,也可以答应。但让我国种田人把田地的垄埂由南北向改为东西向,与晋国一样,这实际上是想全部占领我们齐国的土地。而萧同侄女是我们国君的母亲,就好像你们晋国国君的母亲,用来当人质,这是不行的。如果你们一定要这样,那么,请重新交战吧,我们一仗打不胜,请再战,第二仗还不胜,请求第三次交战,如果第三仗也不胜,那么齐国就全部是你们的了,有什么必要让萧同侄女到晋国做人质呢?"国佐向郤克行了一个礼就走了。郤克急忙向鲁国和卫国的大夫递眼色,让他们站出来替齐国说情,代国佐请求,然后表示同意。在袁娄追上了国佐,并和他结盟。

[解]

◆郤克要萧同侄女即齐顷公的母亲到晋国做人质,是对齐国彻底的侮辱；郤克要齐国把田垄由南北向改为东西向，是为了便于晋国的战车进攻齐国。事关国家的尊严与存亡，所以国佐坚决不同意。国佐在齐国战败的情况下，做了部分让步；但对于有失国格、亡国灭种的苛刻条件，亮明了决一死战的底线，以坚定的言辞有效地维护了自己国家的尊严与根本利益。国佐的此番外交辞令足以与齐桓公伐楚、逼楚签订召陵之盟时屈完回答桓公威胁的外交辞令相媲美。而郤克也能够审时度势，在清楚不可能彻底征服齐国的情况下，做到了知难而退，得到了能够得到的，理智地放弃了无法得到的。应该说国佐与郤克的一番唇枪舌剑，是外交辞令的典范，也充分体现了"战场上得不到的东西，永远不要期望在谈判桌上得到"的名言。

【经】八月，壬午，宋公鲍卒。

【经】庚寅，卫侯遫卒。

【经】取汶阳田。

〖传〗汶阳田者何？鞌之赂也。

【经】冬，楚师、郑师侵卫。

【经】十有一月，公会楚公子婴齐于蜀。丙申，公及楚人、秦人、宋人、陈人、卫人、郑人、齐人、曹人、邾娄人、薛人、鄫人盟于蜀。

〖传〗此楚公子婴齐也，其称人何？得一贬焉尔。

[译]

【经】八月，壬午日，宋公鲍去世了。

【经】庚寅日，卫侯遫去世了。

【经】鲁国取回了汶阳的土地。

〖传〗汶阳的土地是怎么回事呢？这是齐国在鞌之战失败后退还的侵占鲁国的土地。

成　公　275

【经】冬,楚军和郑军侵犯卫国。

【经】十一月,鲁成公在蜀会见了楚国公子婴齐。丙申日,鲁成公与楚人、秦人、宋人、陈人、卫人、郑人、齐人、曹人、邾娄人、薛人、鄫人在蜀结盟。

〖传〗这里的楚人就是楚国公子婴齐,为什么称他为人呢?因为公子婴齐是没有资格与鲁成公结盟的,得有一处贬低他。

【经】三年,春,王正月,公会晋侯、宋公、卫侯、曹伯伐郑。

【经】辛亥,葬卫缪公。

【经】二月,公至自伐郑。

【经】甲子,新宫灾,三日哭。

〖传〗新宫者何?宣公之宫也。宣宫则曷为谓之新宫?不忍言也。其言三日哭何?庙灾三日哭,礼也。新宫灾,何以书?记灾也。

【经】乙亥,葬宋文公。

【经】夏,公如晋。

【经】郑公子去疾率师伐许。

【经】公至自晋。

[译]

【经】鲁成公三年,春,周历正月,鲁成公会同晋侯、宋公、卫侯、曹伯出兵讨伐郑国。

【经】辛亥日,安葬卫缪公。

【经】二月,鲁成公从讨伐郑国的地方回来。

【经】甲子日,鲁国的新宫发生火灾,鲁国君臣哭了三天。

〖传〗新宫是什么地方?是鲁宣公的庙。既然是鲁宣公的庙,那么为什么称它为新宫呢？因为发生了火灾，所以不忍心直接说是宣公的庙。这里说鲁国君臣哭了三天是什么意思？国君的庙发生火灾哭三天，是礼的规定。鲁国的新宫发生火灾，为什么记载呢？为了记载灾害。

【经】乙亥日，安葬宋文公。

【经】夏，鲁成公前往晋国。

【经】郑国公子去疾率军攻打许国。

【经】鲁成公从晋国回来。

【经】秋，叔孙侨如率师围棘。

〖传〗棘者何？汶阳之不服邑也。其言围之何？不听也。

【经】大雩。

【经】晋郤克、卫孙良夫伐将咎如。

【经】冬，十有一月，晋侯使荀庚来聘，卫侯使孙良夫来聘。

【经】丙午，及荀庚盟。

【经】丁未，及孙良夫盟。

〖传〗此聘也，其言盟何？聘而言盟者，寻旧盟也。

【经】郑伐许。

[译]

【经】秋，叔孙侨如率军包围了棘。

〖传〗棘是什么地方？是汶阳不服从鲁国的一个邑。这里说包围它是为什么？因为棘邑不服从。

【经】鲁国举行求雨的大祭祀。

【经】晋国郤克和卫国孙良夫攻打将咎如。

【经】冬，十一月，晋侯派遣荀庚来鲁国进行访问，卫侯派遣孙良夫来鲁国进行访问。

【经】丙午日,和荀庚结盟。

【经】丁未日,和孙良夫结盟。

〖传〗他们是来进行访问的,这里为什么说和他们结盟呢?记载访问的事并且说结盟,这是重申过去的盟约。

【经】郑国攻打许国。

[解]

◆将咎如是赤狄的一支,隗姓,居今太原东北。

【经】四年,春,宋公使华元来聘。

【经】三月,壬申,郑伯坚卒。

【经】杞伯来朝。

【经】夏,四月,甲寅,臧孙许卒。

【经】公如晋。

【经】葬郑襄公。

【经】秋,公至自晋。

【经】冬,城运。

【经】郑伯伐许。

[译]

【经】鲁成公四年,春,宋公派遣华元来鲁国进行访问。

【经】三月,壬申日,郑伯坚去世了。

【经】杞伯来鲁国朝见。

【经】夏,四月,甲寅日,鲁国大夫臧孙许去世了。

【经】鲁成公前往晋国。

【经】安葬郑襄公。

【经】秋,鲁成公从晋国回来。

【经】冬，鲁国在运筑城。

【经】郑伯攻打许国。

【经】五年，春，王正月，杞叔姬来归。

【经】仲孙蔑如宋。

【经】夏，叔孙侨如会晋荀秀于穀。

【经】梁山崩。

〖传〗梁山者何？河上之山也。梁山崩，何以书？记异也。何异尔？大也。何大尔？梁山崩，壅河三日不流。外异不书，此何以书？为天下记异也。

【经】秋，大水。

【经】冬，十有一月，己酉，天王崩。

【经】十有二月，己丑，公会晋侯、齐侯、宋公、卫侯、郑伯、曹伯、邾娄子、杞伯同盟于虫牢。

[译]

【经】鲁成公五年，春，周历正月，杞叔姬被休弃回到鲁国。

【经】仲孙蔑前往宋国。

【经】夏，叔孙侨如在穀会见晋国荀秀。

【经】梁山崩塌。

〖传〗梁山是什么山？是黄河边上的一座大山。梁山崩塌为什么记载呢？为了记载怪异现象。有什么怪异的呢？它造成的灾害大。它造成怎样大的灾害呢？梁山的崩塌，堵塞了黄河，使河水三天不流。鲁国以外的怪异现象是不记载的，这里为什么记载呢？这是为天下记载奇异现象。

【经】秋，鲁国涨大水。

【经】冬，十一月，己酉日，周天王去世了。

【经】十二月，己丑日，鲁成公与晋侯、齐侯、宋公、卫侯、郑伯、曹伯、邾娄子、杞伯会面，并在虫牢结盟。

【经】六年，春，王正月，公至自会。

【经】二月，辛巳，立武宫。

〖传〗武宫者何？武公之宫也。立者何？立者不宜立也。立武宫，非礼也。

【经】取鄟。

〖传〗鄟者何？邾娄之邑也。曷为不系于邾娄？讳亟也。

【经】卫孙良夫率师侵宋。

[译]

【经】鲁成公六年，春，周历正月，鲁成公从盟会的虫牢回来。

【经】二月，辛巳日，鲁国建立了武宫。

〖传〗武宫是什么建筑物？是武公的庙。立是什么意思？"立"的意思就是不应该建立。建立武宫，是不合乎礼的。

【经】鲁军夺取了鄟。

〖传〗鄟是什么地方？是邾娄国的一座城邑。那么为什么不说是邾娄国的呢？这是避讳夺取鄟邑太急了。

【经】卫国孙良夫率军侵犯宋国。

[解]

◆此次鲁取邾娄国的鄟邑，与上一年"十有二月，己丑，公会晋侯、齐侯、宋公、卫侯、郑伯、曹伯、邾娄子、杞伯同盟于虫牢"，只不过才两个多月，可以说是盟誓之言犹在耳际。鲁国的行为等同于毁弃盟约，翻脸比翻书还快。所以《公羊传》认为《春秋》不将鄟系属在邾娄之下，就是为了回避鲁夺取的是邾娄之邑的事实。

【经】夏，六月，邾娄子来朝。

【经】公孙婴齐如晋。

【经】壬申，郑伯费卒。

【经】秋，仲孙蔑、叔孙侨如率师侵宋。

【经】楚公子婴齐率师伐郑。

【经】冬，季孙行父如晋。

【经】晋栾书率师侵郑。

[译]

【经】夏，六月，邾娄国国君来鲁国朝见。

【经】公孙婴齐前往晋国。

【经】壬申日，郑伯费去世了。

【经】秋，仲孙蔑和叔孙侨如率军入侵宋国。

【经】楚国大夫公子婴齐率军攻打郑国。

【经】冬，季孙行父前往晋国。

【经】晋国栾书率军入侵郑国。

【经】七年，春，王正月，鼷鼠食郊牛角。改卜牛，鼷鼠又食其角，乃免牛。

【经】吴伐郯。

【经】夏，五月，曹伯来朝。

【经】不郊，犹三望。

【经】秋，楚公子婴齐率师伐郑。

【经】公会晋侯、齐侯、宋公、卫侯、曹伯、莒子、邾娄子、杞伯救郑。

【经】八月，戊辰，同盟于马陵。

【经】公至自会。

【经】吴入州来。

【经】冬,大雩。

【经】卫孙林父出奔晋。

[译]

【经】鲁成公七年,春,周历正月,鼷鼠咬坏了准备郊天用的牛的角。于是又另外占卜一头牛,鼷鼠又将这头牛的角咬坏了,于是鲁国郊天时就不用牛了。

【经】吴国攻打郯国。

【经】夏,五月,曹伯来鲁国朝见。

【经】这年,鲁国不郊天,但仍然祭祀泰山、黄河和东海三望。

【经】秋,楚国公子婴齐率军攻打郑国。

【经】鲁成公会见晋侯、齐侯、宋公、卫侯、曹伯、莒子、邾娄子、杞伯,救援郑国。

【经】八月,戊辰日,这些诸侯一起在马陵结盟。

【经】鲁成公从盟会的马陵回到鲁国。

【经】吴军攻进楚国的州来。

【经】冬,鲁国举行求雨的大祭祀。

【经】卫国孙林父出逃到晋国。

[解]

◆郊祭是周代在有天子登基、战争之类重大的政治、军事活动时举行的祭天仪式。东周之后,由于礼乐崩坏,天子权威下降,财政紧张,郊祭也难以为继。鲁是周公的封国,因为周公有大勋劳于天下,是诸侯国中唯一被准许可以代天子举行郊祭祭天的国家。东周的时候,鲁举行的郊祭屈指可数,而且也不甚认真,以致出现鼷鼠咬伤牛角,甚至再换一头牛又被咬的事。除这次以外,宣公三年、定公十五年、哀公元年都出现过牛被咬伤的情况。

【经】八年,春,晋侯使韩穿来言汶阳之田归之于齐。

〖传〗来言者何?内辞也,胁我使我归之也。曷为使我归之?鞌之战,齐师大败,齐侯归,吊死视疾,七年不饮酒、不食肉。晋侯闻之曰:"嘻!奈何使人之君七年不饮酒、不食肉?请皆反其所取侵地。"

【经】晋栾书帅师侵蔡。

【经】公孙婴齐如莒。

【经】宋公使华元来聘。

[译]

【经】鲁成公八年,春,晋侯派遣韩穿到鲁国商量把汶阳的土地归还给齐国的事。

〖传〗来言是什么意思?这是鲁国的说法,实际上是威胁我国,要我国把汶阳之田归还给齐国。为什么要鲁国把汶阳的土地归还给齐国呢?在鞌之战中,齐国大败,齐侯回国后,吊唁死者,探视伤者,七年来不饮酒、不吃肉。晋侯听说后,说:"唉!为什么要使别人的国君七年不饮酒、不吃肉呢?请诸侯都退回他们所获得的齐国被侵占的土地吧。"

【经】晋国栾书率军进犯蔡国。

【经】公孙婴齐前往莒国。

【经】宋公派遣华元来鲁国访问。

【经】夏,宋公使公孙寿来纳币。

〖传〗纳币不书,此何以书?录伯姬也。

【经】晋杀其大夫赵同、赵括。

【经】秋,七月,天子使召伯来锡公命。

〖传〗其称天子何?元年,春,王正月,正也,其余皆通矣。

【经】冬，十月，癸卯，杞叔姬卒。

【经】晋侯使士燮来聘。

【经】叔孙侨如会晋士燮、齐人、邾娄人伐郯。

【经】卫人来媵。

〖传〗媵不书，此何以书？录伯姬也。

[译]

【经】夏，宋公派遣公孙寿来鲁国订婚纳币。

〖传〗纳币是不记载的，这里为什么记载呢？为了记载伯姬婚礼。

【经】晋国杀了它的大夫赵同、赵括。

【经】秋，七月，周天子派遣召伯来鲁国赐予鲁成公爵服等赏命。

〖传〗这里称周天子是什么意思呢？"元年，春，王正月"，是正规固定不变的行文，其余不系于元年之下的，或称"王"，或称"天王"，或称"天子"，都是一样的。

【经】冬，十月，癸卯日，杞叔姬去世了。

【经】晋侯派遣士燮来鲁国访问。

【经】叔孙侨如会同晋国的士燮、齐人、邾娄人一起征讨郯国。

【经】卫人送女子来鲁国做伯姬的陪嫁。

〖传〗送女子做陪嫁的事是不记载的，这里为什么记载呢？为了记载伯姬。

【经】九年，春，王正月，杞伯来逆叔姬之丧以归。

〖传〗杞伯曷为来逆叔姬之丧以归？内辞也，胁而归之也。

【经】公会晋侯、齐侯、宋公、卫侯、郑伯、曹伯、莒子、杞伯同盟于蒲。

【经】公至自会。

【经】二月，伯姬归于宋。

【经】夏，季孙行父如宋致女。

〖传〗未有言致女者，此其言致女何？录伯姬也。

【经】晋人来媵。

〖传〗媵不书，此何以书？录伯姬也。

[译]

【经】鲁成公九年，春，周历正月，杞伯来鲁国迎接叔姬的灵柩回杞国。

〖传〗杞伯为什么来鲁国迎接叔姬的灵柩回杞国呢？这是鲁国的说法。其实是鲁国胁迫杞伯把叔姬的灵柩接回杞国的。

【经】鲁成公会见晋侯、齐侯、宋公、卫侯、郑伯、曹伯、莒子、杞伯，并一起在蒲地会盟。

【经】鲁成公从会盟的蒲地回来。

【经】二月，伯姬出嫁到宋国。

【经】夏，季孙行父到宋国慰问伯姬。

〖传〗《春秋》上没有记载过慰问出嫁女子的事，这里记载季孙行父到宋国慰问伯姬是为什么呢？为了记载伯姬。

【经】晋人送女子来鲁国做伯姬的陪嫁。

〖传〗送女子做陪嫁的事是不记载的，这里为什么记载呢？为了记载伯姬。

[解]

◆鲁成公八年"冬，十月，癸卯，杞叔姬卒"，而早在此之前的成公"五年，春，王正月，杞叔姬来归"。所谓"来归"，就是被休弃。既已被休弃，按礼则与夫家已绝，自然也没有在其死后杞国将其迎回安葬的道理。但杞国对鲁国是畏惧的，早在成公四年，为了休弃叔姬之事，"杞伯来朝"，就是为了向鲁国说明情况，以求得鲁国的谅解。而在叔姬死后，迫于鲁国的威压，又不得不将其灵柩迎回安葬。这对杞国来说是屈辱的，显示了鲁国的蛮不讲理。《公羊传》认为，《春秋》书"杞伯来逆叔姬之丧以归"，好像是杞伯自己要来，非受胁迫，这是为鲁国避讳的写法。

【经】秋，七月，丙子，齐侯无野卒。

【经】晋人执郑伯。

【经】晋栾书帅师伐郑。

【经】冬，十有一月，葬齐顷公。

【经】楚公子婴齐帅师伐莒。庚申，莒溃。

【经】楚人入运。

【经】秦人、白狄伐晋。

【经】郑人围许。

【经】城中城。

[译]

【经】秋，七月，丙子日，齐侯无野去世了。

【经】晋人拘捕了郑伯。

【经】晋国栾书率军攻打郑国。

【经】冬，十一月，安葬齐顷公。

【经】楚国公子婴齐率军攻打莒国。庚申日，莒国溃败。

【经】楚人攻进运邑。

【经】秦军和白狄人攻打晋国。

【经】郑人包围了许国。

【经】鲁国修建都城的内城。

【经】十年，春，卫侯之弟黑背率师侵郑。

【经】夏，四月，五卜郊，不从，乃不郊。

〖传〗其言乃不郊何？不免牲，故言乃不郊也。

【经】五月，公会晋侯、齐侯、宋公、卫侯、曹伯伐郑。

【经】齐人来媵。

〖传〗媵不书，此何以书？录伯姬也。三国来媵非礼也，曷为皆以录伯姬之辞言之？妇人以众多为侈也。

【经】丙午，晋侯獳卒。

【经】秋，七月。

【经】公如晋。

[译]

【经】鲁成公十年，春，卫侯的弟弟黑背率军进犯郑国。

【经】夏，四月，鲁国五次占卜祭祀天地的日子，都不顺，乃不郊。

〖传〗这里说"乃不郊"是什么意思？因为没有免除祭祀用的牛，所以这里说"乃不郊"。

【经】五月，鲁成公会同晋侯、齐侯、宋公、卫侯、曹伯一起出兵征讨郑国。

【经】齐人来鲁国送陪嫁的女子。

〖传〗送陪嫁的女子是不记载的，这里为什么记载呢？为了记载伯姬。三个国家都来鲁国送陪嫁的女子，这是不合乎礼的，为什么都以记载伯姬的理由来解释呢？因为做夫人的以媵妾众多来表示她大度、能容人。

【经】丙午日，晋侯獳去世了。

【经】秋，七月。

【经】鲁成公前往晋国。

【经】十有一年，春，王三月，公至自晋。

【经】晋侯使郤州来聘。己丑，及郤州盟。

【经】夏，季孙行父如晋。

【经】秋，叔孙侨如如齐。

【经】冬，十月。

[译]

【经】鲁成公十一年，春，周历三月，鲁成公从晋国回来。

【经】晋侯派遣大夫郤州来鲁国访问。己丑日，鲁成公与郤州结盟。

【经】夏，季孙行父前往晋国。

【经】秋，叔孙侨如前往齐国。

【经】冬，十月。

【经】十有二年，春，周公出奔晋。

〖传〗周公者何？天子之三公也。王者无外，此其言出何？自其私土而出也。

【经】夏，公会晋侯、卫侯于沙泽。

【经】秋，晋人败狄于交刚。

【经】冬，十月。

[译]

【经】鲁成公十二年，春，周公逃亡到晋国。

〖传〗周公是什么人？是周天子的三公之一。对周天子来说，是没有国外的，这里说周公逃亡是什么意思？周公是从他私人的封地逃亡到晋国的。

【经】夏，鲁成公在沙泽与晋侯、卫侯会晤。

【经】秋，晋人在交刚打败了狄人。

【经】冬,十月。

【经】十有三年,春,晋侯使郤锜来乞师。
【经】三月,公如京师。
【经】夏,五月,公自京师,遂会晋侯、齐侯、宋公、卫侯、郑伯、曹伯、邾娄人、滕人伐秦。
〖传〗其言自京师何?公凿行也。公凿行奈何?不敢过天子也。
【经】曹伯庐卒于师。
【经】秋,七月,公至自伐秦。
【经】冬,葬曹宣公。

[译]
【经】鲁成公十三年,春,晋侯派遣郤锜来鲁国请求鲁成公出兵。
【经】三月,鲁成公前往京师。
【经】夏,五月,鲁成公从京师出发,接着会同晋侯、齐侯、宋公、卫侯、郑伯、曹伯、邾娄人、滕人一起征讨秦国。
〖传〗这里说从自京师出发是什么意思?是鲁成公改道而行了。鲁成公怎么改道而行呢?因为鲁成公路过京师,不敢不去朝拜周天子就随便走了。
【经】曹伯庐在军中去世了。
【经】秋,七月,鲁成公从征讨秦国的战场上回来。
【经】冬,安葬曹宣公。

[解]
◆诸侯或诸侯的军队路过京师,有向天子致敬的相应礼仪,诸侯应该去朝拜,军队应该表示崇高的敬意,如果不打招呼就过去了,或者轻忽,都是对天子的蔑视,是失礼的。比如秦晋崤之战前,秦军东进路过京师,

据《左传》记载，僖公三十三年"秦师过周北门，左右免胄而下，超乘者三百乘"，免胄就是脱下头盔，超乘就是下车后随即一跳而登上车。仅仅是下车脱下头盔然后就一跳上车，是非常轻浮无礼的。所以，当时尚且年幼的王孙满看到后说："秦师轻而无礼。"按礼制，即使是诸侯经过他国，也必先假道，若经过他国都城，必先要朝见其君。桓公六年，州公过鲁而不朝拜，就被《春秋》书作"寔来"以恶之。这里鲁成公本为伐秦，途经京师，还是抽空改道去朝拜了周天子。在《公羊传》看来，这是尊待天子的表现，所以《春秋》特意书作"公自京师"。

【经】十有四年，春，王正月，莒子朱卒。

【经】夏，卫孙林父自晋归于卫。

【经】秋，叔孙侨如如齐逆女。

【经】郑公子喜率师伐许。

【经】九月，侨如以夫人妇姜氏至自齐。

【经】冬，十月，庚寅，卫侯臧卒。

【经】秦伯卒。

[译]

【经】鲁成公十四年，春，周历正月，莒子朱去世了。

【经】夏，卫国孙林父从晋国回到卫国。

【经】秋，叔孙侨如前往齐国迎接鲁成公夫人。

【经】郑国公子喜率军攻打许国。

【经】九月，侨如带着夫人姜氏从齐国回来。

【经】冬，十月，庚寅日，卫侯臧去世了。

【经】秦伯去世了。

【经】十有五年，春，王二月，葬卫定公。

【经】三月，乙巳，仲婴齐卒。

〖传〗仲婴齐者何？公孙婴齐也。公孙婴齐，则曷为谓之仲婴齐？为兄后也。为兄后则曷为谓之仲婴齐？为人后者为之子也。为人后者为其子，则其称仲何？孙以王父字为氏也。然则婴齐孰后？后归父也。归父使于晋而未反，何以后之？叔仲惠伯，傅子赤者也，文公死，子幼，公子遂谓叔仲惠伯曰："君幼，如之何？愿与子虑之。"叔仲惠伯曰："吾子相之，老夫抱之，何幼君之有？"公子遂知其不可与谋，退而杀叔仲惠伯，弑子赤而立宣公。宣公死，成公幼，臧宣叔者相也。君死不哭，聚诸大夫而问焉，曰："昔者叔仲惠伯之事，孰为之？"诸大夫皆杂然曰："仲氏也，其然乎？"于是遣归父之家，然后哭君。归父使乎晋，还自晋，至柽，闻君薨家遣，墠帷，哭君成踊，反命于介，自是走之齐。鲁人徐伤归父之无后也，于是使婴齐后之也。

[译]

【经】鲁成公十五年，春，周历二月，安葬卫定公。

【经】三月，乙巳日，仲婴齐去世了。

〖传〗仲婴齐是什么人？就是公孙婴齐。既然是公孙婴齐，那么为什么称他为仲婴齐呢？因为他做了他哥哥的继承人。做了哥哥的继承人，那么为什么称他为仲婴齐呢？做了别人的继承人，就成了别人的儿子。做了别人的继承人，就成了别人的儿子，那么为什么要称为"仲"呢？因为孙子都是用祖父的字作为姓氏的。既然这样，那么婴齐是什么人的后代呢？是公孙归父的后代。公孙归父出使晋国至今没有回来，婴齐怎么是他的后代呢？当年叔仲惠伯辅佐鲁文公的世子赤，文公去世后，世子赤年幼，公子遂曾对叔仲惠伯说："新君年幼，怎么办？我想和你商讨一下这件事。"叔仲惠伯说："有您辅佐他，有我抚育他，哪里会有年幼的国君呢？"公子遂听他这样说，知道不能与他一起谋划弑杀世子赤的事情，回去后杀了叔仲惠伯，接着又弑杀了世子赤，而立宣公为国君。鲁宣公去世了，成公年幼，臧宣叔辅佐成公。鲁宣公去世时臧宣叔不哭祭，而先召集鲁国大夫们在一起，问他们："过去叔仲惠伯被杀的这件事，是什么人干的？"各位大夫议论纷纷地说："是公子遂，难道不是这样吗？"于是臧宣叔就把公孙归父的家族全部驱逐出境，然后率领大夫们哭祭鲁宣公。公孙归父出使晋国，从晋国回来时，走到柽地，就听到国君宣公去世、自己的家族被驱逐出境，于是就清扫出一块祭祀用的平地，张开帷幕围上，痛哭国君完成三日五哭踊之礼，通过副手向鲁国复命，然后从柽地逃往齐国。鲁人都哀伤公孙归父一族断后了，于是让公孙婴齐做公孙归父的后代。

[解]

◆公孙归父，东门襄仲之子，鲁庄公之孙，故曰公孙归父。鲁宣公九年，东门襄仲死，公孙归父继为上卿。在东门襄仲死后，"三桓"势力崛起，渐有超越东门氏之势。鲁国庆父之后孟孙氏、叔牙之后叔孙氏、季友之后季孙氏是鲁国三大政治家族，三家都是鲁桓公的后裔，故称"三桓"。鲁宣公也明确感受到了"三桓"的威胁，遂拉拢东门氏，以制约"三桓"。成公十五年，公孙归父奉命出访晋国，意在引晋国力量为外援以压制"三桓"。不想在公孙归父回国途中，鲁宣公去世，季文子领"三桓"乘机发动政变。此前，在鲁文公死后的杀嫡立庶内乱中（参见襄公十一年之解），作为公子赤的师傅的叔仲惠伯为东门襄仲所杀。季文子在发动政变后，遂以此为借口，驱除东门氏。公孙归父无家可归，只好逃亡到齐国，"三桓"遂成为鲁国政坛的主角。

◆国内发生政变，自己的家族被驱逐，自己不能回国，也无法参加国君的丧礼，而且作为使者，自己的使命未尽。在这种情况下，公孙归父按照礼制，就地为国君举行了国丧，又交代副手代自己回国复命。在有条不紊地做完这一切后，公孙归父才逃往齐国。《公羊传》的这段史实叙述，主要是为了表明公孙归父知礼。

【经】癸丑，公会晋侯、卫侯、郑伯、曹伯、宋世子成、齐国佐、邾娄人同盟于戚。

【经】晋侯执曹伯归之于京师。

【经】公至自会。

【经】夏，六月，宋公固卒。

【经】楚子伐郑。

【经】秋，八月，庚辰，葬宋共公。

【经】宋华元出奔晋。

【经】宋华元自晋归于宋。

【经】宋杀其大夫山。

【经】宋鱼石出奔楚。

[译]

【经】癸丑日，鲁成公会见晋侯、卫侯、郑伯、曹伯、宋世子成、齐国佐、邾娄人，并在戚地会盟。

【经】晋侯拘捕了曹伯并送到京师。

【经】鲁成公从会盟的地方回来。

【经】夏，六月，宋公固去世了。

【经】楚子攻打郑国。

【经】秋，八月，庚辰日，安葬宋共公。

【经】宋国华元逃亡到晋国。

【经】宋国华元从晋国回到宋国。

【经】宋国杀了它的大夫山。

【经】宋国鱼石逃亡到楚国。

【经】冬，十有一月，叔孙侨如会晋士燮、齐高无咎、宋华元、卫孙林父、郑公子鰌、邾娄人，会吴于钟离。

〖传〗曷为殊会吴？外吴也。曷为外也？《春秋》内其国而外诸夏，内诸夏而外夷狄。王者欲一乎天下，曷为以外内之辞言之？言自近者始也。

【经】许迁于叶。

[译]

【经】冬，十一月，叔孙侨如会见晋国士燮、齐国高无咎、宋国华元、卫国孙林父、郑国公子鰌、邾娄人，还在钟离会见了吴人。

〖传〗为什么会见吴人要另外说呢？这是把吴人当作外人的意思。为什么要把吴人当作外人呢？《春秋》这部书，以鲁国为内时，就以华夏各诸侯国为外；以华夏各诸侯国为内时，就以夷狄各族为外。称王的人想要统一天下，为什么还要用外、内这些言辞来称呼各国呢？这样称呼的意思是统一天下要从近处开始。

【经】许国迁到楚国的叶。

[解]

◆ "内其国而外诸夏，内诸夏而外夷狄。" "其国" 指的是鲁国，诸夏指中原地区各诸侯国，这些国家在生活方式上接近，文明程度高于周边，但相对于鲁国为外。"夷狄" 则是指中原地区周边的国家和民族，文明程度较低，相对于鲁国和诸夏为外。

古代华夏族群居于中原，以中原为文明中心，因此逐渐产生了以华夏礼仪为标准进行族群划分的观念，区分人群以礼仪，而不以种族，合于华夏礼俗者并与诸夏亲昵者为华夏、中国人，不合者为蛮夷、化外之民。中国历史上"华夷之辨"的衡量标准大致经历了三个演变阶段：血缘衡量标准阶段、地缘衡量标准阶段、衣饰礼仪等文化衡量标准阶段。

在《公羊传》中，内外不仅指事实上的内外，更是指以价值为评判标准的内外。如隐公七年、庄公十年、僖公二十一年、昭公二十三年，数次提及"不与夷狄之执中国""不与夷狄之获中国""不与夷狄之主中国",此处中国指诸夏。然而,昭公二十三年,又有"然则曷为不使中国主之?中国亦新夷狄也"之说。可见,《春秋》评价夷狄的标准主要在于其文明程度,而非种族之不同。皮锡瑞对此评论说:"皆以今之所谓文明野蛮为褒贬予夺之义,后人不明此旨,徒严种族之辨,于是同异竞争之祸烈矣。"

【经】十有六年,春,王正月,雨木冰。

〖传〗雨木冰者何?雨而木冰也。何以书?记异也。

【经】夏,四月,辛未,滕子卒。

【经】郑公子喜帅师侵宋。

【经】六月,丙寅,朔,日有食之。

【经】晋侯使栾黡来乞师。

【经】甲午,晦。

〖传〗晦者何?冥也。何以书?记异也。

【经】晋侯及楚子、郑伯战于鄢陵,楚子、郑师败绩。

〖传〗败者称师,楚何以不称师?王痍也。王痍者何?伤乎矢也。然则何以不言师败绩?末言尔。

【经】楚杀其大夫公子侧。

[译]

【经】鲁成公十六年,春,周历正月,雨木冰。

〖传〗雨木冰是什么意思?天上在下雨,地上的树木却结着冰。为什么记载这件事?为了记载怪异现象。

【经】夏,四月,辛未日,滕子去世了。

【经】郑国公子喜率军进犯宋国。

【经】六月,丙寅,初一日,发生日食。

【经】晋侯派遣栾黡来鲁国请求出兵。

【经】甲午日,晦。

〖传〗晦是什么意思?就是大白天天色昏暗的意思。为什么记载这件事?为了记载怪异现象。

【经】晋侯与楚子、郑伯在鄢陵交战,楚子和郑伯的军队大败。

〖传〗战败的一方应该被称为"师",楚国为什么不被称为"师"呢?因为楚王受伤了。楚王怎么受伤了呢?楚王被箭射中了眼睛。那么为什么不说楚军大败呢?因为楚王都受伤了,就没有必要再说楚军溃败了。

【经】楚国杀了它的大夫公子侧。

[解]

◆鄢陵之战,是晋、楚为争霸中原、继城濮之战后的又一次大战。在战争中,晋国击败了楚国及其联盟郑国,射瞎了楚共王的一只眼睛,俘获了楚王子公子茷。鄢陵之战是春秋时期的经典战役之一,取得胜利的晋国进一步巩固了自己在中原地区的优势地位。但战后,晋、楚两国都逐渐失去以武力争霸中原的强大势头,中原战场开始沉寂下来,四年后即有了宋华元主持的第一次弭兵之会。

【经】秋,公会晋侯、齐侯、卫侯、宋华元、邾娄人于沙随。不见公,公至自会。

〖传〗不见公者何?公不见见也。公不见见,大夫执。何以致会?不耻也。曷为不耻?公幼也。

【经】公会尹子、晋侯、齐国佐、邾娄人伐郑。

【经】曹伯归自京师。

〖传〗执而归者名,曹伯何以不名?而不言复归于曹何?易也。其易奈何?公子喜时在内也。公子喜时在内,则何以易?公子喜时者仁人也。内平其国而待之,外治诸京师而免之。其言自京师何?言甚易也,舍是无难矣!

[译]

【经】秋,鲁成公在沙随与晋侯、齐侯、卫侯、宋国的华元、邾娄人会面。晋侯不会见鲁成公。鲁成公从沙随回来。

〖传〗不会见鲁成公是什么意思?就是鲁成公不被诸侯接见。鲁成公不被诸侯接见,鲁国大夫又被晋国拘捕。为什么还要记载鲁成公从沙随会面回来这件事呢?因为鲁成公并不感到耻辱。为什么鲁成公不感到耻辱呢?因为鲁成公还年幼。

【经】鲁成公会同尹子、晋侯、齐国佐、邾娄人攻打郑国。

【经】曹伯从京师回国。

〖传〗被拘捕以后又被放回国的人应该记载名字,为什么不记载曹伯的名字呢?而且也不说他回到曹国呢?因为曹伯回到曹国太容易了。怎么太容易了呢?因为公子喜时在曹国国内。公子喜时在曹国国内,为什么就容易呢?因为公子喜时是仁义的人。他在曹国,对内,稳定人心等待曹伯回来;对外,到京师治讼而使曹伯免除罪名。这里说曹伯"自京师"是什么意思?是说曹伯回来得很容易,除此之外就没有什么危难了。

[解]

◆由于在鄢陵之战中,郑国追随楚国与晋国开战,得罪了晋国。鄢陵之战后,晋国乘大胜之机,邀请鲁、齐、卫、宋、邾娄盟于宋国沙随,即这里记载的"秋,公会晋侯、齐侯、卫侯、宋华元、邾娄人于沙随",商议攻打郑国,阻止楚国对中原的入侵。这次沙随之会,是晋国率领中原诸侯抵抗楚国进军中原的挑战,因此具有重要历史意义。

鄢陵之战前,鲁成公的母亲穆姜要成公替和她私通的宣伯(即叔孙侨如)驱逐政敌孟孙和季孙,鲁成公推辞说打仗回来再定。穆姜很生气,表示了要用成公的兄弟公子偃、公子鉏取代成公的意思。鲁成公为防备国内有变,便住在坏隤(今山东曲阜境),做了一些防变的准备,方才出行,所以鄢陵之战时去晚了。

宣伯因为没有达到目的，所以在沙随之会时，派人告诉晋国郤犨，诬称鲁成公在坏隤等待，是要等决出胜负再决定投靠晋国或楚国。郤犨从叔孙侨如那里得到了贿赂，就在晋厉公面前毁谤鲁成公。晋厉公很生气，所以沙随会盟时，就不和鲁成公见面，即这里记载的"不见公"；并借口鲁成公误期，要拘囚他。幸有季孙行父挺身而出，代主受过，即《春秋》下文所言"九月，晋人执季孙行父，舍之于招丘"，才使鲁成公免去了一场牢狱之灾。《公羊传》用"仁"来对季孙行父舍身护主的行为进行褒扬。

【经】九月，晋人执季孙行父，舍之于招丘。

〖传〗执未可言舍之者，此其言舍之何？仁之也。曰："在招丘悕矣。"执未有言仁之者，此其言仁之何？代公执也。其代公执奈何？前此者晋人来乞师而不与。公会晋侯，将执公，季孙行父曰："此臣之罪也。"于是执季孙行父。成公将会晋厉公，会不当期，将执公。季孙行父曰："臣有罪，执其君，子有罪，执其父，此听失之大者也。今此臣之罪也，舍臣之身而执臣之君，吾恐听失之为宗庙羞也。"于是执季孙行父。

【经】冬，十月，乙亥，叔孙侨如出奔齐。

【经】十有二月，乙丑，季孙行父及晋郤州盟于扈。

【经】公至自会。

【经】乙酉，刺公子偃。

[译]

【经】九月，晋人拘捕了季孙行父，又在招丘把他释放了。

〖传〗拘捕某人没有说释放他的，这里说释放了季孙行父是什么意思？是认为他仁义。说："季孙行父在招丘是令人悲伤的。"拘捕某人没有说他仁义的，这里认为季孙行父仁义是为什么呢？因为季孙行父是代替鲁成公被拘捕的。他怎么代替鲁成公被拘捕呢？在这之前,晋国来请求鲁国出兵,鲁成公没有答应。鲁成公到沙随来会见晋厉公时,晋厉公就准备拘捕他,随行的鲁国大夫季孙行父就对晋厉公说:"鲁国没有出兵,这是我的罪过。"于是晋厉公就拘捕了季孙行父。前不久,鲁成公准备会合晋厉公攻打郑国,却没有按时到来,晋厉公就准备拘捕成公。季孙行父就对晋厉公说:"如果臣子有罪,就将他的国君抓起来,儿子有罪,就把他的父亲拘捕,这是听讼上的大失误。现在这件事是我的罪过,您放了我而把我的国君抓起来,我担心这样的听讼失误会成为祖宗的耻辱啊!"于是晋厉公拘捕了季孙行父。

【经】冬,十月,乙亥日,叔孙侨如逃亡到齐国。

【经】十二月,乙丑日,鲁国季孙行父和晋国大夫郤州在扈地结盟。

【经】鲁成公从盟会的地方回来。

【经】乙酉日,鲁国暗杀了公子偃。

【经】十有七年,春,卫北宫结率师侵郑。

【经】夏,公会尹子、单子、晋侯、齐侯、宋公、卫侯、曹伯、邾娄人伐郑。

【经】六月,乙酉,同盟于柯陵。

【经】秋,公至自会。

【经】齐高无咎出奔莒。

【经】九月,辛丑,用郊。

〖传〗用者何?用者不宜用也。九月非所用郊也。然则郊曷用?郊用正月上辛,或曰用然后郊。

【经】晋侯使荀䓨来乞师。

[译]

【经】鲁成公十七年,春,卫国北宫结率军进犯郑国。

【经】夏，鲁成公会合尹子、单子、晋侯、齐侯、宋公、卫侯、曹伯、邾娄人攻打郑国。

【经】六月，乙酉日，以上诸人在柯陵结盟。

【经】秋，鲁成公从柯陵回来。

【经】齐国高无咎逃亡到莒国。

【经】九月，辛丑日，鲁国用郊礼。

〖传〗用是什么意思？"用"是表示不应该用。九月不是举行郊礼的时候。那么应该在什么时候举行郊礼呢？郊祭用正月上辛日，另有一种说法祭祀了后稷，方举行郊祭。

【经】晋厉公派遣荀䓨来请求鲁国出兵。

【经】冬，公会单子、晋侯、宋公、卫侯、曹伯、齐人、邾娄人伐郑。

【经】十有一月，公至自伐郑。

【经】壬申，公孙婴齐卒于貍轸。

〖传〗非此月日也，曷为以此月日卒之？待君命然后卒大夫。曷为待君命然后卒大夫？前此者婴齐走之晋，公会晋侯，将执公。婴齐为公请，公许之反为大夫。归，至于貍轸而卒。无君命不敢卒大夫，公至，曰："吾固许之反为大夫。"然后卒之。

【经】十有二月，丁巳，朔，日有食之。

【经】邾娄子貜且卒。

【经】晋杀其大夫郤锜、郤州、郤至。

【经】楚人灭舒庸。

[译]

【经】冬，鲁成公会合单子、晋侯、宋公、卫侯、曹伯、齐人、邾娄人攻打郑国。

【经】十一月,鲁成公从攻打郑国的战场上回来。

【经】壬申日,公孙婴齐在狸轸去世了。

〖传〗公孙婴齐并不是在这个月的日子去世的,为什么要在这个月的日子记载呢?因为要等待国君的命令才能记载大夫的去世。为什么要等待国君的命令才能记载大夫的去世呢?此前,公孙婴齐逃亡到晋国,鲁成公与晋厉公会见时,晋厉公准备拘捕鲁成公。公孙婴齐曾经为鲁成公请求赦免,鲁成公答应公孙婴齐回国后可以做大夫。公孙婴齐从晋国回来,走到狸轸死了。史官没有接到国君的命令不敢记载大夫的死,鲁成公回来后,说:"我本来已经答应他回国可以做大夫。"这样,鲁国史官才记载公孙婴齐的去世。

【经】十二月,丁巳日,初一,发生日食。

【经】邾娄子貜且去世了。

【经】晋国杀了它的大夫郤锜、郤州、郤至。

【经】楚军灭亡了舒庸这个国家。

[解]

◆《公羊传》阐释的"待君命然后卒大夫""无君命不敢卒大夫"的《春秋》记史原则,说明国君的命令是记录的依据。只要史官还没有得到国君明确的指示,公孙婴齐的死就不能记录。对这一原则的阐述,实际上是对君王权力的强调与坚决维护,有着以小见大的意味。

【经】十有八年,春,王正月,晋杀其大夫胥童。

【经】庚申,晋弑其君州蒲。

【经】齐杀其大夫国佐。

【经】公如晋。

【经】夏,楚子、郑伯伐宋。

【经】宋鱼石复入于彭城。

【经】公至自晋。

【经】晋侯使士匄来聘。

【经】秋，杞伯来朝。

【经】八月，邾娄子来朝。

【经】筑鹿囿。

〖传〗何以书？讥。何讥尔？有囿矣，又为也。

【经】己丑，公薨于路寝。

【经】冬，楚人、郑人侵宋。

【经】晋侯使士彭来乞师。

【经】十有二月，仲孙蔑会晋侯、宋公、卫侯、邾娄子、齐崔杼同盟于虚朾。

【经】丁未，葬我君成公。

[译]

【经】鲁成公十八年，春，周历正月，晋国杀了它的大夫胥童。

【经】庚申日，晋国弑杀了它的国君州蒲。

【经】齐国杀了它的大夫国佐。

【经】鲁成公前往晋国。

【经】夏，楚子、郑伯率军攻打宋国。

【经】宋国鱼石重新进入彭城。

【经】鲁成公从晋国回来。

【经】晋侯派遣大夫士匄来鲁国访问。

【经】秋，杞伯来鲁国朝见。

【经】八月，邾娄子来鲁国朝见。

【经】鲁国建筑养鹿的园子。

〖传〗为什么记载这件事？为了谴责。谴责什么？谴责鲁国已经有园子了，又建筑新的园子。

【经】己丑日，鲁成公在路寝去世了。

【经】冬,楚人和郑人进犯宋国。

【经】晋悼公派遣大夫士彭来请求各国出兵。

【经】十二月,鲁国大夫仲孙蔑会见晋侯、宋公、卫侯、邾娄子、齐国崔杼,并在虚打结盟。

【经】丁未日,安葬我国国君鲁成公。

襄 公

【经】元年,春,王正月,公即位。

【经】仲孙蔑会晋栾黡、宋华元、卫宁殖、曹人、莒人、邾娄人、滕人、薛人围宋彭城。

〖传〗宋华元曷为与诸侯围宋彭城?为宋诛也。其为宋诛奈何?鱼石走之楚,楚为之伐宋,取彭城以封鱼石。鱼石之罪奈何?以入是为罪也。楚已取之矣,曷为系之宋?不与诸侯专封也。

[译]

【经】鲁襄公元年,春,周历正月,鲁襄公即位。

【经】仲孙蔑会合晋国栾黡、宋国华元、卫国宁殖、曹人、莒人、邾娄人、滕人、薛人围攻宋国彭城。

〖传〗华元为什么和诸侯的军队一起围攻宋国彭城呢?这是为了宋国讨伐的。怎么是为宋国讨伐的呢?因为(宋国)鱼石逃到楚国,楚国为鱼石攻打宋国,夺取了宋国的彭城,将它封给鱼石。鱼石的罪是什么?他的罪状就是进入了彭城。彭城已经被楚国夺取了,为什么还说是宋国的呢?因为不赞成诸侯自专,随意封给别人土地或称号。

【经】夏,晋韩屈帅师伐郑。

【经】仲孙蔑会齐崔杼、曹人、邾娄人、杞人次于合。

【经】秋，楚公子壬夫帅师侵宋。

【经】九月，辛酉，天王崩。

【经】邾娄子来朝。

【经】冬，卫侯使公孙剽来聘。

【经】晋侯使荀䓨来聘。

[译]

【经】夏，晋国的韩屈率军攻打郑国。

【经】仲孙蔑会合齐国的崔杼、曹人、邾娄人、杞人，驻扎在合地。

【经】秋，楚国大夫公子壬夫率军进犯宋国。

【经】九月，辛酉日，周王去世了。

【经】邾娄国国君来鲁国朝见。

【经】冬，卫侯派遣公孙剽来鲁国访问。

【经】晋侯派遣荀䓨来鲁国访问。

【经】二年，春，王正月，葬简王。

【经】郑师伐宋。

【经】夏，五月，庚寅，夫人姜氏薨。

【经】六月，庚辰，郑伯睔卒。

【经】晋师、宋师、卫宁殖侵郑。

【经】秋，七月，仲孙蔑会晋荀䓨、宋华元、卫孙林父、曹人、邾娄人于戚。

【经】己丑，葬我小君齐姜。

〖传〗齐姜者何？齐姜与缪姜，则未知其为宣夫人与？成夫人与？

[译]

【经】鲁襄公二年,春,周历正月,为周简王举行葬礼。

【经】郑军攻打宋国。

【经】夏,五月,庚寅日,夫人姜氏去世了。

【经】六月,庚辰日,郑伯睔去世了。

【经】晋军、宋军、卫国的宁殖进犯郑国。

【经】秋,七月,鲁国大夫仲孙蔑在戚地与晋国荀罃、宋国华元、卫国孙林父、曹人、邾娄人会晤。

【经】己丑日,安葬我国小君齐姜。

〖传〗齐姜是什么人?齐姜和缪姜,不知道她们谁是鲁宣公夫人?谁是鲁成公夫人?

【经】叔孙豹如宋。

【经】冬,仲孙蔑会晋荀罃、齐崔杼、宋华元、卫孙林父、曹人、邾娄人、滕人、薛人、小邾娄人于戚,遂城虎牢。

〖传〗虎牢者何?郑之邑也。其言城之何?取之也。取之则曷为不言取之?为中国讳也。曷为为中国讳?讳伐丧也。曷为不系乎郑?为中国讳也。大夫无遂事,此其言遂何?归恶乎大夫也。

【经】楚杀其大夫公子申。

[译]

【经】叔孙豹前往宋国。

【经】冬,鲁国大夫仲孙蔑又在戚与晋国荀罃、齐国崔杼、宋国华元、卫孙林父、曹人、邾娄人、滕人、薛人、小邾娄人会晤,接着在虎牢修筑城池。

〖传〗虎牢是什么地方？是郑国的城邑。这里说在虎牢修筑城池是什么意思呢？是表示已经夺取了虎牢。既然已经夺取了虎牢，那么为什么不说夺取了它呢？这是为中原地区的诸侯国避讳。为什么要替中原地区的诸侯国避讳呢？避讳在郑国治丧期间攻打它。为什么不说虎牢是郑国的呢？也是为中原地区的诸侯国避讳。大夫不能在未奉君命的情况下，擅自在完成任务后接着做另一件事，这里说接着是什么意思？是把罪过归到大夫身上。

【经】楚国杀了它的大夫公子申。

［解］

◆按"六月，庚辰，郑伯睔卒"，至冬，郑国犹在丧中。因此仲孙蔑会晋、齐、宋、卫等国大夫伐郑，是极不道义的伐丧行为。在《公羊传》看来，为避免这种行为引起恶劣的示范效应，《春秋》书写时做了避讳，避写郑伯睔的葬礼，也不将虎牢系属于郑国，不写作"取虎牢"而写作"城虎牢"。

【经】三年，春，楚公子婴齐帅师伐吴。

【经】公如晋。

【经】夏，四月，壬戌，公及晋侯盟于长樗。

【经】公至自晋。

【经】六月，公会单子、晋侯、宋公、卫侯、郑伯、莒子、邾娄子、齐世子光；己未，同盟于鸡泽。陈侯使袁侨如会。

〖传〗其言如会何？后会也。

【经】戊寅，叔孙豹及诸侯之大夫及陈袁侨盟。

〖传〗曷为殊及陈袁侨？为其与袁侨盟也。

【经】秋，公至自会。

【经】冬，晋荀䓨帅师伐许。

[译]

【经】鲁襄公三年,春,楚国公子婴齐率军攻打吴国。

【经】鲁襄公前往晋国。

【经】夏,四月,壬戌日,鲁襄公与晋悼公在长樗结盟。

【经】鲁襄公从晋国回来。

【经】六月,鲁襄公与单子、晋侯、宋公、卫侯、郑伯、莒子、邾娄子、齐国世子光会晤;己未日,一起在鸡泽盟誓。陈侯派遣袁侨如会。

〖传〗这里说"如会"是什么意思?是表示诸侯盟会结束后袁侨才到来。

【经】戊寅日,叔孙豹与诸侯的大夫以及陈国的袁侨结盟。

〖传〗为什么要特别提及陈国的袁侨呢?因为诸侯的大夫是在与袁侨结盟。

【经】秋,鲁襄公从盟会的地方回来。

【经】冬,晋国大夫荀䓝率军攻打许国。

【经】四年,春,王三月,己酉,陈侯午卒。

【经】夏,叔孙豹如晋。

【经】秋,七月,戊子,夫人弋氏薨。

【经】葬陈成公。

【经】八月,辛亥,葬我小君定弋。

〖传〗定弋者,襄公之母也。

【经】冬,公如晋。

【经】陈人围顿。

[译]

【经】鲁襄公四年,春,周历三月,己酉日,陈侯午去世了。

【经】夏，叔孙豹前往晋国。

【经】秋，七月，戊子日，夫人弋氏去世了。

【经】安葬陈成公。

【经】八月，辛亥日，安葬我们鲁国的小君定弋。

〖传〗定弋是鲁襄公的母亲。

【经】冬，鲁襄公前往晋国。

【经】陈人围攻顿国。

【经】五年，春，公至自晋。

【经】夏，郑伯使公子发来聘。

【经】叔孙豹、鄫世子巫如晋。

〖传〗外相如不书，此何以书？为叔孙豹率而与之俱也。叔孙豹则曷为率而与之俱？盖舅出也。莒将灭之，故相与往殆乎晋也。莒将灭之，则曷为相与往殆乎晋？取后乎莒也。其取后乎莒奈何？莒女有为鄫夫人者，盖欲立其出也。

【经】仲孙蔑、卫孙林父会吴于善稻。

[译]

【经】鲁襄公五年，春，鲁襄公从晋国回来。

【经】夏，郑伯派遣公子发来鲁国访问。

【经】叔孙豹和鄫世子巫前往晋国。

〖传〗鲁国之外的诸侯国之间相互往来是不记载的，这里为什么记载呢？因为这是叔孙豹带领世子巫一起去的。叔孙豹为什么要带领鄫国的世子巫一起前往晋国呢？大概是因为鄫国世子巫与鲁襄公是舅甥关系吧。莒国将要灭亡鄫国，所以叔孙豹和鄫国世子巫一起前往晋国申诉。莒国将要灭掉鄫国，那么为什么叔孙豹要和鄫国世子巫一起前往晋国申诉呢？因为鄫国国君从莒国娶了一位后夫人。鄫国国君从莒国娶了后夫人又怎么样呢？莒国之女嫁作鄫国国君夫人，大概想立她的外孙为鄫国国君。

【经】仲孙蔑和卫国孙林父在善稻会见吴人。

[解]

◆鄫子前后有两位夫人。前夫人生世子巫。按《公羊传·襄公四年》："定弋者，襄公之母也。"而定弋是世子巫的姊妹，故世子巫于襄公为舅，襄公于世子巫为出，所以说"舅出也"。后夫人为莒女，有女无男，女还嫁于莒，生一外孙。鄫子因宠幸后夫人，欲立其外孙为后。按礼制，立异姓为后，实同灭国，故鄫世子巫前往晋国申诉，谋求支持。虽然说君国一体，但毕竟国大于君，世子巫为延续国家不得寻找他国势力介入，虽有违父命，但不为不孝，故《春秋》不加责备。

【经】秋，大雩。

【经】楚杀其大夫公子壬夫。

【经】公会晋侯、宋公、陈侯、卫侯、郑伯、曹伯、莒子、邾娄子、滕子、薛伯、齐世子光、吴人、鄫人于戚。

〖传〗吴何以称人？"吴鄫人"云则不辞。

【经】公至自会。

【经】冬，戍陈。

〖传〗孰戍之？诸侯戍之。曷为不言诸侯戍之？离至不可得而序，故言我也。

【经】楚公子贞帅师伐陈。

【经】公会晋侯、宋公、卫侯、郑伯、曹伯、莒子、邾娄子、滕子、薛伯、齐世子光，救陈。

【经】十有二月，公至自救陈。

【经】辛未，季孙行父卒。

[译]

【经】秋,鲁国举行求雨的大祭祀。

【经】楚国杀了它的大夫公子壬夫。

【经】鲁襄公在戚地与晋侯、宋公、陈侯、卫侯、郑伯、曹伯、莒子、邾娄子、滕子、薛伯、齐国世子光、吴人、鄫人会晤。

〖传〗吴国国君为什么称"人"呢?因为说"吴鄫人"则不成文。

【经】鲁襄公从诸侯会晤的地方回来。

【经】冬,戍守陈国。

〖传〗谁戍守陈国?是诸侯的军队戍守陈国。为什么不说诸侯的军队戍守陈国呢?因为诸侯军队有的去有的来,无法搞清顺序,所以就只说鲁国。

【经】楚国公子贞率军攻打陈国。

【经】鲁襄公会合晋侯、宋公、卫侯、郑伯、曹伯、莒子、邾娄子、滕子、薛伯、齐国世子光救援陈国。

【经】十二月,鲁襄公从援救陈国的地方回来。

【经】辛未日,季孙行父去世了。

【经】六年,春,王三月,壬午,杞伯姑容卒。

【经】夏,宋华弱来奔。

【经】秋,葬杞桓公。

【经】滕子来朝。

【经】莒人灭鄫。

【经】冬,叔孙豹如邾娄。

【经】季孙宿如晋。

【经】十有二月,齐侯灭莱。

〖传〗曷为不言莱君出奔？国灭，君死之，正也。

[译]

【经】鲁襄公六年，春，周历三月，壬午日，杞伯姑容去世了。

【经】夏，宋国华弱逃亡到鲁国。

【经】秋，安葬杞桓公。

【经】滕子来鲁国朝见。

【经】莒人灭亡了鄫国。

【经】冬，叔孙豹前往邾娄国。

【经】季孙宿前往晋国。

【经】十二月，齐侯灭亡了莱国。

〖传〗为什么没有提及莱国国君逃亡呢？因为国家灭亡了，国君以身殉国，这是符合正道的。

【经】七年，春，郯子来朝。

【经】夏，四月，三卜郊，不从，乃免牲。

【经】小邾娄子来朝。

【经】城费。

【经】秋，季孙宿如卫。

【经】八月，螽。

【经】冬，十月，卫侯使孙林父来聘。

【经】壬戌，及孙林父盟。

【经】楚公子贞帅师围陈。

[译]

【经】鲁襄公七年，春，郯子来鲁国朝见。

【经】夏，四月，鲁国三次占卜郊祭，都不吉利，于是就免除使用供祭祀用的牲。

【经】小邾娄子来鲁国朝见。

【经】鲁国在费地修筑城池。

【经】秋，季孙宿前往卫国。

【经】八月，鲁国发生蝗灾。

【经】冬，十月，卫侯派遣孙林父来鲁国进行访问。

【经】壬戌日，鲁襄公与孙林父盟誓。

【经】楚国公子贞率军包围了陈国。

【经】十有二月，公会晋侯、宋公、陈侯、卫侯、曹伯、莒子、邾娄子于鄬。郑伯髡原如会，未见诸侯；丙戌，卒于操。

〖传〗操者何？郑之邑也。诸侯卒其封内不地，此何以地？隐之也。何隐尔？弑也。孰弑之？其大夫弑之。曷为不言其大夫弑之？为中国讳也。曷为为中国讳？郑伯将会诸侯于鄬，其大夫谏曰："中国不足归也，则不若与楚。"郑伯曰："不可。"其大夫曰："以中国为义，则伐我丧；以中国为强，则不若楚。"于是弑之。郑伯髡原何以名？伤而反，未至乎舍而卒也。未见诸侯，其言如会何？致其意也。

【经】陈侯逃归。

[译]

【经】十二月，鲁襄公在鄬地与晋侯、宋公、陈侯、卫侯、曹伯、莒子、邾娄子会晤。郑伯髡原到会，没有见到诸侯；丙戌日，郑伯在操地去世了。

〖传〗操是什么地方？是郑国的一座城邑。诸侯在他的封地内去世是不记载地点的，这里为什么写明地点呢？因为怜悯他。为什么要怜悯他呢？因为他是被弑杀的。谁弑杀了他？是他的大夫杀害了他。

为什么不说他的大夫弑杀了他呢?这是为中原地区诸侯国避讳。为什么为中原地区诸侯国避讳呢?郑伯准备在鄬地会见诸侯,他的大夫就劝他说:"中原各国不值得归附,还不如归附楚国。"郑伯说:"不行。"他的大夫又说:"如果认为中原各国有仁义,那么他们为什么要在我国国丧期长期攻打我们呢?如果认为中原各国强大,那么他们的力量不如楚国。"于是弑杀了他。为什么写出郑伯髡原的名字呢?因为郑伯受伤后就返回国都,还没有到达前一天住的地方就去世了。郑伯既然没有见到诸侯,那么说他到会是什么意思?这是为了表达他希望归附中原各诸侯国的意愿。

【经】陈侯从诸侯会晤的地方逃了回去。

[解]

◆所谓郑伯"卒于操",实际上是因为郑伯与其大夫诛有政见之争,郑伯欲与八国会盟,归附诸夏中国,诛欲亲附夷狄楚国而背叛诸夏,结果诛弑杀了郑伯。在《公羊传》看来,按《春秋》惯例,鲁国之外的国君被弑杀,一律直书不隐。但此例仅书"卒于操",显然是做了隐讳。原因是这一例弑君涉及心向华夏还是夷狄的问题,在内华夏而外夷狄的思想指导下,这一弑君案件必须加以隐匿,否则的话将为夷狄所耻笑。

【经】八年,春,王正月,公如晋。

【经】夏,葬郑僖公。

〖传〗贼未讨,何以书葬?为中国讳也。

【经】郑人侵蔡,获蔡公子燮。

〖传〗此侵也,其言获何?侵而言获者,适得之也。

【经】季孙宿会晋侯、郑伯、齐人、宋人、卫人、邾娄人于邢丘。

【经】公至自晋。

【经】莒人伐我东鄙。

【经】秋，九月，大雩。

【经】冬，楚公子贞帅师伐郑。

【经】晋侯使士匄来聘。

[译]

【经】鲁襄公八年，春，周历正月，鲁襄公前往晋国。

【经】夏，安葬郑僖公。

〖传〗弑杀郑僖公的贼人还没有被讨伐，为什么记载安葬郑僖公这件事呢？这是为中原各诸侯国避讳。

【经】郑人进犯蔡国，俘获蔡国公子燮。

〖传〗这是侵袭，这里说俘获是什么意思？凡是侵袭而说俘获的，说明是恰好抓到了他。

【经】季孙宿在晋国邢丘会见晋侯、郑伯、齐人、宋人、卫人和邾娄人。

【经】鲁襄公从晋国回来。

【经】莒人攻打我国东部边境。

【经】秋，九月，鲁国举行求雨的大祭祀。

【经】冬，楚国公子贞率军攻打郑国。

【经】晋侯派遣士匄来鲁国进行访问。

【经】九年，春，宋火。

〖传〗曷为或言灾，或言火？大者曰灾，小者曰火。然则内何以不言火？内不言火者，甚之也。何以书？记灾也。外灾不书，此何以书？为王者之后记灾也。

【经】夏，季孙宿如晋。

【经】五月，辛酉，夫人姜氏薨。

【经】秋，八月，癸未，葬我小君缪姜。

【经】冬,公会晋侯、宋公、卫侯、曹伯、莒子、邾娄子、滕子、薛伯、杞伯、小邾娄子、齐世子光伐郑。十有二月,己亥,同盟于戏。

【经】楚子伐郑。

[译]

【经】鲁襄公九年,春,宋国发生火灾。

〖传〗为什么发生火灾时,有时候说"灾",有时候又说"火"呢?重要地方发生火灾就称"灾",不重要的地方发生火灾就称"火"。既然这样,那么鲁国发生火灾,为什么不称"火"呢?鲁国发生火灾不称"火",是因为要强调火灾的严重性。宋国发生火灾为什么记载呢?为了记载灾害事件。鲁国以外发生的灾害按例是不记载的,这里为什么记载呢?这是为王者之后记载灾害情况。

【经】夏,季孙宿前往晋国。

【经】五月,辛酉日,夫人姜氏去世了。

【经】秋,八月,癸未日,安葬我们鲁国的小君缪姜。

【经】冬,鲁襄公会同晋侯、宋公、卫侯、曹伯、莒子、邾娄子、滕子、薛伯、杞伯、小邾娄子、齐国世子光率兵攻打郑国。十二月,己亥日,与诸侯在戏地结盟。

【经】楚子率军攻打郑国。

【经】十年,春,公会晋侯、宋公、卫侯、曹伯、莒子、邾娄子、滕子、薛伯、杞伯、小邾娄子、齐世子光,会吴于柤。

【经】夏,五月,甲午,遂灭偪阳。公至自会。

【经】楚公子贞、郑公孙辄帅师伐宋。

【经】晋师伐秦。

【经】秋,莒人伐我东鄙。

【经】公会晋侯、宋公、卫侯、曹伯、莒子、邾娄子、齐世子光、滕子、薛伯、杞伯、小邾娄子伐郑。

[译]

【经】鲁襄公十年,春,鲁襄公会合晋侯、宋公、卫侯、曹伯、莒子、邾娄子、滕子、薛伯、杞伯、小邾娄子、齐世子光,在柤地会见吴国国君。

【经】夏,五月,甲午日,诸侯军队于是灭亡了偪阳国。鲁襄公从诸侯会晤的地方回来。

【经】楚国公子贞和郑国公孙辄率军攻打宋国。

【经】晋军攻打秦国。

【经】秋,莒人攻打我国东部边邑。

【经】鲁襄公会同晋侯、宋公、卫侯、曹伯、莒子、邾娄子、齐世子光、滕子、薛伯、杞伯、小邾娄子出兵攻打郑国。

【经】冬,盗杀郑公子斐、公子发、公孙辄。

【经】戍郑虎牢。

〖传〗孰戍之?诸侯戍之。曷为不言诸侯戍之?离至不可得而序,故言我也。诸侯已取之矣,曷为系之郑?诸侯莫之主有,故反系之郑。

【经】楚公子贞帅师救郑。

【经】公至自伐郑。

[译]

【经】冬,坏人杀了郑国大夫公子斐、公子发和公孙辄。

【经】戍守郑国虎牢。

〖传〗谁戍守虎牢呢?是诸侯戍守它。那么为什么不说诸侯戍守它呢？因为诸侯军队有的去有的来，无法搞清顺序，所以就只说鲁国。虎牢已经被诸侯的军队夺取了，为什么还说是郑国的呢？因为诸侯中没有哪一个要占领它，所以还暂时说是郑国的。

【经】楚国公子贞率军援救郑国。

【经】鲁襄公从攻打郑国的地方回来。

【经】十有一年，春，王正月，作三军。

〖传〗三军者何？三卿也。作三军，何以书？讥。何讥尔？古者上卿、下卿，上士、下士。

【经】夏，四月，四卜郊，不从，乃不郊。

【经】郑公孙舍之帅师侵宋。

【经】公会晋侯、宋公、卫侯、曹伯、齐世子光、莒子、邾娄子、滕子、薛伯、杞伯、小邾娄子伐郑。

【经】秋，七月，己未，同盟于京城北。

[译]

【经】鲁襄公十一年，春，周历正月，鲁国建立三军。

〖传〗三军是什么意思？就是为军队设置三卿。鲁国建立三军，为什么要记载呢？为了谴责。谴责什么？按照古代制度，鲁国只能在军中设置上卿、下卿，上士、下士。

【经】夏，四月，鲁国四次占卜郊祭，都不吉利，于是不举行郊祭。

【经】郑国公孙舍之率军进犯宋国。

【经】鲁襄公会合晋侯、宋公、卫侯、曹伯、齐世子光、莒子、邾娄子、滕子、薛伯、杞子、小邾娄子出兵攻打郑国。

【经】秋，七月，己未日，诸侯在京城的北边结盟。

[解]

◆鲁文公死后,拥护次妃敬嬴所生子俀的权臣东门襄仲取得齐惠公的支持,杀长妃哀姜(此哀姜与鲁庄公夫人同名,但辈分晚很多)所生子赤和视,拥立俀为国君,是为宣公。杀嫡立庶的内乱导致公室衰落,而"三桓"则借机扩充势力,夺取了原本由国君的公室担任的执政官职务。利用执政官的身份,"三桓"在政治上逐步架空国君,在经济上逐步削弱公室,鲁国由此出现了"公室卑,三桓强"的局面。原来,鲁国有二军,皆由国君及其公室控制。到了襄公十一年,鲁国"作三军","三桓"则"三分公室而各有其一"。到昭公五年,又进一步"四分公室"。鲁昭公当国君时,不甘心大权旁落,试图削弱"三桓"势力,结果失败,被迫流亡。鲁昭公时,起用主张强公室抑私门的孔子,但由于意志不坚定,最后不了了之。鲁哀公下决心利用越国除掉"三桓","三桓"对他也不再客气,组织武装将他驱逐出境。哀公死后,其子鲁悼公立,从此"三桓"胜,鲁如小侯,卑于"三桓"之家,鲁国"陪臣执国命"的局面就此定型。一直到鲁穆公时,实行改革,任命博士公仪休为鲁相,才从"三桓"处收回政权,摆脱了哀、悼、元三代"三桓"大夫专政的问题,重新确立了鲁公室的权威,而那时鲁国也快走到了历史的终点。

"三桓"是鲁国势力最大、专权时间最长的大族。鲁国"三桓"专政与齐国"田氏代齐"、晋国"三家分晋",都是春秋以来大夫势力发展的产物。

◆按古制,天子六军,诸侯大国设上中下三军,鲁为次国,依礼只能设上下二军。鲁襄公十一年,鲁僭越军制,设中军,即"作三军"。古代军队由命卿率领,鲁国之二军,原由上卿司徒、司空率领。如今添置中军,由上卿司马率领,故曰三卿。此次"作三军",设三卿,本质是季氏、孟孙氏、叔孙氏三分公室,三家各有其一。从具体份额上来说,季孙氏分得三分之一的军队及兵赋,孟孙氏分得六分之一,叔孙氏分得十二分之一,鲁国公室只剩十二分之五的兵赋。

【经】公至自伐郑。

【经】楚子、郑伯伐宋。

【经】公会晋侯、宋公、卫侯、曹伯、齐世子光、莒子、邾娄子、滕子、薛伯、杞伯、小邾娄子伐郑，会于萧鱼。

〖传〗此伐郑也，其言会于萧鱼何？盖郑与会尔。

【经】公至自会。

【经】楚人执郑行人良霄。

【经】冬，秦人伐晋。

[译]

【经】鲁襄公从攻打郑国的地方回来。

【经】楚子、郑伯攻打宋国。

【经】鲁襄公又会同晋侯、宋公、卫侯、曹伯、齐世子光、莒子、邾娄子、滕子、薛伯、杞伯、小邾娄子出兵攻打郑国，并在萧鱼会晤。

〖传〗这是攻打郑国，这里说在萧鱼会晤是什么意思？大概郑简公也参加了这次会晤吧。

【经】鲁襄公从诸侯会晤的地方回来。

【经】楚人拘捕了郑国的使者良霄。

【经】冬，秦军攻打晋国。

【经】十有二年，春，王三月，莒人伐我东鄙，围台。

〖传〗邑不言围，此其言围何？伐而言围者，取邑之辞也；伐而不言围者，非取邑之辞也。

【经】季孙宿帅师救台，遂入运。

〖传〗大夫无遂事，此其言遂何？公不得为政尔。

【经】夏，晋侯使士彭来聘。

【经】秋,九月,吴子乘卒。

【经】冬,楚公子贞帅师侵宋。

【经】公如晋。

[译]

【经】鲁襄公十二年,春,周历三月,莒人攻打鲁国东部边邑,包围了台。

〖传〗城邑是不说包围的,这里说包围是什么意思?攻打一座城邑,并说包围了它,这是夺取这座城邑的说法;攻打一座城邑,但不说包围了它,这是不夺取这座城邑的说法。

【经】季孙宿率军援救台邑,接着攻入运邑。

〖传〗大夫在未奉君命的情况下,是不能在做完一件事后擅自做另一件事的,这里说季孙宿接着攻入运城是为什么?因为这时鲁襄公还没有掌握政权。

【经】夏,晋侯派遣士彭来鲁国进行访问。

【经】秋,九月,吴子乘去世了。

【经】冬,楚国公子贞率军进犯宋国。

【经】鲁襄公前往晋国。

【经】十有三年,春,公至自晋。

【经】夏,取诗。

〖传〗诗者何?邾娄之邑也。曷为不系乎邾娄?讳亟也。

【经】秋,九月,庚辰,楚子审卒。

【经】冬,城防。

[译]

【经】鲁襄公十三年,春,鲁襄公从晋国回来。

【经】夏,鲁军夺取了诗地。

〖传〗诗是什么地方?是邾娄国的一座城邑。为什么不说是邾娄国的呢?这是为了避讳鲁国取邑过于急切。

【经】秋,九月,庚辰日,楚子审去世了。

【经】冬,鲁国在防地筑城。

【经】十有四年,春,王正月,季孙宿、叔老会晋士匄、齐人、宋人、卫人、郑公孙虿、曹人、莒人、邾娄人、滕人、薛人、杞人、小邾娄人,会吴于向。

【经】二月,乙未,朔,日有食之。

[译]

【经】鲁襄公十四年,春,周历正月,季孙宿、叔老会合晋国士匄、齐人、宋人、卫人、郑国公孙虿、曹人、莒人、邾娄人、滕人、薛人、杞人、小邾娄人,在向会见吴人。

【经】二月,乙未日,初一,发生日食。

【经】夏,四月,叔孙豹会晋荀偃、齐人、宋人、卫北宫结、郑公孙虿、曹人、莒人、邾娄人、滕人、薛人、杞人、小邾娄人伐秦。

【经】己未,卫侯衎出奔齐。

【经】莒人侵我东鄙。

【经】秋,楚公子贞帅师伐吴。

【经】冬,季孙宿会晋士匄、宋华阅、卫孙林父、郑公孙虿、莒人、邾娄人于戚。

[译]

【经】夏,四月,叔孙豹会同晋国的荀偃、齐人、宋人、卫国的北宫结、郑国的公孙虿、曹人、莒人、邾娄人、滕人、薛人、杞人、小邾娄人出兵攻打秦国。

【经】己未日，卫侯衎逃亡到齐国。

【经】莒人进犯鲁国东部边境。

【经】秋，楚国公子贞率军攻打吴国。

【经】冬，季孙宿在戚会见晋国的士匄、宋国的华阅、卫国的孙林父、郑国的公孙虿、莒人、邾娄人。

【经】十有五年，春，宋公使向戌来聘。

【经】二月，己亥，及向戌盟于刘。

【经】刘夏逆王后于齐。

〖传〗刘夏者何？天子之大夫也。刘者何？邑也。其称刘何？以邑氏也。外逆女不书，此何以书？过我也。

【经】夏，齐侯伐我北鄙，围成。公救成，至遇。

〖传〗其言至遇何？不敢进也。

【经】季孙宿、叔孙豹帅师城成郛。

【经】秋，八月，丁巳，日有食之。

【经】邾娄人伐我南鄙。

【经】冬，十有一月，癸亥，晋侯周卒。

[译]

【经】鲁襄公十五年，春，宋公派遣向戌来鲁国进行访问。

【经】二月，己亥日，鲁襄公在刘地与向戌结盟。

【经】刘夏到齐国迎接王后。

〖传〗刘夏是什么人？是周天子的大夫。刘是什么意思？是一座城邑的名称。这里称他为"刘"是什么意思？是以邑的名称为姓氏。鲁国以外的人迎娶夫人是不记载的，这里为什么记载呢？因为他们路过鲁国。

【经】夏,齐侯率兵攻打鲁国北部边邑,包围了成邑。鲁襄公出兵援救成邑,来到遇地。

〖传〗这里说来到遇地是什么意思?是说鲁襄公到了这里不敢再前进了。

【经】季孙宿和叔孙豹率军去修筑成邑的外城。

【经】秋,八月,丁巳日,发生日食。

【经】邾娄人攻打鲁国南部边境。

【经】冬,十一月,癸亥日,晋侯周去世了。

【经】十有六年,春,王正月,葬晋悼公。

【经】三月,公会晋侯、宋公、卫侯、郑伯、曹伯、莒子、邾娄子、薛伯、杞伯、小邾娄子于溴梁。戊寅,大夫盟。

〖传〗诸侯皆在是,其言大夫盟何?信在大夫也。何言乎信在大夫?遍刺天下之大夫也。曷为遍刺天下之大夫?君若赘旒然。

【经】晋人执莒子、邾娄子以归。

【经】齐侯伐我北鄙。

【经】夏,公至自会。

【经】五月,甲子,地震。

【经】叔老会郑伯、晋荀偃、卫宁殖、宋人,伐许。

【经】秋,齐侯伐我北鄙,围成。

【经】大雩。

【经】冬,叔孙豹如晋。

[译]

【经】鲁襄公十六年,春,周历正月,安葬晋悼公。

【经】三月，鲁襄公在溴梁与晋侯、宋公、卫侯、郑伯、曹伯、莒子、邾娄子、薛伯、杞伯、小邾娄子会晤。戊寅日，各诸侯国大夫结盟。

〖传〗诸侯都在这里，那么这里说各诸侯国大夫结盟是什么意思？这是说各诸侯国的信义由大夫承担。为什么说各诸侯国的信义由大夫承担呢？这是为了普遍指责天下的大夫。为什么要普遍指责天下的大夫呢？因为各国大夫专政，国君有如旌旗上的饰物，成了一种装饰品。

【经】在这次会上，晋人拘捕了莒子和邾娄子回国。

【经】齐侯率兵攻打鲁国北部边境。

【经】夏，鲁襄公从诸侯会晤的地方回来。

【经】五月，甲子日，鲁国发生地震。

【经】叔老会合郑伯、晋国的荀偃、卫国的宁殖、宋人出兵攻打许国。

【经】秋，齐侯再次率兵攻打鲁国的北部边邑，包围了成邑。

【经】鲁国举行求雨的大祭祀。

【经】冬，叔孙豹前往晋国。

【经】十有七年，春，王二月，庚午，邾娄子瞷卒。

【经】宋人伐陈。

【经】夏，卫石买帅师伐曹。

【经】秋，齐侯伐我北鄙，围洮。

【经】齐高厚帅师伐我北鄙，围防。

【经】九月，大雩。

【经】宋华臣出奔陈。

【经】冬，邾娄人伐我南鄙。

[译]

【经】鲁襄公十七年,春,周历二月,庚午日,邾娄子瞷去世了。

【经】宋人攻打陈国。

【经】夏,卫国石买率军攻打曹国。

【经】秋,齐侯率兵攻打鲁国的北部边邑,包围了洮。

【经】齐国高厚率军攻打鲁国的北部边邑,包围了防。

【经】九月,鲁国举行求雨的大祭祀。

【经】宋国华臣逃亡到陈国。

【经】冬,邾娄人攻打我国的南部边境。

【经】十有八年,春,白狄来。

〚传〛白狄者何?夷狄之君也。何以不言朝?不能朝也。

【经】夏,晋人执卫行人石买。

【经】秋,齐师伐我北鄙。

【经】冬,十月,公会晋侯、宋公、卫侯、郑伯、曹伯、莒子、邾娄子、滕子、薛伯、杞伯、小邾娄子同围齐。曹伯负刍卒于师。

【经】楚公子午帅师伐郑。

[译]

【经】鲁襄公十八年,春,白狄到鲁国来。

〚传〛白狄是什么人?是夷狄的君主。为什么不说来鲁国朝见呢?因为白狄不懂中原各国的礼仪,不能朝见。

【经】夏,晋人拘捕了卫国使者石买。

【经】秋,齐军攻打我国北部边境。

【经】冬,十月,鲁襄公会合晋侯、宋公、卫侯、郑伯、曹伯、莒子、邾娄子、滕子、薛伯、杞伯、小邾娄子共同出兵围攻齐国。曹成公负刍在军中去世了。

【经】楚国公子午率军攻打郑国。

【经】十有九年,春,王正月,诸侯盟于祝阿。

【经】晋人执邾娄子。

【经】公至自伐齐。

〖传〗此同围齐也,何以致伐?未围齐也。未围齐则其言围齐何?抑齐也。曷为抑齐?为其亟伐也。或曰为其骄蹇,使其世子处乎诸侯之上也。

【经】取邾娄田,自漷水。

〖传〗其言自漷水何?以漷为竟也。何言乎以漷为竟?漷移也。

【经】季孙宿如晋。

【经】葬曹成公。

[译]

【经】鲁襄公十九年,春,周历正月,诸侯在祝阿会盟。

【经】晋人拘捕了邾娄子。

【经】鲁襄公从征讨齐国的地方回来。

〖传〗这次军事行动是诸侯军队共同包围齐国,为什么说鲁襄公从征讨齐国的地方回来呢?因为其实并没有包围齐国。既然没有包围齐国,那么为什么说共同包围齐国呢?是为了遏制齐国。为什么要遏制齐国呢?因为它多次攻打别国。有人说,是因为齐侯傲慢,让他的世子居于其他诸侯之上。

【经】鲁国取得了邾娄国的土地,"自漷水"。

〖传〗这里说"自漷水"是什么意思?就是以漷水为疆界。为什么说以潾水为疆界呢？因为潾水改道了。

【经】鲁国大夫季孙宿前往晋国。

【经】安葬曹成公。

【经】夏，卫孙林父帅师伐齐。

【经】秋，七月，辛卯，齐侯瑗卒。

【经】晋士匄帅师侵齐，至穀，闻齐侯卒，乃还。

〖传〗还者何？善辞也。何善尔？大其不伐丧也。此受命乎君而伐齐，则何大乎其不伐丧？大夫以君命出，进退在大夫也。

【经】八月，丙辰，仲孙蔑卒。

【经】齐杀其大夫高厚。

【经】郑杀其大夫公子喜。

【经】冬，葬齐灵公。

【经】城西郛。

【经】叔孙豹会晋士匄于柯。

【经】城武城。

[译]

【经】夏，卫国孙林父率军攻打齐国。

【经】秋，七月，辛卯日，齐侯瑗去世了。

【经】晋国大夫士匄率军侵袭齐国，到达穀，听到齐侯去世的消息，就引兵还。

〖传〗还是什么意思？这是赞美的说法。赞美什么？称赞晋国士匄不趁齐国有国君之丧时攻打它。这次是奉国君的命令出兵攻打齐国，但是为什么还称赞士匄不趁齐国有丧事而攻打它呢？大夫虽然是奉国君的命令率军出征，但军队的前进或后退却由大夫来决定。

【经】八月，丙辰日，鲁国大夫仲孙蔑去世了。

【经】齐国杀了它的大夫高厚。

【经】郑国杀了它的大夫公子喜。

【经】冬,安葬了齐灵公。

【经】鲁国在国都西边的外城修筑城墙。

【经】鲁国大夫叔孙豹在柯地与晋国大夫士匄会晤。

【经】鲁国在武城筑城。

【经】二十年,春,王正月,辛亥,仲孙遬会莒人,盟于向。

【经】夏,六月,庚申,公会晋侯、齐侯、宋公、卫侯、郑伯、曹伯、莒子、邾娄子、滕子、薛伯、杞伯、小邾娄子,盟于澶渊。

【经】秋,公至自会。

【经】仲孙遬帅师伐邾娄。

【经】蔡杀其大夫公子燮。

【经】蔡公子履出奔楚。

【经】陈侯之弟光出奔楚。

【经】叔老如齐。

【经】冬,十月,丙辰,朔,日有食之。

【经】季孙宿如宋。

[译]

【经】鲁襄公二十年,春,周历正月,辛亥日,仲孙遬会见莒人,并在向地结盟。

【经】夏,六月,庚申日,鲁襄公与晋侯、齐侯、宋公、卫侯、郑伯、曹伯、莒子、邾娄子、滕子、薛伯、杞伯、小邾娄子会晤,并在澶渊结盟。

【经】秋,鲁襄公从诸侯盟会的地方回来。

【经】仲孙遽率军攻打邾娄国。

【经】蔡国杀了它的大夫公子燮。

【经】蔡国公子履逃亡到楚国。

【经】陈侯的弟弟公子光逃亡到楚国。

【经】叔老前往齐国。

【经】冬,十月,丙辰日,初一,发生日食。

【经】季孙宿前往宋国。

【经】二十有一年,春,王正月,公如晋。

【经】邾娄庶其以漆、闾丘来奔。

〖传〗邾娄庶其者何?邾娄大夫也。邾娄无大夫,此何以书?重地也。

【经】夏,公至自晋。

【经】秋,晋栾盈出奔楚。

【经】九月,庚戌,朔,日有食之。

【经】冬,十月,庚辰,朔,日有食之。

【经】曹伯来朝。

【经】公会晋侯、齐侯、宋公、卫侯、郑伯、曹伯、莒子、邾娄子于商任。

【经】十有一月,庚子,孔子生。

[译]

【经】鲁襄公二十一年,春,周历正月,鲁襄公前往晋国。

【经】邾娄庶其逃奔来鲁国,献给鲁国漆和闾丘这两个邑。

〖传〗邾娄庶其是什么人?是邾娄国的大夫。邾娄国并没有大夫,这里为什么这样记载呢?是因为重视庶其献的两个邑。

【经】夏,鲁襄公从晋国回来。

【经】秋,晋国栾盈逃亡到楚国。

【经】九月,庚戌日,初一,发生日食。

【经】冬,十月,庚辰日,初一,又发生日食。

【经】曹伯来鲁国朝见。

【经】鲁襄公在商任与晋侯、齐侯、宋公、卫侯、郑伯、曹伯、莒子、邾娄子会晤。

【经】十一月,庚子日,孔子出生。

[解]

◆ "十有一月,庚子,孔子生",这条经文恐非《春秋》原有。《左传》没有这一条,《穀梁传》有,但缺"十有一月"。因此,很多学者认为这一条是后世的经师补记的。按《史记·孔子世家》记载,孔子出生于鲁襄公二十二年,即公元前551年。

【经】二十有二年,春,王正月,公至自会。

【经】夏,四月。

【经】秋,七月,辛酉,叔老卒。

【经】冬,公会晋侯、齐侯、宋公、卫侯、郑伯、曹伯、莒子、邾娄子、滕子、薛伯、杞伯、小邾娄子于沙随。公至自会。

【经】楚杀其大夫公子追舒。

[译]

【经】鲁襄公二十二年,春,周历正月,鲁襄公从诸侯会晤的地方回来。

【经】夏,四月。

【经】秋,七月,辛酉日,叔老去世了。

【经】冬,鲁襄公在沙随与晋侯、齐侯、宋公、卫侯、郑伯、曹伯、莒子、邾娄子、滕子、薛伯、杞伯、小邾娄子会晤。鲁襄公从诸侯会晤的地方回来。

【经】楚国杀了它的大夫公子追舒。

【经】二十有三年，春，王二月，癸酉，朔，日有食之。

【经】三月，己巳，杞伯匄卒。

【经】夏，邾娄鼻我来奔。

〖传〗邾娄鼻我者何？邾娄大夫也。邾娄无大夫，此何以书？以近书也。

【经】葬杞孝公。

【经】陈杀其大夫庆虎及庆寅。

【经】陈侯之弟光自楚归于陈。

【经】晋栾盈复入于晋、入于曲沃。

〖传〗曲沃者何？晋之邑也。其言入于晋、入于曲沃何？栾盈将入晋，晋人不纳，由乎曲沃而入也。

[译]

【经】鲁襄公二十三年，春，周历二月，癸酉日，初一，发生日食。

【经】三月，己巳日，杞伯匄去世了。

【经】夏，邾娄鼻我逃亡到鲁国。

〖传〗邾鲁鼻我是什么人？是邾娄国的大夫。邾娄国并没有大夫，这里为什么记载呢？因为邾娄国是鲁国的近邻，所以记载这件事。

【经】安葬杞孝公。

【经】陈国杀了它的大夫庆虎和庆寅。

【经】陈哀公的弟弟光从楚国回到陈国。

【经】晋国栾盈又进入晋国，进入曲沃。

〖传〗曲沃是什么地方？是晋国的一座城邑。这里说栾盈进入晋国、进入曲沃是什么意思？栾盈准备进入晋国，晋人不让他进入，于是他就从曲沃进入晋国。

[解]

◆晋平公时与公室关系最好的世卿是拥立晋悼公有功的栾氏家族。家主栾书去世后，继承人其子栾黡"骄横汰虐"，四面树敌，范鞅就曾被栾黡逼迫逃亡秦国。

栾盈的母亲栾祁是范鞅的姐姐。栾祁在丈夫死后，与家臣私通，将栾氏家产私吞，引起了栾盈的不满。栾祁怕儿子来讨伐，加之因家族旧恨范鞅与栾盈不合，姐弟二人便向父亲士匄诬告外孙栾盈意图叛乱，栾盈逃到楚国，即《春秋·襄公二十一年》："秋，晋栾盈出奔楚。"

士匄随即邀合齐、宋、鲁、卫、郑、曹、莒、邾娄八国诸侯，在商任会盟，发出了禁锢栾盈的指示，即《春秋·襄公二十一年》："公会晋侯、齐侯、宋公、卫侯、郑伯、曹伯、莒子、邾娄子于商任。"但不久栾盈从楚到齐，欲为楚联齐抗晋。为了进一步打压清除栾氏家族的势力，晋国又召诸侯会于沙随，重申禁令，即《春秋·襄公二十二年》："冬，公会晋侯、齐侯、宋公、卫侯、郑伯、曹伯、莒子、邾娄子、滕子、薛伯、杞伯、小邾娄子于沙随。"

襄公二十三年，齐国借向晋国赠送媵妾的机会，暗用篷车把栾盈送进晋国的曲沃（原为栾氏的私邑），即这里说的"晋栾盈复入于晋、入于曲沃"。栾盈率部族袭击绛失败，还奔曲沃，被围杀，即下所载"晋人杀栾盈"。栾氏家族至此覆灭。

【经】秋，齐侯伐卫，遂伐晋。

【经】八月，叔孙豹帅师救晋，次于雍渝。

〖传〗曷为先言救而后言次？先通君命也。

【经】己卯，仲孙遫卒。

【经】冬,十月,乙亥,臧孙纥出奔邾娄。

【经】晋人杀栾盈。

〖传〗曷为不言杀其大夫?非其大夫也。

【经】齐侯袭莒。

[译]

【经】秋,齐侯攻打卫国,接着又攻打晋国。

【经】八月,叔孙豹率军援救晋国,驻扎在雍渝。

〖传〗为什么先说援救后说驻扎呢?这是为了先将鲁襄公的命令通报给晋国。

【经】已卯日,仲孙遫去世了。

【经】冬,十月,乙亥日,臧孙纥逃亡到邾娄国。

【经】晋人杀了栾盈。

〖传〗这里为什么不说晋人杀了他的大夫呢?因为栾盈已经不是晋国的大夫了。

【经】齐侯突然进攻莒国。

【经】二十有四年,春,叔孙豹如晋。

【经】仲孙羯帅师侵齐。

【经】夏,楚子伐吴。

【经】秋,七月,甲子,朔,日有食之,既。

【经】齐崔杼帅师伐莒。

【经】大水。

【经】八月,癸巳,朔,日有食之。

【经】公会晋侯、宋公、卫侯、郑伯、曹伯、莒子、邾娄子、滕子、薛伯、杞伯、小邾娄子于陈仪。

【经】冬,楚子、蔡侯、陈侯、许男伐郑。

【经】公至自会。

【经】陈咸宜咎出奔楚。

【经】叔孙豹如京师。

【经】大饥。

[译]

【经】鲁襄公二十四年,春,叔孙豹前往晋国。

【经】仲孙羯率军进犯齐国。

【经】夏,楚子出兵攻打吴国。

【经】秋,七月,甲子日,初一,发生日食,是日全食。

【经】齐国崔杼率军攻打莒国。

【经】鲁国发生洪灾。

【经】八月,癸巳日,初一,发生日食。

【经】鲁襄公在陈仪与晋侯、宋公、卫侯、郑伯、曹伯、莒子、邾娄子、滕子、薛伯、杞伯、小邾娄子会晤。

【经】冬,楚子、蔡侯、陈侯、许男共同攻打郑国。

【经】鲁襄公从诸侯会晤的地方回来。

【经】陈国咸宜咎逃亡到楚国。

【经】叔孙豹前往京师。

【经】鲁国这年发生大饥荒。

【经】二十有五年,春,齐崔杼帅师伐我北鄙。

【经】夏,五月,乙亥,齐崔杼弑其君光。

【经】公会晋侯、宋公、卫侯、郑伯、曹伯、莒子、邾娄子、滕子、薛伯、杞伯、小邾娄子于陈仪。

【经】六月,壬子,郑公孙舍之帅师入陈。

【经】秋,八月,己巳,诸侯同盟于重丘。

【经】公至自会。

【经】卫侯入于陈仪。

〖传〗陈仪者何？卫之邑也。曷为不言入于卫？谖君以弑也。

【经】楚屈建帅师灭舒鸠。

[译]

【经】鲁襄公二十五年，春，齐国崔杼率军攻打鲁国北部边境。

【经】夏，五月，乙亥日，齐国崔杼弑杀了他的国君光。

【经】鲁襄公在陈仪与晋侯、宋公、卫侯、郑伯、曹伯、莒子、邾娄子、滕子、薛伯、杞伯、小邾娄子会晤。

【经】六月，壬子日，郑国公孙舍之率军攻进陈国都城。

【经】秋，八月，己巳日，诸侯在重丘一起结盟。

【经】鲁襄公从诸侯盟会的地方回来。

【经】卫侯进入陈仪。

〖传〗陈仪是什么地方？是卫国的一座城邑。为什么不说进入卫国呢？是表明卫侯行诈弑君。

【经】楚国屈建率军灭亡了舒鸠国。

[解]

◆崔杼弑君，其罪责实在君姜光即齐庄公。姜光在当太子时，因庶弟夺宠而被废黜，是大夫崔杼与他联合杀了庶弟母子，姜光才得以登上君位。按理说，齐庄公应对崔杼心怀感激。不料，齐庄公却与崔杼之妻棠姜私通，给崔杼戴上了一顶绿帽子。对于庄公的无耻行径，崔杼怀恨在心并决意报复。而齐庄公的侍者贾举亦因被长期鞭打而怀恨庄公，崔、贾二人遂合谋除掉庄公。崔杼称病不朝，齐庄公以探望为由来到崔家，其意实为私会棠姜。贾举看时机成熟，对庄公的随从说，为了君王方便，你们就不要跟进来了，接着关闭了大门。崔杼埋伏的甲士一拥而上把庄公团团围住。庄公请求免死，崔杼不许；庄公请求发誓结盟，崔杼不许；庄公请求自杀，崔杼还是不许。于是庄公跳墙逃跑，结果大腿中箭从墙上掉了下来，被甲士杀死。

　　崔杼的做法情有可原，但从"君君臣臣"的封建纲常来说只能算作弑君，所以史官秉笔直书："崔杼弑其君光。"崔杼怕难以承担罪责，向史官诉说原委，史官不听，被崔杼杀害。那时史官是家族传承，史官的弟弟接任后还是秉笔直书，崔杼又杀了他，第三个弟弟接任后仍然不屈不挠，而且另一个家族的史官南史氏手拿竹简站在外面，一旦第三个被杀，就会前仆后继。崔杼无可奈何，只好放弃，任由史官直书。后来文天祥在《正气歌》中将齐太史此秉笔直书之事与宣公二年董狐书赵盾弑君之事并称作"在齐太史简，在晋董狐笔"，高度颂扬二者誓死捍卫史官直书实录的传统精神与威武不能屈的高贵品格。

　　【经】冬，郑公孙囆帅师伐陈。

　　【经】十有二月，吴子谒伐楚，门于巢卒。

　　〖传〗门于巢卒者何？入门乎巢而卒也。入门乎巢而卒者何？入巢之门而卒也。吴子谒，何以名？伤而反，未至乎舍而卒也。

[译]

　　【经】冬，郑国公孙囆率军攻打陈国。

　　【经】十二月，吴子谒出兵攻打楚国，"门于巢卒"。

　　〖传〗门于巢卒是什么意思？就是"入门乎巢而卒"。入门乎巢而卒又是什么意思呢？就是进入巢邑的城门而死。为什么写出吴子谒的名呢？因为他受伤后回国，还没有走到住的地方就死了。

　　【经】二十有六年，春，王二月，辛卯，卫宁喜弑其君剽。

襄 公 337

卫孙林父入于戚以叛。

【经】甲午，卫侯衎复归于卫。

〖传〗此谖君以弑也，其言复归何？恶剽也。曷为恶剽？剽之立于是未有说也。然则曷为不言剽之立？不言剽之立者，以恶卫侯也。

[译]

【经】鲁襄公二十六年，春，周历二月，辛卯日，卫国宁喜弑杀他的国君剽。卫国大夫孙林父逃到戚叛乱。

【经】甲午日，卫侯衎重新回到卫国。

〖传〗这是行诈弑君，这里说重新回到卫国是什么意思？是因为厌恶剽。为什么厌恶剽呢？因为剽被立为国君，直到此时卫人也没感到高兴。那么为什么没有言及剽被立为国君呢？不说剽被立为国君的原因，是表示厌恶卫侯。

【经】夏，晋侯使荀吴来聘。
【经】公会晋人、郑良霄、宋人、曹人于澶渊。
【经】秋，宋公弑其世子痤。
【经】晋人执卫宁喜。
〖传〗此执有罪，何以不得为伯讨？不以其罪执之也。
【经】八月，壬午，许男宁卒于楚。
【经】冬，楚子、蔡侯、陈侯伐郑。
【经】葬许灵公。

[译]

【经】夏，晋平公派遣大夫荀吴来鲁国进行访问。
【经】鲁襄公在澶渊会见晋人、郑国的良霄、宋人和曹人。

【经】秋，宋公杀了他的世子痤。

【经】晋人拘捕了卫国的宁喜。

〖传〗这是拘捕有罪的人，为什么不算伯讨呢？因为并不是以宁喜犯有弑君之罪而拘捕他的。

【经】八月，壬午日，许国国君宁在楚国去世了。

【经】冬，楚子、蔡侯、陈侯共同出兵攻打郑国。

【经】安葬许灵公。

【经】二十有七年，春，齐侯使庆封来聘。

【经】夏，叔孙豹会晋赵武、楚屈建、蔡公孙归生、卫石恶、陈孔瑗、郑良霄、许人、曹人于宋。

【经】卫杀其大夫宁喜，卫侯之弟鱄出奔晋。

〖传〗卫杀其大夫宁喜，则卫侯之弟鱄曷为出奔晋？为杀宁喜出奔也。曷为为杀宁喜出奔？卫宁殖与孙林父逐卫侯而立公孙剽，宁殖病将死，谓喜曰："黜公者，非吾意也，孙氏为之。我即死，女能固纳公乎？"喜曰："诺。"宁殖死，喜立为大夫，使人谓献公曰："黜公者，非宁氏也，孙氏为之。吾欲纳公，何如？"献公曰："子苟纳我，吾请与子盟。"喜曰："无所用盟，请使公子鱄约之。"献公谓公子鱄曰："宁氏将纳我，吾欲与之盟。其言曰：'无所用盟，请使公子鱄约之。'子固为我与之约矣。"公子鱄辞曰："夫负羁縶，执铁锧，从君东西南北，则是臣仆庶孽之事也。若夫约言为信，则非臣仆庶孽之所敢与也。"献公怒曰："黜我者，非宁氏与孙氏，凡在尔。"公子鱄不得已而与之约。已约，归至，杀宁喜。公子鱄挈其妻子而去之，将济于河，携其妻子而与之盟，曰："苟有履卫地、食卫粟者，昧雉彼视。"

[译]

【经】鲁襄公二十七年,春,齐侯派遣庆封来鲁国访问。

【经】夏,叔孙豹在宋国与晋国赵武、楚国屈建、蔡国公孙归生、卫国石恶、陈国孔瑗、郑国良霄、许人、曹人会晤。

【经】卫国杀了它的大夫宁喜,卫侯的弟弟鱄逃亡到晋国。

〖传〗卫国杀了它的大夫宁喜,卫献公的弟弟公子鱄为什么逃亡到晋国呢?是因为杀了宁喜才逃亡的。为什么杀了宁喜,公子鱄要逃亡呢?当年,卫国宁殖和孙林父驱逐卫侯而立公孙剽为国君。宁殖病重,将要死了,他对宁喜说:"逐出卫侯不是我的本意,是孙林父做的。我要死了,你一定能把献公接回来吗?"宁喜说:"可以。"宁殖死后,宁喜被立为大夫。他派人对卫献公说:"赶您走的不是我们宁氏,是孙林父干的。我想接您回国,您认为如何?"卫献公说:"你假如接纳我回国,我请求与你盟誓。"宁喜说:"用不着盟誓,请派公子鱄和我订约。"卫献公对公子鱄说:"宁喜准备接纳我回国,我想和他盟誓,他却说:'用不着盟誓,请派公子鱄和我订约。'您一定要替我与他订约。"公子鱄推辞说:"如果说背着马笼头和马绊,拿着斧头铡刀这些刑具,跟随您到四面八方去,那么是我这种地位低贱的仆从的事情。如果是订约守信,那么就不是我这种地位低贱的仆从敢参与的事了。"卫献公大怒,说:"赶走我的并不是宁殖和孙林父,就是你!"公子鱄不得已,只好与宁喜订约。订约后,卫献公回到卫国,杀了宁喜。公子鱄相当惭愧怨恨,带着自己的妻子儿女离开卫献公逃亡到晋国,将要渡黄河时,公子鱄带着他的妻子儿女,和他们盟誓,说:"如果有谁踏上卫国的土地,再吃卫国的粮食,下场就像这只被杀的野鸡一样。"

【经】秋,七月,辛巳,豹及诸侯之大夫盟于宋。

〖传〗曷为再言豹？殆诸侯也。曷为殆诸侯？为卫石恶在是也，曰恶人之徒在是矣。

【经】冬，十有二月，乙亥，朔，日有食之。

[译]

【经】秋，七月，辛巳日，叔孙豹与诸侯的大夫在宋国结盟。

〖传〗为什么又一次提到叔孙豹呢？因为替诸侯感到危险。为什么替诸侯感到危险呢？因为卫国大夫石恶也在这次盟会上，人们说不守信义的恶人的同党也在这里。

【经】冬，十二月，乙亥日，初一，发生日食。

[解]

◆春秋中期，中原地区由于晋、楚争霸，战乱频仍，尤其是郑、宋两国，介于晋、楚、齐、秦之间，受害最为严重。因此，宋国先后两次发起和主持了意在消除战争的弭兵会议。第一次是在鲁成公十二年（前579），由宋国执政华元发起，约合晋、楚，于宋相会，订立了彼此不使用武力的盟约。但仅仅过了三年，晋、楚双方即爆发了鄢陵之战，即《春秋·成公十六年》"晋侯及楚子、郑伯战于鄢陵"，结果，"楚子、郑师败绩"。此后，晋国由于统治者内部争权夺利、人民反抗压迫，出现内忧大于外患的局面；楚国也因吴国的进攻而有后顾之忧；其他诸国长期追随晋、楚之后，疲于奔命，更希望和平。宋国大夫向戌审时度势，奔走于晋、楚等国之间，邀约楚、晋、齐、秦、鲁、郑、卫、宋、许、陈、蔡、邾、曹等十四个国家有实权的大夫召开了第二次弭兵大会，即这里记载的"秋，七月，辛巳，豹及诸侯之大夫盟于宋"。会议决议，除齐、秦两国外，原来晋、楚各自的属国，变成两国共同的属国。第二次弭兵之会，以牺牲中小国利益为代价，总算赢得了此后四十年的和平。

【经】二十有八年，春，无冰。

【经】夏，卫石恶出奔晋。

【经】邾娄子来朝。

【经】秋,八月,大雩。

【经】仲孙羯如晋。

【经】冬,齐庆封来奔。

【经】十有一月,公如楚。

【经】十有二月,甲寅,天王崩。

【经】乙未,楚子昭卒。

[译]

【经】鲁襄公二十八年,春,鲁国没有结冰。

【经】夏,卫国石恶逃亡到晋国。

【经】邾娄子来鲁国朝见。

【经】秋,八月,鲁国举行求雨的大祭祀。

【经】仲孙羯前往晋国。

【经】冬,齐国庆封逃亡到鲁国来。

【经】十一月,鲁襄公前往楚国。

【经】十二月,甲寅日,周天王去世了。

【经】乙未日,楚子昭去世了。

【经】二十有九年,春,王正月,公在楚。

〖传〗何言乎公在楚?正月以存君也。

【经】夏,五月,公至自楚。

【经】庚午,卫侯衎卒。

【经】阍弑吴子余祭。

〖传〗阍者何?门人也,刑人也。刑人则曷为谓之阍?刑人非其人也。君子不近刑人,近刑人则轻死之道也。

【经】仲孙羯会晋荀盈、齐高止、宋华定、卫世叔齐、郑公孙段、曹人、莒人、邾娄人、滕人、薛人、小邾娄人城杞。

【经】晋侯使士鞅来聘。

【经】杞子来盟。

[译]

【经】鲁襄公二十九年,春,周历正月,襄公在楚国。

〖传〗这里为什么说襄公在楚国呢?因为正月是省问国君的时候。

【经】夏,五月,鲁襄公从楚国回来。

【经】庚午日,卫侯衎去世了。

【经】阍弑杀了吴子余祭。

〖传〗阍是什么人?是守门人,是受过刑的人。既然是受过刑的人,为什么说他是守门人呢?受过刑的人是不宜做守门人的。君子是不接近受过刑的人的,接近受过刑的人是轻视死亡的路径。

【经】仲孙羯会合晋国大夫荀盈、齐国高止、宋国华定、卫国世叔齐、郑国公孙段、曹人、莒人、邾娄人、滕人、薛人、小邾娄人修筑杞国国都的城墙。

【经】晋侯派士鞅来鲁国进行访问。

【经】杞子来鲁国结盟。

【经】吴子使札来聘。

〖传〗吴无君、无大夫,此何以有君、有大夫?贤季子也。何贤乎季子?让国也。其让国奈何?谒也,余祭也,夷昧也,与季子同母者四,季子弱而才,兄弟皆爱之,同欲立之以为君,谒曰:"今若是迮而与季子国,季子犹不受也,请无与子而与弟,弟兄迭为君,而致国乎季子。"皆曰:"诺。"故诸为君者,皆轻死为勇,饮食必祝,曰:"天苟有吴国,尚速有悔于予身。"故谒也死，余祭也立；余祭也死，夷昧也立；夷昧也死，则国宜之季子者也。季子使而亡焉。僚者长庶也，即之。季子使而反，至，而君之尔。阖庐曰："先君之所以不与子国而与弟者，凡为季子故也。将从先君之命与，则国宜之季子者也；如不从先君之命与，则我宜立者也，僚恶得为君乎？"于是使专诸刺僚，而致国乎季子。季子不受，曰："尔弑吾君，吾受尔国，是吾与尔为篡也。尔杀吾兄，吾又杀尔，是父子兄弟相杀，终身无已也。"去之延陵，终身不入吴国。故君子以其不受为义，以其不杀为仁。贤季子则吴何以有君、有大夫？以季子为臣，则宜有君者也。札者何？吴季子之名也。《春秋》贤者不名，此何以名？许夷狄者不壹而足也。季子者所贤也，曷为不足乎季子？许人臣者必使臣，许人子者必使子也。

【经】秋，九月，葬卫献公。

【经】齐高止出奔北燕。

【经】冬，仲孙羯如晋。

[译]

【经】吴子派遣季札来鲁国访问。

〖传〗吴国是没有国君、没有大夫的，这里为什么说吴国有国君、有大夫呢？因为《春秋》认为季札贤良。为什么认为季札贤良呢？因为他辞让君位。他怎样辞让君位呢？谒、余祭、夷昧和季子是同母四兄弟，季子最小而且有才能，几个哥哥都喜欢他，都想立他为国君，大哥谒说："现在像这样仓促地把君位交给季子，季子还是不会接受，我请求不要把君位传给子孙，而传给弟弟，弟兄轮流做国君，这样就可以把君位传给季子了。"两个哥哥都说："这个主意好！"所以谒、余祭、夷昧这几个当国君的都以轻视死为勇，并且吃饭的时候一定要祈祷，说："如果上天想保有吴国，就尽快把灾祸降在我身上。"因此谒死了，余祭被立为国君；余祭死了，夷昧被立为国君；夷昧死了，那么国君就应该是季子。季子正出使在外就逃走了。夷昧的儿子王僚是庶子中年龄最大的，就即位成为吴国国君。季子出使反返回，到了国都，也承认王僚为国君。谒的儿子阖庐说："先君之所以不把君位传给儿子，而传给弟弟，是因为要传君位给季子。如果遵从先君的命令来传君位，那么国君就应该是季子；如果不遵从先君的命令来传君位，那么我就应该被立为国君，王僚怎么能够成为国君呢？"于是阖庐派勇士专诸刺杀了王僚，并把君位交给季子。季子不接受，他说："你弑杀了我的国君，我接受你交来的君位，这样就是我和你一起篡位。你杀了我的哥哥，我又杀了你，这样父子兄弟自相残杀，终身不能停止。"季子离开吴国国都到他的食邑延陵去了，终身不进入国都。所以君子认为他不接受君位是义的行为，认为他不引起父子兄弟间的互相残杀是仁的表现。既然认为季子贤良，那么吴国为什么就有国君、有大夫呢？如果承认季子是大臣，那么吴国就应该有国君。札是什么意思？是吴国季子的名。照例，《春秋》对贤良的人是不称名，而称他的字的，这里为什么用季子的名称呼呢？因为承认夷狄国家，不能一次就完全承认了。既然季子是《春秋》作者认为贤良的人，为什么就不能完全承认季子呢？因为承认一个人是臣子，一定要使他符合做臣子的原则；承认一个人是儿子，一定要使他符合做儿子的规矩。

【经】秋，九月，安葬卫献公。

【经】齐国高止逃亡到北燕国。

【经】冬，仲孙羯前往晋国。

[解]

◆季札是春秋时代的风云人物，曾与孔子并称"南季北孔"，让国、观乐、挂剑等故事都传颂至今。这里讲的就是季札让国。季札观乐，是说季札出使鲁国，听到了蔚为大观的周乐。季札以敏锐的感受力和卓绝的见识，透析了礼乐之教的深远蕴意，以及周朝的盛衰之势，语惊四座，使众人为之侧目。观乐故事在《左传·襄公二十九年》有详细记述，就不重复了。这里主要讲一讲季札挂剑的故事。

季札将要去晋国访问，顺路拜访了徐国国君。徐君观赏季子佩带的宝剑，流露出想要的意思，但没有说出来。季札因为出使，剑不能离身，就没有把宝剑献给徐君，但是他心里已经答应给他了。季札出使归来，徐君却已经死在楚国。于是，季札解下宝剑送给即位的徐君。随从人员阻止他说："这是吴国的宝物，不是用来做赠礼的。"季札说："我不是赠给他的。前些日子我经过这里，徐君观赏我的宝剑，嘴上没有说什么，但是他的脸上透露出想要这把宝剑的表情，我因为有出使上国的任务，就没有献给他。虽是这样，在我心里已经答应给他了。如今他死了，就不再把宝剑进献给他，这是欺骗我自己的良心。因为爱惜宝剑而违背自己的良心，正直的人是不会这样做的。"即位的徐君推辞说自己没有得到先君的命令，因此不能接受。于是，季子把宝剑挂在了徐君坟墓边的树上就离开了。徐国人赞美季札，歌唱他说："延陵季子兮不忘故，脱千金之剑兮带丘墓。"

【经】三十年，春，王正月，楚子使薳颇来聘。

【经】夏，四月，蔡世子般弑其君固。

【经】五月，甲午，宋灾，伯姬卒。

【经】天王杀其弟年夫。

【经】王子瑕奔晋。

【经】秋，七月，叔弓如宋，葬宋共姬。

〖传〗外夫人不书葬，此何以书？隐之也。何隐尔？宋灾，伯姬卒焉。其称谥何？贤也。何贤尔？宋灾，伯姬存焉，有司复曰："火至矣，请出。"伯姬曰："不可。吾闻之也：妇人夜出，不见傅母不下堂。傅至矣，母未至也。"逮乎火而死。

【经】郑良霄出奔许，自许入于郑。郑人杀良霄。

[译]

【经】鲁襄公三十年，春，周历正月，楚共王派遣令尹蔿颇来鲁国访问。

【经】夏，四月，蔡国世子般弑杀了他的国君固。

【经】五月，甲午日，宋国发生火灾，伯姬被火烧死了。

【经】周天王杀了他的弟弟年夫。

【经】周的王子瑕逃亡到晋国。

【经】秋，七月，叔弓前往宋国，安葬了宋共姬。

〖传〗鲁国以外的国君夫人是不记载葬礼的，这里为什么记载呢？因为怜悯她。为什么怜悯她呢？因为宋国发生火灾，伯姬被烧死了。这里用伯姬的谥号来称呼她是为什么呢？因为认为她贤良。她有什么贤良之处呢？宋国宫室发生火灾时，伯姬在里面，当时有关官员向她报告，说："大火已经烧到这里了，请夫人赶快出去。"伯姬说："不行。我听说：妇女如果晚上有事出门，没有见到师傅和保姆是不能离开寝宫的。现在师傅已经到了，保姆还没有到呢。"大火很快烧到她，她因此死了。

【经】郑国良霄逃亡到许国，后来又从许国进入郑国。郑人杀了良霄。

[解]

◆宋共姬是鲁宣公的女儿，她与宋共公的婚姻，就是鲁成公八年"夏，宋公使公孙寿来纳币"、九年"二月，伯姬归于宋"。伯姬是个非常懂礼、讲礼的女性，结婚时因为宋共公违反礼制不亲迎，伯姬便拒绝与宋共公同寝，经鲁国大夫季孙行父劝说，伯姬才与宋共公完婚。婚后十年，宋共公亡，伯姬守寡。襄公三十年，宫殿失火，因保姆未至女人夜间不能外出，宋共姬恪守礼教不肯出逃，结果被烧死在宫里。宋共姬的做法在今人看来当然是很愚的，但在当时，各国诸侯相聚于卫国澶渊，共同为其志哀，即下文所载"晋人、齐人、宋人、卫人、郑人、曹人、莒人、邾娄人、滕人、薛人、杞人、小邾娄人会于澶渊，宋灾故"，褒奖她"越义求生，不如守义而死"的人生信条，而且历代封建统治者都对她这样坚守礼法被活活烧死的做法大加喝彩。我国古代第一部撰写妇女的著作《列女传》，把共姬列入"贞顺类"。直到清初，马骕著《绎史》，犹把共姬事迹编撰为其中的一卷。

【经】冬，十月，葬蔡景公。

〖传〗贼未讨，何以书葬？君子辞也。

【经】晋人、齐人、宋人、卫人、郑人、曹人、莒人、邾娄人、滕人、薛人、杞人、小邾娄人会于澶渊，宋灾故。

〖传〗宋灾故者何？诸侯会于澶渊，凡为宋灾故也。会未有言其所为者，此言所为何？录伯姬也。诸侯相聚，而更宋之所丧，曰："死者不可复生，尔财复矣！"此大事也，曷为使微者？卿也。卿则其称人何？贬。曷为贬？卿不得忧诸侯也。

[译]

【经】冬，十月，安葬蔡景公。

〖传〗弑杀蔡景公的贼人还没有被讨伐，为什么就记载葬礼呢？这是君子为中原各国避讳的说法。

【经】晋人、齐人、宋人、卫人、郑人、曹人、莒人、邾娄人、滕人、薛人、杞人、小邾娄人在澶渊聚会，宋灾故。

〖传〗宋灾故是什么意思？诸侯在澶渊聚会，就是因为宋国发生火灾的缘故。《春秋》记载诸侯会晤从来不说会晤是为了什么事的，这里说诸侯会晤是为了什么事是什么意思？是为了记载伯姬。在这次会上，诸侯共同筹集财物，来弥补宋国因火灾而受到的损失，还对宋人说："死的人已经不能再活，但是你们宋国损失的财物又回来了！"

这是一件重大的事情，为什么各国派一些地位低下的人来议事呢？其实他们都是卿大夫。既然是卿大夫，那么为什么称他们为"人"呢？为了贬低他们。为什么要贬低他们呢？卿大夫没有资格为别国诸侯的事务担忧。

【经】三十有一年，春，王正月。

【经】夏，六月，辛巳，公薨于楚宫。

【经】秋，九月，癸巳，子野卒。

【经】己亥，仲孙羯卒。

【经】冬，十月，滕子来会葬。

【经】癸酉，葬我君襄公。

【经】十有一月，莒人弑其君密州。

[译]

【经】鲁襄公三十一年，春，周历正月。

【经】夏，六月，辛巳日，鲁襄公在楚宫去世了。

【经】秋，九月，癸巳日，子野去世了。

【经】己亥日，仲孙羯去世了。

【经】冬，十月，滕子到鲁国来参加鲁襄公的葬礼。

【经】癸酉日，安葬我们的国君鲁襄公。

【经】十一月，莒人弑杀了他们的国君密州。

昭　公

【经】元年,春,王正月,公即位。

【经】叔孙豹会晋赵武、楚公子围、齐国酌、宋向戌、卫石恶、陈公子招、蔡公孙归生、郑轩虎、许人、曹人于漷。

〖传〗此陈侯之弟招也,何以不称弟?贬。曷为贬?为杀世子偃师贬,曰陈侯之弟招杀陈世子偃师。大夫相杀称人,此其称名氏以杀何?言将自是弑君也。今将尔,词曷为与亲弑者同?君亲无将,将而必诛焉。然则曷为不于其弑焉贬?以亲者弑,然后其罪恶甚。《春秋》不待贬绝而罪恶见者,不贬绝以见罪恶也;贬绝然后罪恶见者,贬绝以见罪恶也。今招之罪已重矣,曷为复贬乎此?著招之有罪也。何著乎招之有罪?言楚之托乎讨招以灭陈也。

[译]

【经】鲁昭公元年,春,周历正月,鲁昭公即位。

【经】叔孙豹在漷地与晋国赵武、楚国公子围、齐国国酌、宋国向戌、卫国石恶、陈国公子招、蔡国公孙归生、郑国轩虎、许人、曹人会晤。

〖传〗公子招就是陈侯的弟弟招,这里为什么不称他为"弟"

呢？为了贬责他。为什么要贬责他？为了他杀世子偃师贬责他。《春秋·昭公八年》记载陈侯的弟弟招，杀了陈国的世子偃师。大夫相杀都是称"人"，这里称公子招的姓名，记载他杀了世子偃师是什么意思？是表示公子招可能由此而弑杀国君。现在公子招只是将要弑杀国君，为什么这里的说法就与亲手杀死国君的说法一样呢？对国君和父母是不能存有弑杀的企图的，如果心存弑杀的企图就一定要诛杀。既然这样，那么为什么不在公子招弑君的时候贬责他呢？如果他亲手弑杀国君，那么他的罪恶就太大了。《春秋》对一些不等贬责并罢黜他的地位而他的罪恶已经显示出来的人，就不用贬责并罢黜他的地位的方式来揭示他的罪恶；对另一些人必须贬责并罢黜他的地位，他的罪恶才会显示出来的人，就用贬责并罢黜他的地位的方式来揭示他的罪恶。现在公子招的罪恶已经很重大了，为什么又在这里贬责他呢？是为了使公子招的罪恶更显著。为什么要使公子招的罪恶更显著呢？因为是想表明楚国灭了陈国是以讨伐公子招为借口的。

【经】三月，取运。

〖传〗运者何？内之邑也。其言取之何？不听也。

【经】夏，秦伯之弟鍼出奔晋。

〖传〗秦无大夫，此何以书？仕诸晋也。曷为仕诸晋？有千乘之国，而不能容其母弟，故君子谓之出奔也。

【经】六月，丁巳，邾娄子华卒。

【经】晋荀吴帅师败狄于大卤。

〖传〗此大卤也，曷为谓之大原？地物从中国，邑人名从主人。原者何？上平曰原，下平曰隰。

[译]

【经】三月，鲁军占领了运地。

【传】运是什么地方?是鲁国的一座城邑。这里说占领它是什么意思?因为运地的人叛乱了。

【经】夏,秦伯的弟弟鍼逃亡到晋国。

【传】秦国没有大夫,这里为什么记载呢?因为公子鍼在晋国做官。公子鍼为什么要在晋国做官呢?秦国是一个拥有千辆战车的大国,但秦伯却不能容纳他的同母弟弟,所以君子称公子鍼到晋国做官为逃亡。

【经】六月,丁巳日,邾娄子华去世了。

【经】晋国荀吴率军在大原打败了狄人。

【传】打败狄人的地方叫大卤,为什么称它为大原呢?一般来说,地点和物产的称呼应遵从中原各国的习惯,邑名和人名的称呼可以遵从它的主人的叫法。大原的"原"是什么意思?地势很宽阔平坦的地方叫"原",地势低下但很平坦的地方叫"隰"。

[解]

◆鍼是秦景公的同母弟,昭公元年,因有人诬陷,逃到晋国。鍼非常富有,外逃携带装载财物的车子有上千辆。晋平公问他如此富有,为何还要外逃。鍼回答说秦景公无道,自己担心被诛杀,只有等到秦景公死后才能回国。后来果然是在秦景公死后,其子哀公即位,鍼没有什么顾虑了,才返回秦国。《公羊传》说:"有千乘之国,而不能容其母弟,故君子谓之出奔也。""不能容"三个字说明秦景公无视"亲亲之道",这与对郑伯克段的贬斥如出一辙。这是《公羊传》对兄友弟恭人伦之道的又一次提倡。

【经】秋,莒去疾自齐入于莒。

【经】莒展出奔吴。

【经】叔弓帅师疆运田。

【传】疆运田者何?与莒为竟也。与莒为竟,则曷为帅师而往?畏莒也。

【经】葬邾娄悼公。

【经】冬,十有一月,己酉,楚子卷卒。

【经】楚公子比出奔晋。

[译]

【经】秋,莒国的去疾从齐国进入莒国。

【经】莒国的展逃亡到吴国。

【经】鲁国大夫叔弓率军去疆运田。

〖传〗疆运田是什么意思?就是与莒国明确国界。与莒国明确国界,那为什么要率军前往呢?因为鲁国惧怕莒国。

【经】安葬邾娄悼公。

【经】冬,十一月,己酉日,楚子卷去世了。

【经】楚国的公子比逃亡到晋国。

【经】二年,春,晋侯使韩起来聘。

【经】夏,叔弓如晋。

【经】秋,郑杀其大夫公孙黑。

【经】冬,公如晋,至河乃复。

〖传〗其言至河乃复何?不敢进也。

【经】季孙宿如晋。

[译]

【经】鲁昭公二年,春,晋侯派遣大夫韩起来鲁国访问。

【经】夏,叔弓前往晋国。

【经】秋,郑国杀了它的大夫公孙黑。

【经】冬,鲁昭公前往晋国,来到黄河边就回来了。

〖传〗这里说来到黄河边就回来了是什么意思?就是不敢前

进了。

【经】季孙宿前往晋国。

［解］

◆鲁君朝晋,至河乃复的情况,此后还有五次,分别是昭公十二年夏、昭公十三年冬、昭公二十一年冬、昭公二十三年冬、定公三年春。其实都是因为鲁国小力弱,晋国无视其存在,以种种借口拒绝鲁君前往,而鲁君也因自己的过错而心生畏惧,以致屡屡半途而废。

【经】三年,春,王正月,丁未,滕子泉卒。

【经】夏,叔弓如滕。

【经】五月,葬滕成公。

【经】秋,小邾娄子来朝。

【经】八月,大雩。

【经】冬,大雨雹。

【经】北燕伯款出奔齐。

［译］

【经】鲁昭公三年,春,周历正月,丁未日,滕子泉去世了。

【经】夏,叔弓前往滕国。

【经】五月,安葬滕成公。

【经】秋,小邾娄子来鲁国朝见。

【经】八月,鲁国举行求雨的大祭祀。

【经】冬,鲁国降下大冰雹。

【经】北燕伯款逃亡到齐国。

【经】四年,春,王正月,大雨雪。

【经】夏,楚子、蔡侯、陈侯、郑伯、许男、徐子、滕子、顿子、胡子、沈子、小邾娄子、宋世子佐、淮夷会于申。

【经】楚人执徐子。

[译]

【经】鲁昭公四年，春，周历正月，鲁国降下大雪。

【经】夏，楚子、蔡侯、陈侯、郑伯、许男、徐子、滕子、顿子、胡子、沈子、小邾娄子、宋国世子佐、淮夷在申地会晤。

【经】楚人拘捕了徐子。

【经】秋，七月，楚子、蔡侯、陈侯、许男、顿子、胡子、沈子、淮夷伐吴，执齐庆封，杀之。

〖传〗此伐吴也，其言执齐庆封何？为齐诛也。其为齐诛奈何？庆封走之吴，吴封之于防。然则曷为不言伐防？不与诸侯专封也。庆封之罪何？胁齐君而乱齐国也。

【经】遂灭厉。

【经】九月，取鄫。

〖传〗其言取之何？灭之也。灭之则其言取之何？内大恶，讳也。

【经】冬，十有二月，乙卯，叔孙豹卒。

[译]

【经】秋，七月，楚子、蔡侯、陈侯、许男、顿子、胡子、沈子、淮夷共同出兵攻打吴国，拘捕了齐国的庆封，并杀了他。

〖传〗这次行动是攻打吴国，这里说拘捕齐国的庆封是什么意思？是为齐国诛杀庆封。为齐国诛杀庆封是怎么回事？庆封逃跑到吴国，吴王将防地封给他。那么为什么不说攻打防地呢？因为不赞成诸侯自专，随意封给别人土地或称号。庆封的罪是什么？威胁齐国国君并且扰乱了齐国社会秩序。

【经】接着,以楚国为首的诸侯军队又灭亡了厉国。

【经】九月,鲁国取了鄫国。

〖传〗这里说"取"是什么意思?就是灭亡了鄫国。灭亡了鄫国为什么说取了鄫国呢?这是鲁国的大罪恶,要避讳。

【经】冬,十二月,乙卯日,叔孙豹去世了。

【经】五年,春,王正月,舍中军。

〖传〗舍中军者何?复古也。然则曷为不言三卿?五亦有中,三亦有中。

【经】楚杀其大夫屈申。

【经】公如晋。

【经】夏,莒牟夷以牟娄及防、兹来奔。

〖传〗莒牟夷者何?莒大夫也。莒无大夫,此何以书?重地也。其言及防、兹来奔何?不以私邑累公邑也。

[译]

【经】鲁昭公五年,春,周历正月,鲁国废除中军。

〖传〗废除中军是怎么回事?是要恢复古代军制。既然这样,那么为什么不说废除三卿呢?因为五卿中有中卿,三卿中也有中卿。

【经】楚国杀了它的大夫屈申。

【经】鲁昭公前往晋国。

【经】夏,莒国的牟夷投奔到鲁国来,并把牟娄、防和兹这三个邑献给鲁国。

〖传〗莒国的牟夷是什么人?是莒国的大夫。莒国没有大夫,这里为什么记载呢?因为重视牟夷献来的三个邑。这里说"及防、兹"投奔到鲁国来是什么意思?牟娄是公邑,防、兹是私邑,不能把公邑和私邑混为一谈。

[解]

◆襄公三十一年，鲁设三军，三分公室。至此，鲁公室完全被架空，"三桓"之间力量也有明显的消长，依据实力又做了一次权力上的再分配。名义上是恢复古制，即取消中军，只留上下二军。其实质是四分公室，相应的份额变化是：季孙氏占有二分之一，孟孙、叔孙各占四分之一，而鲁公室全无兵赋。总之，从三军到二军，从三分公室到四分公室，其实质就是削弱公室。

◆"五亦有中，三亦有中"，古今学者，或释作"五军有中军，三军也有中军"，或释作"五卿中有中卿，三卿中也有中卿"，但均有难通之处。

【经】秋，七月，公至自晋。

【经】戊辰，叔弓帅师败莒师于濆泉。

〖传〗濆泉者何？直泉也。直泉者何？涌泉也。

【经】秦伯卒。

〖传〗何以不名？秦者夷也，匿嫡之名也。其名何？嫡得之也。

【经】冬，楚子、蔡侯、陈侯、许男、顿子、沈子、徐人、越人伐吴。

[译]

【经】秋，七月，鲁昭公从晋国回来。

【经】戊辰日，叔弓率军在犂泉打败了莒军。

〖传〗濆泉是什么意思？就是直泉。直泉又是什么意思？就是水向上喷涌的泉。

【经】秦伯去世了。

〖传〗为什么不写出他的名字？因为秦国是夷狄国家，其习俗是隐匿嫡子的名字。所以《春秋》不写出他的名字。那么为什么又写出一些秦国国君的名字呢？这是因为嫡子得以立为国君的缘故。

【经】冬，楚子、蔡侯、陈侯、许男、顿子、沈子、徐人、越人联合攻打吴国。

【经】六年，春，王正月，杞伯益姑卒。

【经】葬秦景公。

【经】夏，季孙宿如晋。

【经】葬杞文公。

【经】宋华合比出奔卫。

【经】秋，九月，大雩。

【经】楚薳颇帅师伐吴。

【经】冬，叔弓如楚。

【经】齐侯伐北燕。

[译]

【经】鲁昭公六年，春，周历正月，杞伯益姑去世了。

【经】安葬秦景公。

【经】夏，鲁国大夫季孙宿前往晋国。

【经】安葬杞文公。

【经】宋国华合比逃亡到卫国。

【经】秋，九月，鲁国举行求雨的大祭祀。

【经】楚国大夫薳颇率军攻打吴国。

【经】冬，叔弓前往楚国。

【经】齐侯攻打北燕国。

【经】七年,春,王正月,暨齐平。

【经】三月,公如楚。

【经】叔孙舍如齐莅盟。

【经】夏,四月,甲辰,朔,日有食之。

【经】秋,八月,戊辰,卫侯恶卒。

【经】九月,公至自楚。

【经】冬,十有一月,癸未,季孙宿卒。

【经】十有二月,癸亥,葬卫襄公。

[译]

【经】鲁昭公七年,春,周历正月,与齐国讲和。

【经】三月,鲁昭公前往楚国。

【经】叔孙舍前往齐国参加盟会。

【经】夏,四月,甲辰日,初一,发生日食。

【经】秋,八月,戊辰日,卫侯恶去世了。

【经】九月,鲁昭公从楚国回来。

【经】冬,十一月,癸未日,季孙宿去世了。

【经】十二月,癸亥日,安葬卫襄公。

【经】八年,春,陈侯之弟招杀陈世子偃师。

【经】夏,四月,辛丑,陈侯溺卒。

【经】叔弓如晋。

【经】楚人执陈行人干徵师杀之。

【经】陈公子留出奔郑。

[译]

【经】鲁昭公八年,春,陈侯的弟弟招杀了陈国世子偃师。

【经】夏,四月,辛丑日,陈侯溺去世了。

【经】叔弓前往晋国。

【经】楚国拘捕了陈国的使者干徵师,并杀了他。

【经】陈国公子留逃亡到郑国。

【经】秋,蒐于红。

〖传〗蒐者何?简车徒也。何以书?盖以罕书也。

【经】陈人杀其大夫公子过。

【经】大雩。

【经】冬,十月,壬午,楚师灭陈,执陈公子招,放之于越,杀陈孔瑗。

【经】葬陈哀公。

[译]

【经】秋,鲁国在红蒐。

〖传〗蒐是什么意思?就是检阅战车和步兵。为什么记载这件事?大概是检阅军队的事罕见,所以就记载下来。

【经】陈人杀了他的大夫公子过。

【经】鲁国举行求雨的大祭祀。

【经】冬,十月,壬午日,楚军灭亡了陈国,拘捕了陈国公子招,把他放逐到越国,还杀了陈国大夫孔瑗。

【经】安葬陈哀公。

【经】九年,春,叔弓会楚子于陈。

【经】许迁于夷。

【经】夏,四月,陈火。

〖传〗陈已灭矣,其言陈火何?存陈也。曰存陈悕矣!曷为存陈？灭人之国，执人之罪人，杀人之贼，葬人之君，若是则陈存悕矣！

【经】秋，仲孙貜如齐。

【经】冬，筑郎囿。

[译]

【经】鲁昭公九年，春，叔弓在陈国会见楚灵王。

【经】许国迁移到夷地。

【经】夏，四月，陈国发生火灾。

〖传〗陈国已经灭亡了，这里说陈国发生火灾是什么意思？是要保存陈国。说保存陈国也很可悲了！为什么说要保存陈国呢？楚国灭亡了别人的国家，拘捕了别国的罪人，杀了别国弑君的坏人，安葬了别国的国君，像这样，陈国保存下来也是很可悲的！

【经】秋，仲孙貜前往齐国。

【经】冬，鲁国修筑郎囿。

[解]

◆鲁昭公八年，陈哀公之弟公子招、公子过杀死世子偃师，即"八年，春，陈侯之弟招杀陈世子偃师"，立哀公次子留为世子。陈哀公溺哀痛自缢而死，即"夏，四月，辛丑，陈侯溺卒"。事后，陈国行人干徵师到楚国报丧，楚灵王杀死干徵师，即"楚人执陈行人干徵师杀之"，随即"陈公子留出奔郑"，"陈人杀其大夫公子过"。九月，楚伐陈，"冬，十月，壬午，楚师灭陈，执陈公子招，放之于越，杀陈孔瑗"。

次年四月，陈地发生火灾，《春秋》仍记作"陈火"。在《公羊传》看来，楚虽有替陈平定叛乱的一面，但其本质是灭人之国。《春秋》哀痛陈国之亡，借史笔来保存陈国，在陈国亡之后仍称之为"陈"，是对楚灭陈的不认可与抨击。

【经】十年，春，王正月。

【经】夏，晋栾施来奔。

【经】秋，七月，季孙隐如、叔弓、仲孙貜帅师伐莒。

【经】戊子，晋侯彪卒。

【经】九月，叔孙舍如晋。

【经】葬晋平公。

【经】十有二月，甲子，宋公戌卒。

[译]

【经】鲁昭公十年，春，周历正月。

【经】夏，晋国栾施逃亡到鲁国来。

【经】秋，七月，季孙隐如、叔弓、仲孙貜率军攻打莒国。

【经】戊子日，晋侯彪去世了。

【经】九月，叔孙舍前往晋国。

【经】安葬晋平公。

【经】十二月，甲子日，宋公戌去世了。

【经】十有一年，春，王正月，叔弓如宋。

【经】葬宋平公。

【经】夏，四月，丁巳，楚子虔诱蔡侯般，杀之于申。

〖传〗楚子虔何以名？绝。曷为绝之？为其诱讨也。此讨贼也，虽诱之则曷为绝之？怀恶而讨不义，君子不予也。

【经】楚公子弃疾帅师围蔡。

【经】五月，甲申，夫人归氏薨。

【经】大蒐于比蒲。

〖传〗大蒐者何？简车徒也。何以书？盖以罕书也。

【经】仲孙貜会邾娄子，盟于侵羊。

[译]

【经】鲁昭公十一年,春,周历正月,叔弓前往宋国。

【经】安葬宋平公。

【经】夏,四月,丁巳日,楚子虔引诱蔡侯般,并在申地杀了他。

〖传〗为什么写出楚子虔的名呢?因为楚子虔的爵位应该断绝了。为什么应该断绝楚子虔的爵位呢?因为他诱杀蔡侯般。这是诛讨弑杀国君的坏人,虽然是诱杀他,但为什么要断绝楚子虔的爵位呢?因为楚子虔是心怀灭蔡的罪恶目的而诛讨弑君坏人的,所以君子不赞成。

【经】楚国的公子弃疾率军包围了蔡国。

【经】五月,甲申日,夫人归氏去世了。

【经】鲁国在比蒲大蒐。

〖传〗大蒐是什么意思?就是大规模地检阅战车和步兵。为什么要记载这件事?大概是因为大规模阅兵的事太少,就记载下来了。

【经】仲孙貜会见邾娄国国君,并在侵羊与他结盟。

[解]

◆鲁襄公三十年,蔡国世子般杀其父蔡景侯而自立为君,是为蔡灵侯。十三年后,即鲁昭公十一年,"夏,四月,丁巳,楚子虔诱蔡侯般,杀之于申"。随即,"楚公子弃疾帅师围蔡","冬,十有一月,丁酉,楚师灭蔡,执蔡世子有以归,用之"。

在《公羊传》看来,《春秋》之所以点出楚子虔的名字,是为了表示楚子虔应该被贬绝君位。因为蔡灵侯虽有不义之处,有可亡之道,但楚子虔并不是为了伸张正义,而是为了灭人之国,即"怀恶而讨不义"。这与楚国借陈国内乱而灭之如出一辙。对此,《公羊传》是坚决反对的,即"君子不予也"。

【经】秋,季孙隐如会晋韩起、齐国酌、宋华亥、卫北宫佗、郑轩虎、曹人、杞人于屈银。

【经】九月,己亥,葬我小君齐归。

〖传〗齐归者何?昭公之母也。

【经】冬,十有一月,丁酉,楚师灭蔡,执蔡世子有以归,用之。

〖传〗此未逾年之君也,其称世子何?不君灵公,不成其子也。不君灵公,则曷为不成其子?诛君之子不立,非怒也,无继也。恶乎用之?用之防也。其用之防奈何?盖以筑防也。

[译]

【经】秋,季孙隐如在屈银与晋国韩起、齐国国酌、宋国华亥、卫国北官佗、郑国轩虎、曹人、杞人会晤。

【经】九月,己亥日,安葬我们的小君齐归。

〖传〗齐归是什么人?是鲁昭公的母亲。

【经】冬,十一月,丁酉日,楚军灭亡了蔡国,并拘捕了蔡国世子有,将他带回去并用了他。

〖传〗这是即位不满一年的新君,这里称他为世子有是什么意思呢?因为《春秋》的作者不承认蔡灵公为蔡国国君,也不承认有为世子。不承认蔡灵公为蔡国国君,为什么也不承认有为世子呢?弑杀国君篡夺君位的人的儿子是不能立为世子的,这并非因为蔡灵公的罪大恶极而迁怒于他的儿子有,而是像蔡灵公这样大逆不道的人,就应该断绝后代。楚国怎样用有呢?把有用在堤防里。把有用在堤防里是什么意思?大概是将世子有筑在堤防里了。

【经】十有二年,春,齐高偃帅师纳北燕伯于阳。

〖传〗伯于阳者何?公子阳生也。子曰:"我乃知之矣。"在侧者曰:"子苟知之,何以不革?"曰:"如尔所不知何?《春秋》

之信史也，其序则齐桓、晋文，其会则主会者为之也，其词则丘有罪焉耳！"

【经】三月，壬申，郑伯嘉卒。

[译]

【经】鲁昭公十二年，春，齐国高偃率军护送北燕的伯于阳回国。

〖传〗伯于阳是什么人？是公子阳生。孔子说："我那个时候已经知道是怎么回事了。"在他身边的人就说："您如果已经知道有错了，为什么不改正呢？"孔子说："对你们所不知道的事情该怎么解释呢？《春秋》是一部信史，它排列的顺序是齐桓公、晋文公定的；其他的盟会，就只能按照主持盟会者的意志来办；如果在褒贬诸侯时用词有什么不妥，就是我孔丘的罪过。"

【经】三月，壬申日，郑伯嘉去世了。

【经】夏，宋公使华定来聘。

【经】公如晋，至河乃复。

【经】五月，葬郑简公。

【经】楚杀其大夫成然。

【经】秋，七月。

【经】冬，十月，公子整出奔齐。

【经】楚子伐徐。

【经】晋伐鲜虞。

[译]

【经】夏，宋公派遣大夫华定来鲁国访问。

【经】鲁昭公前往晋国，到达黄河边上就返回来了。

【经】五月，安葬郑简公。

【经】楚国杀了它的大夫成然。

【经】秋,七月。

【经】冬,十月,鲁国的公子憖逃亡到齐国。

【经】楚子攻打徐国。

【经】晋国攻打鲜虞国。

【经】十有三年,春,叔弓帅师围费。

【经】夏,四月,楚公子比自晋归于楚,弑其君虔于乾溪。

〖传〗此弑其君,其言归何?归无恶于弑立也。归无恶于弑立者何?灵王为无道,作乾溪之台,三年不成,楚公子弃疾胁比而立之。然后令于乾溪之役,曰:"比已立矣,后归者不得复其田里。"众罢而去之,灵王经而死。

【经】楚公子弃疾弑公子比。

〖传〗比已立矣,其称公子何?其意不当也。其意不当,则曷为加弑焉尔?比之义宜乎效死不立。大夫相杀称人,此其称名氏以弑何?言将自是为君也。

[译]

【经】鲁昭公十三年,春,叔弓率军包围了费。

【经】夏,四月,楚国的公子比从晋国归于楚国,在乾溪弑杀了他的国君虔。

〖传〗这是弑杀他的国君的坏人,说他"归"是什么意思?公子比的回国,在弑杀国君并被立为国君这事上是没有罪恶的。为什么公子比的回国在弑杀国君并被立为国君这事上是没有罪恶的呢?因为楚灵王作为国君没有道义,修筑乾溪之台,三年也没有筑成。楚国的公子弃疾逼迫公子比,并把他立为国君。然后对在乾溪服劳役的人命令,说:"公子比已经被立为国君了,后回家的人,不能恢复他的田地和住处。"众人一听立即停了工,并赶紧离开了乾溪。楚灵王见众叛亲离就自缢而死。

【经】不久,楚国的公子弃疾又弑杀了公子比。

〖传〗公子比已经被立为国君了,为什么还称他为公子呢?因为公子比的内心并不愿意当国君。既然公子比的内心并不愿意当国君,那么为什么把弑杀国君的罪名加在他身上呢?按照道义,公子比应该誓死不当国君。大夫之间相互杀害应该称他们为"人",这里为什么写出两人的名字,并用"弑"这个词呢?是说公子弃疾从此就做了国君。

[解]

◆楚灵王是春秋时期有名的穷奢极欲、昏暴之君。他杀侄儿楚郏敖自立。对外,迷信强权,四处征讨,与各国之间战争不断。他借平定陈国内乱之机,灭掉了陈国;以蔡灵侯杀父自立为借口,攻灭蔡国。楚灵王十一年冬,又发兵攻打徐国。时值隆冬,大雪漫天,将士们饥寒难耐,灵王自己却在乾溪玩乐享受。灵王的弟弟蔡公弃疾(即后来的楚平王)此时趁其不在家,杀掉灵王的儿子太子禄和公子罢敌,立自己的另一个哥哥公子比为王;同时还派人到乾溪去,瓦解官兵的人心,即这里记载的"然后令于乾溪之役,曰:'比已立矣,后归者不得复其田里。'"由于连年征战,民心尽失,经此煽动,军队便一哄而散,楚灵王成了真正意义上的孤家寡人。由于众叛亲离,孤立无援,楚灵王最终自缢而死。

楚灵王也因其昏暴,留下了一些历史典故。如文学中常用的"章台",指的就是楚灵王修建的一座宫殿,叫章华宫,也叫章华台;"楚王好细腰,宫中多饿死",这好细腰的楚王指的就是楚灵王;晏子使楚,遭楚王戏弄,晏子巧妙回击,使楚王自讨没趣的楚王也正是楚灵王。

但楚灵王并非一无是处,他其实颇有识别忠奸的知人之明。楚灵王登位前,叫公子围。鲁襄公二十六年(前547),楚伐郑,将领穿封戍擒郑将皇颉,公子围与之争功。太宰伯州犁来做裁定,高举着手说这位公子围是国君的弟弟,又垂下手说这个是方城外的县官穿封戍,问郑颉为谁所擒。

郑颉会意，说自己是被公子围所擒，从而死里逃生。如此串通作弊，气得穿封戌执戈追逐公子围。这就是成语"上下其手"的来历。但灵王登位后，却并不对穿封戌执戈追逐怀恨在心，灭陈后封穿封戌为陈公；倒是对曾献媚于他的伯州犁不放心，将其杀死。此外，他非常敬重左史倚相，称他为良史、贤才、国宝。

【经】秋，公会刘子、晋侯、齐侯、宋公、卫侯、郑伯、曹伯、莒子、邾娄子、滕子、薛伯、杞伯、小邾娄子于平丘。八月，甲戌，同盟于平丘。公不与盟。晋人执季孙隐如以归。公至自会。

〖传〗公不与盟者何？公不见与盟也。公不见与盟，大夫执，何以致会？不耻也。曷为不耻？诸侯遂乱，反陈、蔡，君子不耻不与焉！

【经】蔡侯庐归于蔡。

【经】陈侯吴归于陈。

〖传〗此皆灭国也，其言归何？不与诸侯专封也。

【经】冬，十月，葬蔡灵公。

【经】公如晋，至河乃复。

【经】吴灭州来。

[译]

【经】秋，鲁昭公在平丘与刘子、晋侯、齐侯、宋公、卫侯、郑伯、曹伯、莒子、邾娄子、滕子、薛伯、杞伯、小邾娄子会晤。八月，甲戌日，诸侯在平丘一起盟誓。鲁昭公没有参加盟誓。晋人拘捕了季孙隐如，并把他带回国去。鲁昭公从诸侯盟会的地方回来。

〖传〗鲁昭公没有参加盟誓的原因是什么？是因为鲁昭公不被允许参加盟誓。鲁昭公不被允许参加盟誓，鲁国大夫又被拘捕，为什么还记载鲁昭公从诸侯盟会的地方回来呢？因为不把这些当作耻辱的事情。为什么不把这些当作耻辱的事情呢？因为诸侯们成就了楚国之乱，弃疾使陈、蔡复国，所以君子不把没有参加盟誓作为耻辱！

【经】蔡侯庐回到蔡国。

【经】陈侯吴回到陈国。

〖传〗这两个都是已经灭亡的国家，这里说蔡侯、陈侯回到他们国家是什么意思？因为不赞成诸侯自专，随意封给别人土地或称号。

【经】冬，十月，安葬蔡灵公。

【经】鲁昭公前往晋国，到达黄河岸边就返回来了。

【经】吴国灭亡了州来。

【经】十有四年，春，隐如至自晋。

【经】三月，曹伯滕卒。

【经】夏，四月。

【经】秋，葬曹武公。

【经】八月，莒子去疾卒。

【经】冬，莒杀其公子意恢。

[译]

【经】鲁昭公十四年，春，季孙隐如从晋国回来。

【经】三月，曹伯滕去世了。

【经】夏，四月。

【经】秋，安葬曹武公。

【经】八月，莒子去疾去世了。

【经】冬，莒国杀了它的公子意恢。

【经】十有五年，春，王正月，吴子夷昧卒。

【经】二月，癸酉，有事于武宫。籥入，叔弓卒，去乐卒事。

〖传〗其言去乐卒事何？礼也。君有事于庙，闻大夫之丧，去乐，卒事。大夫闻君之丧，摄主而往。大夫闻大夫之丧，尸事毕而往。

【经】夏，蔡昭吴奔郑。

【经】六月，丁巳，朔，日有食之。

【经】秋，晋荀吴帅师伐鲜虞。

【经】冬，公如晋。

[译]

【经】鲁昭公十五年，春，周历正月，吴子夷昧去世了。

【经】二月，癸酉日，在武公庙举行祭祀活动。籥舞上场，叔弓突然去世了，去乐卒事。

〖传〗这里说"去乐卒事"是什么意思？这是一种礼仪。国君在宗庙举行祭祀活动，听说大夫去世了，就应该取消音乐演奏，将祭祀活动完成。如果大夫在举行祭祀活动时，听说国君去世了，就应该让别人代替自己主持祭祀活动，自己要立即前往。如果大夫在举行祭祀活动时，听说大夫去世了，就应该在完成祭祀活动后立即前往。

【经】夏，蔡国昭吴逃亡到郑国。

【经】六月，丁巳日，初一，发生日食。

【经】秋，晋国荀吴率军攻打鲜虞国。

【经】冬，鲁昭公前往晋国。

[解]

◆礼在执行的过程中，往往会有一些突发情况，这个时候就需要根据礼的原则做一些变通，这就是变礼。变礼是在一般礼仪的基础上做出的变通，需要执行者具有较高水平，非精通者不足以为此，所以董仲舒在《春秋繁露·玉英》中说："《春秋》有经礼，有变礼……明乎经变之事，然后知轻重之分，可与适权矣。"这里《春秋》所记载的"二月，癸酉，有事于武宫。籥入，叔弓卒，去乐卒事"，以及《公羊传》所阐释的"君有事于庙，闻大夫之丧，去乐，卒事。大夫闻君之丧，摄主而往。大夫闻大夫之丧，尸事毕而往"，就属于变礼的范畴。

【经】十有六年，春，齐侯伐徐。

【经】楚子诱戎曼子，杀之。

〖传〗楚子何以不名？夷狄相诱，君子不疾也。曷为不疾？若不疾，乃疾之也。

【经】夏，公至自晋。

【经】秋，八月，己亥，晋侯夷卒。

【经】九月，大雩。

【经】季孙隐如如晋。

【经】冬，十月，葬晋昭公。

[译]

【经】鲁昭公十六年，春，齐侯攻打徐国。

【经】楚子诱骗戎人曼子，并把他杀了。

〖传〗《春秋》为什么不写出楚子的名呢？因为是夷狄人相互诱骗，君子不憎恨。为什么不憎恨呢？好像是不憎恨，其实对这种行为是很憎恨的。

【经】夏，鲁昭公从晋国回来。

【经】秋，八月，己亥日，晋侯夷去世了。

【经】九月，鲁国举行求雨的大祭祀。

【经】季孙隐如前往晋国。

【经】冬，十月，安葬晋昭公。

【经】十有七年，春，小邾娄子来朝。

【经】夏，六月，甲戌，朔，日有食之。

【经】秋，郯子来朝。

【经】八月，晋荀吴帅师灭贲浑戎。

【经】冬，有星孛于大辰。

〖传〗孛者何？彗星也。其言于大辰何？在大辰也。大辰者何？大火也。大火为大辰，伐为大辰，北辰亦为大辰。何以书？记异也。

【经】楚人及吴战于长岸。

〖传〗诈战不言战，此其言战何？敌也。

[译]

【经】鲁昭公十七年，春，小邾娄子来鲁国朝见。

【经】夏，六月，甲戌日，初一，发生日食。

【经】秋，郯子来鲁国朝见。

【经】八月，晋国荀吴率军灭了贲浑这支戎人。

【经】冬，有星孛于大辰。

〖传〗"有星孛于大辰"的"孛"是什么？是彗星。这里说"于大辰"是什么意思？就是出现于大辰中。"大辰"是什么？就是大火星。大火星被称为大辰，伐星也被称为大辰，北极星也被称为大辰。为什么记载这件事？为了记载怪异现象。

【经】楚军与吴军在长岸交战。

〖传〗突发的战事是不称"战"的，这里为什么用"战"来记载这件事？因为双方势均力敌。

【经】十有八年，春，王三月，曹伯须卒。

【经】夏，五月，壬午，宋、卫、陈、郑灾。

〖传〗何以书？记异也。何异尔？异其同日而俱灾也。外异不书，此何以书？为天下记异也。

【经】六月，邾娄人入鄅。

【经】秋，葬曹平公。

【经】冬，许迁于白羽。

[译]

【经】鲁昭公十八年，春，周历三月，曹伯须去世了。

【经】夏，五月，壬午日，宋国、卫国、陈国、郑国均发生火灾。

〖传〗为什么记载这件事呢？为了记载怪异情况。什么怪异情况呢？奇怪的是这四个国家在同一天都发生火灾。鲁国以外的怪异情况是不记载的，这里为什么记载呢？这是为天下记载怪异情况。

【经】六月，邾娄人入侵鄅国。

【经】秋，安葬曹平公。

【经】冬，许国迁到白羽。

【经】十有九年，春，宋公伐邾娄。

【经】夏，五月，戊辰，许世子止弑其君买。

【经】己卯，地震。

【经】秋，齐高发帅师伐莒。

[译]

【经】鲁昭公十九年，春，宋公出兵攻打邾娄国。

【经】夏，五月，戊辰日，许国世子止弑杀他的国君买。

【经】己卯日，鲁国发生地震。

【经】秋，齐国高发率军攻打莒国。

【经】冬，葬许悼公。

〖传〗贼未讨，何以书葬？不成于弑也。曷为不成于弑？止进药而药杀也。止进药而药杀，则曷为加弑焉尔？讥子道之不尽也。其讥子道之不尽奈何？曰："乐正子春之视疾也，复加一饭则脱然愈，复损一饭则脱然愈；复加一衣则脱然愈，复损一衣则脱然愈。"止进药而药杀，是以君子加弑焉尔，曰"许世子止弑其君买"，是君子之听止也；"葬许悼公"，是君子之赦止也。赦止者，免止之罪辞也。

[译]

【经】冬，安葬许悼公。

〖传〗弑杀许悼公的坏人还没有受到诛讨，为什么就记载许悼公的葬礼呢？因为世子止不算弑君。为什么不算弑君呢？世子止奉药进献，而药杀了许悼公。既然是世子止奉药进献，许悼公饮药而死，那么为什么给世子止加上弑君的罪名呢？这是责备世子止没有尽到做儿子的责任。这里责备世子止没有尽到做儿子的责任是什么意思？据说："乐正子春照顾父母生病，上心到清楚地知道有时再加一顿饭病就顿时好了，有时减少一顿饭病就顿时好了；有时再添一件衣服病就顿时好了，有时再减少一件衣服病就顿时好了。"世子止奉药进献给许悼公，药却杀了许悼公，因此，孔子给他加上弑君的罪名，说"许国世子止弑杀他的国君买"，是孔子治世子止的罪；说"安葬许悼公"，是孔子赦免了世子止。赦免了世子止，这是免除世子止罪过的说法。

[解]

◆据《穀梁传》记载，许止在其父死后，不肯继承君位，绝食而死，"不立乎其位，以与其弟虺。哭泣，歠飦粥，嗌不容粒。未逾年而死"。所以历史上不少学者认为，许止在父亲亡故后如此自责，显然并无弑君之心，其过失最多不过是不懂医道，未亲尝汤药，《公羊传》把弑君这样的大恶名加在许止的头上实在是责之过深。

【经】二十年，春，王正月。

【经】夏，曹公孙会自鄸出奔宋。

〖传〗奔未有言自者，此其言自何？畔也。畔则曷为不言其畔？为公子喜时之后讳也。《春秋》为贤者讳。何贤乎公子喜时？让国也。其让国奈何？曹伯庐卒于师，则未知公子喜时从与？公子负刍从与？或为主于国，或为主于师。公子喜时见公子负刍之当主也，逡巡而退。贤公子喜时，则曷为为会讳？君子之善善也长，恶恶也短，恶恶止其身，善善及子孙。贤者子孙，故君子为之讳也。

[译]

【经】鲁昭公二十年，春，周历正月。

【经】夏，曹国公孙会自鄸逃亡到宋国。

〖传〗逃亡没有说"自"的，这里说"自"是什么意思？因为这是叛逃。既然是叛逃，那么为什么不说公孙会反叛呢？这是为公子喜时的后代避讳。《春秋》为贤良的人避讳。公子喜时有什么贤良之处呢？因为他辞让了君位。他怎样辞让君位呢？当初曹伯庐死在军中，不知派公子喜时去迎接曹伯之丧，还是派公子负刍去？因为应该有人在国内临时主持国政，也应该有人到部队中去临时主持军务。公子喜时见公子负刍应当主持国政，就止步不前而后退了。《春秋》认为公子喜时贤良，那么为什么要替公孙会避讳呢？君子赞美好人涉及的面宽，憎恶坏人涉及的面窄，憎恶坏人只限于当事人自身而不迁怒于人，赞美好人却要延及他的子孙。公孙会是公子喜时的子孙，所以君子要替他避讳。

【经】秋，盗杀卫侯之兄絷。

〖传〗母兄称兄，兄何以不立？有疾也。何疾尔？恶疾也。

【经】冬，十月，宋华亥、向宁、华定出奔陈。

【经】十有一月，辛卯，蔡侯庐卒。

[译]

【经】秋，坏人杀害了卫侯的哥哥絷。

〖传〗同母的哥哥称为"兄"，既然是卫侯的亲哥哥为什么不被立为国君呢？因为絷有疾病。他有什么疾病呢？是不能担任国君的恶疾。

【经】冬，十月，宋国大夫华亥、向宁、华定逃亡到陈国。

【经】十一月，辛卯日，蔡侯庐去世了。

【经】二十有一年，春，王三月，葬蔡平公。

【经】夏，晋侯使士鞅来聘。

【经】宋华亥、向宁、华定自陈入于宋南里以畔。

〖传〗宋南里者何？若曰因诸者然。

【经】秋，七月，壬午，朔，日有食之。

【经】八月，乙亥，叔痤卒。

【经】冬，蔡侯朱出奔楚。

【经】公如晋，至河乃复。

[译]

【经】鲁昭公二十一年，春，周历三月，安葬蔡平公。

【经】夏，晋侯派遣士鞅来鲁国访问。

【经】宋国大夫华亥、向宁、华定从陈国进入宋国南里,发动叛变。

〖传〗宋国的南里是什么地方?就有如说"因诸"一样,是犯人流放地。

【经】秋,七月,壬午日,初一,发生日食。

【经】八月,乙亥日,叔痤去世了。

【经】冬,蔡侯朱逃亡到楚国。

【经】鲁昭公前往晋国,到黄河边就回来了。

【经】二十有二年,春,齐侯伐莒。

【经】宋华亥、向宁、华定自宋南里出奔楚。

【经】大蒐于昌奸。

【经】夏,四月,乙丑,天王崩。

【经】六月,叔鞅如京师。

【经】葬景王。

[译]

【经】鲁昭公二十二年,春,齐侯攻打莒国。

【经】宋国华亥、向宁、华定从宋国的南里逃亡到楚国。

【经】鲁国在昌奸举行大规模阅兵活动。

【经】夏,四月,乙丑日,周天王去世了。

【经】六月,叔鞅前往京师。

【经】安葬周景王。

【经】王室乱。

〖传〗何言乎王室乱?言不及外也。

【经】刘子、单子以王猛居于皇。

【传】其称王猛何？当国也。

【经】秋，刘子、单子以王猛入于王城。

【传】王城者何？西周也。其言入何？篡辞也。

【经】冬，十月，王子猛卒。

【传】此未逾年之君也，其称王子猛卒何？不与当也。不与当者，不与当父死子继、兄死弟及之辞也。

【经】十有二月，癸酉，朔，日有食之。

[译]

【经】周朝王室发生动乱。

【传】为什么说周朝王室发生动乱呢？是说这次动乱没有波及王室以外。

【经】刘子和单子带着王猛住在皇地。

【传】这里为什么称王子猛为"王猛"呢？因为他把持国政。

【经】秋，刘子和单子带着王猛入王城。

【传】王城是什么地方？就是称为西周的那座城邑。这里说"入"是什么意思？是表示王猛篡位的说法。

【经】冬，十月，王子猛去世了。

【传】这是即位不满一年的天王，这里称"王子猛卒"是什么意思？是不赞成他承袭王位。不赞成他承袭王位，就是不赞成他以父死子继、兄终弟及的方法成为周天王的说法。

【经】十二月，癸酉日，初一，发生日食。

[解]

◆周景王太子寿早死，后又立次嫡子猛为太子。但王子猛生性懦弱，缺少威仪。而庶长子王子朝却有勇有谋，有王者之风。周景王欲废王子猛而立王子朝为太子，但大臣单旗等人竭力反对。周景王遗诏传位于王子朝，以大夫宾孟为顾命大臣。周景王卒，大夫单旗、刘卷刺杀宾孟，立猛为王，是为周悼王。单旗、刘卷的行为，引起满朝文武的愤怒。尹文公、甘平公、召庄公集合家兵，以南宫极为帅，攻打单旗、刘卷，刘卷率领的王室军队很快被击溃，周悼王逃出洛邑，"刘子、单子以王猛居于皇"。诸大臣立王子朝为王。

晋国闻周王室大乱，派兵干预，直逼洛邑。王子朝不敌晋军，遂带百官迁居于京（今洛阳西南）。晋国军队护送周悼王入居王城。周悼王猛借兵复辟，不得人心，一日三惊，当年冬天忧惧而死。单旗、刘卷再拥立周悼王的同母弟王子匄（姬匄）为王，是为周敬王。晋军撤退后，王子朝赶走周敬王，敬王逃到狄泉，王子朝入居王城。周王室两王并立，人称王子朝为西王，周敬王为东王。东、西二王互相攻杀，数年不决。昭公二十六年，王子朝的大臣召庄公、上将南宫极相继去世。周敬王使人散布谣言，称王子朝之乱使上天震怒，南宫极是被天雷劈死，于是王城民众人心悚惧。周敬王复请兵于晋国。晋国遣大夫荀跞率兵入周。王子朝率众拒守，城破，王子朝及召氏之族、毛伯得、尹文公等携周之典籍奔楚，即《春秋·昭公二十六年》所载"尹氏、召伯、毛伯以王子朝奔楚"。至此，王子朝之乱初步平定。

【经】二十有三年，春，王正月，叔孙舍如晋。

【经】癸丑，叔鞅卒。

【经】晋人执我行人叔孙舍。

【经】晋人围郊。

〖传〗郊者何？天子之邑也。曷为不系于周？不与伐天子也。

【经】夏，六月，蔡侯东国卒于楚。

【经】秋，七月，莒子庚舆来奔。

[译]

【经】鲁昭公二十三年，春，周历正月，叔孙舍前往晋国。

【经】癸丑日，叔鞅去世了。

【经】晋人拘捕了鲁国使者叔孙舍。

【经】晋军包围了郊。

〖传〗郊是什么地方？是周天子的城邑。为什么不说郊是周王朝的呢？因为不赞成诸侯军队攻打周天子。

【经】夏，六月，蔡侯东国在楚国去世了。

【经】秋，七月，莒国国君庚舆逃亡到鲁国来。

【经】戊辰，吴败顿、胡、沈、蔡、陈、许之师于鸡父。胡子髡、沈子楹灭。获陈夏齧。

〖传〗此偏战也，曷为以诈战之辞言之？不与夷狄之主中国也。然则曷为不使中国主之？中国亦新夷狄也。其言灭获何？别君臣也。君去世于位曰灭，生得曰获，大夫生去世皆曰获。不与夷狄之主中国，则其言获陈夏齧何？吴少进也。

[译]

【经】戊辰日，吴国在鸡父打败了顿国、胡国、沈国、蔡国、陈国、许国的军队。胡子髡和沈子楹灭。吴国获陈国夏齧。

〖传〗这是约定日期地点、各据一方的正规战争，为什么用突然袭击的诈战的说法来记载这件事呢？因为不赞成在这次战事中以夷狄为主、以中原各诸侯国为客。既然不赞成以夷狄为主，那么为什么不以中原各诸侯国为主、夷狄为客呢？因为中原各诸侯国不尊王室，君臣上下败坏，也是新的夷狄了。这里为什么分别用"灭"和"获"来记载战况呢？这是为了区别国君与大臣。国君在君位上战死了叫灭，在战争中被活捉了叫获；大夫在战争中无论被活捉还是战死都叫获。这次战争，既然不赞成夷狄为主、中原各国为客，那么这里说"获陈夏齧"是什么意思呢？这是肯定吴国稍稍有了一些进步。

[解]

◆《春秋》所记载的战争，《公羊传》将其分为两类，一为偏战，一为诈战。偏战是两军约定时间，各据一边，光明正大地厮杀。对于偏战，《春秋》都要记载交战日期，写出谁胜谁负，而且以被伐者在前、伐人者在后的形式进行排列以表明主次，即一方及另一方战于某地、某方败的格式。诈战是不列阵的出奇制胜之战，属于偷袭，《春秋》则不记载交战日期，仅写交战月份，一方"败"另一方。《春秋》及《公羊传》善偏战而恶诈战。

此次顿、胡等国伐吴，既写明日期"戊辰"，当属偏战，接下来应写"吴及顿、胡、沈、蔡、陈、许之师战于鸡父"，但这样就表现为"夷狄"之吴与诸夏顿、胡、沈、蔡、陈、许并列且居于诸夏之前，这是素有诸夏与夷狄内外有别、主次不同观念的《公羊传》所不能容忍的。所以，《公羊传》将后面一部分按诈战的格式来写，即"吴败顿、胡、沈、蔡、陈、许之师于鸡父"，以回避这一书写现象。

◆鸡父之战，是公元前519年，吴楚争霸过程中，为夺取战略要地州来（今安徽凤台），大败顿、胡、沈、蔡、陈、许等国联军于鸡父（今河南固始东南）的作战。在战争中，吴军抓住战机，灵活用兵，以情报与谋略配合作战，最终赢得战争，夺取州来。战后，吴对楚取得了战略优势。

【经】天王居于狄泉。
〖传〗此未三年，其称天王何？著有天子也。
【经】尹氏立王子朝。
【经】八月，乙未，地震。
【经】冬，公如晋，至河，公有疾，乃复。
〖传〗何言乎公有疾乃复？杀耻也。

[译]

【经】周天子居住在狄泉。

〔传〕周敬王即位还未满三年，按例不能称天王，这里为什么称他为天王呢？这是为了表明周王朝有天子在。

【经】尹氏立王子朝为天子。

【经】八月，乙未日，鲁国发生地震。

【经】冬，鲁昭公前往晋国，来到黄河边，鲁昭公生病，于是就回国了。

〔传〕这里为什么说鲁昭公生病就回国了呢？这是为了减少畏惧晋国的羞耻。

【经】二十有四年，春，王二月，丙戌，仲孙貜卒。

【经】叔孙舍至自晋。

【经】夏，五月，乙未，朔，日有食之。

【经】秋，八月，大雩。

【经】丁酉，杞伯郁釐卒。

【经】冬，吴灭巢。

【经】葬杞平公。

[译]

【经】鲁昭公二十四年，春，周历二月，丙戌日，仲孙貜去世了。

【经】鲁国大夫叔孙舍从晋国回来。

【经】夏，五月，乙未日，初一，发生日食。

【经】秋，八月，鲁国举行求雨的大祭祀。

【经】丁酉日，杞伯郁釐去世了。

【经】冬，吴国灭了巢国。

【经】安葬杞平公。

【经】二十有五年，春，叔孙舍如宋。

【经】夏,叔倪会晋赵鞅、宋乐世心、卫北宫喜、郑游吉、曹人、邾娄人、滕人、薛人、小邾娄人于黄父。

【经】有鹳鹆来巢。

〖传〗何以书?记异也。何异尔?非中国之禽也,宜穴又巢也。

【经】秋,七月,上辛,大雩。季辛,又雩。

〖传〗又雩者何?又雩者非雩也,聚众以逐季氏也。

[译]

【经】鲁昭公二十五年,春,叔孙舍去宋国。

【经】夏,叔倪在黄父与晋国赵鞅、宋国乐世心、卫国北宫喜、郑国游吉、曹人、邾娄人、滕人、薛人、小邾娄人会晤。

【经】有鹳鹆到鲁国来筑巢。

〖传〗为什么记载这件事?为了记载怪异现象。有什么怪异之处呢?鹳鹆不是中原地区的鸟类,它本来是穴居,现在却筑巢而居。

【经】秋,七月,上辛日,鲁国举行求雨的大祭祀。季辛日,鲁国又举行求雨的祭祀。

〖传〗这里为什么又举行求雨祭祀活动呢?又一次举行求雨祭祀并不是为了求雨,是鲁昭公借此聚众驱逐权势日重的季氏。

【经】九月,己亥,公孙于齐,次于扬州。

【经】齐侯唁公于野井。

〖传〗唁公者何?昭公将弑季氏,告子家驹曰:"季氏为无道,僭于公室久矣,吾欲弑之,何如?"子家驹曰:"诸侯僭于天子,大夫僭于诸侯久矣!"昭公曰:"吾何僭矣哉?"子家驹曰:"设两观,乘大路,朱干玉戚以舞《大夏》,八佾以舞《大武》,此皆天子之礼也。且夫牛马维娄,委己者也,而柔焉。季氏得民众久矣，君无多辱焉！"昭公不从其言，终弑之而败焉。走之齐，齐侯唁公于野井，曰："奈何君去鲁国之社稷？"昭公曰："丧人不佞，失守鲁国之社稷，执事以羞。"再拜颡。庆子家驹曰："庆子免君于大难矣。"子家驹曰："臣不佞，陷君于大难，君不忍加之以铁锧，赐之以死。"再拜颡。高子执箪食与四脡脯，国子执壶浆，曰："吾寡君闻君在外，馂饔未就，敢致糗于从者。"昭公曰："君不忘吾先君，延及丧人，锡之以大礼。"再拜稽首，以衽受。高子曰："有夫不祥，君无所辱大礼。"昭公盖祭而不尝。景公曰："寡人有不腆先君之服，未之敢服；有不腆先君之器，未之敢用，敢以请。"昭公曰："丧人不佞，失守鲁国之社稷，执事以羞，敢辱大礼？敢辞。"景公曰："寡人有不腆先君之服，未之敢服；有不腆先君之器，未之敢用，敢固以请。"昭公曰："以吾宗庙之在鲁地，有先君之服，未之能以服；有先君之器，未之能以出，敢固辞。"景公曰："寡人有不腆先君之服，未之敢服；有不腆先君之器，未之敢用，请以飨乎从者。"昭公曰："丧人其何称？"景公曰："孰君而无称？"昭公于是噭然而哭，诸大夫皆哭。既哭，以人为菑，以幦为席，以鞍为几，以遇礼相见。孔子曰："其礼与！其辞足观矣！"

[译]

【经】九月，己亥日，鲁昭公逃亡到齐国，暂住在齐国的扬州。

【经】齐侯到野井来慰问鲁昭公。

〖传〗为什么要慰问鲁昭公呢？鲁昭公想要除掉季氏，他对子家驹说："季氏做不合道义的事情，僭越公室已经很久了，我想杀了他，你看怎么样？"子家驹说："诸侯僭越天子，大夫僭越诸侯，由来已久了！"鲁昭公不解，问道："我在哪些地方僭越了？"子家驹说：

"在宫门前建立两座望楼,乘坐大路车出入,用红色的盾牌和玉饰的斧头来表演《大夏》这首乐曲,用八佾的规格来表演《大武》乐,这些都是天子才能用的礼仪。况且像牛马这些牲畜受缰绳的束缚,只顺从喂养自己的人,季氏得民心已经很久了,您不必去找更多的羞辱了!"鲁昭公不听从子家驹的话,最终还是领兵去杀季氏,但却失败了。逃到齐国,齐景公在野井慰问鲁昭公,齐景公问鲁昭公:"您为什么抛弃鲁国的社稷呢?"鲁昭公说:"我这个亡国之人没有出息,未能守住鲁国的社稷,给您带来了羞耻。"说完,鲁昭公就向齐侯两次行叩拜大礼。齐侯又向子家驹庆贺,说:"祝贺您使您的国君免于大难。"子家驹说:"为臣没有才能,才使国君陷入大难之中,我的国君不忍心对我施以刑罚,赐予死罪。"说完,子家驹也向齐景公行了两次叩拜大礼。齐国大夫高子拿着一箪食物和四条干肉,另一位大夫国子捧着一壶汤,对鲁昭公说:"我们的国君听说您在外,还未就餐,让我们大胆地把这些食品送给您的随从。"鲁昭公感激地说:"你们的国君不忘我们的前代国君,并把这种情义推及我这个亡国的人,还赏赐我这么重的礼。"于是鲁昭公又向齐国大夫高子和国子行了两次跪拜礼,并用自己的衣襟接住了他们赠送的食物。高子说:"人人都会遇到不吉利的事情,您不必向我们行这种有辱于您的大礼。"鲁昭公大概先要祭祀,所以没有吃这些食物。齐景公对鲁昭公说:"我有先君留下来的不怎么好的衣服,自己还不敢穿;有先君留下来的不太好的器具,自己也不敢用,现在斗胆请您用这些东西来行礼吧。"鲁昭公说:"我这个亡国的人没有出息,不能守住鲁国的社稷,给您带来了羞耻,我怎敢有辱于您行大礼?斗胆推辞了。"齐景公又说:"我有先君留下来的不怎么好的衣服,自己还不敢穿;有先君留下来的不太好的器具,自己也不敢用,现在我斗胆坚持请您用这些东西来行礼。"鲁昭公再次推辞说:"因为我的宗庙在鲁国,有先君留下来的衣服,没能够穿上它;有先君留下来的器具,没能够把它带出来,我斗胆坚持辞谢了。"齐景公又说:"我有先君留下来的不怎么好的衣服,自己还不敢穿;有先君留下来的不太好的器具,自己也不敢用,请允许我用这些东西来招待您的随从。"鲁昭公说:"我这个亡国之人用什么来称呼呢?"齐景公说:"谁作为国君还能没有称呼呢?"听了这话,鲁昭公放声大哭起来,跟随昭公的鲁国大夫们也跟着哭起来。鲁国君臣哭完以后,让人围起来当墙,用车横木上的盖布作席,用马鞍作几,鲁昭公与齐景公以诸侯相遇的礼仪相互拜见。孔子说:"他们的礼仪和他们的语言很值得一看啊!"

[解]

◆鲁昭公生性顽劣,即位时,虽已十九岁,仍是儿童心性。为其父襄公居丧不哀,面有喜色,嬉戏如常,以至于弄脏了好几套丧服。即位后,不能忍受威权日渐为季氏所夺的屈辱,又不能审时度势,借雩祭之机,聚集师众,行驱逐季氏之事,即《春秋》所言"秋,七月,上辛,大雩。季辛,又雩"及《公羊传》所言"又雩者何?又雩者非雩也,聚众以逐季氏也"。但当时季氏得众已久,昭公所为实属不自量力,所以子家驹劝谏他"君无多辱"。对于鲁国的政局,《左传》也记载宋国大夫乐祁早在鲁昭公被驱逐之前就做出过准确判断,他说:"鲁君必出。政在季氏三世矣,鲁君丧政四世矣。无民而能逞其志者,未之有也。"结果正如子家驹、乐祁所料,事不成,鲁昭公只好出逃国外,从此过上了流亡生活。鲁昭公先到齐国,因子家驹认为齐景公不讲信用,又流亡到晋国。在流亡的过程中,鲁昭公虽有回国的想法,但由于季氏的阻挠,生前再也没能回到鲁国。昭公三十二年,死于晋国的乾侯。

【经】冬,十月,戊辰,叔孙舍卒。

【经】十有一月,己亥,宋公佐卒于曲棘。

【传】曲棘者何?宋之邑也。诸侯卒其封内不地,此何以地?忧内也。

【经】十有二月,齐侯取运。

〖传〗外取邑不书，此何以书？为公取之也。

[译]

【经】冬，十月，戊辰日，叔孙舍去世了。

【经】十一月，己亥日，宋公佐在曲棘去世了。

〖传〗曲棘是什么地方？是宋国的一座城邑。诸侯死在自己的封地内是不记载地点的，这里为什么记载地点呢？这是因为宋公在为鲁国发生的事情忧虑。

【经】十二月，齐景公率兵占领了运邑。

〖传〗鲁国以外的国家夺取城邑是不记载的，这里为什么记载呢？这是因为齐景公是为鲁昭公占领运邑的。

【经】二十有六年，春，王正月，葬宋元公。

【经】三月，公至自齐，居于运。

【经】夏，公围成。

【经】秋，公会齐侯、莒子、邾娄子、杞伯，盟于剸陵。公至自会，居于运。

【经】九月，庚申，楚子居卒。

【经】冬，十月，天王入于成周。

〖传〗成周者何？东周也。其言入何？不嫌也。

【经】尹氏、召伯、毛伯以王子朝奔楚。

[译]

【经】鲁昭公二十六年，春，周历正月，安葬宋元公。

【经】三月，鲁昭公从齐国回到鲁国，居住在运邑。

【经】夏，鲁昭公领兵包围了成邑。

【经】秋，鲁昭公会见齐侯、莒子、邾娄子、杞伯，并与他们在剸陵结盟。鲁昭公从剸陵回来，居住在运邑。

【经】九月，庚申日，楚子居去世了。

【经】冬，十月，周天王入于成周。

〖传〗成周是什么地方？就是东周。这里说"入"是什么意思？是表示没有篡位的嫌疑。

【经】尹氏、召伯和毛伯带着王子朝逃到楚国。

【经】二十有七年，春，公如齐。

【经】公至自齐，居于运。

【经】夏，四月，吴弑其君僚。

【经】楚杀其大夫郤宛。

【经】秋，晋士鞅、宋乐祁犁、卫北宫喜、曹人、邾娄人、滕人会于扈。

【经】冬，十月，曹伯午卒。

【经】邾娄快来奔。

〖传〗邾娄快者何？邾娄之大夫也。邾娄无大夫，此何以书？以近书也。

【经】公如齐。

【经】公至自齐，居于运。

［译］

【经】鲁昭公二十七年，春，鲁昭公前往齐国。

【经】鲁昭公从齐国回来，居住在运邑。

【经】夏，四月，吴国弑杀了它的国君僚。

【经】楚国杀了它的大夫郤宛。

【经】秋，晋国士鞅、宋国乐祁犁、卫国北宫喜、曹人、邾娄人、滕人在扈会晤。

【经】冬,十月,曹伯午去世了。

【经】邾娄国的快逃亡到鲁国来。

〖传〗邾娄国的快是什么人?是邾娄国的大夫。邾娄国没有大夫,这里为什么记载呢?因为邾娄国紧邻鲁国就记载了。

【经】鲁昭公又前往齐国。

【经】然后从齐国回来,居住在运邑。

【经】二十有八年,春,王三月,葬曹悼公。

【经】公如晋,次于乾侯。

【经】夏,四月,丙戌,郑伯宁卒。

【经】六月,葬郑定公。

【经】秋,七月,癸巳,滕子宁卒。

【经】冬,葬滕悼公。

[译]

【经】鲁昭公二十八年,春,周历三月,安葬曹悼公。

【经】鲁昭公前往晋国,住在乾侯。

【经】夏,四月,丙戌日,郑伯宁去世了。

【经】六月,安葬郑定公。

【经】秋,七月,癸巳日,滕子宁去世了。

【经】冬,安葬滕悼公。

【经】二十有九年,春,公至自乾侯,居于运。

【经】齐侯使高张来唁公。

【经】公如晋,次于乾侯。

【经】夏,四月,庚子,叔倪卒。

【经】秋,七月。

【经】冬,十月,运溃。

〖传〗邑不言溃,此其言溃何?郛之也。曷为郛之?君存焉尔。

[译]

【经】鲁昭公二十九年,春,鲁昭公从晋国的乾侯回来,居住在运邑。

【经】齐侯派遣高张来慰问鲁昭公。

【经】鲁昭公又前往晋国,住在乾侯。

【经】夏,四月,庚子日,叔倪去世了。

【经】秋,七月。

【经】冬,十月,运邑的民众逃散了。

〖传〗按例,城邑的民众逃散是不称"溃"的,这里称"溃"是什么意思?因为鲁昭公派他们修筑运邑的外城。为什么要派他们修筑运邑的外城呢?因为国君住在这里。

【经】三十年,春,王正月,公在乾侯。

【经】夏,六月,庚辰,晋侯去疾卒。

【经】秋,八月,葬晋顷公。

【经】冬,十有二月,吴灭徐,徐子章禹奔楚。

[译]

【经】鲁昭公三十年,春,周历正月,鲁昭公住在晋国乾侯。

【经】夏,六月,庚辰日,晋侯去疾去世了。

【经】秋,八月,安葬晋顷公。

【经】冬,十二月,吴国灭亡了徐国,徐子章禹逃亡到楚国。

【经】三十有一年，春，王正月，公在乾侯。

【经】季孙隐如会晋荀栎于适历。

【经】夏，四月，丁巳，薛伯穀卒。

【经】晋侯使荀栎唁公于乾侯。

【经】秋，葬薛献公。

[译]

【经】鲁昭公三十一年，春，周历正月，鲁昭公还住在晋国的乾侯。

【经】鲁国大夫季孙隐如在适历会见晋国荀栎。

【经】夏，四月，丁巳日，薛伯穀去世了。

【经】晋侯派遣荀栎到乾侯慰问鲁昭公。

【经】秋，安葬薛献公。

【经】冬，黑弓以滥来奔。

〖传〗文何以无邾娄？通滥也。曷为通滥？贤者子孙宜有地也。贤者孰谓？谓叔术也。何贤乎叔术？让国也。其让国奈何？当邾娄颜之时，邾娄女有为鲁夫人者，则未知其为武公与？懿公与？孝公幼，颜淫九公子于宫中，因以纳贼，则未知其为鲁公子与？邾娄公子与？臧氏之母，养公者也。君幼则宜有养者，大夫之妾，士之妻，则未知臧氏之母者曷为者也？养公者必以其子入养。臧氏之母闻有贼，以其子易公，抱公以逃。贼至，凑公寝而弑之。臣有鲍广父与梁买子者，闻有贼，趋而至。臧氏之母曰："公不死也，在是，吾以吾子易公矣。"于是负孝公之周诉天子，天子为之诛颜而立叔术，反孝公于鲁。颜夫人者，妪盈女也，国色也，其言曰："有能为我杀杀颜者，吾为其妻。"叔术为之杀杀颜者，而以为妻，有子焉，谓之盱。夏父者，其所为有于颜者也。盱幼而皆爱之，食必坐二子于其侧而食之，有珍怪之食，盱必先取足焉。夏父曰："以来，人未足而盱有余。"叔术觉焉，曰："嘻！此诚尔国也夫！"起而致国于夏父，夏父受而中分之，叔术曰："不可！"三分之，叔术曰："不可！"四分之，叔术曰："不可！"五分之，然后受之。公扈子者，邾娄之父兄也，习乎邾娄之故，其言曰："恶有言人之国贤若此者乎！诛颜之时，天子死，叔术起而致国于夏父。当此之时，邾娄人常被兵于周，曰：'何故死吾天子？'"通滥则文何以无邾娄？天下未有滥也。天下未有滥，则其言以滥来奔何？叔术者，贤大夫也，绝之则为叔术不欲绝，不绝则世大夫也。大夫之义不得世，故于是推而通之也。

【经】十有二月，辛亥，朔，日有食之。

[译]

【经】冬，黑弓带着滥邑逃亡到鲁国来。

[传]《春秋》为什么没有记载邾娄国的国名，只单单说滥呢？这是把滥当作一个国家来看待。为什么要把滥当作一个国家来看待呢？因为《春秋》认为贤良的人的子孙应该有自己的封地。这里的贤良的人说的是什么人？说的是邾娄国的叔术。叔术有什么贤良之处呢？他将君位主动让出。他主动让出君位是怎么回事？在邾娄国颜公为君的时候，邾娄国国君的女儿有做鲁国国君夫人的，就是不知道是鲁武公的夫人呢，还是鲁懿公的夫人？当时鲁孝公还年幼，颜公在鲁国国君的宫中奸淫了鲁君的九个女儿，并因此招引坏人到鲁君的宫中去，就是不知道这个坏人是鲁国的公子呢，还是邾娄国的公子？有个姓臧的乳母，是抚养鲁孝公的。按照礼仪，国君年幼就应该有抚养他的乳母，大夫的妾，士人的妻子，都可以做国君的乳母，就是不知道

这个姓臧的乳母是什么身份。凡是抚养幼君的乳母，一定要把自己的孩子带进宫里一起养育。有一天，这个姓臧的乳母听到坏人来了，就用自己的孩子替换鲁孝公，抱起鲁孝公逃走了。这时，坏人来到鲁孝公的寝宫，把臧氏的孩子当作鲁孝公杀了。鲁国大夫鲍广父和梁买子，听说宫中有坏人，一起赶来。姓臧的乳母对他们说："国君没有死，在这里，我用我的孩子替换了国君。"于是鲍广父和梁买子接过鲁孝公，背上他到周朝国都去，向周天子告状，控诉邾娄国颜公的罪行，周天子为他们杀了颜公，并立叔术为邾娄国国君，使鲁孝公重新回到鲁国。邾娄国颜公的夫人，是姓盈的老妇人的女儿，容貌极其美丽，她说："有谁能为我杀了杀死颜公的人，我做他的妻子。"叔术于是替她杀了杀死颜公的鲁国的两个大夫，并娶她为妻，叔术与她生了一个儿子，起名叫盱。夏父是她与颜公所生。盱年幼，他的父母都很喜欢他，吃饭时，叔术与他的妻子就让两个儿子坐在身边，喂他们吃饭，如果有特别珍贵奇特的食物，盱一定先拿过去吃个够。这时夏父就会大叫："快拿过来，我还没有吃饱，盱吃也吃不完。"叔术听他这样说后，立即醒悟，叹息说："唉！这确实是你的国家呀！"于是站起身来，将君位让给了夏父，夏父接受了君位，并把邾娄国分给叔术一半，叔术急忙说："这不行！"夏父又把邾娄国分三分之一给叔术，叔术又说："这样做也不行！"夏父于是把邾娄国分四分之一给叔术，叔术还是不同意，说："不能这样做！"最后夏父把邾娄国分五分之一给叔术，叔术只好接受了。有一个人叫公扈子，是邾娄国国君父兄辈的人，他对邾娄国的历史掌故相当了解，他听到这种传闻后，就说："哪里听说过一个国家的贤人做的事会是这样的呢！当时，是杀死颜公的那个周天子死了，叔术才敢起来把君权交给夏父，叔术并没有娶嫂和惑儿争食的事情。在那个时候，我们邾娄国还为此事常常受到周天子军队的骚扰，那些将士说：'为什么我们的天子去世了，你们就敢违背他的命令呢？'"既然《春秋》把滥看成一个国家，那么《春秋》中为什么没有记载邾娄国呢？因为天下并没有滥这个国家。既然天下没有滥这个国家，那么这里说黑弓带着滥邑逃亡到鲁国来是什么意思呢？叔术，是邾娄国的贤大夫，如果断绝叔术与邾娄国的关系，不提及邾娄国，那么叔术就是叔术；如果不断绝叔术与邾娄国的关系，叔术就是世袭的大夫。因为从大夫的名义来说，大夫是不能世袭的，所以，这里就按照大夫献城邑来投奔的说法，把滥当作一个国家来看待，叔术也不会因此受到谴责。

【经】十二月，辛亥日，初一，发生日食。

【经】三十有二年，春，王正月，公在乾侯。
【经】取阚。
〖传〗阚者何？邾娄之邑也。曷为不系乎邾娄？讳亟也。
【经】夏，吴伐越。
【经】秋，七月。
【经】冬，仲孙何忌会晋韩不信、齐高张、宋仲几、卫世叔申、郑国参、曹人、莒人、邾娄人、薛人、杞人、小邾娄人城成周。
【经】十有二月，己未，公薨于乾侯。

[译]

【经】鲁昭公三十二年，春，周历正月，鲁昭公在晋国乾侯。
【经】鲁国夺取了阚邑。
〖传〗阚是什么地方？是邾娄国的一座城邑。为什么不说阚邑是邾娄国的呢？因为鲁国的行为太急了，要避讳。
【经】夏，吴国攻打越国。
【经】秋，七月。
【经】冬，仲孙何忌会同晋国韩不信、齐国高张、宋国仲几、卫国世叔申、郑国参,以及曹人、莒人、邾娄人、薛人、杞人、小邾娄人修筑成周的城墙。

【经】十二月,己未日,鲁昭公在乾侯去世了。

定　公

【经】元年，春，王。

〖传〗定何以无正月？正月者，正即位也。定无正月者，即位后也。即位何以后？昭公在外，得入不得入，未可知也。曷为未可知？在季氏也。定、哀多微辞，主人习其读而问其传，则未知己之有罪焉尔。

[译]

【经】鲁定公元年，春，周历。

〖传〗定公元年为什么不写"王正月"呢？写"正月"，是表示诸侯正规即位。定公元年没有写"正月"，是因为定公是在正月之后即位的。为什么定公的即位在正月之后呢？因为鲁昭公是在国外去世的，他的灵柩能不能运回来还不知道。为什么说还不知道呢？因为决定权在季氏。《春秋》在记载定公、哀公历史时多有隐晦的指责，但假使事主定公、哀公能读到《春秋》上关于自己历史的记载，并询问有关的解释时，那么他们也不知道自己是否有罪过。

【经】三月，晋人执宋仲几于京师。

〖传〗仲几之罪何？不蘙城也。其言于京师何？伯讨也。伯讨则其称人何？贬。曷为贬？不与大夫专执也。曷为不与？实与，而文不与。文曷为不与？大夫之义，不得专执也。

[译]

【经】三月，晋人在周朝都城拘捕了宋国仲几。

〖传〗仲几犯了什么罪？在为周天子修筑成周的城墙时，宋国承担的那段没有用蓑草遮盖。这里说在周朝都城拘捕他是什么意思？这是表示诸侯有罪，受到一方诸侯之长的讨伐。既然是表示诸侯有罪，受到一方诸侯之长的讨伐，那么这里为什么要称他为人呢？为了贬责。贬责什么？不赞成大夫擅自拘捕人。为什么不赞成呢？实际上是赞成的，只是文辞上不能说赞成。言辞上为什么不赞成呢？因为从大夫的名义上来说，是不能擅自拘捕人的。

【经】夏，六月，癸亥，公之丧至自乾侯。
【经】戊辰，公即位。
〖传〗癸亥，公之丧至自乾侯，则曷为以戊辰之日然后即位？正棺于两楹之间，然后即位。子沈子曰："定君乎国，然后即位。"即位不日，此何以日？录乎内也。

【经】秋，七月，癸巳，葬我君昭公。

[译]

【经】夏，六月，癸亥日，鲁昭公的灵柩从晋国的乾侯运回鲁国。
【经】戊辰日，鲁定公即位。
〖传〗癸亥日，鲁昭公的灵柩就已经从晋国的乾侯运回了鲁国，那为什么直到戊辰日鲁定公才即位呢？因为要先将鲁昭公灵柩安放在殿堂的中间，然后才能举行即位仪式。子沈子说："要把鲁昭公的灵柩在鲁国首先安顿好，鲁定公才能即位。"一般情况，诸侯即位是不记载日期的，这里为什么要记载日期呢？为了详细记载鲁国的历史。

【经】秋,七月,癸巳日,安葬我们的国君鲁昭公。

【经】九月,大雩。

【经】立炀宫。

〖传〗炀宫者何?炀公之宫也。立者何?立者不宜立也。立炀宫,非礼也。

【经】冬,十月,陨霜杀菽。

〖传〗何以书?记异也。此灾菽也,曷为以异书?异大乎灾也。

[译]

【经】九月,鲁国举行求雨的大祭祀。

【经】鲁国建立一座炀宫。

〖传〗什么是炀宫?就是鲁国先君炀公的庙。立是什么意思?用"立"字,表示不应该建立。因为建立炀公的庙是不合乎礼的。

【经】冬,十月,鲁国降了一场大霜,冻坏了豆苗。

〖传〗为什么记载这件事?为了记载怪异现象。这是豆类受灾,为什么以怪异现象来记载呢?因为对怪异现象的重视大于对灾害的重视。

[解]

◆按宗庙制度,诸侯五庙。除始祖外,上数四代可以立庙,其余均应毁庙。鲁炀公为鲁国第二代国君,鲁定公与之相距二十余代,显然不宜再立庙。虽然这里没有交代立庙的原因,但无论如何都是不合乎礼的,所以《公羊传》说:"立者不宜立也。"《公羊传》批评的是鲁定公只凭自己好恶行事而不遵守礼法的行为。

【经】二年,春,王正月。

【经】夏，五月，壬辰，雉门及两观灾。

〖传〗其言雉门及两观灾何？两观微也。然则曷为不言雉门灾及两观？主灾者两观也。时灾者两观，则曷为后言之？不以微及大也。何以书？记灾也。

【经】秋，楚人伐吴。

【经】冬，十月，新作雉门及两观。

〖传〗其言新作之何？修大也。修旧不书，此何以书？讥。何讥尔？不务乎公室也。

[译]

【经】鲁定公二年，春，周历正月。

【经】夏，五月，壬辰日，雉门及两观灾。

〖传〗这里说"雉门及两观灾"是什么意思？因为两观不重要。既然这样，那么为什么不说"雉门灾及两观"呢？因为发生火灾的主要是两观。既然那时火灾主要是两观，那为什么后说两观呢？因为不能将不重要的放在重要的前面说。为什么记载这件事呢？为了记载灾害。

【经】秋，楚军攻打吴国。

【经】冬，十月，重新修建雉门及两观。

〖传〗这里说重新修建是什么意思？是说修建的规模比以前大了。修建旧的建筑物是不记载的，这里为什么记载呢？为了谴责。谴责什么？谴责季氏不尽力于国家大事。

[解]

◆诸侯都城有三门，从外至内，分别是雉门、库门、路门，并在雉门边上设观。观，观察也。所以观就是瞭望台。按照礼的规定，诸侯只能设一观，设两观是天子之礼，即昭公二十五年子家驹所说的"设两观……此皆天子之礼也"。鲁国设两观，显然是僭越天子。

《公羊传》认为，《春秋》之所以要记下"雉门及两观灾"，并破例记下对雉门及两观的重修，意在斥责季孙氏"不务乎公室"，即没有为公事尽心尽力。春秋后期，鲁国的政权落到季孙氏手中，朝中事务，无论巨细，皆决于季孙氏。这里"新作雉门及两观"，当然也只能等季孙氏发话后才能去做。失火之后，按道理应立即修建，但居然拖到十月，这既说明掌权的季孙氏不作为，也说明国君大权旁落，无能为力。《公羊传》通过这样的剖析，让我们看到了《春秋》以小见大，直刺权臣无视国君尊严的神妙笔法。

【经】三年，春，王正月，公如晋，至河乃复。

【经】三月，辛卯，邾娄子穿卒。

【经】夏，四月。

【经】秋，葬邾娄庄公。

【经】冬，仲孙何忌及邾娄子盟于枝。

[译]

【经】鲁定公三年，春，周历正月，鲁定公前往晋国，走到黄河边就回来了。

【经】三月，辛卯日，邾娄子穿去世了。

【经】夏，四月。

【经】秋，安葬邾娄庄公。

【经】冬，仲孙何忌与邾娄隐公在枝结盟。

【经】四年，春，王二月，癸巳，陈侯吴卒。

【经】三月，公会刘子、晋侯、宋公、蔡侯、卫侯、陈子、郑伯、许男、曹伯、莒子、邾娄子、顿子、胡子、滕子、薛伯、杞伯、小邾娄子、齐国夏于召陵，侵楚。

【经】夏，四月，庚辰，蔡公孙归姓帅师灭沈，以沈子嘉归，杀之。

【经】五月，公及诸侯盟于浩油。杞伯戊卒于会。

【经】六月，葬陈惠公。

【经】许迁于容城。

[译]

【经】鲁定公四年，春，周历二月，癸巳日，陈侯吴去世了。

【经】三月，鲁定公在召陵与刘子、晋侯、宋公、蔡侯、卫侯、陈子、郑伯、许男、曹伯、莒子、邾娄子、顿子、胡子、滕子、薛伯、杞伯、小邾娄子、齐国的夏会合，一起进犯楚国。

【经】夏，四月，庚辰日，蔡国公孙归姓率军灭亡了沈国，把沈子嘉押回蔡国，然后把他杀了。

【经】五月，鲁定公与诸侯在浩油结盟。杞伯戊死在盟会上。

【经】六月，安葬陈惠公。

【经】许国迁都容城。

【经】秋，七月，公至自会。

【经】刘卷卒。

〖传〗刘卷者何？天子之大夫也。外大夫不卒，此何以卒？我主之也。

【经】葬杞悼公。

【经】楚人围蔡。

【经】晋士鞅、卫孔圉帅师伐鲜虞。

【经】葬刘文公。

〖传〗外大夫不书葬，此何以书？录我主也。

[译]

【经】秋,七月,鲁定公从盟会的地方回来。

【经】刘卷去世了。

〖传〗刘卷是什么人?是周天子的大夫。鲁国以外的大夫是不记载他们的去世的,这里为什么记载刘卷的去世呢?因为鲁国是刘卷的盟主。

【经】安葬杞悼公。

【经】楚军包围了蔡国都城。

【经】晋国士鞅和卫国孔圉率军攻打鲜虞国。

【经】安葬刘文公。

〖传〗鲁国以外的大夫是不记载葬礼的,这里为什么记载刘文公的葬礼呢?是为了记载鲁国的盟主。

[解]

◆这里的"我主之也",指主召陵之盟,即本年"三月,公会刘子、晋侯、宋公、蔡侯、卫侯、陈子、郑伯、许男、曹伯、莒子、邾娄子、顿子、胡子、滕子、薛伯、杞伯、小邾娄子、齐国夏于召陵,侵楚"。《公羊传》认为,按《春秋》之例,刘子(卷)这样的外大夫去世及安葬是不需要记载的,但《春秋》破例记载,是因为刘子参与了"我主之"的召陵之盟。所以,与其说《春秋》是在记刘子之死,倒不如说是在唤起读者对鲁国主召陵之盟荣光的回忆。这与庄公元年记王姬出嫁、庄公二年记王姬卒是完全一样的。这再次体现了《公羊传》作者本位主义立场,对扬"我"美名的强烈愿望。

【经】冬,十有一月,庚午,蔡侯以吴子及楚人战于伯莒,楚师败绩。

〖传〗吴何以称子?夷狄也而忧中国。其忧中国奈何?伍子胥父诛乎楚，挟弓而去楚，以干阖庐。阖庐曰："士之甚！勇之甚！"将为之兴师而复仇于楚。伍子胥复曰："诸侯不为匹夫兴师，且臣闻之：事君犹事父也。亏君之义，复父之仇，臣不为也。"于是止。蔡昭公朝乎楚，有美裘焉，囊瓦求之，昭公不与，为是拘昭公于南郢，数年然后归之。于其归焉，用事乎河，曰："天下诸侯苟有能伐楚者，寡人请为之前列。"楚人闻之怒。为是兴师，使囊瓦将而伐蔡。蔡请救于吴，伍子胥复曰："蔡非有罪也，楚人为无道，君如有忧中国之心，则若时可矣。"于是兴师而救蔡。曰："事君犹事父也，此其为可以复仇奈何？"曰："父不受诛，子复仇可也；父受诛，子复仇，推刃之道也。复仇不除害，朋友相卫，而不相迿，古之道也。"

【经】楚囊瓦出奔郑。

【经】庚辰，吴入楚。

〖传〗吴何以不称子？反夷狄也。其反夷狄奈何？君舍于君室，大夫舍于大夫室，盖妻楚王之母也。

[译]

【经】冬，十一月，庚午日，蔡侯、吴子与楚军在伯莒交战，楚军大败。

〖传〗吴国国君在这里为什么被称为子呢？因为他虽然是夷狄人，却为中原各国的事情忧虑，所以尊称他为子。他怎样为中原各国的事情忧虑呢？伍子胥的父亲为楚平王所杀，于是伍子胥带着弓逃离了楚国，到吴国来求见吴王阖庐。阖庐见到他后，大加赞赏，说："你真是最贤良的人，最勇敢的人呀！"并且阖庐准备为他出兵向楚王复仇。伍子胥急忙对吴王说："诸侯不为个别人兴师动众，而且我听说：侍奉国君就像侍奉父亲。让国君丧失道义，为我报父兄之仇，我不能这样做。"于是阖庐就放弃了出兵计划。蔡昭公前往楚国朝见，他有一件漂亮的裘皮大衣,楚国令尹囊瓦向他勒索,蔡昭公不给,为了这件漂亮的裘皮大衣,囊瓦就把蔡昭公囚禁在楚国的国都南郢,过了几年才放他回国。在蔡昭公回国的途中,他祭祀黄河时发誓说:"天下的诸侯如果有谁出兵攻打楚国,我请求当他的先锋。"楚人听说了,大怒。因此调动军队,派囊瓦为统帅,前来攻打蔡国。蔡昭公向吴国求救,伍子胥对吴王说:"蔡国并没有罪,楚国出兵攻打蔡国是没有道义的,国君如果有为中原各国忧虑的心,那么像这个时候就可以出兵了。"于是吴王阖庐出兵救蔡。有人问:"既然说侍奉国君就如同侍奉父亲,那么这里伍子胥认为可以复仇了是为什么呢?"回答说:"父亲罪不当杀而被杀,儿子复仇是可以的;父亲罪当杀而被杀,儿子却为他复仇,这就像刀一进一出往来复仇,仇恨就会越来越深。复仇只限冤头债主本人,而不应斩草除根,朋友帮忙复仇时,互相护卫,不能率先刺杀仇家,当由孝子亲自报仇,这是自古以来的道义。"

【经】楚国囊瓦兵败后逃亡到郑国。

【经】庚辰日,吴王率军攻入了楚国都城。

〖传〗在这里,吴王为什么不被尊称为"子"呢?因为这时吴国君臣又恢复了夷狄的野蛮本性。怎么说这时吴国君臣又恢复了夷狄的野蛮本性呢?吴国的国君住进楚国国君的宫殿,吴国的大夫住进了楚国大夫的家中,大概还有把楚王的母亲强占为妻子的人。

[解]

◆ "不与夷狄之主中国",是《公羊传》最基本的理念,但这并不是绝对的。《公羊传》认为,这里《春秋》不称吴人而尊称吴子,是因为原本为夷狄的吴人有忧中国之心,与诸夏的蔡人站在了一起,并且采取实际行动兴师救蔡。这说明只要夷狄能心向华夏,《春秋》及《公羊传》就能不持偏见地将其与中原诸侯一视同仁。

◆ 《公羊传》是主张复仇的,但从这段伍子胥与吴王对话的记述中,可以看出复仇有几项限定性原则:第一,不能把国家作为个人复仇的工具,不能因为个人复仇让国家丧失道义；第二，父有当诛之道，子不得复仇，否则只能形成相互复仇的死结；第三，帮助朋友复仇，只能助力，而不能成为主力。

◆在这段少有的史实记述中，有两个形成鲜明对比的人物，即伍子胥和囊瓦。伍子胥，不为一己私仇动用国家工具；而囊瓦为了一己私利就敢于得罪一个国家。在这样的记述中，《公羊传》表达了处理个人与国家关系应秉持的原则。这说明，无论直接阐述，还是具体的史实记述，对《公羊传》来说，都只是一种形式，只要有利于自己思想理念的表达，《公羊传》都会加以采用。

【经】五年，春，王正月，辛亥，朔，日有食之。

【经】夏，归粟于蔡。

〖传〗孰归之？诸侯归之。曷为不言诸侯归之？离至不可得而序，故言我也。

【经】於越入吴。

〖传〗於越者何？越者何？於越者，未能以其名通也。越者，能以其名通也。

【经】六月，丙申，季孙隐如卒。

【经】秋，七月，壬子，叔孙不敢卒。

【经】冬，晋士鞅帅师围鲜虞。

[译]

【经】鲁定公五年，春，周历正月，辛亥日，初一，发生日食。

【经】夏，送粟给蔡国。

〖传〗谁送粟给蔡国？是诸侯们送的。为什么不说诸侯们送粟给蔡国呢？因为诸侯军队有的去有的来，无法搞清顺序，所以就只说鲁国。

【经】於越入侵吴国。

〖传〗於越是什么意思？越是什么意思？於越，这是越国未能在天下通用的自称。越，这是越国能够在天下通用的名称。

【经】六月，丙申日，季孙隐如去世了。

【经】秋，七月，壬子日，叔孙不敢去世了。

【经】冬，晋国士鞅率军包围了鲜虞国国都。

【经】六年，春，王正月，癸亥，郑游遬帅师灭许，以许男斯归。

【经】二月，公侵郑。

【经】公至自侵郑。

【经】夏，季孙斯、仲孙何忌如晋。

【经】秋，晋人执宋行人乐祁犁。

【经】冬，城中城。

【经】季孙斯、仲孙忌帅师围运。

〖传〗此仲孙何忌也，曷为谓之仲孙忌？讥二名。二名，非礼也。

［译］

【经】鲁定公六年，春，周历正月，癸亥日，郑国大夫游遬率军灭亡了许国，并把许男斯带回郑国。

【经】二月，鲁定公入侵郑国。

【经】鲁定公从入侵郑国的地方回来。

【经】夏，鲁国季孙斯、仲孙何忌前往晋国。

【经】秋，晋人拘捕了宋国使者乐祁犁。

【经】冬，鲁国修筑国都中城的城墙。

【经】鲁国季孙斯、仲孙忌率军包围运。

〖传〗这是仲孙何忌,为什么称他为仲孙忌呢?是谴责他用两名。用两名,是不合乎礼的。

[解]

◆单名是先秦文化的遗风,先秦名人基本都是单名,所以《公羊传》此处有"二名,非礼也"的说法。秦汉延续了这一风格,单名仍然占绝大多数。西汉末年,王莽辅政,复古改制,认为"秦以前复名盖寡,遂禁复名",并派使者到匈奴,暗示单于顺从这一法令。《汉书·匈奴传》记载:"时莽奏令中国不得有二名,因使使者以风(讽)单于,宜上书慕化,为一名,汉必加厚赏。单于从之。"单于心领神会,将原名"囊知牙斯"改为"知"。王莽长孙原叫王会宗,后改名王宗。因急于夺权,自己弄来天子之服,穿上画了幅画像,又刻铜印三枚,与其舅合谋继承大统。事发后,王宗自杀。人虽然死了,但"政治权力"也要被剥夺,王莽下诏:"宗本名会宗,以制作去二名,今复名会宗。"以示贬辱。这件事产生了极大影响,此后终王莽之世,无人敢取二字名。王莽败亡,"禁复名"之令亦废,但取单字名已成为习俗。东汉以至三国、西晋,都把取单字名视为理所当然。直到东晋,才逐渐有人取二字名。

【经】七年,春,王正月。

【经】夏,四月。

【经】秋,齐侯、郑伯盟于咸。

【经】齐人执卫行人北宫结,以侵卫。

【经】齐侯、卫侯盟于沙泽。

【经】大雩。

【经】齐国夏帅师伐我西鄙。

【经】九月,大雩。

【经】冬,十月。

[译]

【经】鲁定公七年,春,周历正月。

【经】夏,四月。

【经】秋,齐侯与郑伯在咸地结盟。

【经】齐人拘捕了卫国使者北宫结,并且入侵卫国。

【经】齐侯与卫侯在沙泽结盟。

【经】鲁国举行求雨的大祭祀。

【经】齐国的夏率军攻打鲁国西部边境。

【经】九月,鲁国又举行求雨的大祭祀。

【经】冬,十月。

【经】八年,春,王正月,公侵齐。公至自侵齐。

【经】二月,公侵齐。

【经】三月,公至自侵齐。

【经】曹伯露卒。

【经】夏,齐国夏帅师伐我西鄙。

【经】公会晋师于瓦,公至自瓦。

【经】秋,七月,戊辰,陈侯柳卒。

【经】晋赵鞅帅师侵郑,遂侵卫。

【经】葬曹靖公。

【经】九月,葬陈怀公。

【经】季孙斯、仲孙何忌帅师侵卫。

[译]

【经】鲁定公八年,春,周历正月,鲁定公率军入侵齐国。鲁定公从入侵齐国的地方回来。

【经】二月，鲁定公又率军入侵齐国。

【经】三月，鲁定公从入侵齐国的地方回到鲁国都城。

【经】曹伯露去世了。

【经】夏，齐国的夏率军攻打鲁国西部边境。

【经】鲁定公在瓦会见晋军，鲁定公从瓦回来。

【经】秋，七月，戊辰日，陈侯柳去世了。

【经】晋国大夫赵鞅率军入侵郑国，接着又入侵卫国，安葬曹靖公。

【经】九月，安葬陈怀公。

【经】季孙斯、仲孙何忌率军入侵卫国。

【经】冬，卫侯、郑伯盟于曲濮。

【经】从祀先公。

〖传〗从祀者何？顺祀也。文公逆祀，去者三人；定公顺祀，叛者五人。

【经】盗窃宝玉、大弓。

〖传〗盗者孰谓？谓阳虎也。阳虎者，曷为者也？季氏之宰也。季氏之宰则微者也，恶乎得国宝而窃之？阳虎专季氏，季氏专鲁国，阳虎拘季孙，孟氏与叔孙氏迭而食之。睋而锓其板，曰："某月某日，将杀我于蒲圃，力能救我则于是。"至乎日若时而出。临南者，阳虎之出也，御之。于其乘焉，季孙谓临南曰："以季氏之世世有子，子可以不免我死乎？"临南曰："有力不足，臣何敢不勉？"阳越者，阳虎之从弟也，为右。诸阳之从者，车数十乘，至于孟衢，临南投策而坠之，阳越下取策，临南骋马，而由乎孟氏，阳虎从而射之，矢著于庄门。然而甲起于琴如。弑不成，却反舍于郊，皆说然息。或曰："弑千乘之主而不克，舍此，可乎？"阳虎曰："夫孺子得国而已，如丈夫何?"睨而曰:"彼哉!彼哉!趣驾。"既驾,公敛处父帅师而至。慬然后得免,自是走之晋。宝者何?璋判白,弓绣质,龟青纯。

[译]

【经】冬,卫侯与郑伯在曲濮结盟。

【经】从祀先公。

〖传〗从祀是什么意思?就是按照先公即位的先后次序祭祀。鲁文公不按照先公即位的先后次序祭祀,因为不满离他而去的有三个人;鲁定公按照先公即位的先后次序祭祀,因为不满背叛的有五个人。

【经】盗窃了宝玉和大弓。

〖传〗"盗"说的是什么人?说的是阳虎。阳虎是什么人?是季氏的家宰。季氏的家宰是地位低微的人,怎么能够得到国宝并偷走它呢?阳虎在季孙家专权,季孙在鲁国专政,这次,阳虎拘捕了季孙,孟孙和叔孙轮流给季孙去送饭。季孙在食器的盖板上很快地刻写道:"某月某日,阳虎将在蒲圃杀我,如果你们有力量救我,就在那日来吧。"到了那天,就在那个时候,阳虎把季孙押出囚室。临南是阳虎的外甥,为季孙驾车。在临南上车的时候,季孙悄悄对临南说:"凭着你的家族代代在季氏为臣的感情上,你难道不能免我一死吗?"临南说:"我虽然有力量救你,但还是不够的,我怎么敢不免你一死呢?"阳越,是阳虎的堂兄弟,作为季孙的车右。阳虎的众多随从,分乘几十辆车跟随在后面,当车队来到孟孙家门前的大街时,临南故意把马鞭丢到地上,阳越跳下车去拣马鞭,趁这个时机,临南用力抖动马嚼子,催马疾驰,车载着季孙冲进了孟孙家的大门,阳虎发觉后,在后面驱车追赶,并拉弓搭箭向季孙射去,箭却射到孟孙的大门上。这时,全副武装的兵士从琴如杀了出来。两军交战,阳虎被打败,他追杀季孙没有成功,只好返回来,在都城的郊外暂住,与随从们放心地休息。有人对他说:"我们现在弑杀拥有千乘之邑的主人,没有成功,住在这里合适吗?"阳虎说:"季孙那小子能在鲁国专政就够了,他还能对我怎么样?"不久,望见公敛处父的军队,叫道:"那边!那边!驾车快跑。"车刚刚驾好,公敛处父就率军赶到了。阳虎仓皇而逃,侥幸逃脱,他从这里逃亡到晋国。阳虎偷走的是什么国宝?是半白的大璋,绣弓柎的千斤大弓,边缘为青色的千年大龟甲。

[解]

◆ "三桓"把鲁君变成了傀儡,掌控国政。上行下效,"三桓"自己的家臣势力迅速发展,也不拿家主当回事,最终引发了"阳虎之乱"。虽然"阳虎之乱"后来被"三桓"平定,但"三桓"的势力也遭到很大打击。

【经】九年,春,王正月。

【经】夏,四月,戊申,郑伯囆卒。

【经】得宝玉、大弓。

〖传〗何以书?国宝也,丧之书,得之书。

【经】六月,葬郑献公。

【经】秋,齐侯、卫侯次于五氏。

【经】秦伯卒。

【经】冬,葬秦哀公。

[译]

【经】鲁定公九年,春,周历正月。

【经】夏,四月,戊申日,郑伯囆去世了。

【经】鲁国获得宝玉和大弓。

〖传〗为什么记载这件事？因为这些是鲁国的国宝，丧失它要记载，获得它也要记载。

【经】六月，安葬郑献公。

【经】秋，齐侯和卫侯率领的军队驻扎在五氏。

【经】秦伯去世了。

【经】冬，安葬秦哀公。

【经】十年，春，王三月，及齐平。

【经】夏，公会齐侯于颊谷。公至自颊谷。

【经】晋赵鞅帅师围卫。

【经】齐人来归运、讙、龟阴田。

〖传〗齐人曷为来归运、讙、龟阴田？孔子行乎季孙，三月不违，齐人为是来归之。

[译]

【经】鲁定公十年，春，周历三月，鲁国与齐国讲和。

【经】夏，鲁定公在颊谷会见齐侯。鲁定公从颊谷回到都城。

【经】晋国赵鞅率军包围了卫国。

【经】齐人前来归还鲁国的运、讙、龟阴的土地。

〖传〗齐人为什么前来归还运、讙、龟阴的土地呢？因为孔子在季孙的手下做官，三个月内都没有什么过失，齐人因此把这三处的土地归还给鲁国。

[解]

◆鲁定公借平定"阳虎之乱"，起用主张强公室抑私门的孔子，以削弱"三桓"的权力。孔子的才干，很快由中都宰而司空，又由司空而司寇。鲁定公十年，孔子以大司寇之职参加鲁定公与齐景公的颊谷之会，即这里记载的"夏，公会齐侯于颊谷"。孔子智勇双全，回击了齐国对鲁定公的侮辱而使其自讨没趣，并挫败了齐国想用武力劫持鲁定公的阴谋。齐景公在凛然正气的孔子面前感到有愧，后来又将齐国侵占鲁国的田地归还鲁国，即这里记载的"齐人来归运、讙、龟阴田"。这三处失守之地，已与鲁国断绝，孔子不欲受，而鲁定公贪图其利受之。

【经】叔孙州仇、仲孙何忌帅师围郈。

【经】秋，叔孙州仇、仲孙何忌帅师围费。

【经】宋乐世心出奔曹。宋公子池出奔陈。

[译]

【经】鲁国叔孙州仇和仲孙何忌率军围攻郈邑。

【经】秋，叔孙州仇和仲孙何忌又率军包围费邑。

【经】宋国乐世心逃亡到曹国。宋国的公子池逃亡到陈国。

【经】冬，齐侯、卫侯、郑游遫会于鞌。

【经】叔孙州仇如齐。

【经】宋公之弟辰暨宋仲佗、石彄出奔陈。

[译]

【经】冬，齐侯、卫侯、郑国游遫在鞌会晤。

【经】鲁国叔孙州仇前往齐国。

【经】宋景公的弟弟辰和宋国仲佗、石彄逃亡到陈国。

【经】十有一年，春，宋公之弟辰及仲佗、石彄、公子池，自陈入于萧，以叛。

【经】夏，四月。

【经】秋，宋乐世心自曹入于萧。

【经】冬，及郑平。

【经】叔还如郑莅盟。

[译]

【经】鲁定公十一年，春，宋公的弟弟辰和仲佗、石驱、公子池从陈国进入宋国的萧邑，并且叛变。

【经】夏，四月。

【经】秋，宋国乐世心从曹国进入宋国的萧邑。

【经】冬，鲁国与郑国讲和。

【经】鲁国叔还到郑国去参加盟会。

【经】十有二年，春，薛伯定卒。

【经】夏，葬薛襄公。

【经】叔孙州仇帅师堕郈。

【经】卫公孟彄帅师伐曹。

【经】季孙斯、仲孙何忌帅师堕费。

〖传〗曷为帅师堕郈？帅师堕费？孔子行乎季孙，三月不违，曰："家不藏甲，邑无百雉之城。"于是帅师堕郈，帅师堕费。雉者何？五板而堵，五堵而雉，百雉而城。

[译]

【经】鲁定公十二年，春，薛伯定去世了。

【经】夏，安葬薛襄公。

【经】鲁国叔孙州仇率军拆毁了郈邑的城墙。

【经】卫国公孟彄率军攻打曹国。

【经】季孙斯和仲孙何忌率军拆毁了费邑的城墙。

〖传〗率军拆毁郈邑的城墙，又率军拆毁费邑的城墙，这是什么意思？孔子在季孙手下做官，三个月没有一点过失，并宣布："家中不能收藏武器，封邑内不能有超过百雉的城墙。"于是率军拆毁了郈邑的城墙，又率军拆毁了费邑的城墙。一雉是多少呢？五板是一堵，五堵为一雉，百雉就是一座城了。

[解]

◆诸侯贵族的城墙，按等级高低其规模是有规定的，如《左传》在《郑伯克段于鄢》中记载祭仲说："都，城过百雉，国之害也。先王之制：大都，不过参国之一；中，五之一；小，九之一。今京不度，非制也，君将不堪。"但是，鲁国的"三桓"掌控国政，对相关制度视而不见。鲁国政权不断下移，"三桓"家臣势力渐强，经常以下犯上，也以其控制之邑为据点发动叛乱。定公十二年夏，为了加强君权，孔子提出恢复古制，拆毁"三桓"私邑郈、费、成，即"堕三都"。是时，"三桓"家臣势大震主，为防止家臣据"三桓"之私邑反叛，"三桓"亦响应孔子的号召。叔孙氏首先率军拆毁郈邑。季孙氏欲毁费邑，但费宰公山不狃与叔孙辄率众反叛，袭鲁都曲阜，鲁定公出逃，躲进季孙氏之宫。孔子派兵反击获胜，公山不狃、叔孙辄逃往齐国，费邑遂毁。孟孙氏欲毁成邑，而成宰公敛处父以成邑系边防重镇、宗室屏障为由极力劝阻。孟孙氏听从其议，遂不毁成邑。"十有二月，（定）公围成"，欲强行毁之，但攻而未克。"堕三都"也就功败垂成。

【经】秋，大雩。

【经】冬，十月，癸亥，公会晋侯，盟于黄。

【经】十有一月，丙寅，朔，日有食之。

【经】公至自黄。

【经】十有二月，公围成。公至自围成。

[译]

【经】秋，鲁国举行求雨的大祭祀。

【经】冬，十月，癸亥日，鲁定公会见晋侯，并在黄地与他结盟。

【经】十一月，丙寅日，初一，发生日食。

【经】鲁定公从黄地回来。

【经】十二月，鲁定公亲自率军包围了成邑。鲁定公从包围成邑的战场上回到国都。

【经】十有三年，春，齐侯、卫侯次于垂瑕。

【经】夏，筑蛇渊囿。

【经】大蒐于比蒲。

【经】卫公孟彄帅师伐曹。

【经】秋，晋赵鞅入于晋阳，以叛。

【经】冬，晋荀寅及士吉射入于朝歌，以叛。

【经】晋赵鞅归于晋。

〖传〗此叛也，其言归何？以地正国也。其以地正国奈何？晋赵鞅取晋阳之甲以逐荀寅与士吉射。荀寅与士吉射者，曷为者也？君侧之恶人也。此逐君侧之恶人，曷为以叛言之？无君命也。

【经】薛弑其君比。

[译]

【经】鲁定公十三年，春，齐侯、卫侯驻扎在垂瑕。

【经】夏，鲁国建蛇渊囿。

【经】鲁国在比蒲举行大规模阅兵。

【经】卫国公孟彄率军攻打曹国。

【经】秋，晋国赵鞅进入晋阳，并且发动叛乱。

【经】冬，晋国荀寅和士吉射进入朝歌，也发动叛乱。

【经】晋国赵鞅归于晋国国都。

【传】赵鞅是反叛之徒,这里为什么说他"归"呢?因为他用地方力量来整顿国家。他用地方力量来整顿国家是什么意思?晋国赵鞅率领晋阳的军队,驱逐了荀寅和士吉射。荀寅和士吉射是什么人?是晋国国君身旁的坏人。这是驱逐国君身旁的坏人,为什么用"叛"来记载这件事呢?因为赵鞅的行动并没有得到国君的命令。

【经】薛国弑杀了它的国君比。

[解]

◆《公羊传》认为赵鞅的行动是为了驱逐国君身边的坏人,但因尚未得到国君的命令,《春秋》就记为"叛"。这体现了《公羊传》对君权的维护。

【经】十有四年,春,卫公叔戍来奔。

【经】晋赵阳出奔宋。

【经】二月,辛巳,楚公子结、陈公子佗人帅师灭顿,以顿子牂归。

【经】夏,卫北宫结来奔。

【经】五月,於越败吴于醉李。

【经】吴子光卒。

【经】公会齐侯、卫侯于坚。公至自会。

[译]

【经】鲁定公十四年,春,卫国公叔戍逃亡到鲁国来。

【经】晋国赵阳逃亡到宋国。

【经】二月,辛巳日,楚国的公子结和陈国的公子佗人率军灭亡了顿国,并把顿子牂抓回国去。

【经】夏,卫国北宫结逃到鲁国。

【经】五月,於越国在醉李打败了吴国。

【经】吴子光去世了。

【经】鲁定公在坚与齐侯、卫侯会晤。鲁定公从坚回到国都。

【经】秋,齐侯、宋公会于洮。

【经】天王使石尚来归脤。

〖传〗石尚者何?天子之士也。脤者何?俎实也。腥曰脤,熟曰燔。

【经】卫世子蒯聩出奔宋。

【经】卫公孟彄出奔郑。

【经】宋公之弟辰自萧来奔。

【经】大蒐于比蒲。

【经】邾娄子来会公。

【经】城莒父及霄。

[译]

【经】秋,齐侯与宋公在洮会面。

【经】周天王派遣石尚到鲁国来送脤。

〖传〗石尚是什么人?是周天子的士。脤是什么东西?是盛在祭器俎里供祭祀用的肉。生肉叫脤,熟肉叫燔。

【经】卫国世子蒯聩逃亡到宋国。

【经】卫国公孟彄逃亡到郑国。

【经】宋公的弟弟辰从萧地逃亡到鲁国来。

【经】鲁国在比蒲举行大规模阅兵。

【经】邾娄子到鲁国来会见鲁定公。

【经】鲁国修筑莒父邑和霄邑。

[解]

◆按礼制,诸侯朝见天子,在天子宗庙中助祭,然后才能获得俎实。

但这次鲁定公并未助祭，却也获赠俎实，这是不合乎礼的，所以《春秋》特加记载以示对周王的讥刺。

【经】十有五年，春，王正月，邾娄子来朝。

【经】鼷鼠食郊牛，牛死，改卜牛。

〖传〗曷为不言其所食？漫也。

【经】二月，辛丑，楚子灭胡，以胡子豹归。

【经】夏，五月，辛亥，郊。

〖传〗曷为以夏五月郊？三卜之运也。

【经】壬申，公薨于高寝。

【经】郑轩达帅师伐宋。

【经】齐侯、卫侯次于蘧篨。

【经】邾娄子来奔丧。

〖传〗其言来奔丧何？奔丧，非礼也。

[译]

【经】鲁定公十五年，春，周历正月，邾娄子来鲁国朝见。

【经】鼷鼠咬供祭祀天地用的牛，牛死了，重新占卜一头牛。

〖传〗这里为什么不说鼷鼠咬了供祭祀天地用的牛的什么部位呢？因为鼷鼠咬伤了牛的全身。

【经】二月，辛丑日，楚子灭了胡国，并把胡子豹抓回国去。

【经】夏，五月，辛亥日，鲁国举行郊礼。

〖传〗为什么在夏五月举行郊礼呢？因为占卜三次，举行郊礼的时间就推到了夏五月。

【经】壬申日，鲁定公在高寝去世了。

【经】郑国轩达率军攻打宋国。

【经】齐侯、卫侯驻扎在蘧篨。

【经】邾娄子来奔丧。

〖传〗这里说"来奔丧"是什么意思？表示从外地赶来为鲁定公服丧是不合乎礼的。

[解]

◆按礼，郊祭占卜，先卜一月，不吉，再卜二月，仍不吉，则卜三月。三卜不吉，说明上天不接受祭祀，亦不必再卜，应取消郊祭，国君当静思己过以求得上天的原谅。但此次郊祭推迟到了五月，显然进行了四卜、五卜，属于强祭，是不合乎礼的。所以《春秋》特加记载以示谴责。

【经】秋，七月，壬申，姒氏卒。

〖传〗姒氏者何？哀公之母也。何以不称夫人？哀未君也。

【经】八月，庚辰，朔，日有食之。

【经】九月，滕子来会葬。

【经】丁巳，葬我君定公，雨不克葬。戊午，日下昃，乃克葬。

【经】辛巳，葬定姒。

〖传〗定姒何以书葬？未逾年之君也，有子则庙，庙则书葬。

【经】冬，城漆。

[译]

【经】秋，七月，壬申日，姒氏去世了。

〖传〗姒氏是什么人？是鲁哀公的生母。为什么不称姒氏为夫人呢？因为当时鲁哀公还没有即位为国君。

【经】八月，庚辰日，初一，发生日食。

【经】九月，滕子来鲁国参加鲁定公的葬礼。

【经】丁巳日，安葬我国国君鲁定公，因为下雨，安葬没成功。

第二天，戊午日，太阳西斜，才安葬好。

【经】辛巳日，安葬了定姒。

〚传〛为什么记载定姒的葬礼呢？虽然是即位没有超过一年的国君，但只要有儿子做国君，做母亲的去世后就可以立庙，能立庙，史书就应该记载她的葬礼。

【经】冬，鲁国在漆筑城。

哀　公

【经】元年，春，王正月，公即位。

【经】楚子、陈侯、随侯、许男围蔡。

【经】蝝鼠食郊牛，改卜牛。

【经】夏，四月，辛巳，郊。

【经】秋，齐侯、卫侯伐晋。

【经】冬，仲孙何忌帅师伐邾娄。

[译]

【经】鲁哀公元年，春，周历正月，鲁哀公即位。

【经】楚子、陈侯、随侯、许男率军包围蔡国国都。

【经】蝝鼠咬伤了郊祭用的牛，重新占卜一头牛。

【经】夏，四月，辛巳日，鲁国举行郊礼。

【经】秋，齐侯、卫侯攻打晋国。

【经】冬，鲁国仲孙何忌率军攻打邾娄国。

【经】二年，春，王二月，季孙斯、叔孙州仇、仲孙何忌帅师伐邾娄，取漷东田及沂西田。癸巳，叔孙州仇、仲孙何忌及邾娄子盟于句绎。

【经】夏,四月,丙子,卫侯元卒。

【经】滕子来朝。

【经】晋赵鞅帅师纳卫世子蒯聩于戚。

〖传〗戚者何?卫之邑也。曷为不言入于卫?父有子,子不得有父也。

【经】秋,八月,甲戌,晋赵鞅帅师及郑轩达帅师战于栗,郑师败绩。

【经】冬,十月,葬卫灵公。

【经】十有一月,蔡迁于州来。

【经】蔡杀其大夫公子驷。

[译]

【经】鲁哀公二年,春,周历二月,鲁国季孙斯、叔孙州仇、仲孙何忌率军攻打邾娄国,夺取了漷水以东的土地和沂水以西的土地。癸巳日,鲁国叔孙州仇、仲孙何忌与邾娄隐公在句绎结盟。

【经】夏,四月,丙子日,卫侯元去世了。

【经】滕子来鲁国朝见。

【经】晋国赵鞅率军将卫国世子蒯聩护送到戚邑。

〖传〗戚邑是什么地方?是卫国的一座城邑。为什么不说护送卫国世子蒯聩进入卫国呢?因为做国君的父亲有权废除世子,而做儿子的却不能夺取父亲的君位。

【经】秋,八月,甲戌日,晋国赵鞅率军和郑国大夫轩达率军,在栗地交战,郑军大败。

【经】冬,十月,安葬卫灵公。

【经】十一月,蔡国将国都迁到州来。

【经】蔡国杀了它的大夫公子驷。

[解]

◆ "父有子,子不得有父",这是对君父之权的强调。

【经】三年,春,齐国夏、卫石曼姑帅师围戚。

【传】齐国夏曷为与卫石曼姑帅师围戚?伯讨也。此其为伯讨奈何?曼姑受命乎灵公而立辄,以曼姑之义为固,可以距之也。辄者曷为者也?蒯聩之子也。然则曷为不立蒯聩而立辄?蒯聩为无道,灵公逐蒯聩而立辄。然则辄之义可以立乎?曰:"可。"其可奈何?不以父命辞王父命。以王父命辞父命,是父之行乎子也。不以家事辞王事,以王事辞家事,是上之行乎下也。

[译]

【经】鲁哀公三年,春,齐国的国夏、卫国的石曼姑率军包围了戚。

【传】齐国的国夏为什么与卫国的石曼姑率军包围戚呢?这是诸侯有罪,受到诸侯之长的讨伐。这里为什么说是诸侯有罪,受到诸侯之长的讨伐呢?因为石曼姑受卫灵公命令立辄为国君。以石曼姑作为臣子的原则来说,本来可以抗拒蒯聩回国篡夺君位的。辄是什么人?是蒯聩的儿子。既然这样,那么卫灵公为什么不立蒯聩而立辄为国君呢?蒯聩的言行不符合道义,因此卫灵公驱逐了蒯聩而立辄为君。既然如此,那么辄作为蒯聩的儿子,从道义上讲,他可以被立为国君吗?回答说:"可以。"为什么可以呢?因为辄不能由于父亲的命令而不执行祖父的命令。接受祖父的命令而不执行父亲的命令,这是把父亲的命令贯彻到儿子的身上。不能因为家庭的私事而不服从公事,因公事而放弃家庭的私事,这是把上级的指示贯彻到下级去。

[解]

◆蒯聩做太子时，怒其父灵公的夫人南子与人私通，欲杀之。谋泄而事不成，灵公怒而逐蒯聩，欲立少子郢，即这里所说的"蒯聩为无道，灵公逐蒯聩而立辄"。蒯聩被迫出逃，先逃到宋国，即定公十四年"卫世子蒯聩出奔宋"；后又投奔晋国赵鞅。卫灵公薨，南子让郢即位，郢却让蒯聩之子姬辄即位，是为卫出公。鲁哀公二年六月，赵鞅派阳虎等人送太子蒯聩回国即位，即《春秋》所言"晋赵鞅帅师纳卫世子蒯聩于戚"，却因受到卫人的阻击而不得入。卫出公十二年，蒯聩的姐姐谋立蒯聩为君，欲弑出公，出公逃齐。蒯聩立，是为卫后庄公。

◆《公羊传》的这段阐释，后来为汉朝廷解决过一场重大的政治危机。汉武帝原立卫太子，后卫太子因被谗害而被逼起兵，结果兵败自杀。汉昭帝（武帝之子）年间，有人自称卫太子至京，要昭帝把帝位还给他，一时间朝野恐慌，都不敢表态。时精通《春秋》的隽不疑为京兆尹，赶到后毫不犹豫地将此人关进大牢。他说："诸君何忠于卫太子？昔蒯聩违命出奔，辄拒而不纳，《春秋》是之。卫太子得罪先帝（汉武帝），亡不即死，今来自诣，此罪人也。"（《汉书·隽不疑传》）在隽不疑看来，这位卫太子即使是真的，也没有资格继承帝位。隽不疑的依据，就是《公羊传》的这段阐释。事后，汉昭帝与掌权的大将军霍光对隽不疑称赞不已，并号召"公卿大臣当用经术，明于大谊"，也就是要他们熟读《公羊传》等经书，以明大义，遇大事不糊涂。

【经】夏，四月，甲午，地震。

【经】五月，辛卯，桓宫、僖宫灾。

〖传〗此皆毁庙也，其言灾何？复立也。曷为不言其复立？《春秋》见者不复见也。何以不言及？敌也。何以书？记灾也。

【经】季孙斯、叔孙州仇帅师城开阳。

【经】宋乐髡帅师伐曹。

【经】秋，七月，丙子，季孙斯卒。

【经】蔡人放其大夫公孙猎于吴。

【经】冬,十月,癸卯,秦伯卒。

【经】叔孙州仇、仲孙何忌帅师围邾娄。

[译]

【经】夏,四月,甲午日,鲁国发生地震。

【经】五月,辛卯日,鲁桓公庙、鲁僖公庙发生火灾。

〖传〗这两座庙都是早就拆毁了,这里说发生火灾是什么意思?是它们又重建了。《春秋》上为什么没有记载它们重建了呢?《春秋》的体例是:已经记载过的事物就不再记载了。这里说"桓宫、僖宫灾",为什么不说"桓宫及僖宫灾"呢?因为对鲁哀公来说,桓公和僖公亲疏相等。为什么记载这件事?为了记载灾害。

【经】鲁国季孙斯和叔孙州仇率军去修筑启阳的城墙。

【经】宋国乐髡率军攻打曹国。

【经】秋,七月,丙子日,鲁国季孙斯去世了。

【经】蔡人把他们的大夫公孙猎放逐到吴国去。

【经】冬,十月,癸卯日,秦伯去世了。

【经】鲁国叔孙州仇和仲孙何忌率军包围了邾娄国。

[解]

◆开阳,即启阳。这是后来为了避汉景帝刘启的名讳而改的。

【经】四年,春,王三月,庚戌,盗杀蔡侯申。

〖传〗弑君贱者穷诸人,此其称盗以弑何?贱乎贱者也。贱乎贱者孰谓?谓罪人也。

【经】蔡公孙辰出奔吴。

【经】葬秦惠公。

【经】宋人执小邾娄子。

【经】夏,蔡杀其大夫公孙归姓、公孙霍。

【经】晋人执戎曼子,赤归于楚。

〖传〗赤者何?戎曼子之名也。其言归于楚何?子北宫子曰:"辟伯晋而京师楚也。"

【经】城西郛。

[译]

【经】鲁哀公四年,春,周历三月,庚戌日,盗弑杀了蔡侯申。

〖传〗弑杀国君的如果是卑贱者,就应该贬称他为"人",这里说"盗"弑杀蔡侯是什么意思?这个"盗"是比卑贱者还低贱的人。这个比卑贱者还低贱的人究竟是指什么人?指的是犯罪的人。

【经】蔡国公孙辰逃亡到吴国。

【经】安葬秦惠公。

【经】宋人拘捕了小邾娄子。

【经】夏,蔡国杀了它的大夫公孙归姓和公孙霍。

【经】晋人拘捕了戎曼子,赤被交给了楚国。

〖传〗赤是什么意思?是戎曼子的名字。这里说把他交给楚国是什么意思?子北宫子说:"《春秋》说把戎曼子交给楚国,是为了避免把晋国当作一方诸侯之长、把楚国当作京师。"

【经】鲁国修筑都城西边的外城。

[解]

◆晋侯把戎曼子抓住后交给了楚国,但《春秋》却没按成公十五年"晋侯执曹伯归之于京师"这样的写法写作"晋侯执戎曼子归之于楚"。《公羊传》认为这是晋楚两国背叛周天子的私下交易,如果写作"晋侯",就等于承认晋拘捕戎曼子是诸侯有罪方伯讨之的正义行为;直接写归于楚,就有把楚作为京师的嫌疑。《春秋》写作"晋人",这就避免以晋国为伯讨;先写晋人抓住戎曼子,后写赤归于楚,这样本为一人看起来似乎是两人,又分作两个阶段,看起来似乎是两件不相干的事,是为了避免把楚作为京师。《公羊传》对《春秋》这一书法细致入微的分析,仍然体现了其维护周天子绝对权力与尊严、维护大一统的理念。

【经】六月,辛丑,蒲社灾。

〖传〗蒲社者何?亡国之社也。社者封也,其言灾何?亡国之社盖掩之,掩其上而柴其下。蒲社灾,何以书?记灾也。

【经】秋,八月,甲寅,滕子结卒。

【经】冬,十有二月,葬蔡昭公。

【经】葬滕顷公。

[译]

【经】六月,辛丑日,蒲社发生火灾。

〖传〗蒲社是什么地方?是在鲁国境内早已灭亡的蒲国的社。社是封土以成,这里说它发生火灾,是怎么回事呢?已灭亡的国家的社,要把它遮盖起来,把它上面盖住,下面用柴围起来,因此会发生火灾。蒲社发生火灾,为什么记载这件事?为了记载灾害。

【经】秋,八月,甲寅日,滕子结去世了。

【经】冬,十二月,安葬蔡昭公。

【经】安葬滕顷公。

【经】五年,春,城比。

【经】夏,齐侯伐宋。

【经】晋赵鞅帅师伐卫。

【经】秋,九月,癸酉,齐侯处臼卒。

【经】冬,叔还如齐。

【经】闰月,葬齐景公。

〖传〗闰不书，此何以书？丧以闰数也。丧曷为以闰数？丧数略也。

[译]

【经】鲁哀公五年，春，鲁国在比筑城。

【经】夏，齐侯出兵攻打宋国。

【经】晋国赵鞅率军攻打卫国。

【经】秋，九月，癸酉日，齐侯处白去世了。

【经】冬，鲁国叔还前往齐国。

【经】闰十二月，安葬齐景公。

〖传〗闰月是不记载的，这里为什么记载呢？因为给诸侯服丧的时间要把闰月计算在内。给诸侯服丧的时间为什么要把闰月计算在内呢？因为居丧得数闰月，其计算是大略的。

【经】六年，春，城邾娄葭。

【经】晋赵鞅帅师伐鲜虞。

【经】吴伐陈。

【经】夏，齐国夏及高张来奔。

【经】叔还会吴于柤。

[译]

【经】鲁哀公六年，春，修筑邾娄的葭邑。

【经】晋国大夫赵鞅率军攻打鲜虞国。

【经】吴国攻打陈国。

【经】夏，齐国的国夏和高张逃亡到鲁国来。

【经】鲁国叔还在柤会见吴人。

【经】秋，七月，庚寅，楚子轸卒。

【经】齐阳生入于齐。

【经】齐陈乞弑其君舍。

〖传〗弑而立者，不以当国之辞言之，此其以当国之辞言之何？为谖也。此其为谖奈何？景公谓陈乞曰："吾欲立舍，何如？"陈乞曰："所乐乎为君者，欲立之则立之，不欲立则不立。君如欲立之，则臣请立之。"阳生谓陈乞曰："吾闻子盖将不欲立我也。"陈乞曰："夫千乘之主，将废正而立不正，必杀正者。吾不立子者，所以生子者也。走矣！"与之玉节而走之。景公死而舍立。陈乞使人迎阳生于诸其家。除景公之丧，诸大夫皆在朝，陈乞曰："常之母有鱼菽之祭，愿诸大夫之化我也。"诸大夫皆曰："诺。"于是皆之陈乞之家坐。陈乞曰："吾有所为甲，请以示焉。"诸大夫皆曰："诺。"于是使力士举巨囊而至于中霤，诸大夫见之，皆色然而骇。开之，则闯然公子阳生也。陈乞曰："此君也已！"诸大夫不得已皆逡巡北面，再拜稽首而君之尔，自是往弑舍。

【经】冬，仲孙何忌帅师伐邾娄。

【经】宋向巢帅师伐曹。

[译]

【经】秋，七月，庚寅日，楚子轸去世了。

【经】齐国阳生进入齐国。

【经】齐国陈乞弑杀了他的国君舍。

〖传〗弑杀了自己所立的国君，按例，《春秋》对这种人是不用把持国政的语言来说的，这里为什么用把持国政的语言来说陈乞呢？因为陈乞的行为是欺诈。怎么说他的行为是欺诈呢？齐景公对陈乞说:"我想立舍为世子,你认为怎么样?"陈乞说:"国君,您乐意怎样就怎样,如果想立舍为世子就立他为世子,不想立他为世子就不立他为世子。如果国君想立舍为世子,那么我就请求把他立为世子。"公子阳生听到这情况后,就对陈乞说:"我听说您大概不准备立我为世子了。"陈乞说:"一个千乘大国的国君,如果准备废弃嫡长子而立非嫡长子为世子,一定要杀嫡长子。我不请求立你为世子的原因,是想救你一命。你赶快逃跑吧!"陈乞把玉符节送给公子阳生后,让他逃亡国外。齐景公去世后,舍被立为国君。陈乞派人将公子阳生接来,安置在自己家中。当除去齐景公的丧服后,齐国的大夫们都聚在朝廷上,陈乞对大夫们说:"我儿子常的母亲备有简陋的祭品,希望各位大夫能到我家去品尝。"各位大夫都说:"很好。"于是大夫们都到陈乞家来坐,陈乞说:"我做了一副铠甲,想请大家看看。"大夫们都说:"可以。"于是陈乞命令大力士举着一个大口袋,来到客厅的中央,各位大夫看见这么大的口袋,都大吃一惊。口袋打开,公子阳生从里面冒了出来。陈乞说:"这才是真正的国君啊!"众大夫无可奈何,只好在迟疑徘徊中上前,两次跪拜磕头,奉公子阳生为国君,并从陈乞家派人去弑杀国君舍。

【经】冬,鲁国仲孙何忌率军攻打邾娄国。

【经】宋国向巢率军攻打曹国。

[解]

◆齐景公死后,国内政局动荡,诸公子纷纷逃亡,其中年龄较大的公子阳生逃到了鲁国。世袭的国、高二卿奉景公遗命立其宠妾所生幼子舍为君,也称安孺子。早在齐桓公时,出自陈厉公的陈敬仲完,因陈国内乱投奔齐国,家族逐渐强盛。此时陈氏家族的族长是陈僖子,即陈乞。陈、田古音相同,所以陈乞也称田乞。陈乞用大斗借出、小斗回收,使"齐之民归之如流水",有了与国、高一较高低的实力,也为后来的"田氏代齐"奠定了基础。陈乞谋立阳生。陈乞联合其他大夫共攻国、高,国、高不敌,遂奔鲁,即前所言"夏,齐国夏及高张来奔"。如此一来,陈乞就成为安孺子的保护人。遂后陈乞即安排公子阳生回国，即"齐阳生入于齐"；并胁迫诸大夫立阳生为君而弑荼，即《公羊传》此处所记之事。

【经】七年，春，宋皇瑗帅师侵郑。
【经】晋魏曼多帅师侵卫。
【经】夏，公会吴于鄫。
【经】秋，公伐邾娄。
【经】八月，己酉，入邾娄，以邾娄子益来。
〖传〗入不言伐，此其言伐何？内辞也，若使他人然。邾娄子益何以名？绝。曷为绝之？获也。曷为不言其获？内大恶，讳也。
【经】宋人围曹。
【经】冬，郑驷弘帅师救曹。

［译］

【经】鲁哀公七年，春，宋国皇瑗率军攻打郑国。
【经】晋国魏曼多率军入侵卫国。
【经】夏，鲁哀公在鄫地与吴人会面。
【经】秋，鲁哀公攻打邾娄国。
【经】八月，己酉日，鲁军攻入邾娄，并把邾娄子益抓到鲁国来。
〖传〗《春秋》记载入侵一个国家是不用"伐"这个词的，这里为什么用"伐"这个词呢？这是为鲁国避讳的说法，好像是别人入侵邾娄国并把邾娄子抓到鲁国来的。这里为什么称邾娄子的名字益呢？是为了表示应该断绝他的君位。为什么要断绝他的君位呢？因为他没有死在君位上，而是当了俘虏。这里为什么不说邾娄子被"获"呢？这是为鲁国避讳大恶行的说法。

【经】宋军包围了曹国国都。

【经】冬，郑国驷弘率军援救曹国。

【经】八年，春，王正月，宋公入曹，以曹伯阳归。

〖传〗曹伯阳何以名？绝。曷为绝之？灭也。曷为不言其灭？讳同姓之灭也。何讳乎同姓之灭？力能救之而不救也。

【经】吴伐我。

【经】夏，齐人取讙及阐。

〖传〗外取邑不书，此何以书？所以赂齐也。曷为赂齐？为以邾娄子益来也。

【经】归邾娄子益于邾娄。

【经】秋，七月。

【经】冬，十有二月，癸亥，杞伯过卒。

【经】齐人归讙及阐。

[译]

【经】鲁哀公八年，春，周历正月，宋景公领兵攻入曹国国都，并将曹伯阳俘虏回宋国。

〖传〗这里为什么写出曹伯阳的名字？这是表示他的君位断绝了。为什么说他的君位断绝了呢？因为他的国家灭亡了。这里为什么不说曹国灭亡了呢？是为了避讳与鲁国同姓的国家被消灭。为什么要避讳与鲁国同姓的国家被消灭呢？因为鲁国有力量救援曹国，但并没有去救。

【经】吴国攻打鲁国。

【经】夏，齐军占领了鲁国的讙和阐这两个地方。

〖传〗鲁国之外的国家夺取城邑按例是不记载的，这里为什么记载呢？这是鲁国用来贿赂齐国的。鲁国为什么要贿赂齐国呢？为把邾娄子益抓回鲁国这件事。

【经】鲁国把邾娄子益送回邾娄国。

【经】秋,七月。

【经】冬,十二月,癸亥日,杞伯过去世了。

【经】齐人把讙和僤这两个地方归还给鲁国。

【经】九年,春,王二月,葬杞僖公。

【经】宋皇瑗帅师取郑师于雍丘。

〖传〗其言取之何?易也。其易奈何?诈之也。

【经】夏,楚人伐陈。

【经】秋,宋公伐郑。

【经】冬,十月。

[译]

【经】鲁哀公九年,春,周历二月,安葬杞僖公。

【经】宋国皇瑗率军在雍丘取郑军。

〖传〗这里说取郑军是什么意思?是说打败郑军太容易了。怎么会太容易呢?因为宋军是采用奇袭取胜的。

【经】夏,楚人攻打陈国。

【经】秋,宋公亲自领兵攻打郑国。

【经】冬,十月。

【经】十年,春,王二月,邾娄子益来奔。

【经】公会吴伐齐。

【经】三月,戊戌,齐侯阳生卒。

【经】夏,宋人伐郑。

【经】晋赵鞅帅师侵齐。

【经】五月,公至自伐齐。

【经】葬齐悼公。

【经】卫公孟彄自齐归于卫。

【经】薛伯寅卒。

【经】秋,葬薛惠公。

【经】冬,楚公子结帅师伐陈。

【经】吴救陈。

[译]

【经】鲁哀公十年,春,周历二月,邾娄子益逃亡到鲁国来。

【经】鲁哀公会合吴国出兵攻打齐国。

【经】三月,戊戌日,齐侯阳生去世了。

【经】夏,宋人攻打郑国。

【经】晋国赵鞅率军入侵齐国。

【经】五月,鲁哀公从攻打齐国的战场回来。

【经】安葬齐悼公。

【经】卫国公孟彄从齐国回到卫国。

【经】薛伯寅去世了。

【经】秋,安葬薛惠公。

【经】冬,楚国公子结率军攻打陈国。

【经】吴国出兵救援陈国。

【经】十有一年,春,齐国书帅师伐我。

【经】夏,陈袁颇出奔郑。

【经】五月,公会吴伐齐。甲戌,齐国书帅师及吴战于艾陵,齐师败绩,获齐国书。

【经】秋,七月,辛酉,滕子虞母卒。

【经】冬,十有一月,葬滕隐公。

【经】卫世叔齐出奔宋。

[译]

【经】鲁哀公十一年,春,齐国的国书率军攻打鲁国。

【经】夏,陈国的袁颇逃亡到郑国。

【经】五月,鲁哀公会合吴国出兵攻打齐国。甲戌日,齐国的国书率军与吴军在艾陵交战,齐军大败,齐国的国书被俘虏。

【经】秋,七月,辛酉日,滕子虞母去世了。

【经】冬,十一月,安葬滕隐公。

【经】卫国的世叔齐逃亡到宋国。

[解]

◆吴国为称霸中原,于哀公十年,联合鲁、邾、郯国攻齐,并派舟师迂回今山东半岛攻齐,但被齐军击败。次年春,齐为报复诸侯攻齐之役,派兵攻鲁,即这里说的"十有一年,春,齐国书帅师伐我"。五月,吴王夫差再联鲁伐齐,即这里说的"五月,公会吴伐齐"。随后,双方在艾陵(今山东莱芜东南)展开大战,齐军大败,中军将国书等被俘,即这里说的"甲戌,齐国书帅师及吴战于艾陵,齐师败绩,获齐国书"。此即"艾陵之战"。此战为吴北进中原打开了通道,两年后,夫差北上举行黄池之会,即哀公十三年的"公会晋侯及吴子于黄池"。

【经】十有二年,春,用田赋。

〖传〗何以书?讥。何讥尔?讥始用田赋也。

【经】夏,五月,甲辰,孟子卒。

〖传〗孟子者何?昭公之夫人也。其称孟子何?讳娶同姓,盖吴女也。

【经】公会吴于橐皋。

【经】秋,公会卫侯、宋皇瑗于运。

【经】宋向巢帅师伐郑。

【经】冬,十有二月,螽。

〖传〗何以书?记异也。何异尔?不时也。

[译]

【经】鲁哀公十二年,春,鲁国采用按田亩征收税赋的制度。

〖传〗为什么记载这件事?为了谴责。谴责什么?谴责开始采用按田亩征收税赋的制度。

【经】夏,五月,甲辰日,孟子去世了。

〖传〗孟子是什么人?是鲁昭公的夫人。这里为什么不称夫人而称她孟子呢?为了避讳鲁昭公娶同姓的女子为妻,大概她是吴国的女子。

【经】鲁哀公在橐皋与吴人会面。

【经】秋,鲁哀公在运会见卫侯和宋国皇瑗。

【经】宋国向巢率军攻打郑国。

【经】冬,十二月,鲁国发生蝗灾。

〖传〗为什么记载这件事?为了记载怪异现象。什么怪异现象?冬十二月蝗虫成灾不合时令。

[解]

◆此前,鲁国的军赋是赋、税有别。税是根据土地来征收。赋则是按里或邑征收,并无固定标准,而是视财产状况而定;也不是每年征收,而是按某年有无战争或多或少征收。"用田赋",就是改按里或邑征收为按田亩征收,而且改为有无战争都要征收的年赋。这在《公羊传》看来,是增加了民众的负担,所以认为《春秋》书此是为了谴责,"何以书?讥。何讥尔?讥始用田赋也",表现了《公羊传》作者为民呼吁的仁爱之心。但实际上,当时战争几乎无年不有,确定标准,按年征收,是势在必行。因此,鲁国的这项改革,是具有进步意义的。

◆按礼，同姓不婚，因为"男女同姓，其生不繁"。鲁昭公是姬姓，夫人为吴王之女，也是姬姓，两人的婚姻是不合乎礼的。按《春秋》书例，此处本应写作"夫人吴姬卒"或"夫人吴孟子卒"，但《春秋》仅写作"孟子卒"，《公羊传》解说道："孟子者何？昭公之夫人也。其称孟子何？讳娶同姓，盖吴女也。"显然，《春秋》这样的写法是为了替鲁昭公避讳，《公羊传》也是支持这样写的。鲁昭公娶同姓女的事，孔子也曾谈到过。陈国大夫陈司败有一次问孔子鲁昭公知不知礼，孔子说知礼。陈司败认为孔子是昭公的党与而不肯直言，因此对孔子的学生巫马期说如果说这个娶同姓女子为妻的昭公知礼的话，那天下还有谁不知礼呢？孔子听说后感慨地说："臣不可言君亲之恶，为讳者，礼也。"如此看来，为尊者讳，是当时通行的准则；陈司败这样明知故问或者说设圈套让别人来钻，反倒显得非常没有礼貌。

【经】十有三年，春，郑轩达帅师取宋于嵒。

〖传〗其言取之何？易也。其易奈何？诈反也。

【经】夏，许男戌卒。

【经】公会晋侯及吴子于黄池。

〖传〗吴何以称子？吴主会也。吴主会则曷为先言晋侯？不与夷狄之主中国也。其言及吴子何？会两伯之辞也。不与夷狄之主中国，则曷为以会两伯之辞言之？重吴也。曷为重吴？吴在是则天下诸侯莫敢不至也。

【经】楚公子申帅师伐陈。

【经】於越入吴。

[译]

【经】鲁哀公十三年，春，郑国轩达率军在嵒取宋军。

〖传〗这里说"取"是什么意思？是说郑军战胜宋军太容易了。

怎么太容易了呢？郑国采取偷袭的方式，报复宋军在鲁哀公九年的偷袭。

【经】夏，许男戌去世了。

【经】鲁哀公在黄池会见晋定公及吴子。

【传】吴国国君为什么被称为"吴子"呢？因为这次会晤是由吴国国君主持的。既然吴国国君主持这次会晤，那么为什么要先说晋定公，再说吴子呢？因为不赞成夷狄国家的国君作为中原各诸侯国的盟主。这里说"及吴子"是什么意思？这是鲁哀公会见两个诸侯霸主的说法。既然《春秋》不赞成夷狄国家的国君作为中原各诸侯国的盟主，那么这里为什么用会见两个诸侯霸主的语言来说呢？因为重视吴国国君。为什么重视吴国国君呢？这个盟会上有吴国国君在，那么天下诸侯就没有人敢不来参加了。

【经】楚国大夫公子申率军攻打陈国。

【经】於越入侵吴国。

[解]

◆黄池之会是春秋末年吴国以举国之力逐鹿中原与晋会盟的一次历史事件。吴国在西破楚，北败徐、齐、鲁之后，称霸东南，遂向西北进军，会晋定公于黄池（今河南封丘县南），与中原诸侯歃血为盟，即这里说的"公会晋侯及吴子于黄池"。但螳螂捕蝉，黄雀在后，远在千万里之外的吴都姑苏却被已经恢复元气的越王勾践偷袭。吴军回救，也无济于事，只能与越国讲和。黄池之会是吴国霸业的顶峰，但也是其霸业的终结。

黄池之会，吴国为盟主，按惯例，《春秋》在记载此事时，除"我"之鲁君永远居先外，位列第二位的理应是盟主吴子，但《春秋》却以晋侯列第二，这是因为"不与夷狄之主中国也"。这样的阐释，依然体现了《公羊传》内华夏而外夷狄、夷狄不能凌驾于中原之上的理念。

【经】秋，公至自会。

【经】晋魏多帅师侵卫。

【传】此晋魏曼多也,曷为谓之晋魏多?讥二名,二名非礼也。

【经】葬许元公。

【经】九月,螽。

【经】冬,十有一月,有星孛于东方。

【传】孛者何?彗星也。其言于东方何?见于旦也。何以书?记异也。

【经】盗杀陈夏弨夫。

【经】十有二月,螽。

[译]

【经】秋,鲁哀公从黄池之会回到鲁国国都。

【经】晋国魏多率军入侵卫国。

【传】这人就是晋国的魏曼多,为什么称他为晋国的魏多呢?为了谴责他的名字"曼多"用了两个字,名字用两个字是不合乎礼的。

【经】安葬许元公。

【经】九月,鲁国发生蝗灾。

【经】冬,十一月,有一颗孛星出现在东方。

【传】什么是孛星?就是彗星。这里说出现在东方是什么意思?是说它在天刚亮的时候出现。为什么记载这件事?为了记载怪异现象。

【经】坏人杀害了陈国的夏弨夫。

【经】十二月,鲁国发生蝗灾。

【经】十有四年,春,西狩获麟。

【传】何以书?记异也。何异尔?非中国之兽也。然则孰狩之?薪采者也。薪采者则微者也,曷为以狩言之?大之也。曷为为大之？为获麟大之也。曷为为获麟大之？麟者，仁兽也。有王者则至，无王者则不至。有以告者曰："有麇而角者。"孔子曰："孰为来哉！孰为来哉！"反袂拭面，涕沾袍。颜渊死，子曰："噫！天丧予。"子路死，子曰："噫！天祝予。"西狩获麟，孔子曰："吾道穷矣！"

[译]

【经】鲁哀公十四年，春，鲁国有人在西部打猎，猎获一只麒麟。

〖传〗为什么记载这件事？为了记载怪异的事情。有什么怪异呢？因为麒麟不是中原地区的野兽。那么这只麒麟是什么人猎获的呢？是一个打柴的人。打柴的人地位很低，只有天子、诸侯打猎才用"狩"这个词，这里为什么也用"狩"这个词呢？为了尊重他。为什么尊重他呢？因为他猎获了麒麟，所以尊重他。为什么他猎获了麒麟就尊重他呢？因为麒麟是仁义之兽。当天下有圣明的君王出现时它就到来，如果天下没有圣明的君王出现时它就不出来。有人把猎获麒麟的事告诉孔子，说："猎获了一只像獐但有角的动物。"孔子说："它为谁而来呢！它为谁而来呢！"边说边翻起袖子来擦眼泪，泪水滴下来沾湿了他衣服的前襟。孔子的弟子颜渊去世时，孔子叹道："唉！天要亡我了。"当他的弟子子路去世时，孔子又叹道："唉！这次上天要断绝我了。"当听说在鲁国西部猎获麒麟时，孔子说："我的道已经穷尽了！"

[解]

◆ "西狩获麟"的西指的是鲁都曲阜之西，约当今巨野、嘉祥二县之间，现今这一带还有许多关于麒麟的传说。巨野县东有麒麟镇，还有一村名叫获麟集；有"麟冢"，也叫"麒麟台"。巨野古称"麟州"，也由此而来。麒麟是祥瑞的象征，嘉祥原名武城，因麒麟的出现，取其嘉美祥瑞之意，因此更名为嘉祥。

哀 公 441

麒麟是仁兽，它的出现，本应与仁政王道相关。但春秋时期，战乱频仍，违礼僭越司空见惯，弑君夺权屡屡不断，根本没有王道可言。但偏偏在这样的时世，麒麟出现了，而且一出现，就被卑贱的樵夫猎获，这是极其反常的现象，而事出反常必有妖，所以孔子为之哭泣："孰为来哉！孰为来哉！"这实际上意味着残存的王道已经走到了山穷水尽的地步，即孔子所说的"吾道穷矣"。王道，犹如天边的夕阳，已经无可避免地将沉入暮夜的黑暗。《春秋》也就到此为止，接下来的将是更为混乱、更为暴力、更为血腥的战国时代。

〖传〗《春秋》何以始乎隐？祖之所逮闻也。所见异辞，所闻异辞，所传闻异辞。何以终乎哀十四年？曰："备矣！"君子曷为为《春秋》？拨乱世，反诸正，莫近诸《春秋》。则未知其为是与？其诸君子乐道尧舜之道与？末不亦乐乎尧舜之知君子也？制《春秋》之义以俟后圣，以君子之为，亦有乐乎此也。

〖译〗

〖传〗《春秋》这部书为什么从鲁隐公开始呢？因为鲁隐公的历史是孔子的高祖所能听到的最早的历史。在孔子亲见的时代对一些事情已有不同的说法，在孔子能听到的时代自然对一些事情也有不同说法，至于在孔子仅能听到传说的时代对一些事情就更有不同的说法。《春秋》为什么在鲁哀公十四年结束呢？回答说："记述已经很完备了！"孔子为什么要编写《春秋》这部书呢？为了改变乱世，使社会秩序归于正道，没有任何一部书具有《春秋》这样拨乱反正的巨大作用。然而不知道孔子作《春秋》是为了改变乱世，使社会秩序归于正道呢，还是乐于作《春秋》来称述尧舜的道呢？莫非夫子也乐意看到后世有尧舜之德的王者，知孔子制作之意？孔子制作《春秋》之大义，等待后世之圣王用之；孔子所以作《春秋》，亦乐此《春秋》之道可以永远被后世取法。

[解]

◆《春秋》到此结束,《公羊传》探讨了写作起止的原因。在《公羊传》看来,《春秋》起于鲁隐公,是因为那是孔子的高祖所能听到的最早的历史。孔子作《春秋》也不是为了作"史",而是为了表达自己崇尚王道仁政的思想,到鲁哀公十四年获麟,其道已穷,该表达的思想也都表达了,因此该书也就戛然而止。